완역 태극학보 4

太極學報

점필재연구소
대한제국기번역총서

완역 태극학보

太極學報

4

권정원
신재식
유석환
이영준

보고사
BOGOSA

발간사

강명관 / 부산대 한문학과 교수

우리 '대한제국기 잡지 번역팀'은 1년 전에 『조양보(朝陽報)』를 번역하여 발간했다. 이번에는 『태극학보(太極學報)』를 완역하여 발간한다. 대한제국기라고 말하는 20세기 초두의 잡지가 갖는 중요성은 『조양보』의 발간 때 이미 말한 바 있기에 여기서 다시 중언부언할 필요가 없을 것이다. 다만 『태극학보』는 여타의 잡지와는 뚜렷이 구별되는 점이 있다.

알다시피 『태극학보』는 일본 유학생 단체인 태극학회의 기관지이다. 이 잡지는 1906년 8월 창간되어 1908년 12월 26호로 종간되었다. 불과 2년에 남짓한 짧은 기간에 그리 많지 않은 호수이지만, 이 잡지의 의미는 결코 작지 않다. 또한 당시 잡지란 것의 발행기간과 호수가 『태극학보』를 넘어서는 것도 그리 많지 않다.

『태극학보』는 무엇보다 일본 유학생들이 발간한 잡지라는 점에 주목해야 할 것이다. 일본은 호오를 떠나 당시 한국이 경험할 수 있었던 거의 유일한 근대문명의 본거지였던 것이니, 이들 유학생들은 말하자면 근대지식 수용의 첨병이었던 셈이다. 당연한 말이겠지만 『태극학보』를 통해 우리는 20세기 초두에 일본을 직접 경험한 젊은 지식인들이 공급했던 다양한 근대지식의 양과 폭을 짐작할 수 있을 것이다. 앞으로 이 시기 다른 잡지와의 비교 연구를 통해 『태극학보』가 담고 있는 근대지식의 성격이 보다 명료하게 드러날 것을 기대한다.

이와 관련하여 하나 지적하고 싶은 것은 『태극학보』에 이름을 올린 유학생들의 이후 행로다. 『태극학보』가 발간되던 시기의 대한제국은 반식민지의 상태에 있었다. 이런 이유로 이 잡지에 실린 글의 행간에는 우국적 열정이 짙게 배여 있었다. 하지만 잡지가 종간되고 한국은 이내 일제의 식민지로 전락하고 말았다. 일본 경험이 있던 이들 신지식인들의 행로는 복잡할 수밖에 없었다. 이들은 일제강점기를 어떻게 살아냈던가? 나아가 해방 이후 이들과 그 후예들의 행로를 치밀하게 검토하는 것은 지금 한국사회를 이해하는 데도 크게 기여할 것으로 보인다.

『조양보』의 번역과 마찬가지로 『태극학보』의 번역 역시 난감한 부분이 한둘이 아니다. 주로 이 시기 번역 지식들에 대한 우리의 이해가 미치지 못한 데 기인한 것이다. 앞으로 연구로 매워나가야 할 것이다.

『태극학보』의 번역에는 여러 사람이 참여했다. 신지연, 이남면, 이태희, 최진호 등이 번역을 맡았고, 이강석·전지원은 편집과 원문 교열을 맡았다. 그 외 임상석, 손성준 등 여러분들이 책의 완성에 수고를 아끼지 않았다. 이 자리를 빌려 고맙다는 말을 전한다.

차례

태극학보 제17호

태극학보 제18호

태극학보 제19호

태극학보 제20호

태극학보 제21호

일러두기

1. 번역은 현대어화를 원칙으로 하였다.

2. 한자는 꼭 필요하다고 판단되는 경우에 한 해 괄호로 병기하였다.

3. 단락 구분은 원본을 기준으로 하되, 문맥과 가독성을 위해 단락을 구분한 경우도 있다.

4. 중국의 인명과 지명은 그 시기가 근·현대인 경우는 중국어 발음에 따라 표기하고, 근·
   현대 이전은 한국 한자음을 써서 표기하였다. 일본과 서양의 인명과 지명은 시기에 관계없이
   해당 국가의 발음대로 표기하였다.

5. 원본에 한자로 표기된 서양 인물이 확실히 파악되지 않은 경우 한글 독음과 원문 한자를
   병기하였다.

6. 본서의 원문은 순한문, 국한문, 순국문이 혼합되어 있다. 이를 구분하기 위해 순한문 기사는
   漢, 순국문은 한 으로 기사 제목 옆에 표시해두었다. 표기되지 않은 기사는 국한문이다.

7. 원문 괄호는 '– –'이고 다른 괄호는 번역 과정에서 추가했다.

광무 10년 8월 24일 창간
융희(隆熙) 원년 9월 24일 발행(매월 24일 1회)

태극학보

제17호

태극학회 발행

• 주의

△본 태극학보를 구독하고자 하시는 분은 본 발행소로 통지하여 주시되 거주지 성명과 통호를 상세히 기재하여 보내주시고 대금은 우편위체(郵便爲替)로 본회에 교부하여 주시기 바랍니다.

△본 태극학보를 구독하시는 여러 군자들 가운데 주소를 이전하신 분은 신속히 그 이전하신 주소를 본 사무소로 통지하여 주시기 바랍니다.

△본 태극학보는 뜻 있으신 인사들의 구독 편의를 위하여 출장지점을 다음과 같이 정합니다.

황성 중서(中署) 동궐(東闕) 파조교(罷朝橋) 건너편 주한영(朱翰榮) 책사 -중앙서관(中央書館) 내-

평안남도(平安南道) 삼화진(三和鎭) 남포항(南浦港) 축동(築垌) 김원섭(金元燮) 댁

평안북도(平安北道) 정주군(定州郡) 남문(南門) 내 홍성린(洪成鱗) 상점

북미 샌프란시스코 한인공립신보사(韓人共立新報社) 내 -임치정(林致淀) 주소-

• **특별광고**

○ 내외도서 출판

○ 교과서류 발매

○ 신문잡지 취급

○ 학교용품 판매

   경성 중서(中署) 동궐(東闕) 파조교(罷朝橋) 건너편

   본점 –중앙서관(中央書館)– 주한영(朱翰榮)

   평안북도(平安北道) 선천읍(宣川邑) 냇가

   지점 –신민서회(新民書會)– 안준(安濬)

목차
태극학보 제17호

| 논단 |

태극학보 제17호
융희 2년 1월 24일
메이지 41년 1월 24일 [발행]

문명(文明)의 성질 차이를 감안해
문명의 유입을 그르치지 마라 / 석소(石蘇) 이동초(李東初)

빈 땅에 나란히 서서 지구라는 형체를 상상컨대 오렌지 같은 원형이 쉼 없이 빙빙 구르고 돌아 높고 낮은 산과 물은 보이지 않는다. 하지만 진경(眞境)을 밟고 내려와 육안으로 그 실체를 보니 높은 산과 가파른 고개의 험준함과 큰 강과 거대한 바다의 깊숙함이 들쭉날쭉 섞여 있어 평원(平圓)의 형상을 이루지 못한다. 이에 세계문명을 장차 널리 살펴볼 때에 외적인 측면을 보면 반짝이는 광택이 흡사 한 손에 놓인 한 폭의 단청과 같으나 내실을 두들겨 보면 성질에 각기 차이가 있어 환상처럼 다른 형상으로 나타나니 양자가 모두 그 관찰 지점을 따라 동일한 생각을 불러일으킨다. 땅은 동서 양구(兩球)로 구분되니 동반구(東半球)를 동양이라 하고 서반구를 서양이라 한다. 동양에 나라를 세운 곳이 몇 곳 있고 서양에 경계를 그은 곳이 매우 많은데 각 나라와 각 경계에는 반드시 고유의 이력(履歷)이 있으니 이를 각국의 역사라고 한다. 사회의 창달과 진화는 이러한 고유의 역사를 동반하기 때문에 갑국(甲國)의 문명과 을국의 문명은 그 사이에 서로 자신들만의 특징이 잠복해 있다.

동양의 문명은 원래부터 귀족적 성격이 있고 서양의 문명은 진실로 평민적 기상이 있다고 하니 훌륭하도다, 이 말이여! 한번 들어 음미해

보지 않을 수 없도다. 이른바 귀족적 문명은 윗자리에 있는 소수가 아래에 있는 다수의 고혈을 짜내어 사적인 정욕을 채워 일방적으로 겉을 꾸미는 것이다. 그러니 그 사회의 표면 현상은 봄꽃이 한때에 흐드러지게 피어 눈앞에 아른거리는 듯한 양상이나 다른 한 방면 즉 이면에는 참담할 정도로 비참한 상황이 은연중 쌓이고 저장되어 불평한 마음에 울고 원망하며 노기를 풀 날이 없다. 이는 능라금수(綾羅錦繡)와 금은옥패(金銀玉佩)와 미술을 즐기는 재미와 공예(工藝)의 좋은 도구와 세상에 존재하는 영화와 복록이 모두 소수자의 오락에 제공되는 바요, 그에 반해 다수의 사람들은 그것에 동참할 수 없다. 그러므로 실업이 부지런히 닦이지 않고 여러 공업이 진전되지 않을 뿐 아니라, 미술·공예 등의 실업이 이미 다소간 발달했다 해도 이토록 불공평한 사회에서 어찌 영원히 보전될 역량이 있겠는가. 아마도 도중에 멈추다가 곧 발달의 기세를 잃고 말 것이 틀림없도다. 무릇 이 소수자가 결국에 다수의 사람들을 이기지 못함은 당연한 이치이다. 그러므로 오직 저 세상의 즐거움을 독차지하던 소수자가 하루아침에 운이 막혀 즐거움에 참여하지 못해 항상 불평하는 마음으로 울던 다수의 사람들이 기회를 틈타 압박하여 기습하면 이전 시대에 이룩한 문화와 제도가 마침내 모조리 사라져 버린다. 옛날에 하(夏)나라는 충(忠)을 숭상했고 은(殷)나라는 경(敬)을 숭상했으며 주(周)나라는 문(文)을 숭상했고 진(秦)나라는 무(武)를 숭상했던 것 같은 것이 하나의 예이다. 그런 까닭으로 동양문명은 그 기원을 소급해 고찰해보건대 서양문명보다 월등히 선진적이었지만 오늘날에 도리어 양보하고 물러서서 백보 뒤에서 눈을 휘둥그레 뜨고 보는 것 같이 된 바이다.

또한 평민적 문명이라는 것은 공덕심(公德心)의 교화로 인해 그 이익이 만방에 미쳐 사회 전체가 그 은혜의 연못에서 똑같이 목욕하는 평등주의이다. 이 때문에 동양문명이 서양문명과 견주고자 한다면 마땅히 그 병폐의 뿌리를 제거하고 또 이 새로운 씨앗을 뿌려 사회 구조의 방법을 반드시 새롭게 개혁하여 평등주의가 보급되게 해야 한다. 이러한 주의가 널리 행해지는 그 날이 되면 이로부터 발생하는 문명의 나무는 그 뿌리가 견고하게 서리고 그 가지가 길고 무성할 것이며 그 꽃이 곱고 왕성하여 영원히 썩지 않고 시들지 않는 커다란 열매를 맺을 것이다.

현재 20세기를 당하여 유럽 문명이 아시아 대륙에 차츰차츰 진입하고 있는 때에 지나·일본과 여러 이웃 나라들도 저 문명을 흠모하여 끌어들이는 데에 급급해하느라 겨를이 없을 정도이다. 법률·정치·문학·실업에서부터 의복·음식·주택·각종 풍속·세세한 인간사에 이르기까지 일체 온갖 것을 찾아내어 응용하는 상태가 중세 이후 중국〔漢土〕의 예법·풍습·온갖 절차를 숭앙하고 모방하던 것과 매우 비슷하다. 대개 이 중국 문명의 본래 근원은 상하 간의 현격한 차이에서 발한 것으로 조정의 귀족이 만든 문명이다. 그러므로 그 문명의 문명됨이 전적으로 귀족적 정신에서 나왔으니 온갖 사물을 마음대로 다루는 권능이 하나같이 귀족에게 있어 은덕의 혜택을 골고루 입히지 못한다. 그런데 이 문명의 계통을 이어 받은 우리나라 문명도 동일한 정신을 함축하여 평양에 조정을 정한 이래로 버드나무를 심어 자신을 약화시키는 제도를 시행하였고, 근대(近代)에 당(堂)에서 내려가 사색(四色)으로 등급을 나누는데 한 시대의 공권력을 사색이 독점하고 나머지 상민에게 사유권을 허용하지 않았다. 이로부터 전해 받은 일본의 문명도 역시 동일한 모양새를 드러내어 나라(奈良) 시대 조정에서 아름다움을 숭상하고 사치를 좋아했던 풍습과 헤이안(平安) 시대 도읍에서 일을 성대히 하고 겉모습을 꾸민 사적이 지금도 역력히 남아 있다. 근원을 끌어들였다가 동류가 되었기 때문이며 풍속을 좇다가 역시 동화되었기 때문이니 후퇴함을 책망할 것이 아니라 시대가 열리지 못한 탓으로 돌리는 것이 옳을 것이다.

현재 우리 동양은 서양의 평민적 문명으로 그 풍조가 휩쓸리고 있어 그 조류의 맹렬한 기세가 매우 드넓으니, 이 압도하는 기세에 물러서지 않고 용맹하게 나아간다면 옛날의 귀족적 문명사상을 한 주먹에 깨부수고 평등주의 문명의 새로운 결과를 이루기를 기약할 수 있을 것이다. 이는 우리 모든 동양의 동포에게 있어 이전에 없던 행복이요 가슴에 가득 담긴 희망의 서광이다. 비록 그러하나 나는 이 희망에 나아가 침착하고 편안한 심신(心神)을 가지고 남들과 그것을 함께 할 수가 없다. 혹 나에게 와서 그 까닭을 묻는 자가 있다면 나는 곧바로 풀어서 밝히노니, "그 문명의 본래 근원은 평민적 성질에 기인한 바이지만 그 유입(誘入) 방법이 어떠한가에 따라 혹 반대의 결과가 나타날 우려가 없지 않기 때문이다."고 하겠다.

그대는 불교가 점차 동방으로 전래된 결과를 보지 못했는가. 불교의 시조인 석가모니가 제창한 교의(敎義)의 주지는 '천상천하(天上天下) 유아독존(唯我獨尊)'이라 하였으니, '나'라고 하는 것은 '자아(自我)', '타아(他我)'의 나로서 그 뜻은 평등주의 하나에 있다. 석씨가 인도의 종족시대(種族時代)에 석란도(錫蘭島)에서 탄생했을 당시 사회계급이 몹시 공정하지 못해 브라만(Brahman) 계층의 존귀함이 천신과 같고 노역하는 무리의 비천함이 짐승과 같음을 보고 몹시 분개하였다. 그리하여 점차 새로운 일대 교의(敎義)를 창도하여 세간에 평등주의를 널리 펼치고 억만 중생의 슬픈 미래와 고통을 구제하고 뽑아내어 하늘이 부여한 능력을 완전하게 하고 극락세계로 이끌고자 하였다. 그 목적의 가상함과 그 용기의 웅쾌함을 천세 후에도 누군들 흠모하지 않겠으며 어찌 기억하지 않겠는가.

석가모니의 목적과 교의의 정신은 절대적 평등주의를 널리 펼치는 것이었다. 그런즉 교화가 미치는 곳에는 마땅히 평등의 복리(福利)를 받는 것이 이치상 반드시 앞서야 한다. 그런데 불교가 중국으로부터 먼저 우리나라에 들어와 행해지다가 일본으로 전래된 결과를 오늘날에 더듬어 살펴보건대, 불교가 그 불평등한 사회를 변혁시키지 못하고 도리어 불평등한 사회에 물들어버렸다. 온갖 사찰은 왕후(王侯)·귀인(貴人)의 장수와 복록을 비는 곳이요, 금붙이가 찬란히 빛나는 승려의 법의(法衣)는 귀족 집안에서 제공해준 것이다. 우리나라 금강산의 팔만구암자(八萬九庵子) 건축과 일본 나라(奈良)의 카스가야마(春日山) 대불(大佛)의 굉장함 등과 같은 저 성대한 비용이 어디서 나왔는가. 조세를 무겁게 부가하고 약탈을 자행하여 궁벽한 백성을 굶주림에 울게 하고 가난한 백성을 추위에 떨게 하였을 추정의 상상이 마치 눈앞에 보이는 것 같다. 이 어찌 변혁시키지 못하고 도리어 불평등한 사회에 물들어버린 것이 아닌가. 비록 그러하나 이는 결코 교의가 불공정해서가 아니라 실로 유입의 오류에서 기인한 것이다. 이는 석가모니의 가르침이 후한(後漢) 대에 유입되었을 때 천자가 먼저 믿었고 그 이후에 조정 신하와 왕후에게 미쳐 점점 서민에게 내려왔으니 어느덧 자연히 귀족의 종교로 변모했기 때문이다.

그런 관점에서 볼 때 현재 외국 문화가 엄습해오는 경우에 그 유입(誘入) 방법을 미리 판단하고 자세히 헤아려 근본적 추세를 바른 길로 인도하지 못하면 불교가 세속에 물든 것과 같은 사례를 면치 못할 것이다. 국제상 외교와 정치상 교섭으로 인해 외국문명에 깊이 물드는 것은 먼저 해당 국(局)의 벼슬아치 즉 귀족적 인물로부터 시작되니 이러한 방식으로 위로부터 아래에 미치는 경우에는 국가문명이 나아갈 길의 방향을 잘못 설정하기 쉽다. 사물에 있어서 자신의 분수와 다른 것을 먼저 취함은 인정상 자연스러운 당연한 일이다. 그러므로 문명국 제도 시찰원 중에는 자기 나라 화합의 실상을 제대로 깨닫고 유념하지 못하면서 귀족 대우의 특전과 화족(華族) 회관의 구조와 화족 여학교의 별도 설치 등의 일에 우선적으로 힘을 써서 말만 하면 반드시 문명국의 제도도 이러이러하다고 하면서 신진문명을 귀족적 성질로 이루어나갈 것을 주장하는 자 또한 없지 않다. 이로부터 의식주의 풍습과 예의범절에서 화려하고 사치스러움의 영광만 헛되이 일삼고 실용의 기상은 힘쓰지 않으니 평민사회는 이러한 문명의 범위를 마주한들 그 영광이 어찌 그들에게 있겠는가. 그러므로 외국 문화의 유입 초기에 상하가 모두 신중히 하여 근본적 실용평등주의의 성질을 놓치지 말고 다수의 권리를 증진하고 보호케 하는 것이 중요하다. 오직 우리 농방의 인사들이 옛날의 기풍을 모조리 쓸어버리고 자조(自助)의 정신과 자분(自奮)의 기상으로 자활자립(自活自立)하여 천고에 썩지 않고 만고에 폐하지 않는 평등주의 문명에 뜻을 두고 이루어나갈 수 있다면 어찌 아름답지 않겠으며 어찌 즐겁지 않겠는가.

소학교 교원의 천직(天職) / 호연자(浩然子)

무릇 국가의 발달은 민심의 통일을 필요로 한다. 통일은 주의(主義)를 예상하고 주의는 국체(國體)와 민성(民性)의 온전한 부합을 기대함을 대요(大要)로 삼는 것이다. 그러므로 예부터 위인(偉人)과 영걸(英傑)의 선비가 비록 국민 감화의 힘을 장악하여 시대를 잘 구가함으로써 국운(國運)의 발전을 도모해 이룩한 일이 있다고 하더라도 이는 성취를 기필하는 완정(完定)한 성질이 아니요, 또 우연하고 자연스레 생긴다고 하더라도 백년 천년 사이에 한두 사람이나 기대할 따름이니 그 목적의 완전무결함을 이루지 못할 것이다. 또 정치는 국가 발전의 목적을 위하여 영위되는 것이므로 그것이 요구하는 작은 법칙대로 움직일 힘이 있다고 하더라도 그 효과는 피상적인 형식에 그쳐서 근본적인 것을 뽑아낼 수 없고, 나라의 헌법과 법률로 한 차례 호령하여 국민을 단번에 아름다운 지경으로 인도할 힘이 있다고 하더라도 이것은 이른바 기계적 행위이므로 그 세력이 일시에 멈추어 영원한 아름다움을 기대하기는 어렵다. 그렇다면 무엇으로 국가 발달의 큰 목적을 이룰까. 나는 교육이라 답한다. 어째서인가. 다름이 아니라 교육이란 국민의 의식을 능히 근저부터 통일하여 그 국체와 민성에 적응하는 국민정신을 도야하는 대역량을 관장하고 있기 때문이다. 그렇다면 이 교육을 장악한 자는 누구인가. 소학교 교원이 아닐까. 오호라. 국본(國本)을 배양할 바른 길을 맞이하여 제2의 국민이 되는 수많은 아녀자를 훈도하고 양육하는 소학교 교원의 행복이여! 그대들은 영예의 천작(天爵)을 받아서 향유하고 무형의 월계관을 영유(領有)하였도다! 가령 그 지위가 비천하고 명망이 낮아서 봉급만 가지고 일가의 생활을 유지하기 어렵다고 하더라도 우리는 그대를 존숭하고 흠모함에 온 마음을 다 쏟을 것이다.

세상 사람은 통상 소학교 교원을 지목하여 학교선생이라는 존호(尊號)를 올리면서도 비웃음을 담은 격언의 소재로 삼는다. 아! 이것은 다만 금전상의 문제로 계산해본 것이 아닌가. 그릇되었도다! 잘못이로다! 소학교육은 신성한 것이 아니냐. 그런데도 세상 사람이 저들을 냉소와 모욕으로 대하는 것은 무슨 까닭인가. 반드시 저들이 부패하였기 때문이니, 아래에 그 대강을 기술하여볼까. 괴상하도다, 현재 소학교 교원들이여. 대개 언행이 경박하여 상업적 영리로 일신을 근신함에 정중한 행동이 없고, 자제를 교도함에 친애를 베풀지 않고 위협을 자행하여 순량한 유년(幼年)의 양심을 전부 나약하게 하고, 봉급 액수의 정도에 따라 진퇴와 출입에 일정한 법도가 없고, 속된 관리와 소인의 노예를 스스로 감내하여 위선적 현상을 드러내고 있다. 과연 이와 같다면 회피할 수 없는 사태요 부정할 수 없는 실책이니, 어찌 장탄식하며 눈물 흘릴 일이 아니겠는가. 그러므로 우리는 저들에게 정당히 훈계와 질책을 요구하겠다.

천지를 분간하지 못하는 아녀자와 사리를 이해하지 못하는 소년자제를 가르치는 것이 그 하늘에서 받은 벼슬이니, 반드시 학식의 드넓고 정밀함도 바라지 않고 식견의 드높고 재능의 뛰어남도 바라지 않지만 어느 정도 도(道)의 바름과 덕(德)의 높음을 바란다. 그리고 정미함을 궁구하여 얼굴의 윤택함과 등의 돈후함[1]을 이 소학교 교원에게 바라는 것도 아니요, 장차 우주를 집어삼키고 유명(幽明)을 크게 통하도록 하려는 올리브동산 선생[2]의 사적을 바라는 것도 아니니 단지 열성·친애·진지·자중을 소학교 교원이 지극히 애써야 할 것이다.

막대한 국가를 건설할 제2의 국민을 양성하는 것이 소학교 교원의 직분이니, 의당 국민의 선각자로 자임할 것이요 자제를 교도함에 입으로만 하지 말고 도(道)로써 하라. 옛사람이 이르기를 "나는 도로써 천하를 구원하리니 왕도(王道)와 패도(覇道)의 갈림길이 도와 손의 차이일 뿐이다. 술수로써 사람을 희롱하고 꾀로써 세상을 부리며 자기의 성의를 근본으로 말미암지 않고 일신의 실행을 근본으로 삼지 않음은 다 도로써 하는 것이 아니라 손으로써 하는 것이니, 도라고 하는 것은 심(心)을 근본 삼고 리(理)를 따름이라." 하였으니, 인물을 양성하고자 하는 소학교 교원이여, 이 말을 깊이 헤아리라.

교육의 목적은 인물을 양성함에 있지 부귀와 현영(顯榮)을 넉넉히 얻기 위함이 아니다. 대저 사람이란 정신과 보물을 아울러 보전할 수 없는 자이다. 만일 부귀를 이루고자 하는 자라면 교육 사업을 파기하고 차라리 미곡상이 되며 요릿집을 영업하라. 이와 같은 놈들이 신성한 소학교 교원의 직무를 가진 것은 교육계의 오욕이요 수모이니 속히 떠날지어다. 속히 떠날지어다.

---

1 얼굴이……돈후함 : 덕이 있는 사람의 모습을 형용한 말로, 『맹자(孟子)』「진심(盡心) 상(上)」에 보인다.
2 올리브동산 선생 : 예수를 가리킨다. 올리브 동산에서 예수가 승천한 바 있다.

　소학교 교원들이여! 그대들에게 통고하고자 한다. 봉급 3·4원이 부족하다고 취직과 퇴직을 무상하게 하지 말고 혹 4·5원이 증액 지급된다고 기뻐하지 말라. 삯일꾼이 임금 3전을 증액 지급받는다고 기쁜 눈물을 반짝거리는 것 같은 그 행동이 참으로 비루하지 않은가.

　다시 알린다. 그대들 중에 사리를 도통 이해하지 못하는 자는 사회가 도덕상 관용 하나도 그대들에게 허용하지 않는다고 불평을 토로하고 어리석음에 기운다고 하니 대관절 무슨 연유로 이다지도 깨닫지 못하는가. 과연 더불어 말을 나누지 못하겠고 우리 무리의 인사가 아니로다. 깊이 생각하라. 지금 세상은 당당한 한 나라의 이른바 재상(宰相)이라는 자가 주색(酒色)에 빠져 도덕상의 죄악을 범하더라도 감히 책망하여 처벌하지 못하는 사회가 아닌가. 이와 같은 죄악의 사회에서 덕행(德行)을 추구하는 자는 그대들뿐이니 그래도 낫도다, 그대들의 덕행이여. 저 유치한 사회가 도덕상 그대들을 한 나라의 총리대신 이상의 지위로 숭배하지 않겠는가.

　속악(俗惡)한 사회에서 좋은 대우를 누림은 그대들에게 치욕이요 사회의 핍박은 그대들에게 축복이요 학대의 소리는 그대들에게 광영이요 비난의 소리는 그대들에게 칭찬이니, 우리는 차라리 속악한 사회의 핍박을 공명(公明)한 천도(天道)로써 기쁘게 맞고자 한다.

　옛날에 알렉산더 대왕은 만고의 전략의 영걸(英傑)이라, 그 지력(智力)이 유럽·아시아·아프리카 세 대륙을 진동하였으나 디오게네스 한 사람을 움직일 수 없었다. 얼마나 대단한 완력·지력·금력을 어떠한 방법으로 아울러 사용하여도 끝내 움직일 수 없는 것은 우리의 정신과 의기(意氣)가 아닌가. 허위로 꾸미지 않고 진성(眞誠)으로 움직이는 것은 소학교 교원과 생도 사이에만 존재할 뿐이니, 저들은 진지하고 삿됨없이 선생의 언행과 명령을 공경히 받들어 어느 경우에도 이르려 한다. 오호라. 그대들은 사람이 지니는 최상의 감화력을 영유하였고, 또 이

역량은 일시의 피상적인 것이 아니라 진실로 근저에서부터 영원히 영향을 미친다. 아동의 순결한 뇌리에 깊이 각인된 사상과 감정이 저들의 자식과 후손에게 파급되지 않겠는가. 이는 모두 그대들의 이상을 반영한 것이니, 인생의 통쾌한 일에 이보다 나은 것이 또 어디에 있겠는가. 맹자(孟子)가 지락(至樂)의 일종[3]으로 헤아린 영재 교육의 성스러운 일이 비로소 생명력을 갖게 된 것이다. 우리도 비록 불초하지만 장차 소학교 교원의 영예로운 직분을 진실로 바라니 기회를 좇아 그대들과 함께 영재 교육의 사업에 열성을 다 바쳐서 이번 생을 마치고자 한다.

인간이라는 동물 / 김재문(金載汶)

큰 자가 작은 자를 넘어트리고 작은 자가 큰 자의 먹이가 되는 것은 자연계의 일반적 통칙이요, 강자가 약자를 쓰러트리고 약자가 강자의 제압을 당하는 것은 동물계의 보통의 정칙이다. 이러한 자연계와 동물계의 정칙에서 벗어난 이상의 한 동물이 있으니 인간이라 한다. 그 몸무게가 코끼리나 사자만 못하지만 코끼리와 사자를 부릴 수 있고, 그 몸길이가 고래나 악어만 못하지만 고래와 악어를 잡을 수 있고, 그 용력이 호랑이나 표범만 못하지만 그 맹악(猛惡)을 저지할 수 있고, 그 인내가 토끼나 말만 못하지만 이 말을 몰고 탈 수 있고, 몸에 날개가 없지만 공중에서 날 수 있고, 몸에 비늘과 꼬리가 없지만 자유롭게 대양을 횡단할 수 있다. 자신의 뜻을 속히 전하려고 하면 불과 몇 초만에 만 리 밖 이역의 사람과 쾌담을 주고받을 수 있고, 어두운 밤이면 기름을 만들어 점등의 편의를 취하고, 기름이 없으면 허공에 전기를 생성하

3　지락(至樂)의 일종 : 맹자는 군자의 세 가지 즐거움을 꼽았는데, 첫째는 부모가 다 살아 계시는 것, 둘째는 형제가 무고한 것, 셋째는 천하의 영재를 교육하는 것이다.

여 이용의 편의를 취하고, 추위가 극심하면 땔감과 숯을 캐어 따뜻하게 하고, 더위가 극심하면 저장한 얼음을 꺼내어 열기를 없앤다. 개인과 개인이 협동하기 위해 단체를 조직하고, 서로 침범하는 폐해를 방지하기 위해 법률을 제정하고, 지식을 증진하기 위해 교육을 실시한다. 즉 남녀의 구별과 장유의 순서가 있어서 위로는 공경으로 받들게 하고 아래로 자애로 돌보게 하며, 나라의 국왕이 있어서 인민을 다스리고, 백성의 무리가 있어서 제국(帝國)의 자리를 유지하며, 희노애락의 절제법을 관찰하고 다스리고자 도덕을 지식에 운용한다. 귀는 능히 미세한 음성을 듣고 분별해서 음경(音境)의 묘미를 깨치게 하고, 눈은 능히 온갖 형상의 풍경을 분석해서 온갖 미술품을 만들게 하고, 코는 능히 아름답고 추한 향기를 분별해서 위험에 다가가지 않도록 한다. 입은 단지 좋고 나쁜 음식의 맛만 구분할 뿐 아니라 그 사상을 발표할 수도 있고, 단지 발표할 뿐 아니라 친구 간에 유쾌한 말을 주고받게도 한다. 다리는 임의대로 거동하게 하고, 손은 자유롭게 만사를 택하게 한다. 일을 만드는 것도 묘하고 일을 되게 하는 것도 묘하니, 단지 묘할 뿐 아니라 기묘한 일을 시행하기도 한다. 이야말로 만물과 특별히 다르지 않지만 자연계의 더할 나위 없는 동물이 아닌가.

원숭이도 들을 수 있고 소나 말도 눈이 있다. 단지 원숭이 · 소 · 말 뿐 아니라 모든 동물이 다 들을 수 있고 볼 수 있고 맛 볼 수 있고 냄새 맡을 수 있는 기관이 있다. 하지만 이러한 동물들의 보는 법, 듣는 법, 맛보는 법, 냄새 맡는 법은 몹시 담박하니 단지 소리를 귀로 듣고 색깔을 눈으로 보는 데 불과하다. 인간이 만물을 보고 듣는 것은 동물이 보고 듣는 것보다 몹시 치밀하고 농후해서 단지 보고 듣는 것만이 아니다. 소나 말이 전깃불을 보는 것과 인간이 전깃불을 보는 것은 그 방법에 그다지 차이가 없지만, 인간은 단지 보고 들을 뿐 아니라 즉각 이 전깃불이 나오는 이치와 음성이 나오는 도리를 고찰하고 또 고찰하거니와 이러한 이치를 실제로 적용해서 인간이 요긴하게 사용할 거리를 제공할 수 있으니, 전신과 전등이 그것이다. 원숭이가 산수를 보는 것과 인간이 산수를 보는 것은 서로 간의 차이가 조금도 없지만, 인간은 단지 볼 뿐 아니라 그 취미를 이끌어낼 수 있고 단지 그 취미를 이끌어낼 뿐 아니라 그 끌어낸 사실을 지필과 모형으로 발표해서 우리의 눈앞에 제공할 수 있다.

동물의 이목구비와 인간의 이복구비가 그 구조성 전혀 차이가 없고 단지 대소의 차이만 있는데도 불구하고, 사람이란 동물에게 부착된 이목구비는 이와 같은 기변(奇變)과 묘술(妙術)을 작동시키고 다른 동물의 머리에 부착된 이목구비는 이와 같이 몹시 협소하고 담담한 것이다. 과연 어찌하여 이와 같이 천지차이가 나는 것인가. 다름이 아니라 이목구비가 부착된 뇌수의 완전성과 불완전성의 차이에서 기인한 것인즉 인간은 뇌수가 완전한 구조를 지녔기에 그 정신이 다른 동물의 정신보다 몇 등급이나 뛰어난 것이다. 어째서인가. 다른 동물의 경우 우리 인간처럼 서로 유사한 고귀한 정신이 없고 단지 일반적인 감각의 성질만 있기 때문이다.

인간이 만물의 영장이 된 이유는 이러한 정신 때문이다. 우리 인간의 작은 용기로써 코끼리와 사자의 용기를 제지하는 것도 이 정신에서 나오는 용기 덕분이요, 우리 인간의 작은 체구로써 고래・악어・곰・호랑이 등을 제압하는 것도 이 정신에서 나오는 민첩한 지식과 굳센 능력 덕분이다. 이와 같은 고찰이 분명하지 못하다면 우리는 이 귀중한 정신에 중점을 두어야 하니, 이 정신의 강인함과 인내력과 철저함과 농후함과 공명함에 대한 완전한 수양을 가장 중시해야 함을 알아야 할 것이다. 오늘에 우리는 체구에만 중점을 둘 수 없다는 사실을 깨닫기 시작하였다. 물론 체구가 허약한 자에게 온전한 정신이 깃들지 못하므로 육체를 허약하게 하라는 것이 아니라, 단지 육체에만 중점을 둔다면 마치 목면 자루로 감싼 생밤 같은 산물이나 프록코트를 입힌 허수아비 같은 허위에 지나지 않게 된다는 것이다. 슬프도다! 대한의 주인으로서 이러한 허수아비 상태로는 국가 건설의 대임을 도저히 짊어질 수 없으니 유의하여 주오! 이 정신을 확실히 수양한다면 체구도 자연히 굳세고 날래질 것이다. 고로 이 정신으로 비류강 가에서 당나라 이세민의 삼군을 전멸시키지 않았으며 한산도 석양천에서 왜적 10만 적선을 수장시키지 않았던가. '정신이란 금석 같은 단단한 것도 뚫을 수 있으니, 한 가지에 온 정신을 쏟는다면 어떤 일이라도 스스로 해결할 수 있다'고 한 것은 과연 선철(先哲)의 사리에 맞는 말씀이다. 슬프도다! 우리 청구(靑邱)의 걸출한 2천만 청년들아, 정신이 닿는 곳마다 두려워할 바 전혀 없나니, 이 정신으로 우리를 해치는 자를 물리치고 우리를 멸시하는 자를 없앨지어다. 타고난 영능(靈能)을 스스로 해쳐서 있는 능력도 없애 버리고 수수방관하고 고개를 숙이며 어리석게 앉아서 죽기를 기다리는 청년들의 유약한 정신을 개선하고자 관건이 되는 몇 마디 말로 조언하노라.

| 강단 |

학문의 목적 / 연구생(研究生)

우리가 학문에 종사하는 이유는 무엇이고 학문의 목적은 과연 무엇인가라고 묻는다면 이것이 범상한 질문이라고 하는 사람도 있을지는 모르지만 실제로 그렇게 쉬운 일이 아니다. 이 목적이 분명하지 못한 까닭에 교육의 방침에 동요되는 폐단이 생기고 국민이 학문을 대하는 수준이 누차 흥성하거나 쇠퇴하는 사태가 일어난다. 고로 우리는 분명히 그 목적이 어디에 있는지 연구해야 하는 것이다. 물론 교육이란 것이 복잡하므로 학문에 종사하는 동기는 결코 한두 가지가 아니다. 하지만 그 동기가 얼마든지 있다고 하더라도 그 가운데 최선의 자리를 선점하는 것이 무엇인지 결정하는 것은 매우 중요한 일이다.

우리는 왜 다수의 시간과 고액의 금전을 쓰면서 소·중·대학의 교육을 받는가. 그중에는 완전히 하는 일 없이 한가롭게 즐기는 것을 목적으로 하는 사람도 있을 터이나 대체로 대다수는 학문을 직업을 얻는 지름길이라 생각할 것이다. 분명히 말하자면 사람이란 장래에 사회에 서서 의식의 밑천을 얻으려고 오늘 학문에 종사한다고 할 것이니 옳도다, 이 말이여. 문명 각국에서 학문을 지닌 사람만큼 고등한 지위를 점유한 자가 없는 까닭에 우승열패의 경쟁장에 서고자 하는 자라면 오로지 학문만 수양한다. 그러니 오늘날 저 전문교육이라는 것은 분명 사람에게 직업을 가르치는 것이라 해도 무방하다. 이로써 보통교육에 이르기까지 입신출세의 최고의 수단이라고 생각하는 것조차 별 무리가 없는 형국이다. 그러나 세상의 부형 되신 이도 그 자제에게 배움을 닦게 함에 있어 어떤 철도나 회사에 자본을 내는 것 같이 여겨 학비를 주고, 학교 편에서 보더라도 최우선적으로 졸업생에게 입신의 길을 주는 것이 반드시 번영한다고 하니 이는 분명히 우리나라의 현재 학문계의 추세이다. 그런즉 학문의 목적이 과연 여기에 있는 것이냐.

나는 학문과 입신출세 간에 밀접한 관계가 있다는 것은 물론 인정하지만 이것이 학문의 제1 동기라고는 생각할 수 없다. 만일 부형이 자제에게 학비를 주는 목적을 그 자제의 입신을 주요하게 삼으면 고등교육을 받은 자의 수가 비상히 증가하는 날에 그들이 직업을 얻기 곤란함을 보게 될 때, 부형은 자제를 위해 그 자본을 투자해서 기회를 기다릴 것인가. 오늘날은 요행히 고등교육을 받은 사람이 소수임에 그 지위를 얻기가 용이할 터이나 다른 날 학문이 이처럼 효력이 없기에 이르면 형설(螢雪)의 노력을 쌓을 사람이 점차 줄어들지 아니할까. 남자교육을 논하는 것을 잠시 그치고 여자교육에 대해 다소 생각하고 논하고자 하는 바가 있다. 근래 우리나라에 여자교육설이 창출된 이래로 처음으로 혼몽을 얼마간 깨웠으나 아직 남자교육에 비하면 더욱 미미해서 헤아리는 바를 전혀 들을 수 없다. 그런즉 왜 여자교육이 진흥되지 못하는가. 이것이 다양한 이유가 있다고 하여도 나는 단언한다. 이는 다른 이유가 아니라 학문을 입신출세에 필요한 수단으로 사고한 것이 반드시 그 중요한 원인이다. 대다수의 여자에게 직업이라는 것이 필요 없고 또 입신출세라는 것은 흔히 다른 이유에서 오는 것이므로 학문의 발현이 아니다. 그런즉 부인에게 학문에 종사하게 함은 결코 자본을 투자함이 아니요, 거의 포기하는 것과 같으니 세속의 말로 "회계(會計)가 틀리다"는 말이 즉 여자교육에 적용할 말이다. 그런고로 세상의 여러 부형께서도 여자교육에 너무 열심히 하지 않거니와 여자 자신도 교육을 고마운 것이라고 생각하지 아니한다.

내가 전날에 경험한 바를 잠시 논하겠다. 한 여자가 경성에서 모 여학교를 졸업하고 지방 모 집안에 시집가서 청산유수 같은 영어는 반구절도 서로 나눌 기회가 없고 기타 물리·천문·논리 등의 학문은 일상생활에 수용할 수가 없음에 비로소 누누이 탄식하며 친구에게 학문의 무익함을 설명하고 또 시누이의 유학을 백방으로 방해한 일이 있다. 학문이 직접 실리를 수반하는 것으로 생각하는 사람은 반드시 위에서 진술한 것과 같이 실망하게 될 것은 면하기 어려운 일이다. 학문이 실상 귀중한 것이로되 재봉·세탁·취사 등의 실리를 부인에게 주는 것이 아니니 만일 학문의 목적이 직업이나 입신출세라는 실리에 있다 하면 학문의 불필요를 긱성할 사람의 수가 증가하지 않을까. 고로 나는 입신출세를 학문의 목적이라 함에 반대하기로 결심했다.

그런즉 학문의 목적은 사회에 마음을 다하는 데 있으니 다른 말로 하면 사회를 이롭게 함에 있다고 함이 어떠한가. 이를 일신의 명리를 구함과 비교하면 고상하고 또 곰곰이 생각해 볼 요긴한 말이다. 무릇 우리는 사회의 일부를 형성한 자이니, 사회에 손해를 입히는 것이 옳은지 이익을 주는 것이 옳은지 이 양자에서 벗어나지 않는다. 고로 우리는 사회에 마음을 다할 바가 있기에 학문에 종사함이요, 반드시 일신의 명예와 영달을 구하는 것이 아닌즉 나는 말할 것도 없이 이로써 학문에 종사하는 동기의 하나를 헤아려본다. 하지만 이를 목적의 최우선 자리에 두는 데는 감히 찬성하지 않는다. 어째서인가. 이 설 역시 어느 정도 학문의 목적을 실리에 두었기 때문이다. 만일 사회를 돕지 못하는 사람은 학문을 부지런히 닦지 않아도 타당한 일이 아닌가.

나는 예전에 미국 농아원 이야기를 들은 적이 있다. 어떤 진기한 청년이 있는데, 그는 2·3세 무렵에 귀머거리에 장님이 되어서 그 청력과 시력을 다 잃어 버렸다고 한다. 고로 단지 촉각에만 의존하는데 그 청년을 교양하기 위한 특별한 교사가 있어서 보통과를 가르친바 역사와 지리의 대의를 습득하고 수학의 산술과 분수까지 수료하였다고 한다. 저 병신청년에게 학문을 종사한 목적이 어디에 있는지 생각하면 학문의 목적이 결코 입신출세를 위함도 아니요, 사회에 진심을 다하기 위함도 아님을 지금 나는 단언할 수 있다. 여러분은 저 병신청년이 학문을 닦았다고 해서 독립된 생활의 주관을 도저히 인정하지 않을 터이지만 미국에서 이와 같은 청년을 교육함은 무엇을 위함인가. 혹은 저 청년을 교육하는 것이 무익한 일이 되리라고 하지만 미국인이 저 사람을 교육함은 저 사람을 심리학 연구의 재료로 삼기 위함이다. 그런즉 여러분의 근친 중에 만일 저와 같은 불구자가 있다고 가정하고 상상해보자. 그 사람이 도저히 독립생활을 할 수 없으며 사회에 유익한 일을 할 수 없는 이유로 여러분은 그 사람을 무학(無學) 속에 완전히 묻어버리겠는가. 나는 결코 저와 같이 불인정한 일을 하지 않을 걸로 믿으니 그런즉 저런 불구자에게도 교육을 베풀지 아니하지 못할 이유 중에 학문의 목적이 포함되어 있지 않은가. 다음에 이어 점차 설명할 것이다.

학문의 최대 목적은 자기의 능력을 충분히 발달시킴에 있으니 입신출세라든지 혹은 사회를 이롭게 하는 것은 단지 이에 수반되는 사물일 뿐이다. 근본적으로 우리 인류에게는 하늘이 부여한 능력이 있으니 이를 충분히 발달시키는 것은 자신의 목적이나 장래 사회의 목적이나 당연히 해야 할 바이다. 내가 지금 말하는 능력이란 심의(心意) 만이 아니라 체력도 포함되어 있는 것이다. 오늘에 이르러 통상 강조하는 지육·정육(情育)·의육·체육을 충분히 실시하는 것은 우리의 능력을 충분히 발달시키기 위함이다. 만일 학문의 목적이 여기에 있다고 한다면 나환자·광인·백치를 제외하면 그 누구도 학문에 종사하지 않는 사람이 있겠는가. 필연적으로 출세와 학문이 서로 동반된다고 생각한다면 귀족과 부호의 경우 학문을 존중할 필요가 없을 것이다. 어째서인가. 다름이 아니라 그들은 직업을 구해야 할 필요가 없으므로 그러한 수단으로 학문에 종사할 필요가 없기 때문이다.

나는 우리나라의 부호와 귀족 가운데 유명한 학자가 없음을 유감스럽게 생각한다. 무릇 학문에 종사하여 세상 사람들이 미처 발견하지

못한 진리를 발견하는 행위는 단지 사회를 이롭게 할 뿐 아니라 그 자신
도 그 외의 쾌락이 또 없을 것이다. 하지만 학문에 종사하는 과정에서
상당한 시간과 막대한 금전이 필요한바, 전국 최고의 학문 수준을 지닌
대학교수마저 금전의 마력을 이기지 못하여 오랜 시간을 소진해도 별
도의 생업을 하지 않을 수 없다고 한다. 그런즉 귀족과 부호는 의식으
로 인해 그 마음을 노곤하게 할 필요가 없으니 일신을 온 종일 학계에
던져도 별로 곤란힐 일이 없을 것이다. 이로써 보건대 귀족과 부호 중
에 세상을 놀라게 할 대학자·대발명가가 나오기를 바라는 것이 무리
가 아님에도 불구하고, 전국의 수많은 귀족과 부호 중에 학문의 종사자
가 거의 나오지 않는 이상한 현상은 과연 왜 일어나는가. 귀족과 부호
의 사고력이 일반 민중보다 떨어져서 그렇지는 않을 것이다. 나는 그
이유가 바로 학문을 직업 내지 입신과 처세의 수단으로 간주하는 국민
들의 오해에 있다고 생각한다. 설령 귀족과 부호라 하더라도 참으로
학문의 목적을 아는 자가 있다면 서구 국가처럼 이들 가운데도 대학
자·대발명가·대탐험가가 머지않아 나올 것이다.

　부호와 귀족 사회에서 학문이 융성하지 못하는 것처럼 노동자 사이
에서 학문을 닦는 사람이 드문 것 역시 동일한 이유로 나타난다. 이들
은 수족을 많이 움직여 먹고 사는 길을 찾기 때문에 학문으로 입신하는
자가 아니다. 그런즉 학문의 목적이 사람에게 옷과 먹거리를 제공함에
있다고 한다면 노동자가 학문에 종사할 필요가 결코 없을 것이다. 이에
대해서는 내가 처음에 한 말처럼 자신의 능력 발달을 학문 제일의 목적
으로 삼지 않는다면 노동자가 학문을 즐거이 닦을 시기가 도래하지 않
을 듯하다. 사람들은 노동자로 하여금 학문에 종사시키는 행위가 결국
무익한 일이 될 것이라 여기기도 한다. 그런데 노동자는 노동이 너무
힘든 나머지 학문을 닦을 용기가 없다고 하지만 국민 전체의 진보를
도모하고자 한다면 노동자라고 해서 배제하지 못할 것이요, 또한 노동

자는 온 종일 체력만 이용하고 두뇌력을 비교적 적게 쓰는 까닭에 이들이 단지 학문의 목적을 이해한다면 야삼경의 한 두 시간만 학문에 할애하는 것도 별로 곤란한 일이 아닐 것이다. 그런즉 학문의 목적이 명백한지 그렇지 않은지는 국민 전체의 진보 발달과 큰 관련이 있다.

구미의 문명국의 경우 어디든지 간에 학문이 융성하지만 동일한 문명국이라도 다소 취지가 색다른 바 있다. 영국인과 미국인은 학문을 실제 사물에 응용해 이익을 얻으려 함을 목적으로 삼는 반면 독일인은 학문을 학문으로 여기고 연마하는 까닭에 그 결과의 여하에 대해서는 크게 주의하지 않는다. 영미인은 학문으로 실리를 얻는 반면 독일은 진기한 보물처럼 여겨서 학문을 닦으니 내 소견으로 영미의 학문이 진흥하지 못한다는 것은 아니지만 도저히 독일인에게 미치지 못하는 형편이다. 독일인은 학문을 귀중히 여기는 까닭으로 학문에 비상히 충실하고 열심히 한다. 대개 독일인은 사람으로 비견하면 상품의 국민이 아니요 또 자만하고 금전적으로 빈곤을 넘어서지 못한 까닭에 족히 흠양할 바 없지만, 열심히 교육한다는 점에서 경탄하지 않을 수 없다. 그들은 영국인처럼 부유하지 못한 나머지 의식주가 몹시 검약하지만 자제의 교육에는 금액의 많고 적음에 상관없이 비용을 내어 보조한다. 그런즉 그들은 자제의 입신을 희망하여 그러한 것이 아니라 오로지 학문을 중요한 보물로 여겨서 인생에 두고자 함 때문이다.

나는 지금 독일인의 대표된 독일 황제의 사적을 진술하고자 한다. 황제는 비록 젊은 군주지만 세계의 귀인 중에 이토록 다재다능한 이는 또 없을 것이다. 정치에 대해서는 굳이 말할 필요가 없고, 군인·문학·음악·화가 등 온갖 비범한 기량을 다 갖추고 있다. 그 가운데 음악에 가장 흥미가 있는 고로 황궁의 인근에 황실 연극장 하나를 설치해 두었고 수시로 행차하여 감상하는 고로 황제의 전용석을 별도로 갖추어 두었다. 내가 들은 바를 살피자면, 황제가 친히 오페라-연극-를 만들어 배우에게 연기하게 하고 관람한 일도 있으며 또 러시아 황제에게 보낸 한 폭의 우의화(愚意畵)는 오로지 친히 입안해 화가에게 붓을 들게 하였다. 또 일찍이 프리드리히 델리취(Friedrich Delizsch)라는 학자를 궁중에 초빙하여 황후·황자·황제(皇弟)·대재상 등을 소집하고 그의 강의를 들었다. 델리취는 고물(古物) 학자였다. 하루는 바빌론 사상의 근원인 히브리 사상에 대한 문제를 제기해 강연하니 황제가 흥미진진해 하며 깊이 있게 상세히 들었다. 그 후 황제는 델리취를 한 번 더 궁중으로 불러 그의 강의를 다시 듣고 친히 그 문제에 대해 자유토론을 벌였다고 한다. 일국의 군주로서 정치학과 군사학에 대한 연구야 그다지 놀라울 일이 아니지만 음악·회화·문학 등의 사안에도 각별한 관심을 가진 것은 실로 놀라운 일이라 하겠다.

　한 걸음 더 나아가 황제가 그 황자를 교육함에 어떠한 방침을 사용했는지 잠깐 진술하면 독일 학문의 가치가 어떠한지 분명히 알 것이다. 첫째·둘째 황자는 육군이요, 셋째 황자는 해군이었다. 넷째·다섯째 두 황자가 베를린-독일 수도-의 근교인 프렌(plön) 농학교에서 농업에 종사할 때 두 황자 외 동창생 6인을 위해 토지 몇 평을 구매하였다. 여기서 곡류와 채소를 경작하고, 그 밖에 젖소 두 마리를 기를 수 있는 목장이 있는데 닭과 비둘기 및 여러 가금류도 길렀다. 두 황자와 친구는 전문가의 지도 아래 농업에 대한 실제 지식만 얻을 뿐만 아니라 경제상 그 사업의 효과도 기대하였다. 그 까닭에 경작지에서 생산한 것을 황실에 보내면 황제는 상당한 시가로 매수하되 만일 생산품 중에 그 질이 열등한 것은 무조건 가격을 깎았다. 그러니 황자는 전력을 다하여 배양에 근면하다가 이마와 뺨에서 흐르는 땀이 아래를 적시기도 하고, 음식이 필요할 때 그들은 경작지 안에 지은 작은집에 들어가서 커피를 마시거나 빵을 먹되 조악한 도자기 제품을 그 그릇으로 사용하였다고 한다. 이처럼 어떠한 방면으로 보든지 독일 황실의 교육은 학문으로 입신출세를 요구하지 않고 귀중한 보배로 삼아서 닦는다는 방침이 분명하다. 과연 독일의 융성은 토대가 되는 원인이 있는 것이다.

나는 학문을 보물에 견주니, 이는 다소 설명이 필요하다. 무릇 집안에는 일용물품 외에 필요한 물품을 보물이라 일컬으니, 예컨대 금병풍·진귀한 주발 그릇 등 예로부터 그 집안에 전래되어 온 고물이 그러하다. 이와 같은 보물은 한 해에 한두 번 밖에 쓰지 않고 창고에 보관한다. 만일 실용성을 기준으로 말한다면 이와 같은 진귀한 그릇은 전혀 가치가 없는 물건인데 세상 사람들이 이와 같은 보물을 소유하면 흡족해 하는 것은 무엇 때문인가. 원래 사람은 평소에 구비한 것보다 시급함을 생각하고 예비함을 요구하니 세상의 보물을 지닌 사람의 심리를 살펴보면 불시의 수요에 호응함을 동기로 삼는 것이 분명하다. 1년에 한 번 진귀한 손님을 초대할 때 가구를 가지고 성대히 꾸밈은 일종의 허영에 불과하나 주인 된 자는 좌우간 만족감을 느끼니 이와 같이 학문을 성대히 닦아서 얻은 자도 이를 응용할 기회는 적더라도 심중에 일종의 표현하기 어려운 만족감을 느끼는 것은 분명하다.

지금 다른 방면으로 접근하면 학문은 광대무변한 우주를 우리의 작은 뇌수에 압축해 쌓은 것과 같다. 우리는 하루하루 밖의 세계를 접해 그 아름다움을 찾고 진리를 구하니 진선미(眞善美)의 실상은 우리의 마음속에서 구함이 옳다. 밖의 세계의 진미(眞美)는 종종 완전히 은폐하는 수가 있으나 안의 세계의 진미는 영원히 우리와 공존하는 것이다. 지금 실제 비근한 사례를 들어 말하자면 노인이 점차 그 시력과 청력을 잃는 지경에 이르면 외부의 세계가 거의 사라진 것과 같은데 이러한 일을 당하여도 행복과 불행은 그 내부 세계의 여하에 의해 결정된다. 즉 장년기에 산수의 풍경을 널리 유람한 이는 노년이 되어도 종종 예전에 관람한 사물을 다시금 떠올려 장쾌한 기분을 느끼는데, 이는 실로 우리의 상상이 미치지 못하는 영역이다. 학문의 가치는 이와 같은 것이어서 그 광대함을 말로 다 표현할 수 없다.

인생의 목적은 어디에 있는가. 이는 쉽게 대답할 수 없는 문제이지만 다수의 학자가 말한 바에 근거하면 자기와 타인을 총괄해서 그 행복을 구하는 것이 우리의 목적이 될 것은 명백하다. 물론 행복이라는 것은 쾌락보다도 고상한 의의로 해석되므로 완전함에서 나오는 것으로 여길 것이다. 그런즉 가장 많은 행복을 받은 사람은 가장 많고 완전한 영역에 곧장 도달한 사인 까닭에 학문은 이러한 막대한 행복을 주는 것이다. 우리는 사정상 직업을 고수할 필요가 없는 경우, 혹은 직업을 얻지 못하는 경우도 있다. 그런즉 직업이나 사회에 마음을 다하는 것은 일시적으로 수반된 것에 불과하나 학문은 결코 그렇지 않다. 우리 인류 발달에 필요한 것도 되고 또 영구히 지속할 것도 된다. 그런데도 많은 청년이 학교를 졸업한 후에 학문을 포기하는 경우가 늘 있는 것은 학문의 진정한 가치를 제대로 깨닫지 못하였기 때문이다. 비록 어떠한 직업에 바쁘다고 해서 학문에 태만할 이유가 어디에 있으며 어떠한 공사에 분주하다고 해서 독서를 그만둘 구실이 어디에 있으랴. 직업이나 공사 같은 일시적인 일에 열중한 나머지 인생에 필요한 책무를 잊는 지경에 이르는 것은 실로 본말을 착오한 행동이 아닌가. 내 이에 학문의 목적을 논하는 것은 어서 속히 호학(好學)의 풍조가 우리나라에 발흥하기 바라는 이유에서다.

세계문명사 제1편 : 비문명의 인류 / 김낙영(金洛泳) 역술

원시인(原始人) (전호 속)

이러한 홍적층시대(洪積層時代)에 인류가 생식하던 것은 일찍이 유럽 여러 나라의 해당 층(層) 내에서 발굴한 뼛조각과 석기 등의 유물로 가히 충분히 확신할 수 있는 바이다. 이를 통해 미루어 고찰컨대 당시에 매머드(mammoth)와 같은 큰 짐승을 제어하여 그 생존을 유지한 인종이 일찍 멸종되지 않고 끊임없이 계속 전해져 오늘날 유럽의 인종이 된 일, 그 골격의 변경 없음이 흡사 홍적층시대의 순록(馴鹿)이 오늘날의 순록과 같은 일, 각 종족의 생존이 그 시대를 균평하게 하여 홍적층시대로 옮겨가기 전에 완전한 골격을 지녔으되 결코 열등한 인종을 대표하지 않고 단지 개화가 낮은 수준인 국민의 체격과 동일한 일, 현시대 유럽인종 중에도 그 순수한 원형을 유지한 자가 드물고 뒤섞인 종족이 된 일 등은 과연 확실하여 의심의 여지가 없다.[4]

지금 이러한 여러 종류의 유물을 관찰하여 홍적층시대의 인류생활을 상상하여 그 인문(人文)을 묘사해보건대 이 시대 인류는 매머드·오소리·영양·순록 등의 동물과 함께 삼림 혹은 바위굴 속에 서식하면서 이러한 야수(野獸)를 사냥하여 그 의복과 음식을 마련하고 수목의 뿌리·마디와 부싯돌로 못·화살·화살촉·창 등을 만들고 석재로 도끼와 망치를 만들어 필요한 곳에 사용했다. 그러다가 이 시대 후기에 이르러서는 가축의 사육이 보급되며 경작이 점점 행해져 말아서 빻은 밀가루로 떡을 만들고 탈곡한 삼 껍질로 새끼줄을 제작했다. 사람은 가족을 조직함에 아버지가 가장이 되어 절대적 권위를 차지하고 여러 종류의 분업도 남녀노소 간에 나누어 행하게 하고 조개껍질의 중심을 곧장 뚫어 짐승의 어금니를 나란히 잘 엮고 꿰어 전쟁 승리의 표장(標章)으로 머리 가에 장식하니 이상은 홍적층시대의 일화이다.

빙설(氷雪)시대 후기에 이르러서는 말뚝 공사로 만든 낮고 작은 집이 자연의 석굴로서 인류의 거주지가 되었고 여러 종류의 가구는 목판으로 제작하여 그 표면에 바퀴테나 나선 등의 문양을 조각하니 이는 후대

---

4 원문의 幾는 疑의 오자로 보인다.

미술의 융성함을 예시하였다. 지금은 죽은 자를 매장할 때에도 한 줌 흙으로는 만족스레 인정하여 받아들이지 않고 거대한 석재를 세워 그 묘표(墓標)를 만드니 이와 같은 묘표 중 오늘날 아프리카·아시아·유럽·아메리카 각지에서 발견되는 것은 그 수가 한 둘에 그치지 않는다. 이를 통해 원시인들 사이에 사자 숭배의 남은 자취를 알 수 있겠고 또 영혼불멸과 신을 존경하는 등 종교적 감정이 처음으로 싹트게 되었음을 알 수 있다. 돌조각을 충돌시키고 나무를 마찰시켜 한 번 인공으로 불을 지피는 방법에서 교훈을 얻은 이래로 생고기는 반드시 익히고 밀가루는 적당히 데워 먹었다. 흙을 구워 만든 그릇으로 사용도구를 삼고 금속을 주조해 만든 물건으로 솥과 냄비를 제작하여 필요한 곳에 공급하고 사용했다. 화롯가에 둘러앉은 단란한 가족은 자연스런 결과로 인심(人心)을 화합시키고 협동생활을 권장하는 데에 적지 않은 효력을 지녔던 것도 의심의 여지 없는 일이다.

금속의 작용은 인문의 발달에 새로운 시대를 획기적으로 이루어낸 것이니 처음 사용된 것은 동(銅)이다. 어째서 그러한가. 동은 자연 상태로 발견도 되고 또 설사 다른 광물 속에 섞여 있는 것이라도 쉽게 분해되는 바요 동과 주석의 합금은 경도(硬度)가 크게 증가하는 것이다. 그러므로 청동의 사용은 일찍부터 알았던 듯하다. 철의 경우는 단단하고 강고하여 제련하기가 쉽지 않기 때문에 그 사용방법을 늦게 알게 되었을 것이다. 그러나 귀중한 이 금속의 사용방법을 한 번 알게 된 이후로 인문의 모양새는 다시 일신(一新)을 더했을 것이다. 인류가 최초에 알았던 철은 추측컨대 운성(隕星) 안에 함유한 물건인 듯하니 그리스어로 '시데롯스(siderose)'-철-, '시데라'-별-와 이집트어로 '비아앤페트'가 다 동시에 하늘로부터 떨어졌다는 뜻을 지닌 것 등의 사례를 통해 대략 미루어 판단할 수 있는데, 원시인은 금속을 녹여 기물로 만드는 일을 일종의 이상한 기술이라 칭하여 화신(火神)의 신령스런 힘으로 돌렸다.

그리스 신화에 등장하는 키클롭스(Cyclops)라는 말은 바로 전설을 계
승한다는 의미다. 원시시대에는 인류의 거처가 일정하지 않고 동쪽 서
쪽으로 떠돌며 왕래에 정해진 곳이 없었기 때문에 물품의 교역이 융성
하여 한 부속(部屬)에서 발명한 것과 창시된 사물이 최초에는 좁은 범
위에서 번식했으나 전 인류에 전파되지 않은 것이 없었다. 그리스 최고
(最古)의 사학가 헤로도토스 씨의 저서를 상고해보건대 우랄 알타이 사
이에 거주하는 상인 집단이 금속 약탈물을 그리스에 수송하였다고 하
였으니 이는 원시인이 떠돌며 생활하던 시대에 그 자취가 끊어지지 않
았음을 알려주는 바이다.

금속 중에 철이 인류의 소유로 귀결된 후로는 인류도 이전의 인류가
아니므로 논할 것도 없이 석각(石角)과 뼛조각 등의 물건은 더 이상 의
지해 쓸 필요가 없어졌다. 또한 각종 기물을 임의의 형태로 제조하여
대칭과 선(線)의 미를 구비한 소박한 미술품도 점차 나타났으니 대저
말뚝 위에 건축한 가옥도 필시 이 시대의 산물인 듯하다. 이 말뚝 공사
의 시대에 관하여 헤로도토스 씨가 코카서스의 스키타이인을 지칭해
기술한 바 있으니 그 글의 내용은 다음과 같다.

프라시아스(Prasias) 호수 중앙에 긴 말뚝을 나열해 세우고 그 위에
작은 집을 지었는데 좁은 다리 하나가 있어서 육지와 통하게 하였으니
이 말뚝은 태곳적 시민들이 공동으로 만들어 세운 것이었다. 그 후에 하
나의 법칙을 세웠는데 사람이 만일 결혼할 적에는 그 신부를 위하여 3개
의 말뚝을 오르벨로스 산에서 베어내어 호수 안에 세우게 하였고, 사람
마다 말뚝 위에 각기 작은 집을 짓고 살되 집에는 아래로 내린 출입구
하나가 있어서 호수와 통하게 하고 어린 아이는 잘못하여 물에 빠질까
염려되므로 끈으로 둘러매고 가축 사육은 어류로 한다.

이러한 말뚝 공사의 사적은 그리스 사학자의 기록만으로는 확실히

알 수 없다. 그러나 1853년 유럽에 큰 가뭄이 들어 스위스 취리히의 물 수위가 낮아진 호수에서 수많은 옛 말뚝이 지면상에 나타나자 학자들이 헤로도토스 씨의 기사를 떠올리고 특히 주목하여 말뚝 내부의 물 밑을 탐색하여 부엌돌·목탄·도끼·냄비 등 각종 귀중한 유물을 채취하였다. 이 소문이 유럽 대륙 전역에 널리 퍼지자 각국의 인류학자·고고학자들이 다투어 여러 나라 호수를 탐색하여 지금까지 무려 200여 개의 말뚝 공사 유지(遺趾)를 얻었으니 이러한 유물과 유지에 의거하여 원시인의 상태에 관한 지식이 한층 더 확실해졌다.

이상과 같이 수중에 거주한 것은 과연 어떠한 이유에서 기인한 것인지 고찰하건대, 이는 외적과 곰·이리 등 야수의 습격을 방어하기 위함에 불과할 터이요, 호수 중앙에 집을 세우고 출입과 진퇴에 오직 한 줄의 다리를 제한으로 삼아 종횡으로 분주히 치달리는 방편이 없게 하고 또 사방에 물을 둘러싸게 하였은즉, 물에 젖어 축축한 곳이 매우 많으며 겨울철에는 그 생활이 매우 곤란함을 면치 못하였을 것이다. 이러한 곤란함을 인내하고도 수중에 거주한 사실로 고찰해보건대 당시 외적이 쳐들어오는 위해가 격심하였음을 상상해볼 수 있다. 그러나 인문이 점점 진보하고 사회의 체제상 구별이 점점 갖추어져 비교적 오래 지속적인 평화를 지켜나갈 수 있게 되자 말뚝 공사 위의 작은 집도 점차 폐기하고 중세기 말경에 평화를 회복하게 된 이후로 인민이 점차 산림 생활을 버리고 평원에 도시와 마을을 건설한 듯하다.

이상 원시시대 인류의 상태는 본래 상세한 것은 아니나 족히 그 대체적인 것은 기술했을 것이다. 만일 이것이 원시적 민족인지 또는 어떻게 해서 이른바 역사적 민족이 되었는지 간에 지구상에 존재한 민족은 반드시 인문상에 그 위치를 차지한 것이 아니겠는가. 이른바 자연민족과 인문민족의 차이가 오늘날 뚜렷이 분별될 것이니 이러한 구별이 어떻게 해서 생긴 것인지 또 자연민족의 생활 상태가 어떠한지는 다음

장에서 설명하고자 한다.

가정교육법 / 김수철(金壽哲) 역술

제3장 가정교육의 요건

가정교육의 목적에 따라 그 요건을 정하면 다음과 같다.

1. 무릇 교육을 행하자면 담당하는 교사가 필요한 것처럼 가정교육 역시 담당하는 인물이 있어야 한다. 그러므로 그 인격이 완전한 교육을 받은 자로서 풍부한 지식·융화된 감정·건강한 신체 등이 요구되는 것이다. 가정 조직의 부모는 실로 이 교육의 중심이니 어찌 이와 같은 자격을 예비함이 마땅하지 않겠는가. 또한 형과 누이는 이에 보조할 책임이 있으니 또한 교육을 시행하지 않을 수 없을 것이며 기타 노비에 이르기까지 같은 한 가정에 있는 자는 직접과 간접을 불문하고 아동의 교육에 영향을 미치는 점이 아주 많으니 이들의 선택에 미리 주의하지 않으면 안 된다.

2. 가정교육은 반드시 교육을 받는 생도가 있어야 한다. 가정교육의 생도는 소학교 시기 이전의 아동이다. 이러한 아동은 신체가 강장(强壯)하고 심의(心意)가 활발하여 외부의 저항을 극복하고 자연과 조화로 워서 온갖 지식과 경험을 닦을 능력이 있는 자여야 한다.

3. 가정교육은 반드시 시행할 적합한 장소가 있어야 한다. 아동은 수시로 외계의 사물과 접촉하여 천연의 풍광을 즐기는 기회가 있으나 그 시간의 대부분은 자기가 사는 집에 있다. 그러므로 주거는 자연의 풍광을 따라 공기의 청결함, 토지의 높음과 건조함이 무릇 위생에 적합한 땅을 고르지 않으면 안 되니, 즉 가옥을 건축할 때에도 이 각오를

미리 해야 하며 또한 가옥이 일종의 교사(校舍)가 된다는 것을 잊지 말아야 한다. 소학교 설비 규칙은 가옥 건축의 참고로써 제공됨이 마땅하다.

4. 가정교육은 일정한 방법이 없으면 안 된다. 즉 방안(方案)이 없는 교육은 앞뒤가 맞지 않고 사람마다 각각 일치하지 못하므로 아동의 사상을 혼란함에 이르게 한다.

5. 가정교육은 그 자료를 선택하지 않으면 안 된다. 아동이 심리적으로 적응할 수 있고 체력적으로 견딜 수 있는 자료를 골라서 아동으로 하여금 동화되게 하고 융합되게 하여야 한다.

6. 가정교육은 반드시 일정한 목적이 있어야 한다. 대개 방안이라 하고 재료라 하는 것은 그 목적에 따라 정할 것이다. 이것이 앞 장에서 이미 목적을 논한 까닭이다.

제4장 가정교육에서의 부모의 지위

가정교육에 대한 부모의 지위는 가장 중대한 관계를 지닌 것이니, 가정교육의 전부는 전적으로 부모의 수중에 있다 하여도 과언이 아니다. 부모의 지위 된 것이 이와 같이 중대하니 마땅히 그 책임이 가볍지 않은 것을 생각하지 않으면 안 되며, 이미 책임이 무거운 것을 안다면 또한 어떻게 하면 부모 된 직무를 다할 수 있으며 어떻게 하면 선량한 가정교육을 시행할 수 있을까 이것이 장차 일대 연구할 문제일 것이다. 부모 된 자는 오직 아동을 양육만 하면 족하고 도덕적 훈련·지식의 부여와 같은 것은 훗날 소학교에 의뢰함이 마땅하다고 한다면 무엇이 다른 동물과 다를 바가 있으리오. 오호라, 고등한 기관을 지니고 영묘한 정신을 지닌 인류로 하여금 아주 중요한 최초 수년간을 자연에 방임하여 전혀 돌보지 않게 한다면 이에 따라 기관이 운전을 멈추고 정신이 위축되리니, 만약 훗날 어떠한 고난이 있어도 회복하기는 만무할 것이다. 본디 아동의 장래 운명은 실로 유치(幼稚)의 시대에 있다고 할 것이다. 유아가 태어날 때 이미 훈련에 적당한 도야성(陶冶性)을 지니고 있고 교훈을 추구하는 소망을 지니고 있음은 예로부터 전래된 설을 보든 아동심리학의 지침을 보든 우리의 경험으로 검증하던 간에 분명한 사실이다. 그럼에도 부모 된 자가 이를 전혀 고려하지 못한다면 어찌 탄식할 노릇이 아닌가.

현시대의 부모 된 자의 정태를 살피건대 태반이나 이러한 경우에 있지 않은 이가 없다. 오호라, 오늘날에 있어 가정교육의 완전함을 욕망할진대 먼저 이 수뇌가 되는 부모의 교육에서 시작하지 않으면 안 될 것이다. 이것이 어찌 지난한 일이 아니리오. 그 부모가 이른바 그 아이를 사랑하며 그 아이를 알며 그 아이를 믿으며 그 아이를 생각한다고 하나 결코 저와 같이 사사로이 치우쳐서는 도저히 그 아이를 교육시킬 수 없을 것이다. 대개 진심 어린 사랑은 경복(敬服)을 얻으니 경복을 얻으면 권위를 행하여 그 아이로 하여금 우리 이상에 도달케 할 수 있으며, 진심 어린 앎은 아동의 개성을 알 수 있으니 개성을 알면 이에 적합한 교육을 시행하여 아동으로 하여금 그 천재를 발달케 할 수 있다. 깊이 믿을지니 믿으면 가르치는 바가 절실해지고, 넓게 생각할지니 생각하면 장래를 고려하는 바가 두터워질 것이다. 이상의 여러 요소는 부모 이외에는 구할 수 없는 것이다. 이와 같이 부모는 그 아이에 대하여 무한의 책임으로 교육해야 하니, 아비는 항상 권위의 측면을 나타내고 어미는 자애의 측면을 보여 양측이 서로 아울러 선량한 교육을 부여함으로써 처음으로 소학교 교육의 기초의 형성에 이를 것이다. 안타깝도다, 만약 아동이 그 부모 하나를 일찍 잃는다면 이보다 더한 불행이 무엇이리오. 더욱이 양친을 잃게 된 자는 어떠하랴. 사념이 이에 이른다면 어찌 부모 된 자로서 우리 신체의 양호(養護)에 힘씀은 물론이고 미리 그 아동의 연구에 종사하여 화기애애한 가정을 구성하며 아동심리학·아동위생학·유전심리학 등에 통달하여 이론과 실제를 부합시켜 그 귀중한 임무를 도맡

아 함이 옳지 않겠는가. 이제 소학교 교육을 위하여 국가가 각종 설비를 만들며 교육의 이론과 방법을 연구하나 가정이 이를 전혀 도외시하니 이것이 실로 교육사업이 일어나지 않는 일대 원인이다. 학교교육의 기초가 되는 가정교육을 방임함은 하루도 용납될 수 없으니, 부모 된 자는 마땅히 분발하여 이러한 이론을 추구하고 방법을 성찰하여 실제에 응용하기 위해 애쓰지 않으면 안 될 것이며, 국가 역시 이에 대한 설비와 방법을 강구하는 것이 국민교육의 최대 급선무일 것이다.

제5장 가정교육에서의 조부모와 형제의 지위

부모 다음으로 중요한 것은 조부모와 형제의 지위이다. 조부모의 애정은 부모보다 아득히 돈독하니 연령이 어리고 경험이 부족한 아동에게 필요성이 더 크다. 대개 조부모는 자애에 치우친 나머지 다소 폐해가 없지는 않지만 유아의 교육을 꺼려하며 번거롭게 여기는 부모에 비한다면 장래의 교육상 동일선상에 두고 논할 수는 없을 것이다. 세속에서 간혹 노파의 교육이 그 가치가 떨어진다 함은 이러한 예의범절의 측면으로 피상적 견해를 취한 것이지 진실로 아동의 심정을 통찰하여 평가한 것은 아니라 하겠다. 조부모의 손으로 양육된 아동은 간혹 고집과 난폭 등에 빠질지 염려되지만 확실히 그 성질은 넉넉하여 진취의 기상이 있을 것이니 한갓 억압으로 육성되는 것보다는 나을 것이다. 그러므로 조부모 또한 가정교육상 없어서는 안 될 자이다.

형제 간의 관계 역시 절실한 바 있다. 특히 형과 누이는 가정교육상 부모의 보조가 되는 자이다. 그러므로 부모가 없을 때는 그 형과 누이가 교육에 대리 종사해야 하니 어찌 그 지위가 심히 무겁지 않으리오. 대개 가정의 요결(要訣)은 가정의 화락에 있으니, 가정 조직의 주요 부분은 형제 간의 화합을 특히 주요 임무로 삼는다. 가정의 화락이 아니면 일가의 통일이 문란해져 원만한 교육을 도저히 시행할 수 없을 것이다. 『시경(詩經)』에 이르기를 "형제가 한자리에 모여 화락하고 또 친근하네. 처자도 마음이 잘 맞으니 거문고를 연주하듯 하네."〔兄弟旣具, 和樂且孺, 妻子如鼓琴瑟〕라고 하니, 이는 부모 된 자가 하루도 잊어서는 안 되는 명언이다.

제6장 가정교육에서의 노비의 지위

중산층 이상의 가정인 경우 보모·아이 돌봄이·하인·하녀 등을 부리는 데 필수적인 요소가 있으니, 이들 노비 또한 아동교육상 얼마간 영향을 미침을 고려하지 않을 수 없다는 것이다. 통례로 노비는 아동에게 접근할 기회가 많으니 저들의 편벽한 습관으로부터 언어·행동에 이르기까지 거의 다 감화를 준다. 그런즉 어찌 노비를 선택하는 데 십분 신중하지 않으리오. 만약 선량한 노비가 아니라면 차라리 두지 않음만 못하니, 가사의 불편은 일시적이요 아동의 감화는 영구하지 않은가. 그러므로 그 경중을 결단코 헤아리지 않으면 안 될 것이다.

제7장 가정교육에 대한 소학교 교사의 지위

가정교육의 수뇌는 부모에게 있고 그 보조는 조부모·형제·자매 등의 가족에게 있다. 하지만 이들은 그 지위를 십분 이해하지도 못하거니와 설령 이를 안다고 하더라도 무교육자가 많으므로 도저히 방치해 두어서는 안 된다. 가정교육이 소학교의 기초가 되는 것은 앞 장에서 누차 논한 바와 같거니와, 소학교 교사 된 자는 가정교육에 대해서도 전연 그 책임이 없다고 할 수 없을 뿐더러 대단히 진력할 데가 있다고 하겠다. 대개 기초가 강고하지 못하면 시행하는 교육도 그에 따라 미약해지니, 나는 소학교 교사 여러분에게 그 책임을 묻고자 한다.

소학교 교사가 연구하는 바는 다만 아동에서 벗어나지 않으니 마땅히 그 심의(心意) 발육의 상태·신체 발달의 순서 등에 통달해야 한다.

또한 애초에 가정교육의 엄격한 의의를 연구한 적은 없어도 비교적 진보된 지식을 지니고 있다. 그런즉 수시로 가정을 순회하여 그 방법을 알리고 부형을 모아서 강의를 통해 여러 방법을 지도할 바 있으면 어찌 그 이로움이 적다고 하겠는가. 오호라, 여러분이 취할 직무가 번다한 나머지 도저히 여유가 없겠으나 오늘날 국가교육을 위하여 다시금 한 층 더 수고하여 교육상 필수의 사항에 대하여 충실한 고문(顧問)의 임무를 다하지 않으면 안 될 것이다.

제8장 이상적 가정

오호라, 가정 조직의 난잡함과 그 기풍의 퇴폐함이 오늘날보다 심한 적은 없었다. 이와 같은 가정에서는 교육의 목적을 도저히 달성할 수 없다. 그러므로 선량하고 유효한 교육을 시행하고자 한다면 우선 가정의 개선부터 최대 급선무로 삼아야 하고, 아울러 가정을 개선하고자 한다면 그 퇴폐한 지경에 이른 원인부터 연구해야 한다. 이제 우리의 견해로 추측해보자면 그 원인이 적지는 않지만 대체로 가정을 주재하는 자가 권위를 확립하지 못하거나, 가풍 내지 가헌(家憲)이 확립되지 못하거나 가정 조직이 통일되지 못하거나 퇴폐한 사회 풍조에 감화되거나 하는 것 등이 그 주요 요인이다. 그러하니 이와 같은 병통의 원인을 제거하여 그 회복을 도모해야 하지 않겠는가.

1. 일가를 주재하는 아비 된 자의 권위는 능히 그 일가를 통어(統御)함에 족하다. 그러므로 그 명령에는 다 복종하지 않는 자가 없으며 또한 그 지휘에는 한 사람이라도 감히 저항함에 이르지 못할 것이니 이는 실로 선량한 가정의 한 요소가 됨을 놓쳐서는 안 될 것이다.

2. 가풍 및 가헌은 한 가정을 지배하는 중요한 사상이다. 그 가정의 일원이 된 자는 반드시 이에 복종하고 이에 준거하여 행동하지 않으면 안 된다. 대개 각 집안에 따라 다소의 차이가 있으나 그 조부(祖父)를

숭배하며 그 유업을 계승하며 그 명예를 훼손치 아니하며 그 유덕(遺德)을 실추시키지 아니하고 더욱더 자가(自家)의 장래 행복을 꾀함으로써 가명(家名)을 드높이고자 함은 어떤 가정을 막론하고 정녕코 그 가풍 혹은 가헌에 있는 것이니, 그런즉 그 주재자가 먼저 자기로부터 이를 지키고 가족으로 하여금 이를 따르게 함이 마땅할 것이다.

3. 가풍이 이미 확립되면 일정한 조규(條規)와 정제된 질서가 따라서 생기니, 이에 따라 가히 일가를 통일해야 한다. 일가를 통일하면 안으로는 화합하고 밖에 대하여서는 강하여 쾌활한 가정을 필연적으로 출현할 것이다.

4. 현재의 사회는 도덕이 땅에 떨어지고 사풍(邪風)과 악습이 안에 가득하거늘, 이러한 데에 서서 홀로 가정의 선량을 바람은 어찌 지난한 일이 아니리오. 그러나 일가를 통일하여 수장이 권위를 행하게 되면 가히 사회의 풍조에 휩쓸리지 않게 된다. 즉 가정에 대하여 사랑을 통합의 중심으로 삼아 가족의 단란함으로써 화기애애한 생활을 영위하면 사회의 해독도 이에 침투될 여지가 없는 지경이 될 것이다.

이상에서 거론한 병통의 원인을 제거하여 특별히 가헌을 확립하고, 다시 엄정한 아비의 권위와 교육이 있는 어미의 자애로 교육의 인도를 더하고, 건전한 형제자매의 건전한 우정으로 화합하고 온량한 노비의 보조를 받아서 조직된 가정이어야 우리가 말하는 이상적인 선량한 가정이라 할 수 있을 것이다. 그러므로 우리는 세상의 모든 가정을 이 정도까지 진보 발전시킬 교육을 평생의 사업으로 삼는 것이다.

역사담 제15회 : 크롬웰전(3) / 역사가[Der Historiker]

당시 찰스 1세가 부왕을 계승하여 등극하였다. 언변이 걸왕(桀王)보다 뛰어나고 지혜가 주왕(紂王)을 겸비하며, 계교가 조조(曹操)를 능가하고 재간이 도척(盜跖)보다 뛰어나서 부왕 제임스 때에는 재상 버컹검과 일치하여 미첼(Francis Mitchell) 경(卿)을 탄핵하여 민심을 사로잡고 크게 환영 받았다. 이에 온 나라가 다 황태자에게 희망을 품고 열렬히 환호하였더니 이른바 믿는 나무에 좀이 나는 격이었다. 1625년 3월에 찰스가 즉위하여 제1회 국회를 소집함에 상하가 다 만반으로 폐정의 혁신과 재정의 정리와 국위의 발양과 종교문제의 낙착에 원만한 결과를 얻을 줄로 여기고 기쁨을 이기지 못하였다. 그러나 사실이 완전히 상반되니 영국 전역이 분노하고 한탄히여 이 날 폭군에 대한 원망[5]이 사방에서 일어났다. 그때 국회에서는 코크와 엘리엇 같은 늙은 신사 등이 백발을 휘날리며 격렬한 항의서를 제출하였고, 라이크스(Lykes) · 세이모어 등은 혈기를 이기지 못하여 위험한 사상을 고취하였고, 온건하고 노회한 핌 씨와 웅변이 장황한 알로리(Allori) 등은 언론을 한번 열었지만 와룡이 앉아서 시름하고 비룡이 웅크려 읊조리는 격이었다. 위엄으로 가득한 국회의 햄프든(Hampden)과 매서운 말재주를 당할 수 없는 아담 등도 꾀꼬리처럼 나오니, 모든 새가 감히 넘볼 수 없는 유명 인사였다. 전 국회가 한 마음으로 왕의 총신(寵臣) 버킹검 공을 공격하기를 "왕은 어째서 국회의 찬성을 얻지 않고 프랑스 정부와 결혼하였으며 어째서 프랑스 신교 작멸에 군함을 대여하였으며, 어째서 구교를 우대하고 신교를 학대하십니까?"라고 하고, 그 가운데 세이모어는 전 국회의원을 대표하여 큰 소리로 외치기를 "실정(失政)의 과오는 돌려야 할 곳으로 돌릴 것이니 버킹검 공은 왕의 신임하는 바라 불가불 죄를 물을 것입니다."라고 하였다. 이와 같이 첫 번째 국회는 해산 명령을 받았다.

다음 해 국회에서 한층 더 격렬한 충돌이 일어났다. 국회는 외교의

---

5 폭군에 대한 원망 : 『서경(書經)』 「탕서(湯誓)」의 "이 해는 언제나 없어질까. 내 너와 함께 모두 망했으면 좋겠다."에 보인다. 이는 하(夏)나라의 마지막 임금인 걸(桀)이 매우 무도하므로, 백성들이 그의 학정을 견디지 못해 차라리 그와 함께 죽고 싶다고 한 것이다.

실책과 재정의 문란과 공무의 해이에 대하여 조사위원을 선정하니 버킹 검의 탄핵안에 이르러 위기일발이었다. 찰스 1세는 자신의 총신의 세력 이 쇠퇴하여 고립된 상태를 보고는 곧 체포령을 내려 엘리엇과 디기스 (Dudley Digges) 등을 런던의 지하 감옥에 가두었고 마침내 국회 해산을 명하였다(1626년 6월 15일).

1628년 총선거 때 크롬웰은 같은 시에서 대의사로 선출되었다. 이미 30년간 침묵을 지킴에 날아서 하늘에 치닫고 소리로 사람을 놀래킬 큰 뜻을 드러내려 한 그는 자신의 천직에 대한 의무에 성심을 다하려 한바 표연히 고향을 떠나서 런던에 들어가서는 2월 21일 연설대에 섰다. 몇 마디를 시도하였으나 천성이 눌변이요 태생이 향신(鄕紳)이라 만장의 의원들이 웃음을 참아야 하는 상황이었다. 딕비(George Digby) 경은 기 이하게 생각하여 햄프든에게 "그는 어떤 사람인가?"라고 물었다.

햄프든은 대답하기를 "나의 생질 크롬웰입니다. 비록 외모는 야비하 지만 건전한 사상과 강고한 의사와 견고한 정신과 고상한 신앙을 구비 한 자입니다. 오늘날 영국의 상황에서 굳세게 혁신에 종사할 자는 이 사람 말고는 없습니다."라고 하였다. 오호라, 햄프든이여. 당시 영국에 말이 많고 격정이 있는 신사가 없지는 않지만 경천위지(經天緯地)할 정 도로 걸출한 인물은 희소했다. 만일 이 남아가 아니면 어찌 간교한 찰 스와 흉포한 왕당파를 멸하고 조류를 선회하였겠는가. 당시 크롬웰은 예수가 가나안을 떠나고, 마호메트가 아라비아에서 궐기한 것처럼 분 연히 수만 번 나아가 창생을 구제하기로 결심하였다고 한다. 이번 국회 역시 일이 뜻대로 되지 않았을 뿐 아니라 민당의 수령인 웬트워스 씨가 권리 청원서를 올렸다가 도리어 정회(停會)를 당했다. 당시 발화점이 이미 임박하여 민정(民情)이 소란하고 자객이 횡행하니 버킹검 공 등 몇 명이 다 암살되었다. 얼마 지나지 않아 주왕(主王)과 인민의 사이가 직간접을 막론하고 서로 부딪히니 눈썹에 불이 붙은 것처럼 위급한 상황이었다. 국회의 같은 회기가 정지되기 전에 일대 기이한 광경이 있었다. 엘리엇 씨가 안건을 제의하기를 '국왕의 실정을 국민에 공포하자'하니, 찰스가 근위병을 파견해 안건을 제의한 의원을 체포하여 결의안을 파괴하려 하였다. 하지만 국회가 즉시 눈치채고는 의회의 문을 닫아걸고 만장일치로 성안(成案)하였다. 그 후 빗장 여는 소리가 들리더니 근위병들이 벼락불처럼 들이닥쳐 엘리엇·홀스(Holles)·셸튼·롱·밸른타인·스트로드(Strode) 등 여러 명사를 체포하였디.

> 우국애민지사는 그 사람이 감옥에 있어도 정토(淨土)에 있는 것과 마찬가지임을 볼 수 있도다. 아! 이 누란지위(累卵之危)의 시기에 처하여, 조국에서 거짓 지사의 풍조를 꾸미지 않고, 세상을 현혹시켜 명성을 훔치지 않으며, 명예를 사고 팔아 작위를 탐내지 않고, 능히 진실된 마음과 붉은 피로 우리 이천만 동포를 위해 가마솥에 들어가는 것도 사양하지 않을 자가 과연 몇 명이나 있겠는가.

당시 크롬웰이 이 국회에 참석하여 이 광경을 일일이 상세히 보고는 국회의 불규칙과 주권의 불법 행위에 무한한 불평과 분노와 비통함을 이기지 못하여 숙연히 고향에 돌아가 은거하였다. 이 날 후로 헌팅던 전원은 크롬웰의 한 이상세계이고, 성경의 복음은 그가 어떻게 실현해야 할지 보여주는 연구의 장이었다.

그러나 하나님이 어찌 그로 하여금 소부(巢夫)의 유풍(遺風)과 자릉(子陵)의 자취를 이어서 일생을 편안히 보내게 했겠는가. 왕당파가 제 마음대로 날뛰는 짓이 나날이 심해지고, 청교도에 대한 잔혹한 박해가 나날이 넘쳐나며 악마의 분노의 아우성이 죄악을 더욱 키우며, 비의(非義)·비도(非道)·부정·부덕의 세력이 정의·정도·자유·권리를 적극적으로 속박할 뿐만이 아니었다. 대륙의 역사를 돌아보건대 신교도와 구교도의 싸움이 일어나지 않은 날이 없었다. 소위 30년 전쟁 동안에 유명한 명장 와렌슈타인(Wallenstein)은 자객을 만났고, 용감무쌍의 구스타프 대왕은 전진(戰陣)에 목숨을 바쳤으며, 각국 군주들이 마음이 얼고 담력이 식어서 모든 백성들이 동서(東西)로 유랑하던 시대였다. 어찌 하나님이 크롬웰로 하여금 공연히 침잠하게 했겠는가. 천하가 그를 기다린 지 오래며, 시세가 그를 기다린 지 오래도다. 세상을 바라보고 시대를 기다리는 자야말로 참된 성공의 영웅이요, 크게 분노하고 적게 움직이는 자는 바로 망국의 대부(大夫)이니, 모든 이는 이를 세 번 생각하여 이 정신적 제국을 굳게 하고 몇 번이고 기다려야 하며, 이 심령(心靈)의 국민을 보존하여 우선 참으면서 다소 분발한다면 대한 황실의 운명에서 그 태평성세를 넉넉히 잘 이룰 것이다. 헌팅던 전원에 무형의 폭발탄이 떨어지고 크롬웰의 심령에 정신상 성교(聖敎)가 비추었도다. 이때였다, 때는 다시 오지 않을 것이었다. 하나님의 명령을 받으러 창생의 생명을 구제하러 이 세상에 울음 우는 소리로 슬프게 탄식하던 저 남아는 어디로 갔는가. 모세와 야곱의 건전한 사상을 사모하던 이 언덕아!! 예수의 헌신적 행위를 신앙하던 청년아!! 때가 되었다. 때가 되었다. 어서 어서 일어나소. 천리의 오추(烏騅)[6]는 가는 버드나무에 부르짖고, 만금(萬金)의 언월(偃月)은 벽 위에 걸렸네. 일어났는가, 유물실천주의(唯物實踐主義)의 크롬웰아. 깨어났는가, 신천행사(身天行事)의 올리버야. 내가 너의 충실한 사적(事蹟)을 쓰기 전에 네가 박사 헤아드[7]에게 보낸 너의 현명한 정신을 대표하는 편지를 우리 동포에게 소개하겠다.

(1) 나는 항상 하나님의 뜻을 받들어 가장 건전하게 활동함을 바란다. 예수의 헌신적 행위는 심히 내 마음의 생각을 암시하오. 나는 일신을 성신께 헌상하여 내 천직을 실행하고자 합니다. 헌신적 의사가 아니고, 실

---

6 오추(烏騅) : 항우의 애마로 알려져 있다.
7 헤아드: 미상이다.

행적 정신이 아닌 것은 비록 건전하다 하나 장님의 다섯 빛깔 색이며 귀머거리의 종과 북이다. 아는 이를 원치 아니하오.

(2) 하나님은 내게 무한한 천직을 주셨으니, 나는 이 무한한 책임과 무궁한 활동에 몸과 마음을 다하여 이바지하고자 합니다. 그런데, 먼저 극기(克己)할 수밖에 없을 것이며 다음에는 온갖 고난을 없애야만 할 것이니, 야곱의 견인(堅忍)은 나의 견인이며 야곱의 반항은 나의 반항이오. 하나님의 의사를 엿보아 알 수 있을 줄로 자신하고 매 초하루에 경건한 기도로 가장 건강한 마음을 주심을 성신께 감사합니다.

아, 올리버 크롬웰아. 네가 이와 같이 혈로(血路) 하나를 열어 하나님의 광명을 받았구나. 나올제, 유아불굴(唯我不屈)의 수명아(受命兒)가 부르네. 유물실천(唯物實踐)의 교화걸(敎化傑)이!

눈부신 듯한 1635년에 여섯 말이 철로 된 경계를 지남거(指南車)처럼 달려들어 큰 폭탄 하나가 울렸네. 그 사건은 어떠한 연고인가. 곧 찰스의 독단주의로 유명한 선박세 사건이라 칭하는 것이다. 조령(詔令)을 하달하여 임의로 징세하니, 일반에서 시끄럽던 차에 또 전제(專制)의 행동을 한층 더할 뿐 아니라 공연히 일이 없는 데에 일을 내어 스코틀랜드의 종교를 공격하고 커다란 박해를 가하므로 스코틀랜드 청교도의 격앙이 극단에 달하여 반기를 들게 되었다. 이에 왕은 관군을 파견하여 진압하고자 하다가 여지없이 패하고, 스코틀랜드 반당(反黨)은 승기를 타서 적을 추격하여 영국 진영에 주둔한 뒤 선언하기를 "만일 왕이 국회를 소집하지 아니하고 이전대로 전제정치를 행한다면 런던으로 입성하겠다."고 하였다. 이에 찰스는 울며 겨자 먹기로 재정상 큰 곤란과 스코틀랜드의 반항을 전정시키기 위하여 부득이 국회를 소집하니, 이것이 소위 단기국회로서, 1640년 3월에 개회하여 5월 5일에 해산하였다. 왕이 금번에도 또 국회를 유린한다는 국민의 여론에 어찌할 수 없어 동 11월 3일 재차 국회의 개원식을 행하니, 이것이 소위 장기국회이다.

금후로는 혁명 무대의 동기가 절박해졌고 주인공 크롬웰도 전후 두 차례를 다 참석하여 수차 연설을 시도했으나 대개 단호한 태도와 눌변의 논객에 불과했다. 이번 국회는 피차 양보로 평화를 회복할 희망도 생겼으나, 급작스레 국회 문제로 과격한 당파가 생겼다. 하나는 민주적 과격당으로 핌 · 햄프든 · 세인트 존 · 홀스 · 피네스 등이고 다른 것은 보수온화당으로 딕비 등 여러 사람이었다. 찰스는 교활한 수단으로 보수당을 이용하며 국회를 농락하여 국회와 스코틀랜드 군의 싸움을 조성하고자 하다가 민주당의 논박에 봉착하였다. 핌 등 제씨는 소위 권력을 폭력적으로 사용하는 것의 예방책을 국민에게 읍소하는 등의 의안(議案)을 가결한 후 크롬웰이 홀연히 나타나 동의(動議)하기를 "왕국을 방어하기 위하여 어떠한 경우에든지 의용병 지휘권을 총독 에섹스 백작-민당의 일인-에게 전적으로 의탁하자 한 의안을 이상 동의에 첨가하자" 하였다. -이것이 얼마 후 국회군이 되었다.- 이 청천벽력과 같은 동의가 한번 제출됨에 의론이 어지러워 수일간 미결한 상태로 있다가 동월 22일 삼독회(三讀會)를 열고 같은 의안을 토론할 때 그간의 분분함은 이루 다 기록할 수 없을 정도다. 정오가 지나도록 찬성과 반대, 양당의 칼끝이 육박하여 호통과 아우성이 서로 그치지 않았으며 가부의 입장 차가 멀었다. 그중 가장 가관으로서, 캘버허드(Calverthad)[8] 씨의 유력한 반대 설봉(說鋒)이 핌 씨의 격렬한 찬성론에 부딪쳐 번쩍였고, 포클랜드 씨의 숨은 우레 같은 논박은 햄프든 씨의 맹풍처럼 격렬한 변론에 부딪혀 쟁쟁한 소리가 울렸다. 이와 같이 14시간을 경과하여 서산에 해가 지고 맹호가 포효하며 창공에 구름이 끼고 달이 밝을 때 드디어 무기명 투표로 가부를 취하여 부(否) 148인에 대한 가(可) 159, 즉 11명의 다수로 대담한 무적의 원안은 가결되었다.

---

8 칼벳하드: 미상이다.

농업의 보호와 개량에 관한 국가 시설(전호 속) / 경세생(耕世生)

농업이 국가의 근본이며 인민의 생명이라 함은 과연 진실이다. 우리 대한제국의 역사를 거슬러 고찰해도 단군 이래로 농업계가 왕성한 시대에는 국민이 안도하고 국위가 혁혁한 반면에 농업계가 쇠퇴한 시대에는 국민이 유리되고 국위가 위태하였으니, 이를 통해 보더라도 전체 요지를 알 수 있다. 슬프다! 지금 우리 대한제국의 농업계를 살펴보라. 흥성인가 쇠퇴인가! 이를 보면 국민의 안위도 알 것이요, 국가의 존망도 알 바이다. 그런즉 이렇게 중대한 관계가 있는 농업을 국가에서 어찌 보호하고 개량할 시설이 없으리오. 고로 이에 몇 마디의 말을 진술해 당국자들이 참고할 바를 제공하고자 한다.

(1) 농업교육제도

무릇 사물의 개량진보는 교육의 힘에서 말미암지 않을 수 없을 것이다. 경험에서 부지불식간에 얼마간 개량되는 것은 실질적으로 사실이나 그 경험을 얻는 것은 실로 여러 대의 실패를 중첩한 결과이다. 교육은 이러한 부자유를 사라지게 하고 이미 발명하고 발견된 고상한 학리를 응용하며 또 생산에 대한 이해력을 기름으로써 스스로 개발하는 바가 있게 함이다.

농업교육에는 고등과 보통이 있으니 전자는 농업을 지도하는 인물-농학자와 농업상의 고등관리 등-을 양산함을 목적으로 하나 후자는 실제 농업에 종사하는 사람을 위해 행하는 바이다.

보통 농업교육에도 상설과 임시가 있으니 전자는 항시 개강하고 연습하는 학교요, 후자는 농사를 쉬는 때에 강습을 개최해 농업에 대한 일반적 지식을 부여하는 것이다. 강습회와 순회 강화(巡回講話)는 후자에 속하나 혹은 지방농업교육에 함께할 교사와 이미 보통농업상의 학식이 있는 자들을 위해 고상한 학리를 가르치는 바도 있다. 그러므로 이러한 보통농업교육을 어떻게 하면 적당할까 연구하지 않을 수 없는 바이다. 대개 농업이 국가에 중대한 관계가 있으면 이를 업으로 하는 사람 즉 농민도 또한 국가에 중대한 사람이 되지 않을 수 없다. 고로 농민을 교육하는데 적당한 강습회와 간이한 농학교를 설치해 수업케 함이 옳다.

또 농학교를 완전히 하려면 반드시 공립으로 하지 않을 수 없을 것이다. 이를 국립으로 하든가, 군면촌립으로 하는 문제에 대해서는 고등농학교류는 국립으로 하고, 보통농학교 등은 그 관계가 있는 군면촌의 설립으로 함이 옳다. 그러므로 필요할 경우 국가가 이러한 소농학교의 제도에 간섭하고 또 보조금을 지급해야 할 것이다.

(2) 농산시험장

정부는 농업 개량을 도모하기 위해 농산시험장을 설립해야 한다. 시험장에서는 개량종자·외국종자·특종농산물 등을 시험적으로 만들어 만일 양호한 결과가 있으면 일반 인민에게 사용을 장려하고 또 강제로 사용토록 해야 한다.

시험장은 혹 모범농장지라 말하는 일도 있으니 이 같은 경우의 목적은 경작방법-밭두둑-이랑-을 만드는 방법, 이랑 사이와 포기와 포기 사이를 정리하는 방법, 파종·이식·배양·수확 등의 방법-을 보여주어 그 성적을 목격하게 함으로써 각각 스스로 이를 본받아서 양호한 결과를 수확케 함에 있다. 그러나 그 각종 특선의 종자와 비료를 사용해서 그 결과를 연구함도 역시 목적이다.

시험장은 위원을 설치해서 농민의 질문-농사에 관한 것이다-을 응답하고 또 매년 시험의 성적을 사용한 종자, 비료와 경작방법을 대조해 통계표를 제작하고, 도해(圖解)를 제작하는 등 다양한 방법으로 공표해 자세하고 세밀한 것은 학자와 정부의 참고에 이바지하고 간이한 것은 일반 농민에게 보여줌이 옳다.

| 학원 |

자석-세속에 이른바 지남철(指南鐵)-이야기 / 연구생(研究生)

서양의 옛이야기에 보면 "어떤 한 나무꾼이 허리 사이에 도끼를 차고 깊은 산에 벌목하러 갔다. 점점 깊은 곳으로 들어가니 갑자기 허리 사이에 차고 있던 도끼가 스스로 빠져나와 공중으로 날아갔다. 나무꾼이 이를 기이하게 여겨 바라보았으나 그 간 데를 알지 못하였다. 그 후로도 이 산 근처에 오는 나무꾼은 항상 도끼를 잃어 버려 나무하지 못하고 빈손으로 돌아갔다. 이 소문이 퍼지자 그 당시 사람들의 말이 이 산속 깊은 곳에 신령이 있다고 하니 다시 들어가는 자가 없었다.

그때 어떤 한 대담한 나무꾼이 이 이야기를 듣자 그러면 자신이 일차로 이 산에 들어가 그 괴물의 정체를 발견하겠다고 하고 큰 도끼를 강한 노끈으로 단단히 묶어 허리 부위에 둘러맨 뒤 그 산속 깊은 곳으로 점점 들어갔다. 그러자 자신의 신체가 갑자기 공중으로 떠서 대단한 속력으로 어떠한 곳에 떨어졌다. 나무꾼은 순간 실신하였다가 점차 정신을 회복하여 자세히 주위를 살펴보니, 그 주위의 한 부분에 도끼나 낫 등 철 등속이 무수히 쌓여 있었다. 나무꾼이 기이하게 여겨 자세히 관찰하니, 이는 일종의 거대한 자석이라 그 주위에 무수한 철 금속이 예로부터 달라붙어 쌓인 것이었다. 나무꾼은 이를 발견하고 즉시 재산가가 되었다."는 전설이 있다. 이 전설의 진위는 탐구할 바 아니거니와 대저 자석이라는 돌은 철 등속을 잘 끌어당기는 성질이 있는 광물이다. 세계 각국에서 대거 산출되고 일본에도 곳곳마다 나는데 이를 자철광(磁鐵礦)이라 칭하니 상등의 철은 다 이 자철광에서 나오는 것이다.

자석이 철 등속을 끌어당기는 성질은 이를 임의로 다른 쇠막대에 전이시킬 수 있다. 이제 철침을 편평한 받침대 위에 두고 자석의 돌로 두세

차례 잘 마찰-부비는 것-하면 그 철침은 갑자기 성질이 변하여 다른
철 등속을 접근시킬 때 자석처럼 끌어당기는 것을 볼 수 있다. 또 이를
물 위에 가만히 두면 정확히 남북을 가리키니 이를 자석이라 칭한다.
이 중에 또 재미있는 것은 이상과 같은 성질이 있는 철침 두 개를 만들어
한 개는 물 위에 가만히 두고 다른 침의 한 끝을 물 위에 떠 있는 침의
끝에 접근시키면 이 두 침의 각 끝이 서로 끌어당기거나 서로 밀어내는
것을 볼 수 있다. 다음에는 손에 든 침의 다른 끝을 역시 전과 같이
접근시키면 이번에는 저번과 반대의 성질로 두 침의 각 끝이 서로 밀어
내거나 서로 끌어당기는 것을 볼 수 있다. 이로써 이 침의 양 끝의 성질이
다름을 알 것이다. 물 위에 떠 있는 이 침이 북쪽을 가리키는 끝을 북극이
라 칭하고 남쪽을 가리키는 끝은 남극이라 칭한다.

圖之盤針羅用海航

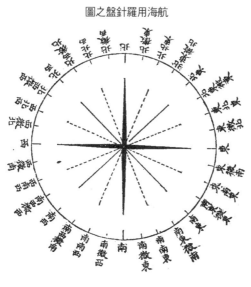

항해용 나침반 도면

우리나라 지사(地師)가 사용하는 지남철과 근래에 시곗줄에 차는 자

석침(磁石針)은 대개 이상에서 언급한 방법대로 만든다. 이 침은 대개 남북의 방향을 가리키므로 생소한 지역에 가더라도 이 자석침을 지니고 있으면 대개 그 지역의 방향을 알 수 있다.

자석은 오랜 옛날에 발견된 것이다. 지금으로부터 4천 5·6백 년 전에 청나라의 황제(黃帝) 헌원(軒轅) 씨가 만든 지남거(指南車) 역시 이 자석침을 이용한 것이다. 그러나 그 시대에는 아직 사람의 지식이 발달하지 못하였으므로 지남철이라도 대개 천연으로 산출되는 자석을 이용한 것이지만 오늘날에는 인공으로 여러 가지 자석을 만든다. 군함과 윤선(輪船) 등에 사용되는 자석침은 그 구조가 극히 정교하니 큰 풍랑에 선체가 어떻게 동요되더라도 자석침은 항상 남북의 방향을 지시하여 미세한 오차가 없다. 또 지시하는 방향도 동서남북만 확실히 알리는 것만이 아니라 동서남북 선 사이를 수다한 세부로 나누어 방향을 정확히 알리니 이를 나침반이라 칭한다. 만일 이렇게 귀중한 자석침이 발견되지 않았더라면 오늘날 같은 원양의 항해도 물론 가능하지 못할 것이며 해상의 사업도 오늘날같이 발달하지 못하였을 것임이 분명하다. 또 콜럼버스와 같은 대항해자가 있더라도 신대륙을 발견하기 불가능하였을 것이며 마젤란과 같은 대담한 자가 있더라도 우리 지구를 일주하여 지구가 확실히 둥근지 증명할 길이 없었을 것이다.

어떠한 이유로 자석의 침이 항상 남북을 가리키는가라고 한다면, 이는 일대 난문(難問)이나 이제 학문상으로 연구한 결과 지구 중심에 일종의 거대한 자석 막대가 있어서 지구 표면의 물질을 끌어당긴다고 설명하는 것 외에는 방법이 없다.

접목법 (전호 속) / 박상낙(朴相洛) 역술

(4) 접목의 계절

'접목'은 어떻게 해서 그 기술이 숙달하여 백발백중이 되어 한 건의 실패도 없는 지경에 이르더라도 만일 적당한 계절을 잘 택하지 않으면 접눈이 유착(癒着)되기 어렵다. 그 계절로 보통 봄·여름·가을 등 세 시기에 행하는데 구미(歐米) 각국의 경우 봄철과 겨울철 농한기를 이용하여 접목에 종사하는 경우가 적지 않으나 동양 각국에서는 이를 대개 봄철에 행한다. 봄철에는 나무의 형세가 점차 왕성하여 잔뿌리에서 자양분을 흡수하는 작용이 활발해져 침목(砧木)이 그 절단의 상흔으로 인해 나무 형세가 쇠약해질 우려가 적으므로 접합과 유착이 용이하고 동화력(同化力)이 매우 넉넉할 뿐만 아니라 이때 기후의 온도도 춥지 않고 덥지도 않고 공기는 건조하지 않고 습하지도 않아 사계절 중에 가장 적합하다. 그러나 봄철 중에는 몇 월경이 가장 적합할까. 봄철에 이르러 나무 형세가 다소 생기를 띠고 나뭇가지 안에 배양액이 발동하여 순환을 시작하며 이로부터 표피에도 몇 푼의 광택이 생겨서 아직 발아하지는 않았더라도 다소 팽창하여 장차 예쁜 싹을 틔우려고 할 때가 가장 적당하다. 이와 같이 좋은 계절이란 기후의 한난(寒暖)과 토지의 형세에 따라 다를 수 있으므로 어느 달 어느 날 정도라고 단정하기 어려우니 불가불 이상과 같은 나무 형세를 관찰하여 행하는 것이 좋다.

접목하기에 좋은 계절은 이상과 같거니와 만일 접목을 빨리 해서 적당한 시기를 놓치거나 늦게 해서 적당한 시기를 놓친다면 다 의도한 대로 결과를 보기 어렵다. 그러나 이 두 가지 중에 그 유착의 우열을 비교하면 빨리 해서 적당한 시기를 놓친 것이 너무 늦은 것보다 비교적 양호한 결과를 나타낸다.

여름철이 되면 나무 형세가 가장 왕성한 시기에 이르게 되어 가지와 잎이 울창하고 번성하며 또 온도도 가장 무더운 시기인즉, 보통의 접목법으로는 도저히 충분한 성공을 기대하기 어렵다. 그러므로 이때에는 압접(壓接)·신접(身接)을 행해야 할 것이나 이 역시 열에 서너 번은 성공하지 못하고 끝날 수도 있음을 예정해두지 않아서는 안 될 것이요 또 가을철에는 기후가 대체로 봄철과 동일하기 때문에 이를 행하면 좋은 결과를 거둘 것 같으나 결코 그렇지 않다. 봄은 수목이 장차 발동하려고 하는 가장 강성한 시기요 기을은 이에 반해 나무 형세가 점차 영락해가는 계절이다. 그러므로 기후가 서로 같다고 하여 결코 동일한 결과를 거둘 수는 없으나 여름철에 비하면 가을철은 오히려 더 낫다고 말할 수 있겠다.

기후의 경우 동일한 토지에 있어도 겨우 2·3리 거리의 차이로 인해 큰 차이가 생긴다. 가령 남향이면서 북쪽으로 산을 등진 곳과 북향이면서 남쪽으로 언덕을 등진 곳은 논할 것도 없이 수목이 발아하는 시기에 있어서 빠르고 느린 차이가 생길 것이다. 또 한 해의 춥고 따뜻함에 따라서도 빠르고 느린 차이가 생기니 가령 정월 경부터 북풍이 맹렬하고 강우량이 적은 해에는 전체 나무와 풀의 발아기가 지연되고 이에 반해 남풍이 많고 강우량이 많은 해에는 발아기가 매우 빨라진다. 요컨대 접목의 좋은 시기는 수목이 장차 새싹을 틔우려고 할 때에 이를 행하는 것이 좋다.

접목을 행하는 시일은 모쪼록 바람이 심하게 불지 않는 날에 행하는 것이 적합하다. 만일 심한 바람이 부는 날에 이를 행하면 접수(接穗)의 건조가 심하여 접합 유착을 완성하기 어렵다. 가령 화초류와 같이 자못 그 꽃을 보고 완상하고자 할 뿐 그 수익을 목적으로 하지 않는 경우라면 이것이 접목하기 위하여 설령 2·3년의 긴 세월을 허비하게 하더라도 저와 같은 이해관계가 없다. 그러나 과일 나무의 재배는 그 목적이 근본적으로 수익에 있기 때문에 만일 이것이 접목하기 위하여 1·2년을 허비하게 하면 실로 그 손해가 매우 클 것이요 만일 과일 나무의 수효가 수천 백 그루에 달하면 1년 허비한 것은 자못 자산 전체를 잃는 것이니 이를 행할 때에는 그 기술에 숙련해야 함은 물론이거니와 또 기후의 적합함을 잘 측정해서 행하지 않으면 안 된다. 또 수목의 발아기는 각 수목의 성질에 따라 일정하지 않으니 접목하는 자가 이를 예측해서 행해야 할 것이다.

양계설 / 김진초(金鎭初)

○ 닭의 좋은 품종

닭의 종류에 대하여 일일이 다 열거하여 설명하려 하였더니 너무 번다하고 혼잡하여 다 설명하지 못하겠다. 이에 우수한 품종의 이름만 거론한다. 알닭의 경우 레그혼·미노르카·함부르크·우당(Houdan)·안달루시안·홀랜드(Holland) 등이 가장 좋고, 고기닭의 경우 브라마·프리머스 록·도킹 등이 가장 좋고, 알닭과 고기닭의 겸용은 코친·안달루시안·와이안도트 등이 좋은 품종이다. 이러한 여러 품종은 통상 사육하기 쉬워 풀어놓고 기르거나 닭장에서 기르거나 다 적합하다.

○ 닭의 번식

닭을 번식시킬 때가 되어서는 우선 그 목적을 따라 적당한 종류를 하는 것이 중요하다. 그 목적이라 함은 흔히 경제상의 사항에 관하여 혹 고기를 구하든가 달걀을 쓰든가 달걀과 고기 둘 다 쓰는 것 밖으로 벗어나지 않으나, 혹은 완상(玩賞)을 주로 하고 실용을 부수적으로 하는 자도 있다. 그러나 전에 게재한 것과 같이 닭은 종류가 꽤 많아서 특징도 역시 각기 같지 않으니, 물론 그 따져본 득실과 체질의 강약과 풍토와 기후의 적합한 여부와 당시 사람들의 기호의 여하 등도 다 참작하여 가장 적당한 닭 품종을 선택해야 할 것이다. 아무리 형태와 용도에 가망이 있는 닭 품종이라도 그 토지와 기후 등 자연 조건에 부응하지 않고 또 당시 사람들의 기호에 적합하지 않으면 마침내 경제상 가능성이 없어 장래에 번식의 효과가 적을 것이다. 종류를 정하면 그 다음에는 번식용으로 공급할 암수 닭의 개체를 검사해야 한다. 이 일은 우선 혈통을 연구하는 것이 간요한데, 혈통이 순수하지 못하거나 혹 새로 만들어진 닭 품종은 한때는 그 용도를 만족시킨다 하여도 형질(形質)이 고정되어 확실하지 못한 것인지 변종이 되어 불리한 경우에 빠질 수가 있으니 특히 주의하여 그 내력이 순수한 것을 택한다. 그 다음에는 개체 자체를 조사할 것이니, 종류의 특징과 체질의 건전함이 필요한 조건이라 아무리 종류가 바르고 혈통이 순수하여도 체질이 허약하면 어떤 용도에도 적합하지 않다. 체질이 건전한지 여부는 대개 외모로도 판단할 수 있으니 체질이 강건한 닭은 우모(羽毛)는 풍부하게 나서 색택(色澤)이 아름답고 피부는 지유(脂油)를 분비하여 아름다움을 발산하고 육관(肉冠) 및 육염(肉髥)은 선홍색을 드러내고 눈은 시원스럽게 커서 청량하고 혀는 빨간색이며 자유롭게 움직이고 다리는 반듯하게 곧아 강하고 거동은 느긋하고 쾌활하며 용자(容姿)가 또한 아름답다. 그러나 건강하지 않은 것은 대개 이에 반대된다.

닭의 자연 수명은 10세에서 20세까지라고 하지만 번식의 적령기는 암수가 모두 1세부터 5세까지이다. 2세부터 5세까지는 정력이 왕성하고 5-6세 이상에는 점차 생산능력이 감쇄되며 가장 조숙한 종류는 부화된 뒤 4-5개월이 되면 알을 처음 생산하며 그 아래의 가운데 종류는 6-7개월이요, 가장 늦은 종류는 8-9개월에야 처음 생산한다. 닭의 나이를 분별하는 법은 외모로써 하니, 곧 닭벼슬·육염(肉髥)·우모(羽毛) 등의 발육의 여하와 색택의 여하와 체격과 중량의 여하 등을 경험해야 비로소 나이의 분별을 정할 것이다. 그런데 수컷은 그 며느리발톱의 장단으로 나이를 판별하되, 대개는 부화한 뒤 4-5개월이 되면 며느리발톱의 뿌리가 나타나고 만 1세에 이르면 그 길이가 4-5푼 길이가 되고 다음 해에는 다시 3푼 남짓 더 자라며 또 보통 2-3세부터는 위쪽을 향한다. 닭의 배합은, 수컷 한 마리에 해당하는 암컷 수는 종류를 따라 서로 다른 까닭으로 논정(論定)할 수 없으나 대개 그 목적에 의하여 배치한다. 가령 계란 판매를 목적으로 삼는 것은 양호한 수컷 하나에 대해 암컷 10마리에서 15·6마리를 두지만 가급적 8-10마리를 두고, 한층 무겁고 큰 종류에는 더 감소시켜 8마리 이내로 하고, 번식을 목적으로 삼는 것은 수컷 하나에 대해 암컷 4·5마리 이내로 두는 것이 좋다.

○ 계란의 부화

계란의 부화는 두 가지 방법이 있다. 하나는 자연부란법(自然孵卵法)이라 하고 하나는 인공부란법(人工孵卵法)이라 한다. 자연부란법은 가금(家禽)-닭-의 천성에 따라 행하는 것인데 암탉이 한 주기-한배-의 산란을 마치면 둥지에 틀어박혀 알을 품어 자기 체온으로 부화하는 것이다. 인공부란법은 계란을 부란기에 넣어 인공으로 적당한 온도를 일정한 시일 동안 공급하여 부화하는 것이다. 전자는 통상 농가에서 익숙하게 하는 방법이니 간단하고 실패가 없으나, 후자는 여간 능숙하지 못하면 실패를 초래하기 쉬우니, 보통사람은 전자를 취하여 쓰는 것이 좋다. 또 주의를 요하는 것은 포란용(抱卵用) 닭의 선택이다. 닭은 종류에 따라 알을 품을 마음이 많고 적은 차이가 있어 부란할 때 혹은 열심히 하고 혹은 매정하게 하며 혹은 교묘하고 혹은 졸렬하니 그 교졸(巧拙)이 실로 직접으로 부화 상에 큰 관련이 있다. 그뿐 아니라 보통의 경우에는 포란용 닭이 부화의 임무를 마친 뒤에 이른바 어미닭이 되어 장래 병아리가 독립하기까지 그 병아리를 기르고 먹이는 임무도 겸하니 부란과 같이 병아리 기르기에도 교묘한 것을 골라야 한다. 그러나 흔히는 부란의 교졸이 병아리 기르기의 교졸과 상반(相伴)된다. 이들 교졸은 그 종류의 특성과 개체의 성질 및 그 연령과 유관하다. 예컨대 코친·브라마·량산·플리머스 록·와이안도트·견우계(絹羽雞) 등은 본래 부화에 전념하고 성품이 온순하며 거동이 정온(靜穩)하고 우모(羽毛)가 불룩히 나서 병아리 육성에도 능하다.

또 암탉의 경우 계절에 따라 알을 품는 마음이 변하니 봄철 온난한 때는 알을 품을 마음이 강하고 겨울철 한량한 때는 약하다. 그러므로 봄철은 부화에 적당할 뿐 아니라 병아리 육성에도 가장 편리하다. 또 품는 알의 개수는 닭 체격의 크기와 종란(種卵)의 크기 및 기후의 한난(寒暖) 등으로 인하여 차이가 있다. 코친이나 브라마 같이 몸이 큰 종류는 중형 내지 대형 종란 15-18개가량이면 족하고 왜계(矮雞)같이 체격이 작은 것은 소형 종란도 10개를 넘지 못한다. 이들 양자는 모두 극단으로 예를 들었으나 보통 몸 크기의 암탉에 보통 계란으로 말하면 최대 12·3개가량씩까지 함이 알맞다. 그리고 기후는 한여름 몹시 더울 때는 어미닭이 쇠약하여 계란을 많이 품지 못하고 한겨울 몹시 추울 때는 알을 품는 적정 온도를 보전하기 위하여 많이 품지 못하지만 기후가 온화한 양춘(陽春) 때는 많이 품기에 알맞다.

암탉이 산란을 마치고 스스로 둥지에 틀어박혀 알을 품어 부화할 경우 별로 다른 수단을 요할 필요가 없으나, 소계(巢雞)-알 품는 닭-를 다른 데서 구하든가 종란을 다른 데서 구입할 경우 저녁과 밤중에 알을 품게 함이 좋고, 혹 소계는 있으나 종란이 없을 때는 소계가 둥지에 들어갈 마음을 이어가도록 가짜 계란-목란(木卵) 등-을 품게 두었다가 뒤에 종란을 구하여 바꾸어 넣으라. 그런 뒤에 일기책을 만들어 알을 품는 날과 각 둥지의 계란 수를 기입하고 다수의 닭장-닭의 둥지-을 사용할 경우에는 각 닭장의 호수와 계란 수와 들어가 품은 날짜와 종란의 종류 등을 일일이 책에 기입하고, 또 포란용 닭에도 닭장의 호수에 따라 적당한 기호를 붙이는 것이 편하다. 알을 품은 첫날부터 부화한 날까지 날수는 여러 종류의 사정으로 인하여 다소 차이가 있으니 혹은 19일 혹은 24·5일이 되나 평균을 내면 21일쯤이다. 닭장 안의 온도는 4·5도 내외로 하고, 알을 품는 중에 관리할 것은 포란용 닭에 매일 먹이를 공급하고 운동시키고 계란을 검사하고 닭장을 청결히 하는 등 의 일이다. 포란용 닭이 매일 한 번씩 10-30분간 닭장을 떠나 바쁘고 급하게 먹이를 쪼며 물을 마시고 모래목욕-모래에 후특질 하는 것-을 한 뒤 닭장에 들어가게 할 것이나, 만일 날씨가 추워서 계란이 식을 우려가 있으면 닭장 근방에 먹이-곡식 알갱이·빵가루·채소류·부드 러운 음식 등-를 비치하며 신선한 물을 준비함이 좋고 모래목욕의 재료 -모래·재·고운 흙 등-를 적당한 그릇에 넣어 그 근방에 가지런히 두 는 것이 중요하다.

부란 중 수시로 계란을 검사하여 불량한 계란이 있으면 제거하여 식 용으로 쓰는 것이 경제상에 유리하다. 불량 계란이라는 것은 수정하지 못한 계란-홀알-, 혹 수정되더라도 여러 가지 사정으로 인하여 배아(胚 芽)의 발육이 중도에 그치는 계란-부란(腐卵)- 등을 총칭하는 것이다. 계란을 검사할 시기는 세 시기로 나뉜다. 제1기는 알을 품은 뒤 3·4일 에서 1주 사이에 시행하고 제2기는 알을 품은 뒤 10일에서 2주 사이에 시행하고 제3기는 부화하기 3·4일 전에 시행해야 한다. 그 방법은 계 란을 투시하여 좋은지 여부를 검사하는 것이다. 야간에 등불에 투시하 든가 주간 암실에서 등불에 투시하는 것이 좋으나 가장 편리한 것은 검란기(檢卵器)로 암실에서 검사하는 것이다.

또 알을 품는 중에 주의할 것은 둥지의 청결이다. 만일 둥지가 불결 하면 해충이 생기며 유해한 세균을 부르기 쉬워 암탉의 위생에 심히 유해하니 수시로 둥지를 검사하여 정성껏 청소해야 한다.

| 문예 |

• 광고

본 태극학보 대금 수납의 편의를 위하여 경성(京城)과 평안북도(平安北道)에 위탁수금소를 설치하였으니 경성에서 본 태극학보를 구독하시는 분은 대금을 경성 북서(北署) 원동(苑洞) 이갑(李甲) 씨 댁에 거처하는 김기옥(金基玉) 씨에게 보내주시고 평안북도에서 구독하시는 분은 평안북도 정주(定州) 남문(南門) 내 홍성린(洪成鱗) 씨에게 보내주시기 바랍니다.

태극학회 알림

미국에서 유학하는 벗에게 / 초해생(椒海生)

성세(聖世) 광무 7년 봄에 그대를 낙양성(洛陽城)[9] 제중원(濟衆院)[10]에서 상봉하여 식형(識荊)[11]의 소원을 비로소 이룬 이래로 아침저녁으로 만나 서로 같은 소리와 기운을 통하고[12] 나아가고 물러남을 함께 함에 서로 친밀한 우정을 맺어 한평생 헤어지기 어려운 의분(誼分)을 단란하게 맺었다. 하지만 세상일은 예측하기 어려워 광무 9년 9월 가을에 그

---

9 낙양성(洛陽城) : 서울을 가리킨다. 주(周), 후한(後漢) 등 중국 역대 왕조의 수도가 있던 곳이기 때문에 한문 시문에서 흔히 국가의 수도를 가리키는 말로 사용했다.
10 제중원(濟衆院) : 한국 최초의 서양의학 병원이다. 1885년에 미국인 선교사 알렌(Horace Newton Allen)의 건의로 서울 재동에 설립하였다.
11 식형(識荊) : 훌륭한 사람을 만나 지인이 되고 그 또한 자신을 잘 알아주기를 바란다는 의미로, 상대방을 존대하여 쓰는 말이다. 이백(李白)의 「여한형주서(與韓荊州書)」에서 유래하였다.
12 서로……통하고 : 사람들이 서로 의기투합하였다는 의미이다. 원문의 '應求의聲氣'는 『주역(周易)』「건괘(乾卦)」에 "같은 소리는 서로 응하고, 같은 기운은 서로 찾는다."를 인용하였는데, 이는 본디 천인감응(天人感應)을 뜻하는 말이었다.

대는 호남 목포항으로 내려가고 나는 부상삼도(扶桑三島)[13]의 나라에 건너오니, 동경하던 이상적인 정의(情誼)로 평생을 보증하던 우리로도 있는 곳이 멀어지면 사람도 멀어진다는 마왕(魔王)의 괴이한 술법을 피하지 못하여 지붕 너머로 달만 보는[14] 탄식과 저녁나절 바위 위에서 구름만 쳐다보는[15] 한을 봄바람 가을비에 읍소(泣訴)한 지가 벌써 세 번의 성상(星霜)이 되었다. 지금 그대는 상쾌하게 활보하는 정신을 높은 산 황막한 곳에서 일으켜 큰 고래를 올라타고 긴 바람을 몰아서 희망을 품고 붕새처럼 날 뜻을 가져 만 리 먼 곳 해산(海山)으로 미주행(美洲行)을 하였으니, 장하다 그대여. 내 비록 동쪽 한 모퉁이에 외로이 떨어졌으나 공중의 이상적인 누각을 구름 밖에 높이 쌓고 유럽과 미국 산천을 만리안(萬里眼)으로 멀리 조망해 보니, 내 어찌 한마디 말이라도 인사가 없겠는가.[16]

대저 미주(美洲)는 곤여(坤輿)의 중심이요 만방(萬邦)이 좇아 모이는 곳이다. 인민은 자유의 대주의(大主義)에 기인하고 사회는 민주(民主)의 대기관(大機關)을 주동하여 천 가지 만 가지 사물 중에 하나라도 그대의 안계(眼界)를 밝고 넓게 하며 그대의 마음을 열어젖히지 못할 바가 없을 것이다. 보라! 대서양과 태평양 두 대양은 동서로 수만 여 리에 뻗어 있고 로키산맥은 겹겹이 만 길 높은 병풍을 쌓은 듯하고, 미시시피(Mississippi R.) 큰 강은 넘실넘실 치런치런 중앙을 가로지르고, 아름답고 고운 경처(景處)로는 세인트로렌스(St. Lawrence Island) 섬이 있으며, 대단히 놀랄 만큼 웅대한 명승지로는 나이아가라(Niagara Falls) 대폭포와 이리 호(Lake Erie)와 슈피리어 호(Superior Lake)의 담수호

---

13 부상삼도(扶桑三島) : 일본을 가리킨다.
14 지붕……보는 : 친구를 그리워하는 간절한 마음을 나타낸 말이다.
15 저녁나절……쳐다보는 : 먼 곳에 있는 자식이 어버이를 그리워한다는 말이다.
16 원문에는 단락이 나뉘지 않았으나 문맥상 나누었다.

(淡水湖)가 있다. 정치 사회에 잠깐 들어가면 삼천 년 이전의 아테네 도시를 유람하는 듯 결구첨앙(結搆瞻仰)의 생각이 그 번영에 압도되며, 원뿔형의 숭고한 탑이 하늘에 솟아나와 종소리가 점점이 흩어지는 것은 공당(公堂)의 집회요, 백 길 높이 굴뚝에 옅은 매연을 길게 뻗어 앙- 앙- 하는 고동소리만 수시로 보내는 것은 다 각종 제조소(製造所)며, 일망무제(一望無際) 황운색(黃雲色)이 소등 같은 가을을 하늘가까지 뻗치는 것은 잠으로 꼭물이 나서 익는 곳이요, 무성한 풀은 푸릇푸릇하고 맑은 샘물은 졸졸 흐르는데 개미떼같이 부락을 줄지어 이루는 것은 또 모두 목축장(牧畜場)이다. 농축산 제조의 표면적 문명만 세계에 으뜸일 뿐 아니라 정치와 종교가 전 유럽에 저명하고, 또 학자 · 선생 · 대인 · 호걸이 온 세계에서 가장 많이 모여드니 예일대학 · 하버드대학에는 정심(精深)하고 호박(浩博)한 학식으로 한 시대를 웅시(雄視)하는 대학자가 있고, 상원(上院)의 문 안으로 틈입(闖入)하면 강물을 쏟아내는 듯한 언변에 노련한 정무(政務)를 활용하는 웅고한 진신(縉紳)의 선비가 바다와 땅에 이어져 있고 플리머스(Plymouth) 공당(公堂)에는 파도를 말아 일으키는 듯한 찰스(Charles) 선생의 웅변이 있고 에머슨 · 롱펠로는 이미 세상을 떠났으나 브라이언 · 루즈벨트(Roosevelt) 등 명류(名流)가 옛 소리를 아직도 울려 우뚝한 그 도덕정치가 문명인의 태두가 되었다.

미국의 형세도 이미 이와 같고 장관(壯觀)이 이와 같은 가운데 한인(韓人)의 공립협회(共立協會)와 대동보국회(大同保國會) 두 모임이 서방 캘리포니아 주에서 분기하여 충용(忠勇)하고 공의(公毅)한 수십 수백의 대국민을 조합하고 로키산 서북쪽에 일대 활동장(活動場)을 넓게 열어 엄연한 새 대한제국의 기상을 만리장공(萬里長空)에 흰 무지개다리를 높이 건 듯 자유의 대활보(大活步)를 연출하니, 그대가 비록 그 광대한 감화를 입고자 하지 않은들 살아 있는 광경과 기이한 소문이 그대를 헛되이 돌아오게 하지는 않겠거든, 또 하물며 활발한 의기(意氣)로 강의(剛毅)하게 힘껏 행하여 오래되어도 풀어지지 않는 그대의 지조에랴. 그러므로 나는 그대의 이 행차가 우연한 일이 아닌 줄로 확신한다.……

깊이 생각하라. 이것을 비유컨대 그대의 지나간 생애는 완연히 여울 물이 뭇 산과 많은 골짜기를 굽이굽이 구불구불 돌아 흘러 빨리 나아가는 것과 같고, 장래의 생애는 드넓고 아득한 큰 바다와 같으니, 그대의 이 행차는 만 리 넓은 강이 크고 평평한 들판을 가로질러 해내(海內)에 곧장 들어가고자 하는 일대 과도기이다. 그 명운(命運)의 긴 물결이 갑작스레 광활하고 텅 비어 맑은 경계로 이미 나왔으니 그 경이롭고 유쾌한 감상이 과연 어떠할까만, 이 상쾌한 공기 중에서라도 그대가 가장 사랑하고 가장 중히 여기는 대한의 현상을 회고하라. 오늘의 상태는 어떠하며 내일의 상태는 어떠할까. 이것을 가지고 저것과 비교하면 정부는 어떠하며 인민은 어떠하며 문학과 기예는 어떠하며 농업, 공업, 상업은 어떠하며 그 풍속의 오융(汚隆)은 어떠할까. 이것은 반드시 그대의 흉도(胸濤)를 일렁이게 할 기미가 있으리니, 이 흉도를 한층 더 일으켜 미주 인민의 성창(盛昌)·안전·자유·행복이 이와 같은 까닭은 과연 어떠한 수단과 어떠한 방침을 말미암아 그러하며, 또 우리나라의 어떠한 일과 이치가 무엇을 인한 것인지, 지금 우리나라로써 미주의 형세를 만들고자 하면 어떠한 조처와 어떠한 도리를 가지고 행하여야 타당할 것인가를 도저하게 심사숙고할 경우에 이를 것이다. 그러므로 일약(一躍)하여 미주를 이와 같은 낙경(樂境)에 나아가 이르게 한 것은 누구의 힘이며, 우리나라의 장래를 저와 같게 하려면 누구의 힘을 필요로 하는가. 이미 생각이 여기에 이름에 유쾌하던 것이 한 번 바뀌어 찬탄을 내고 다시 바뀌어 강개함을 짓고 세 번 바뀌어 체인(體認)하는 정신이 우뚝 서서 움직이지 않음에 이르러, 보이는 것은 나를 격동하지 않는 사물이 없고 만나는 자는 나를 깨우치지 않는 사람이 없으며 읽는 것은 나를 유익하게 하지 않은 서적이 없을 것이니, 그러므로 나는 장담하기를 그대가 대사업을 일으킬 바는 다만 이번 행차에 있다고 할 것이다. 만일 그렇지 않아서 기분대로 생각대로 하면 체인하는 바가 없고 힘써 행하는 바가 없어, 그 견문한 바가 구름과 연기 앞에서 눈동자를 굴려 지나가는 것처럼, 달리는 말에서 등촉(灯燭)을 들고 곧장 내달리는 것처럼[17] 되게 한다면 과연 어떤 용처에 도움이 될까. 대체로 이 세상에는 그 뜻은 고상하되 식견이 천박하고 기(氣)는 높고 성하되 재능이 엉성하며 의론은 많되 실질이 텅 빈 것처럼 재미없고 효용 없는 일은 다시없을 듯하오.

대저 대단히 훌륭하다는 사람이나 비범한 선비라고 불리는 자라도 타인의 입장에서 관찰하면 일동일정(一動一靜)이 취할 만한 것이 없지 않되 그 실제 가치는 $0+0=0$이 되고 스스로 수립한 바가 되면 인생의 목적과 품위가 결코 이와 같이 저속하지 않은 듯이 여기니, 소년시대에는 명성과 영예를 빛나게 드날리던 이가 수시로 이 경우의 사람이 되는 것은 무슨 까닭인가. 깊이 생각하고 묵묵히 이해하는 바는 적고 자신하고 자각하는 바가 아주 높아 재주가 많으면 재주에 부림을 당하고 기(氣)가 성하면 기에 사용되어 이 경우를 당하면 그 학식과 견문이 이것을 절제하는 데 긴요하게 쓰는 도구가 아니라 도리어 조장하고 매개하는 장기(長技)가 된다. 그러므로 나는 그대의 이번 행차를 기뻐하는 만큼 두렵기도 하고, 축원하는 바가 많은 것처럼 희망하는 바도 많다고 하겠다.

그대는 생각해보시라. 미주 중앙에 우뚝 솟은 정치인 석조상은 우리나라에서 얼마만큼 베껴 만들 수 있을까. 잠깐 동안 이것을 축조한 여러 위인의 전기(傳記)를 소구(溯考)하니 원려(遠慮)와 현지(賢智)로는 프랭클린(Benjamin Franklin) 씨가 있고 활발함과 민첩함으로는 해밀턴

---

17 구름과……것처럼 : 눈앞의 사물들을 중요시하지 않아 귀중한 것조차 스쳐 보낸다는 뜻이다.

(Alexander Hamilton) 씨가 있고 대담하고 직실(直實)함으로는 애덤스 (John Adams) 씨가 있고 강개하고 박식하여 대체(大體)를 훤히 아는 이는 제퍼슨(Thomas Jefferson) 씨가 있고 여기에 더하여 천고영웅의 제 일류인 워싱턴(George Washington) 씨가 있다. 풍운을 일으킨 이들 애국지사들이 온갖 고난을 타파하고 원대한 목적을 거침없이 이룬 것은 오늘날 우리의 입장에서 생각하면 모두 미칠 수 없는 일뿐이지만 잠깐 옛 사람의 시를 회상하면,

> "공중에 솟아나온 대석조상도
> 가까이 서 보면 조각들의
> 한 겹 두 겹뿐이로다.
> 대인의 높은 지위도 한 다리로
> 뛰어넘는 것이 아니라
> 저 각 인물은 친우들이
> 잠든 밤에 공부하였으므로
> 저런 높은 곳에 이르렀네."

하였다. 이를 곰곰이 생각하면 노둔하고 열등한 우리라도 채찍질하여 한걸음에 급히 나아가려는 경향이 있으니, 이 땅에 외로이 동떨어진 나의 생각이 여기까지 이르렀을 때는 강개하고 강의(剛毅)한 그대가 그 의기와 지조로 친히 그 형세를 익숙히 살피며 온갖 지식과 능력의 창고인 전적(典籍)을 대하며 여러 선각자들의 광풍제월(光風霽月)의 감화를 입음에랴. 내가 일찍이 서양 말을 들으니 "미주는 열심히 기상에 맡기고 호방함과 쾌활함을 채워 넣은 청년이라, 그 생활로는 실무의 지혜를 얻고 그 건전한 관능(官能)으로는 경험을 얻으며 유럽인이 강론하여 둔 도리는 미주인(美洲人)이 활용한다."고 하니, 옳도다. 유럽의 태양은 서쪽 하늘로 내려가고자 하고 미주의 태양은 동쪽 하늘에 떠오르려고 한다.

미주가 이미 이와 같은 일대 관계로 세계를 짊어진 것처럼 그대 생애 명운에 일대 관계가 달려 있다. 대개 이전의 생애는 마치 삼협(三峽)을 내려가는 것과 같아서 비석과 급류의 우려가 다소 있어도 조금이나마 애쓰는 이상 실수할 것은 없었다. 하지만 이후의 생애는 급류를 내려가는 것처럼 쉬울 리가 없을 것이니, 이는 이른바 큰 바다 큰 바람에 자주 빛 연무가 걷혀서 수평선 한줄기가 아득한 나머지 어디가 육지인지 분간하지 못하는 저지일 것이다. 이때 이곳을 당하여 나침반을 잃고 키와 노를 꺾이면 침몰하여 난파됨은 의아할 것도 없는 바요, 그 생명이 멸망을 면치 못할 것은 확연하지 않은가. 이번 그대의 행차가 순조롭게 잘되면 큰 이익을 얻을 터이요 불행이 되면 큰 불행을 맞이할 터이니, 그 행불행이 분명히 나뉘는 큰 경계임을 아는 이상에야 그대가 예리한 기세와 커진 용기로 그 위험에 분투할 것은 물론이거니와 모쪼록 깊이 생각하고 행동을 삼가 조금의 실수도 나오지 않도록 하되, 그 깊고 조용한 마음은 고요한 연못과 같이 하고 크고 활달한 규도(規度)는 대양과 같이 하고 용솟음치는 재능은 파란이 넘실거리는 것과 같이 하고 크고 넓은 학식은 극양(極洋)이 아득히 깊고 끝없이 넓은 것과 같이 하라.

그럴지라도 평안하고 고요하게 하지 않으면 할 수 없을 것이니, 그러므로 항상 여기에 골몰하여 양심을 주동자로 삼아 숭고한 구세주가 세상을 구한 십자가로 유심(唯心)의 좋은 거울을 삼고 가득한 영천(靈泉) 샘물로 저 아시아 동쪽 반도의 목마른 창생을 마시게 하고, 만 리 풍운(風雲)에 자질구레한 오랑캐 추장의 숨이 부수어져 없어질 때까지 오래도록 온전할 술법을 강구하여 우리의 최대 목적을 달성하면…… 이것을 위해서 내가 밤낮으로 길이 축원하는 것이 그대의 성공이요, 아침저녁으로 고대하는 것이 그대의 귀국이니, 그대여! 그대의 심사(心思)가 과연 어떠하오.…… 오호라! 가을바람이 소삽(蕭颯)하고 하늘이 높은 석양 아래에 태평양 상에 꺾여 되돌아오는 낙조를 조용히 띠고서 골든

파크 공원 머리에 외로운 대지팡이를 홀로 세울 때, 그대의 감상은 과연 어떠할까. 나는 그대와 더불어 한때 술자리에서 논 교분이 아니요, 또 일찍이 나는 서쪽으로 항해할 작은 뜻이 있었던 까닭으로 그대를 생각함에 정성스러운 정의(情意)를 금치 못하여 만 리 갠 하늘에 기러기마냥 편지 한 통 멀리 보낸다.

한양(漢陽) 술회 5수 [漢] / 동우자(東憂子) 정전내(鄭錢迺)

무궁화 핀 고국의 봄이 오래도록 그리웠는데,	久戀槿花故國春
돌아와서 보니 만사가 시절과 더불어 새롭네.	歸看萬事與時新
아득히 망망한 우주의 먼지 티끌 속에	茫茫宇宙塵埃裏
한 시대의 걸출한 인재는 몇 명인가?	一代俊才有幾人
폭우와 비린 바람이 아시아에 차갑게 몰아치니,	盲雨腥風冷亞洲
영웅은 이날을 맞아 시름을 견디기 어려우리.	英雄此日不堪愁
인간세상의 흥망성쇠는 끝없는 일이기에,	人間興廢無窮事
다시금 처연함을 느껴 홀로 누대에 기대노라.	更覺凄然獨倚樓
문자를 사용해 대중들을 일깨우고 싶으나,	欲將文字醒羣生
기상은 장한데 소리가 슬퍼 둘이 고르지 못하네.	壯氣哀聲兩不平
원컨대 상방 참마검[18]을 얻어다가	願得尙方斬馬釖
간교한 자를 제거해 백성의 마음을 위로하고파.	掃除奸猾慰輿情

---

18 상방 참마검 : 간악한 신하를 제거할 때 쓰는 날카로운 검을 말한다. '상방(尙方)'은 한(漢)나라 때 천자의 기물(器物)을 담당하던 벼슬이나 기구를 말하며, '참마검(斬馬劍)'은 그 검이 날카로워 말을 벨 수 있을 정도라고 한 데에서 온 말이다.

한 조각 푸른 언덕 위 백만의 집에서	一片靑邱百萬家
누가 예전의 산하를 회복시킬 수 있을까?	誰能恢復舊山河
기다리노라. 훗날 독립관에서	更待他年獨立舘
만백성이 함께 자유가 부르는 날을.	萬人同唱自由歌

옥대 안에서 눈물 흘리며 하소연했으니,	涕流申訴玉臺間
순국하신 충혼들이 몇 번을 오갔는가?	殉國忠魂幾往還
생령에게 독 끼침이 어찌 그리 심한가?	荼毒生靈一何劇
응당 천도는 다시 순환함을 알아야 하리라.	應知天道復循環

관국기(觀菊記) / 유일한한자(惟一閒閒子)

에도(江戶)-도쿄의 옛 이름-는 예로부터 명승지이다. 물이나 뭍에서 자라는 꽃 중에 볼만한 것이 매우 많으니, 이를테면 늦은 봄 공원에서 옥수(玉手)가 다투어 티격대는 벚꽃(櫻花)의 계절이 바로 그것이요 달 밝은 누대에서 생황 가락에 맞춰 곱게 춤추는 가을 물 위의 연꽃이 바로 그것이요, 수양버들 늘어진 긴 둑에 수레와 말 타고 오고 가는 앵화(鶯花)의 부귀함이 바로 그것이다. 그러므로 유럽과 아시아 대륙의 명사들이 가끔씩 이곳을 방문하여 한 번 눈을 붙이자마자 잡념을 잊는 것도 참으로 다 이유가 있는 것이다.

한자(閒子)는 이곳에 온지 몇 년 동안 사방 주위 산수의 승경을 두루 관람했는데 서남쪽 방면의 원림이 더욱 아름다웠다. 그중 바라보면 선명하여 요기가 될 만큼 아름다운 곳은 향도(向島)-무고시마-의 백화원(百花園)이요, 서늘한 바람 불고 가랑비 내릴 때에 무더위를 잊게 해주는 곳은 일비곡(日比谷)-히비야-의 분수이다. 풍성한 풀들이 푸른빛으로 무성함을 다투고 아름다운 나무들이 울창하게 우거져 사랑스럽다.

사계절의 경치가 모두 같지 않고 즐거움 또한 끝이 없다. 그러다가 가을 서리 내리는 어느 날 밤이 되면 풀은 가을 서리에 스쳐 색이 누렇게 변하고 나무는 가을 서리를 만나 잎이 떨어진다. 만리 밖 풍연(風煙)에 간토(關東)의 들판은 경계가 없어지고 떼 지은 기러기들은 요코하마 항에서 울음소리가 끊긴다. 이로부터 산천은 적막해져 사람으로 하여금 쓸쓸히 볼 만한 것이 없게 하다가 마침 누런 국화 한 종(種)이 이때에 피어나기 시작하여 홀로 가을의 풍광을 띠니 그 기운은 서리를 이겨낼 만하고 그 향은 사람을 감쌀 만하다. 신령한 이슬 맑디 맑아 역사에 기술해도 무방하고, 부드러운 잎 곱디 고와 데쳐 먹어도 괜찮다. 미림(味醂)은 카슈(加州)-지명-, 에치고(越後)-상동-에서 생산되는 것이 가장 좋고, 사람 형상처럼 가장한 것은 시타야구(下谷區)-구명(區名)-, 단자판(團子坂)-단고자카-의 관광(觀光)이 유명하다. 동쪽 울타리에서 캐오니 도처사(陶處士)-연명(淵明)-가 유독 아끼던 것이 옛날 어느 때인가. 담장과 동산을 화려하고 밝게 해주니 오쿠마 시게노부(大隈重信)[19]의 즐거움이 마침 오늘이로다. 때는 국화 피는 시기로서 계절은 가을에 속한다.

한자가 창해 밖에서 밤에 외로이 등불 켜고 앉아서 만국 흥망의 역사를 읽고 있을 마침 그때에 객 한 명이 문을 두드리는지라. 만고의 역사를 던져놓고 술 한 병, 차 한 잔으로 백편의 화보(花譜)를 상세히 논한다. 무릇 복숭아꽃과 오얏꽃, 모란꽃은 꽃 중의 부귀한 것이니 마땅히 많은 사람들이 아끼는 바요, 산앵(山櫻)과 옥매(玉梅)는 꽃 중의 번화(繁華)한 것이니 마땅히 아리따운 여인과 재주 있는 젊은이가 아끼는 바요, 국화는 꽃 중의 숨어 있는 것이니 마땅히 은자들이 아끼는 바이나 도연명(陶

---

19 오쿠마 시게노부(大隈重信) : 1838-1922. 일본의 정치가이자 교육자이다. 제8대, 제17대 내각총리대신을 역임하였으며, 와세다 대학의 전신인 도쿄 전문학교를 설립한 인물이기도 하다.

淵明) 이후로 국화와 관련해 소문이 있는 자는 드물다. 아! 세상 사람들 중에서 국화를 사랑하는 자는 매우 많으나 단지 그 향을 사랑하고 그 색을 사랑할 줄만 알지 한자처럼 그 사랑스러움 자체를 아낄 줄은 모른다. 그 진면목을 대하여 그 진의(眞意)를 형용하는 자는 한자뿐이니 한자는 누구인가. 한양-경성의 옛 이름-의 이승근(李承瑾)이다.

객지에서 연말을 보내다 漢 / 부평생(浮萍生)

객지에서 객세(客歲)를 보내는 여기	客中送客歲
만 리 바깥 바다 동쪽 모퉁이라네.	萬里海隅東
고향 땅의 눈은 응당 흰 빛일 텐데	故國雪應白
타향 이곳 첫 매화가 붉게 폈구나.	異鄉梅始紅
시대 근심에 마음은 평온하지 않고	憂時心不穩
일 논함에 뜻 같기는 어려운 것을.	論事意難同
기운 내어 외로운 검을 갈아서	唾手磨孤釖
가라지와 쑥대를 베고자 하네.	欲誅稗與蓬

신년의 노래 漢 / 석소(石蘇) 이동초(李東初)

창천(蒼天)은 활짝 열렸고 기러기는 득의(得意)한 채 날아가는데
느긋하게 잠을 깨니 더부살이 신세의 한바탕 꿈이었구나.
동각(東閣)의 눈 속에 핀 매화는 옅은 미소를 띠고 있고,
남계(南溪)의 물 위에 비친 버들은 잠이 반쯤 깨었구나.
이러한 때를 맞이하여 춘왕(春王)[20]이 정사를 펴고

---

20 춘왕(春王) : 정월을 의인화하여 이른 말이다.

세침(歲針)이 신방(申方)에 가까워지니 별들은 인방(寅方)으로 옮겼다.[21]
우주를 부앙(俯仰)하니 정신의 동기(動機)가 새로워지고
만물을 정관(靜觀)하니 광휘의 묘공(妙工)이 생겨난다.
해가 가고 해가 옴은 천도(天道)의 항구적인 법칙이요
사물이 쇠하고 사물이 성함은 인사(人事)의 자연스러움이라.
천지에는 하룻저녁 비가 내려 산하(山河)의 티끌을 씻어내었고
초목에는 만 리의 바람이 부니 수복(壽福)과 정상(禎祥)을 함께 누리리.
원단(元旦)의 해가 번쩍번쩍 빛나서
서광(瑞光)이 만방에 펼쳐지네.
태극기를 높이 거니 상영(祥影)에 펄럭거리고
도소료(屠蘇醪)[22]를 조금 뜨니 향미(香味)가 물씬 난다.
단심(丹心)을 다하여 백옥배(白玉盃)를 삼가 들고
북두성(北斗星)에 의지하여 남산수(南山壽)를 봉헌한다.[23]
남은 술 태연한 흥에 흠뻑 젖어서
애국가 한 곡을 연주하여 화답하노라.
의사는 한층 새로워지고
기상은 백 배 새로워지니
올해 처음으로 이른 곳에는
만기(萬機)가 분명하게 새롭구나.

---

21 별들은……옮겼다 : 북두칠성의 자루 부분에 해당하는 세 개의 별인 두병(斗柄)이
   방향을 바꾸다가 1월이 되면 인방(寅方)을 가리키는 일을 뜻하는 것으로 보인다.
22 도소료(屠蘇醪) : 도소(屠蘇)를 섞은 막걸리이다. 도소는 산초(山椒)·방풍(防
   風)·백출(白朮)·밀감피(蜜柑皮)·육계피(肉桂皮) 등을 조합하여 만든 약으로서,
   사기(邪氣)를 물리친다고 믿었기 때문에 설날 아침에 이것을 술에 섞어 마시는 풍습
   이 있었다.
23 북두성(北斗星)에……봉헌한다 : '북두성에 의지한다'는 것은 먼 곳에 있는 신하가
   군주를 그리워한다는 관용구이다. '남산수'는 남산처럼 오랜 수명이라는 의미로서,
   군주의 장수를 기원하는 의미를 담은 동명의 노래가 있다.

신년의 축사 漢 / 이규영(李奎濚)

삼백 여섯 성차(星次)가 한 번 바뀌면
해도 새로워지고, 달도 새로워지고, 날도 새로워지며,
이천만 명 지혜가 바야흐로 열리면
학식(學識)도, 견식(見識)도, 문식(聞識)도 열린다오.
생각건대, 우리 해외에 있는 동포들은
신체는 건강하고 의지는 견고하며
학문에 힘쓰고 지혜는 길어져서
자유를 기도(期圖)하여 단체의 실력을 모두 완전하게 하고
간고(艱苦)를 두루 겪고 조국의 정신을 더욱 드날립시다.

| 잡록 |

○ **인력거를 끌며 면학하다** : 회원 유만수(柳晩秀)씨는 연전에 도쿄에 건너와서 메이지대학(明治大學) 법률과(法律科)에 입학하였다. 본래 학비가 넉넉하지 않아서 극심한 곤란을 겪었는데도 큰 뜻을 조금도 굽히지 않았다. 전월부터 인력거를 빌려서 밤에 비바람을 무릅쓰고 근면히 노동해 학비를 지속하고 낮에 열심히 통학하였다. 학비가 넉넉하고 시간이 남아도는 부호 학생들은 동정의 눈물을 금하기 어렵다고 학계의 칭송이 자자하다.

• 회사요록

○ 본월 12일 총회에 본회 부회장 최석하 씨가 유고 해임된 대신 평의원 감낙영 씨가 선출되었고 평의원 최린(崔麟)·박용희(朴容喜)·김낙영(金洛泳)가 사임한 대신 김홍량(金鴻亮)·양치중(楊致中)·이도희(李道熙) 3인이 선출되었다.

○ 본회 회원 김기정(金基珽) 씨는 학업차 나고야에 가서 살았는데 부모님을 뵙고자 귀국하였다.

○ 본회 회장 김지간(金志侃) 씨에게 사고가 있어 겨울철 휴학기에 귀국했다가 이번 달 17일에 건너왔다.

○ 본회 회원 채규병(蔡奎丙) 씨는 겨울철 휴학기에 부모님을 뵙기 위해 잠시 귀국했다.

• 영유군지회(永柔郡支會) 신입회원

정치열(鄭致烈)　　안정서(安貞瑞)　　전병권(全秉權)　　안종원(安宗源)

이정선(李致善)　　강태중(康泰中)　　함원선(咸元善)　　김동기(金東基)

김재현(金載鉉)	최형순(崔亨淳)	노용석(盧龍錫)	유창헌(劉昌憲)
최원순(崔元淳)	노이근(盧利根)	김이혁(金利赫)	이희주(李禧柱)
김태응(金台應)	장찬길(張贊吉)	이준도(李俊道)	나용엽(羅用燁)
김대은(金大殷)	강지영(康芝英)	한봉덕(韓鳳得)	이기연(李基淵)
이근선(李根善)	홍희균(洪熹均)	김달홍(金達弘)	윤봉수(尹鳳洙)
김영무(金永懋)	조양묵(曹陽默)	김익련(金翼鍊)	최건구(崔健九)
박태원(朴泰源)	한용성(韓龍星)	식련요(石鍊堯)	서태근(徐泰根)
김범식(金範植)	오영준(吳元俊)		

• 정오(正誤)

○ 본보 제16호 회록란의 영유군지회장 이기찬(李基燦) 씨의 보고 가운데 회원 김영련(金永鍊) 씨의 퇴회 청원을 그대로 허락한 것은 김영진(金永鎭) 씨의 자(鎭)자를 련(鍊)자로 오식(誤植)하였기에 바로잡은 것이다.

• 태극학보 의연금 출연자 명단

실선학교(實善學校) 2원　　김성직(金性稷)씨 3원
노인규(盧麟奎)씨 2원　　정익노(鄭益魯)씨 2원

• 태극학회에 삼가 드리다

삼가 아뢰오. 귀회의 구성원 정세윤(鄭世胤) 씨 댁에서 귀회의 형편을 들을 수 있었고 흠망(欽望)하고 감사하던 중 만 리 바다를 넘어 편지 한 통이 왔기에 열어보니 곧 태극학보였습니다. 의미있도다, 의미있도다! 태극이란 이름이여. 어찌 중요하고 귀하지 않겠습니까. 실로 우리

대한독립의 사상이 이것으로 다 포괄될 것입니다. 태극이 처음 구분된 이후로 만물 중에서 우리가 가장 귀한 것은 지령(智靈)이 있기 때문입니다. 지령으로써 만물을 눌러 복종시킨 후에 차차 사회의 사상이 일어나면서 한 집, 한 부락, 한 나라에 이르게 되었는데, 나의 집과 부락과 나라가 남보다 낫고 강함을 좋아하여 지금 20세기에 우승열패(優勝劣敗)와 약육강식의 시국을 맞이하게 되었습니다. 귀회의 여러분께서 이러한 시국의 형세를 살피고서, 관문을 닫고 옛 것만을 지켜 능히 우수하고 강한 자에게 썩은 고기가 됨을 면하기 어려운 까닭으로 견문을 넓히고 지식을 밝히기 위하여 친척을 버리고 옛 친구를 떠나 해외 만리 밖에서 다년간 온갖 풍상을 무릅쓰고 신학문을 연구하는 중에 학회를 설립하고 월보를 간행하여 안으로는 동포의 지식을 열어 일깨우고 밖으로는 태극기장(太極旗章)을 높이 드날려 4000년간 전해온 우리 조국을 세계열강과 동등한 위치에 함께 세울 목적으로 용감한 마음을 꺾지 않으니 그 탁월한 기지(氣志)가 얼마나 감사합니까. 문사의 고루함과 어의(語意)의 난삽함을 돌아보지 않고 작은 성의를 표하기 위하여 2환금을 부쳐드리오니 귀회에서 만분의 일의 비용으로 보태 쓰십시오.

대한 평양(平壤) 서면(西面) 태극동(太平洞)

보선학교(寶善學校) 삼가 드림.

- **기서(寄書)** / 평양 노인규(盧麟奎)

대한의 전국 동포들아! 태극학보를 애독하소서. 교육의 득실을 경고하고 외인의 능욕에 항거하고 물리치니 대한 교육계에 경세종이 태극학보 아닌가. 나처럼 어리석은 자도 분노를 이기지 못해 보조하니 아! 우리 전국 동포들아, 동심합력해 보세.

광무 10년 8월 24일 창간
융희 2년 1월 24일 인쇄
융희 2년 1월 24일 발행
메이지 41년 1월 20일 발행
메이지 41년 1월 24일 발행

•대금과 우편료 모두 신화(新貨) 12전

일본 도쿄시 코이시카와구(小石川區) 히사가타쵸(久堅町) 45번지
편집 겸 발행인   장응진(張膺震)

일본 도쿄시 코이시카와구 히사가타쵸 45번지
인 쇄 인   김지간(金志侃)

일본 도쿄시 코이시카와구 나카토미사카쵸(中富坂町) 19번지
발 행 소   태극학회

일본 도쿄시 우시코메구(牛込區) 벤텐쵸(辨天町) 26번지
인 쇄 소   명문사(明文舍)

• 광고

본 태극학회 사무소를 이번에 도쿄(東京) 코이시카와구(小石川區) 나카토미사카쵸(中富坂町) 19번지로 이전하고 매 통상회를 해당 장소에서 열기로 하였기에 널리 알립니다.

일본 도쿄 코이시카와구(小石川區) 나카토미사카쵸(中富坂町) 19번지

태극학회 알림

태극학보 제17호	
광무 10년 10월 24일	제3종 우편물 인가
메이지 39년 10월 24일	
융희 2년 1월 24일	발행(매월 24일 1회 발행)
메이지 41년 1월 24일	

광무 10년 9월 24일 | 제3종 우편물 인가 | 메이지 39년 9월 24일

광무 10년 8월 24일 창간
융희 2년 2월 24일 발행 (매월 24일 1회)

태극학보

제18호

태극학회 발행

• **주의**

△본 태극학보를 구독하고자 하시는 분은 본 발행소로 통지하여 주시되 거주지 성명과 통호를 상세히 기재하여 보내주시고 대금은 우편위체(郵便爲替)로 본회에 교부하여 주시기 바랍니다.

△본 태극학보를 구독하시는 여러 군자들 가운데 주소를 이전하신 분은 신속히 그 이전하신 주소를 본 사무소로 통지하여 주시기 바랍니다.

△본 태극학보는 뜻 있으신 인사들의 구독 편의를 위하여 출장지점을 다음과 같이 정합니다.

황성 중서(中署) 동궐(東闕) 파조교(罷朝橋) 건너편 주한영(朱翰榮) 책사 -중앙서관(中央書館) 내-

평안남도(平安南道) 삼화진(三和鎭) 남포항(南浦港) 축동(築垌) 김원섭(金元燮) 댁

평양(平壤) 관동(貫洞) 예수교서원(耶蘇敎書院)

평양(平壤) 법수교(法首橋) 대동서관(大同書觀)

평안북도(平安北道) 정주군(定州郡) 남문(南門) 내 홍성린(洪成鱗) 상점

북미 샌프란시스코 한인공립협회(韓人共立協會) 내 -김영일(金永一) 주소-

• **투서주의**

1. 학술(學術), 문예(文藝), 사조(詞藻), 통계(統計) 등에 관한 온갖 투서는 환영합니다.
1. 정치에 관한 기사(記事)는 일절 접수하지 않습니다.
1. 투서의 게재 여부는 편집인이 선정합니다.
1. 투서의 첨삭권은 편집인에게 있습니다.
1. 일차 투서는 반려하지 않습니다.
1. 투서는 완결함을 요합니다.
1. 투서는 세로 20행 가로 25자 원고지에 정서함을 요합니다.
1. 투서하시는 분은 거주지와 성명을 상세히 기재하여 보내주셔야 합니다.
1. 투서에 당선되신 분께는 본 태극학보의 해당호 한 부를 무상으로 증정합니다.

• **특별광고**

○ 내외도서 출판
○ 교과서류 발매
○ 신문잡지 취급
○ 학교용품 판매
　경성 중서(中署) 동궐(東闕) 파조교(罷朝橋) 건너편
　본점 -중앙서관(中央書館)- 주한영(朱翰榮)

평안북도(平安北道) 선천읍(宣川邑) 냇가
지점 -신민서회(新民書會)- 안준(安濬)

목차

태극학보 제18호

| 논단 |

태극학보 제18호
융희 2년 2월 24일
메이지 41년 2월 24일 [발행]

무명(無名)의 영웅 / 농와생(農窩生) 정제원(鄭濟原)

지금 천하를 만든 이를 영웅이라고 하지 않을 사람이 누구랴. 영웅을 세계의 은인으로 삼으니, 그렇다면 영웅의 은인은 누구인가 하면 무명의 영웅을 말하지 않을 수가 없다. 하나의 바위가 비록 크지만 이것만으로는 높은 성을 쌓을 수가 없으며 한 명의 사람이 비록 위대하지만 그만으로는 영웅이 될 수가 없기 때문에, 높은 성이 저와 같이 높은 층을 이루도록 만든 공은 이름 없는 돌 조각에 있는 것이고 영웅이 저와 같이 위대한 업적을 이루게 만든 공은 무명의 영웅에 있는 것이다. 영웅의 사업은 한 개인의 사업으로만 인지하지 말 것이며, 또 사업뿐 아니라 곧 영웅 자신도 또한 한 개인이 이룰 수 있는 바가 아니다. 그러므로 저 성루(城樓)가 높은 하늘에 솟아나온 것도 누각 아래의 무수한 초석을 근거로 하여 솟았으니 곧 이름 없는 초석을 대표하는 것이요, 이 영웅이 세계에서 뛰어난 것도 세계의 무수한 영웅에게 힘입어 뛰어나니 역시 무명의 영웅을 대표함을 이른다. 이러므로 워싱턴은 무수한 무명의 워싱턴이 아니었다면 능히 13주의 독립을 성취하지 못하였으며, 비스마르크는 무수한 무명의 비스마르크가 아니었으면 능히 독일을 연방으로 만들지 못하였으며, 루터로도 무수한 무명의 루터가 아니었으면 능히 종교개혁의 공을 세우지 못하였을 것이다.

비유컨대 영웅은 금강석과 흡사하여 비록 한 덩어리라도 나누면 실로 서로 같은 다수의 질(質)과 각도(角度)와 분자(分子)로 말미암아 원자(原子)[1]를 이룬 것이다. 한번 보라. 회중시계가 그 외면을 살펴보면 긴 바늘과 짧은 바늘이 서로 왕래하여 간단한 것처럼 보이지만 그 이면을 살펴보면 털과 같은 나선이며 빗과 같은 작은 바퀴가 번잡하여 그 운동기관이 되는 것이다. 이는 곧 유명한 영웅은 긴 바늘과 짧은 바늘에 지나지 않으나 무명의 영웅은 이면의 작은 나선형 바퀴와 같으므로 영웅을 만들며 운동하게 하는 영웅은 곧 세계에 숨은 농부와 직공(織工)과 상인과 역인(役人)과 병졸과 소학교 교사와 노인과 과부와 고아 등 무수한 무명의 영웅이 이것이다.

아아! 저들은 나라의 생명이며 평화의 원천이며 세계의 대 은인이다. 청컨대 영웅을 사랑하는 사람은 무명의 영웅을 먼저 사랑해야 하며, 영웅의 발아래에 절을 하고자 하는 사람은 먼저 무명의 영웅의 발아래에 절을 해야 하며, 영웅이 세상에 나오기를 바란다면 무명의 영웅이 세상에 나오기를 먼저 바라야 한다. 듣지 않았는가! 한 그루의 나무가 비록 크지만 삼림의 성대함을 당할 수가 없으며, 일개 바위가 비록 높으나 산악이 될 수가 없다고. 그러므로 이 세계의 영웅을 만드는 무명의 영웅이 참 영웅이라 할 것이다.

청년(靑年)의 처세 / 호연자(浩然子)

무릇 청년은 어떻게 세상에 처신해야 하는가. 이는 지극히 중요한 문제라 갑론을박으로 그 실마리를 늘 찾지만 그 단서를 얻지 못하니, 도저히 우리 같은 애송이로서는 감히 논의할 여지가 없다. 하지만 이는

---

1 원자(原子) : 원문에는 '阿屯體'라고 되어 있는데, '阿屯'은 atom의 중국식 역어이다. 문맥상 의미가 맞지 않는 점이 있지만 우선 이렇게 번역해 둔다.

우리 자신의 문제니, 자신을 위해 자신의 생각으로 원만한 해결책을 찾는 것이 무익한 일은 결코 아닐 것이다.

우리가 홀로 처세할 수 있으면 되겠지만 벗만 상대하더라도 그 사이에 서로의 정리와 질서 등 상응하는 거동이 없을 수는 없다. 하물며 천민(天民) 16억 명이 소란을 피우며 난동을 부리는 곳에서 우리가 그 분자가 됨에야 말해 무엇하겠는가. 반드시 상응하는 거동이 있어야 하니, 이른바 예양·인내·진지·군셈 등이 그것이다. 무엇무엇으로 그 수를 헤아려 보면 천하에서 우리가 일대 수신서를 저술해도 다만 이것만 가지고 만족스런 위로를 얻지는 못할 것이다. 슬프다! 우리의 처세여! 어찌 그리도 방법이 번거롭고 많은가. 하지만 생각해 보라. 처세의 방법이 많더라도 한 마디 말로 요약하면 '의무의 수행'이란 다섯 자에 불과하지 않은가. 성실하다, 이 말이여! 예양·인내가 단지 자신이 세상에서 받은 천직-의무를 수행하기 위한 수단에 불과하다. 고로 이른바 처세의 목적은 의무의 수행에 있다고 하겠다.

이미 이 점을 알았다면 우리가 거듭 더 말할 필요는 없겠다. 하지만 본 주제에서 말하는 청년의 처세란 것은 결코 우리의 처세를 충분히 깨달은 것이 아니니 그 사이에 청년이 지닌 어떠한 특색을 발휘해 내지 않으면 안 된다.

영묘한 신계를 떠나서 인간 세상에 처음으로 울음소리를 내는 자를 영아라 하고, 온화한 가정의 부모를 떠나서 독립된 사회생활을 꾸리려는 자를 청년이라 한다. 고로 청년이란 사회의 영아이니, 일언반구도 하지 못하던 입과 혀를 가지고 언어를 자연히 습득할 수 있는 자가 영아이고, 보잘 것 없는 지식과 재주로 각별히 연구하지 않은 재능을 가지고 사회의 추세를 통찰하여 한 걸음 두걸음 높은 이상을 지망하고 자아의 의무를 수행하는 데에 점차 착수하려고 하는 자가 청년이다. 고로 청년은 모든 경우에 대하여 진취적이고 적극적이지, 결코 보수적이고 소극적이지 않다. 구차하게 소극적으로 하려 든다면 이는 농아나 장님과 같고 구차하게 보수적으로 하려 든다면 이는 절름발이와 같으니, 도저히 천민(天民) 16억 명의 행렬에 동참할 수 없다. 그러니 진취적으로 하지 않을 수 없는 것이 활동이고, 적극적으로 하지 않을 수 없는 것이 향상이다. 그렇다면 우리 청년들 처세의 요소는 단지 이를 근본으로 삼아야 할 것이다.

이른바 처세라 함은 의무의 수행이라 하였다. 그렇다면 의무라 함은 무엇이고 천직이라 함은 무엇인가. 드넓은 학식과 탁월한 기술이 있더라도 필시 가르칠 자도 없고 지시할 자도 없을 것이니 우리가 청년시대에 직접 구해야 할 것이다. 무엇인가. 누구라도 청년이면서 천직을 얻지 못한다면 이는 우리 처세의 근간이 무너지는 원인이 된다. 아아, 청년이여! 우리 청년들이 어찌해야 이와 같은 중대한 사항을 해결할 수 있는가.

이른바 처세에 대한 의무라 함은 무엇인가. 사람이 홀로 살지 못하는 것은 어째서인가. 사회 생활이 가장 좋은 것은 어째서인가. 다름이 아니라 우리가 각자 서로 돕는 사이에서 세상의 크나큰 이익과 행복을 받기 때문이다. 한 번 빚지고 나면 되갚는 의무가 사람에게 있는 이상 이와 같이 크나큰 이익과 행복에 대해 반드시 어떠한 공헌을 해야 함은 굳이 더 말할 필요가 없다. 이를 일러 세상에 대한 의무라 하겠다.

공헌이 곧 의무인 줄 알았다면 그 다음에는 실행할 수 있는 수많은 공헌의 자료를 미리 갖추어야 한다. 이를 실행하자면 자신의 특징에 따라 장점을 취하는 충분할 활동이 요구될 것이다. 그리고 자신의 천직을 구하는 지표 역시 실로 자신의 특징과 장점이다. 그렇다면 자신의 장점을 안다는 것은 무엇인가. 유일한 답안은 '수양'이라 하겠다. 수양이란 무엇인가. 다름이 아니라 우리 청년 처세의 시초이고 우리 인생 생활의 근본이다. 만일 청년이면서 수양이 없다면 빈 주머니를 바로 세울 수 없고 빈 항아리를 기울여도 내용물이 없는 것처럼 사회가 우리를 용납하지 않을 것이다.

우리도 정욕의 동물이다. 피곤보다 쾌락을 생각하고 재앙보다 행복을 추구함이 인지상정(人之常情)이니 인간 세상의 발전 역시 여기서 기인한다. 하지만 세상이란 바다는 늘 순조롭지 않은 때가 많다. 수시로 거센 물길이 불어나 작은 배를 뒤흔들어 괴롭히고 흐릿한 암초와 크나큰 풍랑이 배의 중심을 부수는 사태가 종종 일어나니, 우리의 희망과 의무를 수행힐 때 필시 수많은 고난과 역경이 도사리고 있음은 우리가 다 아는 바이다. 청년들이여! 최근 수십 년 동안 함께 겪은 원악(寃惡)이 널리 구천에 차 있음을 생각해보았는가. 만일 우리가 사회에 상당히 공헌하고 의무를 완전히 수행하였다면 오늘에 이르러 이와 같은 원악이 머리에서 발끝까지 미칠 수 없을 것이다. 고로 고통이 있으면 장래의 행복을 떠올리고 재앙이 있으면 미래의 쾌락을 상상하여 분투의 생애를 도모하여 희생의 정신으로 공헌하시오. 세상에 슬픈 일이 어디에 있겠으며 못할 일이 무엇이 있겠는가. 이는 다 우리가 겉으로만 함부로 재단하여 미혹됨을 깨닫지 못하고 절대적인 희망을 잃는 것이니 세상에 어리석은 자가 또 어디에 있으리오.

이상의 의무와 천직에 대한 각오를 지니고 청년시대 처세에 대한 최초의 의무를 충분히 깨달아야 그 급선무에 대해 진지한 소양을 가지고 능히 활동하고 향상시켜 그 일생의 근본을 견고히 할 수 있으니, 이는 우리 생활에서 유일한 자양분이 될 것이요 세상이란 바다의 성난 파도를 막는 방파제가 될 것이다!

문명(文明)의 준비 / 김지간(金志侃)

하루의 계획은 새벽에 있고 1년의 계획은 봄에 있고 일생의 계획은 젊음에 있다 하였으니 이는 개인 생활의 준비를 말함이나 국가의 문명 준비도 또한 이와 동일한 줄로 생각한다. 왜 그런가 하면 국가는 개인의 집합으로 성립된 것이다. 그러므로 국가의 문명은 즉 개인의 문명이요, 국가의 멸망은 즉 개인의 멸망이라 할지니 고로 동서양을 불문하고 국가를 사랑하는 민족은 개인의 행복을 향유하고 국가를 사랑하지 못하는 인류는 개인의 멸망을 당한다. 요사이의 일례를 들면 영미 사람이 도처에서 환영을 받음은 자기 국가를 문명에 이르게 한 까닭이요, 유대인이 도처에서 학살을 당함은 자기 국가를 멸망에 이르게 한 까닭이니 그런즉 애국이다. 애국이라 함은 특별한 명사가 아니요, 즉 개인이 자기를 사랑함이다. 자기가 자기를 사랑할 줄 모르면 논할 바 없거니와 자기를 사랑할 줄 알면 자기 국가를 사랑함은 세계 인류의 공통된 원리 원칙이다.

아, 시험 삼아 과거의 우리나라 국민의 개인 상태를 생각하라. 개인이 국가를 위하여 국가의 문명을 준비하였나, 못 하였나. 금일에 외족의 학대와 동포의 상잔은 개인이 개인만 위하고 국가를 위하지 못한 죄악이 아닌가. 이른바 정국(政局)의 당사자는 자기 한 개인의 지위를 보전케 하고 복록을 평안히 누리기 위하여 국가를 무시하고 동포를 희생에 바쳤으니 그 사람은 우리나라 국민의 한 분자가 아닌가. 우리나라가 불행한 날에는 관작(官爵)이 비록 높아도 외족의 노예가 되기는 일반이요, 외족에게 학대를 당함을 면치 못할 바를 어찌 생각하지 못하나. 또 국내 재산가로 말하여도 자기 개인의 재산을 보전하여 자손에게 전해주기 위하여 사회 진흥할 방침은 조금도 논할 새가 없고 동포 구제의 사업도 꿈도 꾸지 않으니 그 사람은 우리나라 국민의 한 분자가 아닌가. 우리나라가 불행한 날에는 재산이 비록 많아도 외족의 노예 되기는 일반이요, 외족에게 학대를 당함을 면치 못할 바를 어찌 생각하지 못하나. 귀함은 어디에 쓰며 부함은 어디에 쓸고. 국가가 안전해야 개인이 안전함은 인류사회의 원리원칙이 아닌가. 그런즉 우리는 과거의 상태를 거울삼아 장래의 문명을 준비해야 한다. 기회가 비록 있어도 준비가 없으면 어찌 결과를 기대하리요. 세계의 대세는 날이 갈수록 변천이 무상한 것인즉 우리의 활동할 만한 좋은 기회가 목전에 있는 때니 준비해야 한다. 시기를 놓치지 말고 준비해야 할 것이다.

일반 동포여, 관직을 현재 갖고 있으면 자기 개인의 지위만 생각하지 말고 자기의 능력이 닿는 대로 국가를 위히여 헌신을 다하다가 능력이 미치지 못하면 사직하고 물러나 민간사회에서 활동해야 하고, 자산가로 말하면 수전노가 되지 말고 의금(義金)을 내서 학교를 설립하고 인재를 양성하며 총명한 자제를 선발하여 외국에 유학을 시켜서 신학문을 수입하며 자본을 투자하여 농공상의 실업을 발달시키며 은행을 조직하여 금전을 융통시키며 지사(志士)를 연결하여 유익한 사업을 이루어야 하고, 또 사회의 선각자로 말하면 유명무실한 정당에만 마음을 기울이지 말고 지방교육을 시찰하여 군국(軍國)을 주의하고 실업을 장려하며 외교할 인재를 양성하여 앞으로의 필요에 응하게 해야 한다. 장래에 수많은 기회가 있어도 우리의 실력 준비가 없으면 소위 기회는 무용장물(無用長物)이니 아무쪼록 준비를 게을리하지 말아야 할 것이다. 애국 동포여, 오늘의 준비는 하루의 새벽이요, 일 년의 봄이요, 일생의 젊음이라 할 것이다.

최선의 문명개화는 각종 산업발달에 있다 / 모란산인(牧丹山人)

돌이켜 생각해보면 사회는 개벽 이래로 해마다 단순함을 버리고 복잡함으로 나가며 조잡하고 작음에서 나와 정밀하고 큼을 향해 간다. 이는 마치 갓난아이가 날로 자꾸 자라 큰 사람이 되는 것과 같다. 대개 사회가 성립한 초기에는 인민이 날로 하늘이 만든 먹거리만을 구해 스스로 농사짓지 않고 굴에서의 거주로 한기와 습기를 막으며 격투로 짐승의 해를 제거할 뿐, 정치도 없고 종교도 없으며 법률도 없고 학예도 없더니 마치 요람 속의 작은 아이가 자연스럽게 언어를 점점 발현한 것처럼 사회는 세월과 동반해서 결국 군신이 있고 도의가 있으며 상업이 있고 농공이 있으며 명분을 밝힌 가르침이 있고 법정이 있는 하나의 큰 기관을 이루기에 이르렀다. 대체적 국면에서 사회발달의 상태를 관찰하건데 사회가 어찌 실로 일대 활체(活體)로써 나날이 성숙하고 진보하는 것이 아닌가. 이 사회성숙의 걸음을 문명개화라 말할 수 있을 것이다.

　대개 사람이 생존하는 것은 신체의 각 부분의 기관이 상호간 보합함으로써 활동이 각각 끊이지 않음에 있으니 즉 손·발은 운동 기관이고, 눈·코·뇌장·신경은 지각 기관이며, 폐관은 호흡기관이고, 구복·혈맥·심장은 영양 기관이며, 피부·뇨구(尿口)는 배설기관이다. 고로 이것이 전부 하나의 국면으로 치밀하게 통합된 연후에야 완전한 생활을 얻을 수 있을 것이다. 만약 이러한 기관들이 하나라도 결여되면 생존에 이를 수 없음은 인류의 생리에서 어찌 당연한 것이 아니겠는가. 사회 역시 이와 같이 농작·공상·정치·학예·종교 등 온갖 산업이 다 긴밀하게 유착되어 성립된 일대의 활체이니, 이와 같은 기관은 각자 필요성을 점거한 것이다. 그 가운데 하나가 부족하여 사회의 생존을 보장할 수 없는 것은 마치 손가락 끝의 작은 종기가 수시로 몸 전체를 해치는 것과 같다.

　고로 인생의 직분이란 농인·공인·상인·사인을 막론하고 다 같이 사회의 생존을 조직하는 기관이 되는 것이니, 그 필요한 정도는 추호의 차이도 없고 온갖 산업이 다 사회에 고르게 필요한 것임을 바로 알 수 있다. 그렇다면 최선의 발달은 온갖 사회 기관의 고른 발달에 달려 있고,

최선의 문명의 개화는 온갖 산업의 고른 진보에 달려 있다고 하겠다.

온갖 산업을 크게 구분하면 다음과 같이 네 가지로 나뉜다. 첫째 정치기관, 둘째 생산기관, 셋째 무비기관, 넷째 이상기관이 그것이다. 국가의 조직과 인민의 통치에 대한 시정과 법제의 직분은 정치기관에 속하고, 천연물을 수확하거나 인공적으로 의식주의 용도를 보조하는 직분은 생산기관에 속하며, 방위와 공벌의 수단이 되는 육해군은 무비기관에 속하고, 종교·도덕·온갖 학예·미술 등은 이상기관에 속한다.

지금 서양의 여러 나라들의 부강함이 세계문명의 으뜸이 된 이유는 오로지 이 네 가지 기관이 고르게 발달한 결과이다. 이는 서양의 근대사로 확실히 증험할 수 있다.

서양의 여러 나라 가운데 영국이 가장 진보한 나라이다. 만약 영국의 역사를 읽는다면 반드시 그 사려를 분발하지 않을 자가 없을 것이다. 보아라! 영국은 한편으로는 군주의 폭정에 항거하여 헌법을 제정하고 정치를 개량한 적도 있고, 한편으로는 해외로 진출해서 식민지를 개척한 적도 있으며, 한편으로는 증기기관을 발명하기도 하고, 한편으로는 직물기계를 제작하기도 하고, 한편으로는 자유무역을 단행하기도 하고, 한편으로는 철도를 건설하기도 하고, 한편으로는 문학을 진작하기도 하였다. 아! 영국의 역사는 다른 동양국가처럼 정치와 무비기관을 운행하는 소수의 귀족과 무족의 역사가 아니라 즉 인민 전체의 역사이다. 고로 영국이란 거대한 악기는 정치계의 의인인 크롬웰·햄프턴·코브던(Richard Cobden)·브라이트·정치계의 피터·칼라일·파머스턴(Henry John Temple, 3rd Viscount Palmerston)·글래드스톤·무비계의 용자인 넬슨·웰링턴·콜튼·생산계의 권업가인 와트·스티븐슨·이상계의 선도자인 밀턴·세익스피어 등 기타 수많은 위인과 걸사들이 특별히 홀로 터득한 역량을 위 네 가지 기관에 더한 결과, 그 정밀하고 웅대한 부강함의 음조(音調)를 발한 것이다.

대개 위 네 가지 기관 중에 하나만 치우쳐 발달한 나라는 마치 신체의 일부만 치우쳐 발달한 사람과 같다. 고로 이러한 불구의 나라는 생존을 오래 유지하기 어렵다. 보아라! 고대 그리스는 그 정치·법률·문학·미술이 당시 세계 문명의 으뜸이었지만 하루아침에 마케도니아 미개 인종에 의해 멸망하였다. 이는 다름이 아니라 대개 그리스가 비록 정치와 이상기관은 비상하게 발달하였지만 무비기관이 불완전해서이니, 마치 예민한 사람이 그저 앉아 먹고 일 없이 한가로이 지내면서 평생토록 손발을 놀리지 않다가 홀연 하루아침에 병에 걸려 쉽게 죽게 된 것과 같다.

현재 일본과 러시아 두 나라가 세계의 강국이다. 그 무비기관의 발달함과 그 정치기관의 편중됨은 천하에 비할 데가 없다고 할 수 있다. 하지만 두 나라가 강해진 원인이 곧 그 나라[2] 재정의 곤란을 유발한 원인이 아닌가. 하물며 그 이른바 문명이 실로 근본문명이 아니라 한갓 물질문명에 불과함에랴. 슬프다! 이들은 마치 수족과 두뇌만 성장하되 호흡기관과 혈육순환이 이에 부응하지 못하는 것처럼 한 나라의 정기가 되는 이상과 한 나라의 혈액이 되는 생산 등 두 가지 기관이 완전히 막혀서 활소(活素)를 통하지 못하게 되어서 그렇게 된 것이다. 이처럼 갖추지 못한 자가 생존할 수 있는 것도 한 때의 요행이지 오랜 세월 사이에 필시 자멸할 것임은 결코 나의 과언이 아니라 원리(元理)로 질정할 수 있는 일이니 어찌 감히 경계하고 두려워할 바가 아니겠는가. 일국의 부강과 문명을 기대함에 온갖 직분의 고른 발달이 필요함은 이미 자명하다. 그렇다면 능히 사회의 네 가지 기관을 운행하여 순정(順正)한 발달을 이루려면 역시 한 가지 요소를 따르지 않을 수 없으니, 바로 자주독행(自主獨行)의 힘이 아니라면 그럴 수 없을 것이다. 무릇

2　원문은 '日'로 되어 있지만 의미상 '國'자가 맞을 듯하다.

자주독행하는 이는 그 직분에 대해 자신 있게 자임하는 자이고, 그 산업에 만족해 전력을 다 하는 자이며, 그 직분 된 산업의 본령에 한 걸음도 타인의 침범을 허용하지 않는 자이니, 이들은 충분한 노동으로 자신의 직분에 힘쓰는 동시에 사회에 대한 직분에 대해서도 늘 덕의(德義)를 유지하는 자가 되고 수시로 혁신의 원동력이 되는 자여야 한다. 저 전쟁 역사상 늘 대장의 영명(英名)만 빛날 뿐이지만 사실 승리가 일개 사졸이 용감히 전진해 힘껏 싸웠기 때문인 것처럼 사회의 일도 마찬가지로 정치가·학자 등의 명예가 전 국면을 독차지하지만 사실 지극히 미천한 이들 사이에서 자주독행한 인민들이 국가의 기초가 되었기 때문이다. 보아라! 저 영국에서 정치의 폐해를 혁신하고 사회의 부패를 세척한 주동력은 청교도가 아닌가. 그들은 대개 순수한 농부·대장장이·제화공 등이었다. 그 직분과 경계가 지극히 미천해서 학자·정치가처럼 당시에 명의를 드러내지 못하였지만 그들은 학자·정치가가 기대하지 못한 대혁신을 정치에 더하여 영국 천년의 규모를 여는데 기여하지 않았는가. 아마도 이들은 단지 자주독행하는 자였을 뿐이었고, 질박함과 근검함으로 제 직분에 전력을 다할 뿐이었지만, 어찌 실로 사회에 대한 직분에서 그 자주독행의 정신을 관철한 자들이 아니리오.

유독 청교도만 그러한 것이 아니다. 영국의 인민은 지금도 이 자주독행의 좋은 기풍을 잘 유지해서 국가의 부강과 문명에 보탬이 되고 있다. 이들은 철도의 공인·직공·증기기관의 화부로 각기 독립 자행하여 제 직분을 다함에 부단히 전념한다. 또한 이들은 자신이 지극히 미천한 처지에 있어도 그 선천(先天)의 유풍을 누려서 그 본령을 확실히 유지하고 국가의 부강한 실력에 보탬이 됨과 동시에 정치와 사교의 감독자가 되고 도의와 국풍의 지원자가 된다.

아! 오늘날 영국의 부강함이 세계의 열강을 능가하는 이유는 오로지 저 수많은 인민들이 저토록 좋은 기풍을 유지하였기 때문이 아닌가.

어떠한 국가를 막론하고 이와 같이 좋은 기력이 없다면 영원한 융성을 기대할 수 없음은 자명하다. 고로 일국이 발달하는 요소는 첫째가 자주독행의 기력이요 둘째가 산업의 자유라고 할 수 있다.

아, 아아! 생각건대 우리 동족이여! 오늘날 우리는 과연 완전한 국가기관이 있는 민족인가. 과연 좋은 기풍이 있는 민족인가. 과연 자주독행의 기력이 있는 민족인가. 과연 산업의 자유가 있는 민족인가. 아. 아아!……생각이 여기에 미친다면 논자가 도로 이 의론을 펴지 않는 편이 더 나은 것 같다. 그럼에도 지금 내가 이 한 마디 말로 다시금 끊임없이 경계하노라. 살펴라 독자들이여! 살펴라 독자들이여! 무릇 사람이면서 원대한 행동이 없으면 막대한 공적을 이룰 수 없는 법이니. 원컨대 여러분은 오늘에 낙심하지 말고 장래에 우리가 굳게 점거할 대자유와 대복락을 누릴 수 있기를 확실히 기대하며 전진해야 할 것이다. 아, 돌아보라! 오늘 우리 국가의 현상이 이 같은 처지에 있더라도 우리 인민 사이의 문명 수준이 나날이 적극적이고 소극적임에 있지 절대 소극적임에 있지 않을 것이니 이 어찌 큰 영향의 효과를 거둘 기회가 멀다 할 수 있겠는가. 보아라! 저 북미에서 거주하는 우리 동포들의 성실한 노동이 오늘 국가사업에 미치는 효능이여! 오늘날 우리가 말함에 반드시 내 생명의 양식이니, 나의 자유의 종이니, 나의 독립의 선봉이니 하면서 남북으로 애독하는 것이 저 샌프란시스코의 공립보(共立報)가 아니며 저 하와이의 합성보(合成報)가 아닌가. 그러니 오늘날 우리가 어찌 유독 영국 청도교만 숭상하겠는가.

대개 그 나라의 문명 수준은 우선 노동계를 가지고 관찰해야 한다. 고로 나는 당당히 말하기를 "오늘날 우리 대한의 대권(大權)을 만회하고 대복(大福)을 누릴 기초는 오직 우리 민간의 신선한 노동사회에서 반드시 시흥(始興)할 것이라"고 하는 것이니, 우선 착수해야 할 것이다, 국가의 사업을. 우리 내외의 노동하시는 동포들이여……

| 강단 |

소학교(小學校) 교원의 주의 / 권학자(勸學子)

소학교 교원의 우수 여부는 보통교육의 수준과 관련되어 있고 보통교육의 긴장 여부는 국가의 성쇠와 관련되어 있으니 그 책임이 중하고도 크다고 할 것이다. 지금 만일 소학교 교원에 적임자를 얻지 못하여 보통교육의 목적을 달성하지 못하며 사람을 수신(修身)하고 취업(就業)하지 못하면 무엇을 말미암아 나라를 사랑하고 임금에게 충성하는 지기(志氣)를 떨쳐 일으키고 풍속을 순후하고 아름답게 하며 민생을 부유하고 도탑게 하여 국가의 안녕과 복지를 증진케 하랴. 그러므로 소학교 교원은 마땅히 이 뜻을 깊이 체득하여 정성껏 실천하기를 요구하니, 소학교 교원으로 재직하는 여러분은 아침저녁으로 부지런히 힘써서 마음에 품고 잊지 마시오.

1. 사람을 인도하여 선량하게 하는 일은 지식을 넓히는 일보다 더 긴요하다. 그러므로 교원은 도덕교육상에 전력을 다하여 생도로 하여금 나라를 사랑하고 임금에 충성하며 부모에 효도하고 어른을 공경하며 벗에게 신뢰 있게 하며 낮은 이와 어린 사람에게 자애롭고 자기를 중하게 대하는 제반 윤리의 큰 도를 훤히 깨닫게 하며 또 자기의 궁행으로 그 모범이 되게 하여 생도가 덕성(德性)에 훈염(薰染)되고 선행(善行)에 감화되도록 애쓰고 힘쓰라.

1. 지심교육(智心敎育)의 목적은 오직 사람으로 하여금 지식을 넓히고 재능을 기르도록 도와서 그 본분을 반드시 다하도록 하는 것이 알맞을 것이다. 어찌 명성과 영예만 취하고 특별한 공로만 탐내어 찾으랴. 그러므로 교원은 마땅히 이것을 체인(體認)하여 생도의 지심(智心)을 교육하는 데에 종사하라.

1. 신체교육(身體敎育)은 다만 체조에만 집착할 것이 아니니 마땅히 항상 교사(校舍)를 청결하게 하고 알맞은 햇빛의 온도와 대기의 유통에 유의하며, 또 생도의 건강을 해칠 버릇에 오염될 것을 예방하는 데 종사하라.

1. 비린(鄙吝)한 심지(心志)와 누열(陋劣)한 사상(思想)을 품지 말아야 하는 것은 세상 사람이 모두 그러하지만, 특별히 교원은 자기 마음에 가장 먼저 근신하여 제거해야 한다. 대개 유아의 지건(智健)을 양성하며 신체를 발육하는 중한 임무를 복응(服膺)하여 세상의 복지를 증진케 하는 것은 근본이 비린하고 누열하여 투안(偸安)과 탐리(貪利)를 일삼기만 하는 천한 무리는 도저히 할 수 없는 것이다.

1. 학교의 관리에 필요한 쾌활한 기상은 심신이 위미(萎靡)한 자가 갖추고 있지 못할 바이며, 또 생도를 가르치는 데 있어야만 하는 허다한 노동력은 신체가 잔약한 자가 감내할 수 있는 바가 아니다. 그러므로 교원은 특별히 기거하고 먹고 마시는 등의 일상적인 방식을 엄수하며 산책 및 운동 등의 좋은 규범을 긴하게 따라서 그 심신의 건강을 보전함으로써 그 임무를 반드시 다하게 하라.

1. 교원은 단지 소학교 교칙 중에 게재한바 학과(學科)만으로는 자족하지 못하니 교칙 밖의 학과를 널리 섭렵하도록 해야 한다. 만약 그렇지 않으면 가르치는 데에 문득 파탄을 만들어 생도의 신뢰를 잃어버리고 끝내 그 몸을 학교 직무상에 서있을 수 없게 될 것이다.

1. 교원은 항상 정숙한 질서에 의하여 학식을 넓혀서 그 심지(心志)를 연마하게 하라. 만일 그렇지 않으면 가르치는 실제 목적을 알리고 밑바탕을 수립(竪立)할 수 없을 것이니 대개 내 심지를 연마하지 못하고서 타인의 심지를 연마하게 한 자는 일찍이 있지 않았다.

1. 사범학교에서 일찍이 익힌 교육법은 대개 하나의 형태에 지나지 않는다. 그러므로 교원은 단지 이것을 본보기로 삼아 인습하는 데 만족하지 말고 의당 항상 그 소득과 손실, 이득과 병폐를 고구(考究)하고

취사(取捨)하여 이것을 활용해야 한다.

1. 사람의 심신과 신체의 조직 작용에 관해서는, 교원은 최우선의 뜻을 두고 강구(講究)와 경험으로 그 원리실제에 정통하게 할 것을 요구하라. 만일 그렇지 않으면 가령 부지런하고 급급하게 교육에 종사해도 억측하여 함부로 하는 폐단을 면하기 어렵다.

1. 학교의 관리 업무는 가르치는 일에 비하면 더욱 극히 곤란한 일이다. 그러므로 교원은 항상 인정과 세태(世態)를 상세히 살피며 통의(通義)와 공도(公道)를 분변하고 또 일처리의 방법 및 순서 등을 외워서 익혀야 한다.

1. 교칙은 교내의 질서를 정숙하게 할 뿐 아니라 겸하여 생도의 덕의(德誼)를 권유하는 데 필요한 도구이다. 그러므로 교원은 이 취지를 잘 체인(體認)하여 집행해야 한다.

1. 숙련·간절·권면 이 세 가지는 교육에서 필수적인 성사이다. 그러므로 교원은 능히 이 세 가지를 구비하여 그 일에 종사할 때는 단지 가르침의 실효만 드러내어 얻을 뿐 아니라, 또한 생도가 부지불식간에 이러한 성사에 감화되도록 하며 자연스럽게 습관이 되도록 해야 한다.

1. 학교의 통솔 업무는 강직·인내·위엄·성실·권면 등 여러 덕목에 의지해야 한다. 무릇 강직하지 못하면 어려움을 극복할 수 없고, 인내하지 않으면 오래 유지할 수 없고, 위엄 있지 않으면 다른 사람을 감복시킬 수 없고, 성실하지 않으면 무리를 포용할 수 없고, 권면하지 않으면 일을 이룰 수 없다.

1. 생도가 만일 당파를 결성하고 쟁론을 일으키는 등의 일이 있거든, 이것을 처리함에 극히 온당하고 상세히 하여 한쪽으로 치우치는 폐단이 없고 가혹하게 하는 잘못이 없기를 요구한다. 그러므로 교원은 항상 너그럽고 후덕한 생각과 도량을 양성하여 중정(中正)한 식견을 가지며 그 중에서도 정치 및 종교를 섭렵하여 집요하고 과격한 언론을 행하지

말라.

1. 다른 이로 하여금 선량한 성품과 행동을 지니게 해야 함은 두 말할 것 없거니와, 교원이라면 최선을 다하여 선량한 성품과 행동을 유지하라. 그렇지 않으면 단지 유아를 양육하고 이끌어 선행을 하도록 도와줄 수 없을 뿐 아니라 도리어 천부(天賦)를 해치는 지경에 이를 것이다. 대개 유동의 중심은 매우 약하고 매우 비어 있어 극히 예민하게 외물(外物)에 감염된다.

1. 교원으로서 품행을 고상히 하고 학식을 넓히며 경험을 쌓아야 하는 것 역시 해당 직업에 대해 반드시 다해야 할 임무라 할 것이다. 무릇 품행을 고상히 함은 해당 직업의 품위를 귀중히 여기기 위함이요, 학식을 넓히며 경험을 쌓음은 해당 직업의 광택을 키우기 위함이다.

농업의 보호와 개량에 관한 국가 시설 (전호 속) / 경세생(耕世生)

(3) 비료의 사용

유효한 비료의 사용도 물론 필요하지만 지방마다 각기 관습이 있으니, 측비(厠肥)-통새의 재-만 사용하고 그밖에는 다 무효한 줄로 여기기도 하고 구비(廐肥)-마소의 두엄-만 사용하고 그밖에는 다 무효한 줄로 여기기도 한다. 그러니 정부는 모쪼록 그 사용을 장려하고 또 필요한 경우에는 그 강제사용을 명해야 한다. 비료의 강제는 어떤 비료를 어떤 농업에 사용하라고 명령하는 것인데, 그 사용의 최소한도를 지시해야 한다. 비유하자면 어떤 마을과 어떤 마을의 담배 경작지에는 하루갈이에 콩깻묵 수백 냥쭝을 사용하라 하는 것과 같다. 비료의 강제사용이 언뜻 보면 비록 압제 같으나, 유효한 비료의 효력을 자각하지 못하거나 자각하여도 그 이학적(理學的) 유효량(有效量)을 알지 못할 때에 그 사용량과 사용시기와 및 사용할 비료의 종류를 지도하여 가르쳐 사용하게 하면 도리어 농민에게 이익만 될 뿐 아니라 또한 국가의 이익이 막대할 것이다. 그러니 정부는 항상 그 사용량과 사용시기와 및 사용할 비료의 종류에 대해 주의하여 게으르지 말아야 한다. 비료 사용과 밀접한 관계가 있는 것은 비료의 생산이다. 비료 사용에 좋은 결과를 거두고자 하면 또 비료 생산과의 관련이 필요하니, 곧 유효한 비료를 염가로 생산하는 방법을 강구하여 비록 빈한한 농민이라도 일반적으로 쓸수 있게 해야 한다. 비료의 재료가 나쁘든가 혹 바르지 않은 품류(品類)를 공급하든가 또 가격이 저렴하지 않을 때는 어떻게 비료 사용을 강제로 하여도 좋은 결과를 거두기 어려우니 정부는 모쪼록 이 목적을 위하여 지방 각처에 비료회사의 설립을 장려함이 급선무이다. 비료 사용과 반대로 종래 사용하던 비료를 금지하는 경우도 있으니 이것은 비료의 강제금지이다. 강제금지는 이것을 비료로 사용하면 유해하거나 효과가 없거나 다소 효과가 있어도 손해가 이익보다 클 경우에 행하는 것이다.

(4) 재배 방법

재배 방법에 정부가 관여하는 이유는 수확량을 늘리기 위함이다. 그러므로 시험장과 순회강연 등을 설치하여 흔히 그 목적을 이루나 만일 필요가 있을 때는 관리를 파견하여 경작의 방법을 지시하며 혹은 문서로써 명령도 하고, 또는 관수(灌水)·인수(引水)·저수(貯水)에 관한 사항과 경작지의 햇빛에 대한 관계와 경사면 전묘(田畝)의 이해득실과 이식(移植)의 시기와 방법 등에 관해서도 국가는 능히 이것을 고구(考究)하여 지시·명령해야 한다.

(5) 신용제도

농민의 수입과 조세와 각종 지출에는 일정한 시기가 있고 기타 생산

에 필요한 고정자본의 매입과 고용인에 대한 선지급 등을 위하여 일시
에 많은 종류의 지출을 요한다. 만일 농민에게 신용기관이 없으면 이들
관계를 조화시킬 수 없어서 마침내 빈농이 부농에게 병탄되는 지경을
면하지 못하게 되니, 국가는 적당한 신용기관-농공은행(農工銀行)・농
업은행(農業銀行) 등-을 설립하여 농민 간의 금융을 잘 처리해야 한다.

(6) 운수기관

운수기관은 농업에 중대한 영향을 미친다. 농토와 농가 사이의 농로
를 완전히 확보하여 비료의 운반과 수확 등을 편리하게 하고 각 시장과
생산지 간의 통로를 연결하는 운수기관을 설비하여 농민의 이익과 시
민의 편리를 계획해야 한다.(완)

세계문명사 제1편 : 비문명의 인류 / 김낙영(金洛泳) 역술

제2장 자연민족

무릇 인류는 다 동일한 모양의 자성(資性)을 받지 않았다. 고로 사색
과 변증에 뛰어난 자도 있고 공상과 신앙에 왕성한 자도 있으며 현세를
숭상하여 만반을 많이 즐기는 자도 있고 내세를 동경하여 한 가지를
번민하는 자도 있으며 정(情)에 냉열의 차이가 있고 지(智)에 명암의
구별이 있으며 의(意)에 강약의 다름이 있고 기(氣)에 관폭(寬暴)의 다
름이 있어서 도저히 일률적으로 규정할 수 없다. 하지만 이른바 그 이
름이 세계인문사(世界人文史)에 나열된 인류로는 가히 없어서는 안 될
일대 특성이 있으니 무엇인가. 다름이 아니라 즉 자연의 제어를 받지
않고 자연을 오히려 제어하는 특성이니, 고쳐 말하면 자연계를 대하는
태도가 항상 수동적이 아니요 능동적이 되는 특성이다. 이 특성의 대소

와 유무가 마침내 인문민족(人文民族)과 자연민족(自然民族)을 구별하는 원인이 된다.

오늘날 지구상의 인류를 통틀어 보건대 세계인문 과정과 완전히 동떨어져 털끝만큼의 행위도 없고 그 자신도 어떠한 독자적인 인문도 지니지 않은 소위 자연민족의 무리가 곳곳에 산재해 있다. 수많은 여행가와 탐험자의 보고를 통해 그 생활을 관찰하자면 그 이름의 칭호대로 거의 자연계의 일부로 존재하여 인류된 까닭의 특성을 발휘하는 경우가 극히 적으며 그들은 외부 세계의 세력을 의지하여 그 주는 물품은 취하고 주지 않는 물품은 취하지 않고 자연의 강박이 아니면 행동하지 못하고 그 따르는 바는 단지 선천적인 본능뿐이며 완전히 감정의 노예가 되어 수시로 변하지만 본래 일정한 의지가 있는 것이 아니다. 세월의 경과는 사시가 반복하는 것인데 그들은 일생에 조금의 변화가 없고 아침저녁에 멍하니 일어나거나 누울 뿐이며 설혹 그들에게 사상과 도덕이 있다고 하더라도 이는 습관에 따라 고착된 제2의 본능일 뿐이다. 그 정신은 자유롭지 못하니 그 의지로 선택하고 결정하지 못할 것이며 장래의 모려(謀慮)가 부족하여 눈앞의 만족만 추구하며 토지의 경작은 알지 못하고 삼림수애(森林水涯)로써 그 주소를 만들며 또 재산의 관념이 없는 고로 권리와 제재가 없으니 그런즉 어떠한 방면으로 보든지 인문민족과는 도무지 절대적 반비례를 이루었다.

열대와 극대 지방에 인문의 발달이 없음은 세상 사람들이 다 아는 바이거니와 적도지방은 먹을 것이 풍부한 나머지 수확의 노력을 전혀 요구하지 않고 무더위가 극심한 나머지 나태심만 일으키고, 한대지방은 한기가 극성한 나머지 인류가 필생의 힘을 다해도 생존만 겨우 보장하지 그밖에 행복의 여유를 바랄 수 없다. 그런즉 세계인문의 융성은 지구 양 극단 중앙의 온대지방에서 기원한 것을 생각할 수 있지만 자연민족과 인문민족은 정도의 차이뿐이요, 종류의 차별이 없음을 잊지 말아야 한다. 오늘날 자연민족에 대한 수많은 관찰에 의하면 종교적 감정과 선악의 변별에 대한 도덕적 개념과 외부 세계 사물에 대하여 통일적 설명을 시도하고자 하는 경향이 다수의 민족에게 맹아를 틔우기 시작했으니 다음에 자연민족에 대한 몇 가지 사례를 들어보겠다.

　몽매하고 야만스런 인민이 자연계 사물의 신비한 위력을 감득함은 종교의 핵심이다. 은은한 뇌성을 들으며 요란한 성난 파도를 접하여 그 가운데 어떠한 세력이 존재하는 것을 깨닫지만, 처음에는 신이라 말하는 상상적 관념에 도달하지 못하고, 산천목석(山川木石)이나 휘황찬란한 별들이 나열된 천공도 그 본능적 자극에 따라 행동하는 동물도 풍우상설(風雨霜雪)도 다 야만인의 입장에서 외부 세계의 세력이다. 처음에는 단지 그 눈을 넓혀서 그 특이한 현상을 놀랍고 신기하게 여기다가 점차 어떤 목적으로 그것이 그러하게 된 것을 헤아리는 데 이르매 자기와 똑같이 의지가 있고 감정이 있는 일개 생물의 소행인 줄로 해석하였으니 이것이 자연의 일반 운행 원리로 이른바 인간적 시점의 설명이다. 위험한 재난은 두려움과 함께 숭배를 가르쳐주고 은혜는 희열과 함께 감사를 지시함에 이에 이르러 외부 세계의 세력으로 인생에 방해되는 것은 기도로써 그 뜻을 완화하고 이익이 되는 것은 송덕(頌德)으로 그 바람을 성취하고자 하였다. 그들은 이와 같은 세력을 다시 죽은 자의 영혼의 소행으로 알고 소위 영혼 불멸의 희망이 점차 깊고 명료해진 듯하다. 그러므로 저 바람을 일으키고 비를 내리며 우레를 발하고 번개를 구사하는 것과 초목을 번성하게 하며 꽃과 열매를 피고 맺게 하는 세력은 다 죽은 자의 영혼이다. 또 그 무수한 영혼 중에서 일개 군주가 있어 거느리니 이는 최대의 영혼이다. 그는 하늘에 있어서 사람을 주관하고 저 파란색으로 보이는 하늘은 그 형체라 하며 그 의지는 숙명이 되어 인간에게 행한다고 하니 이러한 신념에 이른 이유는 바로 유전무상(流傳無常)한 세계현상 가운데 일종의 유기적 통일과 유사하게 인식해서이다. 즉 처음에는 물이 흐르고 새가 날며 꽃이 지고 잎이 떨어지는 것으로부터 점차 상상을 더하여 주재신(主宰神)이라는 의지까지 이른 것이다. 하지만 그럼에도 자연민족의 신앙은 여전히 수동적인 데서 벗어나지 못하니 왜 그런가. 다름이 아니라 소위 신이라는 관념을 사색과 의지력으로 얻게 된 것이 아니요, 단지 자기의 자유로운 의지는 내던져 버리고 오로지 외부 세계에 의뢰한 결과이기 때문이다. 대저 야만인이 꿈속의 소리니 환각의 그림자 같은 우연히 생겨난 사정으로 인해 신앙의 도에 이른 것과 같으니 그 지력과 의지는 도저히 능동적 태도를 취한 것이 아니다. 그러므로 야만인의 종교가 반드시 황당하고 괴이한 자연종교에 머물러 다른 민족의 신교(神敎)·과학·철학 등과 같은 발달을 이루지 못한 것이다.

자연민족은 언어나 손짓과 발짓의 수단으로 내부의 감정과 사상을 표현한다. 대저 열성적인 담화는 의외의 신체운동을 수반하고 또 가락의 절도가 합쳐진 노래는 감정의 강약과 완급을 따라 사지의 운동을 재촉하니 이는 신체 생리적 조절의 한 표현에 불과하다. 이와 같이 춤은 일종의 기예로 삼아 노래와 마찬가지로 성정(性情)을 발표하는 요긴한 수단으로 사용하였으니 아메리카 인디언이 조용한 몸짓으로 전투·수렵·연애 등의 사정을 명백히 표시함을 통해 충분히 짐작할 수 있을 것이다.

자연민족은 심미적 감각이 결핍되어 있지 않다. 그러므로 그 민족 사이에서 널리 성행하는 문신-문신은 피부에 먹물을 주입하여 살갗과 신체에 문장을 새긴 것이다-도 결국 의복과 그 밖의 부속물 대신 자기의 신체를 장식한 것이다. 한 걸음 더 나아가서 자기 신체 말고도 기물에도 무늬의 대칭을 추구하여 단순한 직선 대신 복잡하고 다양한 곡선을 그리기도 한다. 그 수많은 곡선은 단지 병 같은 형태로서 중앙의 원점에서 한 번 굽이져서 모였다가 흩어지며 서로 뒤섞이다가 원점에 다시

모이는데, 이는 다수에서 하나를 추구하는 미적 의식에 도달한 것이다. 활과 화살에 뽐낸 장식 등도 그 미감의 자각을 드러낸 것이다. 또한 노래는 통상 야만인이 부르는 것으로, 다 전투나 고기잡이 등에 관한 것이요, 대구(對句)와 두운(頭韻)이 지극히 간단한 것이다. 한 밤에 원수의 무리와 모닥불을 보고 분기한바, 호수 가운데 말뚝 위에서 지내는 북미 인디언의 노래는 다음과 같다.

여보게 동무들아 창을 끌고
뜨거운 가마를 끌어올리세

우리 머리에 기름칠하고
또 얼굴을 윤기 나게 합시다

우리의 노래는 저녁물노래
또는 병정들의 술노래로다

죽은 자를 기쁘게 하려면
대적의 원수를 갚을지라

-합창- 우리로 하여금 원수의 피를 마시게 하고
우리로 하여금 원수의 고기를 먹게 하오
-켈리(Kellie) 씨의 번역을 따름-

이 군가에서 원수의 피를 마시고 고기를 먹겠다고 한 것은 자연민족 가운데 목자(牧者)를 제외하면 거의 다 식인풍속의 흔적을 유지하고 있어서 지금도 시행하는 민족이 남아 있다. 이 풍속은 원수에 대한 크나큰 분노와 원망을 내지 않기 위해 단지 그 생명을 빼앗는 것으로는 부족하다는 감정에서 일어난 것이다. 그러나 이것이 동족 간에도 종종 벌어지기도 한다. 이는 저들이 인류를 너무나 경시하여 일개 뼈대와 고깃덩이에 불과한 것으로 인식하기 때문이다. 저들은 성욕을 충족시키려고 부인도 죽여서 먹기도 하고, 아메리카 인디언은 연약한 이를 낳으면 구덩이에 빠뜨려 죽이며 아이들이 둘러서서 뛰고 차며 노래하기를 "생명의 신이여, 우리를 불쌍히 여겨주오. 우리는 그를 우리 부형의 신에게 보내리라. 바라건대 그는 다른 세상에서 행복을 받다가 우리에게 다시 와서 함께 사냥하게 하시오." 하고, 수마트라 토인은 그들의 노쇠한 자를 나무에 올려두고 그 아래에 가족들이 모여서 이를 흔들면서 노래하기를 "시기가 돌아왔으니 과일은 익은지라. 어찌 일찍 떨어지지 아니하는가."라고 한다. 이것이 스펜서(Spencer)-영국 문사-가 자신의 사회학에서 기술한 여러 사례이다.

가정교육법 / 김수철(金壽哲) 역술

제2부 가정교육의 방법

가정교육 일반에 대한 이론은 앞 부에서 대략 다 기술하였으니 여기서 더 나아가 그 실제적 방면, 즉 가정교육 방법에 대해 다시 논술해야 할 것이다. 대략 우리가 이 문제를 선택한 이유는 실로 이 방법론을 진술하기 위함이다. 그러므로 이하에 상세한 연구를 약간 들어서 세상의 가정교육자에게 공헌하고자 한다.

제1편 신체교육

총론

신체교육은 인생교육의 주요 부분이라 실로 사람을 교육하고자 하면 반드시 신체교육에서 시작해야 한다. 대략 신체교육은 정신교육의 기

초가 되는 것이니, 가정에서의 교육 대부분이 이 신체교육에 있다고
보아도 될 것이다. 그러나 종래의 적폐를 보건대 학교에서는 아동의
신체교육에 유의함이 늘 절실하되 가정에 있어서는 혹은 이를 돌보지
않는 습관이 있다. 그러므로 우리는 이를 대수롭지 않게 여기는 가정을
각성시키기 위해 우선 신체교육의 필요성부터 입론하고 다음으로 그
교육법을 언급하여 맺고자 한다.

　신체교육의 일을 호명하여 단순히 체육이라 함은 일반적인 경향이
다. 이를 숙고하건대 신체 각 기관의 작용은 극히 정교하고 영묘하여
가히 정신작용의 기능의 정치(精緻)함과 우열을 가릴 수 없다. 그러므
로 여러 신체 기관의 발육과 증진을 도모할 경우 보통 체육의 방법으로
거론되는 영양과 운동 등만 위주로 해서는 도저히 만족시킬 수 없으니,
마땅히 해부학·생리학·심리학·인류학·정신병학 등을 연구하여 신
체의 균형 있는 발육을 기약하지 않으면 안 된다. 이를 특별히 신체교
육이라 칭하는 것이다.

제1절 신체교육의 필요

　신체교육의 필요성에 대해 논하자면 심리적 측면과 실제적 측면으로
부터 진행하는 것이 편리하다.

　심리상 신체가 어떠한 관계가 있는지 알면 신체교육의 필요성 역시
분명해질 것이다. 그리고 정신과 육체가 이원(二元)인지 일원(一元)인지에
대해서는 예로부터 논쟁이 있었는데, 오늘에 이르러서는 양자 간에 서로
긴밀한 관련이 있음을 학자들이 널리 인정하는 바이니, 이른바 건강한
정신이 건강한 신체에 깃들고 신체가 정신의 지도자가 된다고 함은 가히
명언이라 하겠다. 대개 지식·감정·지조의 양성은 건전한 신체여야
가망이 있지 병약한 신체로 가망이 없음은 굳이 더 설명할 필요가 없거니
와, 우리 심정의 쾌활·예민·우울·지둔(遲鈍) 등은 다 신체 상태의

여부로 인한 것이다. 만일 아동에게 신체의 일부에 고통이 있으면 그 지성이 지둔해져 감정을 울적하게 하고 의사를 박약하게 하며 또 신체가 쇠약하면 신경이 과민해져 이른바 광인의 상태가 됨은 어떤 사람을 막론하고 실제로 확인되는 것이니 정신과 신체의 밀접한 관련성을 알 수 있다.

다시 실상으로 고찰하자면 건강·활발·감능(堪能)은 인생의 일대 행복이요, 질병·허약·쇠잔은 일대 재앙이다. 그러므로 신체의 건전·강장(强壯)·활발·균제(均齊)의 길이 교육의 한 목직이니, 이를 귀중히 여기는 정도가 정신교육에 밀려서는 안 된다. 질병과 허약은 불필요·불경제가 극에 달한 것이니 만일 가정 내에 병자가 있을 것 같으면 가정의 쾌락의 대부분은 이로 인하여 사라질 것이니 어찌 일가의 쇠퇴를 초래하는 원인이 여기에 있지 않으리오. 일국의 위생 역시 일가의 위생에서 비롯되는 것이니, 그 관련성이 실로 사소한 것이 아니다.

그런즉 실제로 가정교육의 임무를 담당하는 자는 마땅히 이상의 필요를 고구(考究)하여 아동이 어릴 때부터 이 점에 유의하여 건전하고 강장하게 각 부분이 조화를 이룬 완전한 신체를 조직케 할 것을 주안으로 삼아 장래 아동이 불행의 운명을 조우하지 않도록 주의해야 할 것이다.

제2절 신체교육의 두 방법

신체교육의 방법은 소극적 방법과 적극적 방법 두 가지가 있다. 소극적 방법이란 신체 각 기관의 발달을 방해하고 억제하는 요인을 제거하여 위생학에 힘쓰는 것이니 의복·주거·절제·운동의 일부 등이 이 목적을 이루는 수단이다. 적극적 방법이란 단지 신체의 보호에 그치지 않고 신체의 발육과 증진을 목적으로 충분히 운동하는 것이므로 전자에 비해 그 효과가 크다. 하지만 양자가 서로 보조를 맞추어야 비로소 완전한 교육을 기대할 수 있으니 그 관련성을 분명히 알고 적절히 병행하여 신체교육의 목적을 이루어야 할 것이다.

제1장 영양(營養)

제1절 영양의 의의

영양이란 신체교육의 적극적 방법의 하나이니, 생물에게 하루라도 없어서는 안 되는 것이다. 유아의 신체는 왕성히 화학 작용하는바 항상 소비하고 배설하면서 어떠한 종류의 성분을 잃으므로 이러한 성분을 보충하여 발육을 도모해야 하는 것이니 이것이 바로 영양의 목적이다.

영양은 신체에 대한 세 가지 임무를 지닌 것으로, 소비 부분의 보충과 발육의 증진과 피로의 회복이 이것이다. 소비 부분의 보충도 몹시 긴요한 영양이나, 더 필요한 것은 증진을 도모하는 영양과 피로를 진정시키는 영양이다. 유아의 활발한 운동은 항상 다량의 소비가 있어서 충분한 영양의 섭취에 주의해야 하나, 이는 겨우 보충에 지나지 않아서 신체의 증진도 기대할 수 없고 피로의 회복도 기대할 수 없다. 그러므로 영양에 이 세 가지 목적이 있음을 기억하여 그에 대한 영양을 실시해야 한다.

제2절

영양물을 그 성질에 따라 분류하면 대개 네 가지로 나뉜다. 첫째 음료수, 둘째 동물성 영양물, 셋째 식물성 영양물, 넷째 자극성 영양물이 그것이다.

1. 음료수

음료수는 소비 부분의 보충에 해당되는 주요한 것이다. 사람의 신체 성분 가운데 100분의 75는 물로써 우리는 항상 수분을 신체 밖으로 배설한다. 특히 아동의 활발한 운동이 발한(發汗)을 야기하여 다량의 수분을 배설시킬 때 음료를 통하여 보충하지 않으면 안 된다. 특히 여름철에 아동이 일사병에 많이 걸리는 것은 결국 배설된 수분을 보충하지 못한 데 원인이 있다.

음료수의 종류가 있으니 샘물·우물물·강물이 그것이다. 무엇을 사용해야 하는가. 마땅히 탄산·공기·광물 성분 등이 풍부하고 유기성 성분이 함유되어 있지 않은 무색·무취·무미의 음료수를 가장 양질로 삼아야 하므로, 샘물·우물물이 가장 적당하다.

현재 우리나라의 경우 도처에서 강물을 음용하는 습관이 있으니 이것이 가장 우려되는 점이다. 이로 인하여 수많은 질병의 원인을 일으켜 이질·콜레라·전염병의 유행이 있으니, 위태롭다. 강물을 절대 음용해서는 안 된다.

2. 동물성 영양물

동물성 영양물도 여러 종류가 있지만, 아동의 영양으로 유즙(乳汁)·계란·육류 등 세 가지만으로 족하다 하겠다. 이 세 가지는 소비 부분의 보충은 물론 발육의 증진에도 필요한 것이니, 그러므로 생후 초년의 영양은 오로지 여기에 의지해도 되겠다. 계란·육류 두 가지는 다소 큰 아동에게 공급해야 한다. 그러나 유즙으로 모유와 우유가 있는데, 그 우열을 일률적으로 정하기는 어려우니, 반드시 의사의 결정에 따라 정해야 한다. 대개 완전한 유즙은 그 종류의 여하를 불문하고 신체 발육에 필요한 성분, 즉 단백질·지방질·당분 등이 함유된 것을 가장 중요한 영양물로 삼는다. 계란은 유즙에 버금가는 영양물이니 다량의 단백질을 함유하고 소화도 또한 용이한 것을 취하며, 육류도 또한 단백질·지방질 등의 귀중한 영양물질이 풍부한 것을 취할 것이나 그 소화력이 앞의 두 가지에 비하면 다소 떨어지니 그러므로 단순히 동물성분(動物性分)의 성분(成分)만 전용하여 소화가 늦은지 빠른지를 고려하지 않고 함부로 아동에게 줄 때에는 거꾸로 신체의 발육을 저해할 것이다.

3. 식물성 영양물

식물성 영양물도 종류가 아주 많지만, 주영양물은 곡류·채소·과실 세 가지다. 이 가운데 곡류는 다량의 전분·소량의 단백질·염분 등을 함유한 것으로 영양상 가장 요긴한 것이다. 이 가운데 쌀과 보리는 우리나라 사람이 통상 섭취하는 것으로 쌀은 양분이 풍부하고 보리는 소화가 빠르다. 그러므로 양자를 혼용하면 그 효과가 아주 클 것이다. 그리고 콩은 두부로 만들어 섭취하면 그 풍부한 양분이 동물성 음식물에 결코 뒤지지 않는다.

채소는 단백질·전분·당분 등의 성분이 부족하고 다량의 물이 함유되어 있으며 그 섬유가 지극히 소화가 되지 않으니, 앞서 서술한 여러 성분들과 혼용할 필요가 있다.

과실의 성분은 과당〔砂糖〕·염류·산류(酸類)가 풍부하되 자양분이 전혀 없다. 그러므로 유아의 음식물로 사용하기에 지극히 부적절하니 영양의 목적을 이룰 수 없는 것이다.

4. 자극물

술·연초·차·고추·후추·겨자 등의 자극물은 어른의 경우 간혹 흥분제·자극제로써 소량을 사용하면 그 효과가 없지는 않지만, 유아의 경우 이득이 전혀 없을 뿐더러 도리어 해악을 일으키니 영양물로 논할 가치가 없다.

역사담 제16회 : 크롬웰전 (전호 속) / 숭고생(崇古生)

이날 밤 의원의 소동은 영국 역사상 드문 일이었다. 적당 의원들은 이 한 판에 승패를 걸어서 두근거리는 가슴으로 체결되기를 기대하였다. 그런데 수많은 이들의 함성이 장내를 뒤흔들어 민주당(民主黨) 의원이 모자를 흔들고 손을 올리면서 민주당 만세를 외쳤고 적당(敵黨)은 휴대한 검을 손에 쥐고 격렬히 성내어 외치는 등 예상치 못한 변고가 일어나려 하니, 햄프든 씨가 큰 소리로 외쳐서 수많은 의원들을 제지해 잠시 무마하였다. 다음 날 아침 4시경이 되어서 각당의 의원들이 점차 퇴장하였다. 크롬웰은 천천히 의원 포클랜드 씨를 쫓아가서 말하기를 "만일 어제 밤 의사가 부결되었더라면 저는 오늘 아침에 저의 재산을 모두 저분하고 해외로 출국하여 다시는 영국에 발을 디디지 않았을 것입니다. 이는 저만의 결심이 아니라 의원으로서 다소 진심이 있는 자들은 다 저처럼 결심하였을 것입니다." 하였다. 12월 1일에 이 결의안을 햄튼 궁의 찰스 왕에게 바치니, 찰스는 별로 중요하지 않은 사건을 거론하면서 모르는 체 하고는 책상 곁에 받아두고 답하기를 "여유가 있으면 고려해보겠다." 하였다. 서민원(庶民院)은 전폭적인 승리로 기뻐서 크게 소리치고 날뛰고는 83 대 135의 다수로 채택된 결의안을 인쇄하여 일반 인민에게 공포하였다.

사태가 이 지경이 되자 찰스도 서민원의 뜻대로 두되 자신이 결의안을 승인하지 않은 사실을 천하에 공포하고는 자신의 측근 중에 가장 사나운 자에게 런던성 감옥의 관장을 명하고 국회에 대한 시위운동에 착수하였다. 이에 국회의 민주당 역시 시정의 무뢰배를 징발해 의용병단(義勇兵團)을 은밀히 조직하니 형세가 점차 온당치 못하게 진행되어 갔다. 왕당파(王黨派)도 의회파(議會派)와 불화하고 신사계급도 시민계급과 싸우는 등 얼마 지나지 않아 번화한 런던시에 혁명의 대화염이 일어나려 하였다. 그럼에도 찰스는 교만한 자존심을 고수하며, 국회에서 의결안에 반대한 자들과 은밀히 소통하고, 반대파의 영수가 수많은 고관대작들을 뇌물로 매수하여 왕당파의 의원의 확장을 시도하였다. 하지만 민주당에 햄프든·크롬웰·홀스 등 등 여러 명사들이 있는바 민주당 세력이 전 의원을 장악하고 있었다.

이듬해 초에 국회에서 황후를 탄핵한다는 소문이 떠돌자 찰스의 격노가 극에 달하였다. 이에 귀족원 세력으로 하여금 민주당 의원 5명을 무례하고 불경하다고 지목해 체포토록 하여 지난 여러 해 동안 쌓여온 원한을 풀려고 하였다. 당시 왕의 무도함을 탄핵하는 민주당 의원 5명이 서민원에서 자신들의 무죄를 변론하였다. 같은 날 오후에 찰스가 의원 5명을 체포하려고 의회에 왕림한다는 급보가 있었고 근위병을 대동하여 습격한다고 하였다. 이 소식을 접하자 의원 5명은 사공을 불러서 순풍에 돛을 올려 런던시로 피신하였다. 곧이어 찰스는 근위병 80여 명을 이끌고 유유히 의원에 들어왔다. 근위병을 문 밖에 주둔시키고 단신으로 입장하였는데, 이는 찰스가 한 번 명령하면 천둥번개 치는 비극을 연출하기 위한 계획이었다. 하지만 목표물이 이미 달아나 버려서 고요히 침묵하는 300명 가운데 목표물인 의원 5명의 모습이 보이지 않았다. 찰스는 무한히 온화한 기색을 억지로 보이며 말하기를 "그대들이여, 그대들은 짐의 오늘 이 거사를 슬퍼하라. 짐이 어제 근위병을 보내 이 가운데 있던 반역자의 체포를 명하였다. 그대들이 짐의 명령을 이행할 줄 굳게 믿었건만, 그대들은 짐의 근위병을 물리치고 단 한 마디 답변으로 죄를 면하려 하였으니 이것이 짐이 본원에 왕림한 까닭이다." 하고는 의원 5인의 모습을 찾았지만 끝내 보이지 않았다. 찰스는 더욱 성이 나서 크게 성내며 묻기를 "핌 씨는 어디에 있는가?" 하였지만 단 한 명도 답하지 않았다. 그는 다시 묻기를 "햄프든 씨는 어디에 있는가?" 하였지만 장내 사람들 다 마찬가지로 침묵하였다. 찰스는 의장 렌톨(William Lenthall) 씨를 돌아보며 묻기를 "그들은 어디로 갔는가?" 하니 렌톨이 공손히 답하기를 "신은 본 의원의 노복이라 본원의 지시가 없으면 하나도 단행할 수 없습니다. 바라옵건대 폐하는 신의 무례를 너그러이 용서해주소서." 하니, 오호라, 찰스의 이번 거사가 일생의 실패를 일으킨 것이다. 찰스는 다시 의장에게 엄숙히 호언장담하기를 "짐이 반역자를 체포하려 왔으나, 목적을 달성하지 못하였다. 짐은 이에 이 국회가 선량해진 뒤 반역자를 체포해 압송하기를 바란다. 만일 국회가 짐의 명을 수행하지 않는다면 짐이 이제 직접 색출할 것이니, 경들이 몸소 이행하기 바란다." 하였다.

의원 5명이 도피하였다는 소식이 들리자 의원 밖에서 주둔하던 근위병 중에도 절치부심하는 이가 많으니, 혹자가 큰 소리로 외치기를 "분하다! 저들이 이미 피신해 버렸으니 우리는 공연히 헛수고만 했구나." 라고 하였다. 찰스 왕이 마지막 말을 마치고 회장을 떠나려 할 때 몇 시간 내내 침묵하던 의장에서 불평하는 목소리가 사방에서 일어나 '특권'을 연호하는 등 의장 전체를 뒤흔드니, 오호라, 혁명의 단초가 나타난 것이다. 서민원은 찰스 왕의 위협에도 의원 5명의 무죄를 단호히 결의하며 찰스 왕의 칙령에도 조금도 양보하지 않음에 10월 10일에 왕이 화이트홀-백궁(白宮)-을 떠나니 국회와 정부가 완전히 정반대로 행동하기 시작한 것이다. 다음 날인 11일에 의원 5명이 훈련군을 거느리고 개선가를 동반하며 서민원으로 복귀하였고, 다수의 찬성으로 핌씨가 의장이 되었다. 이로부터 서민원은 기호지세(騎虎之勢)를 타서 무기력하고 절개 없는 귀족원을 위협하더니 귀족원에서 성직자를 배제하고 육해군 총독의 전권을 국회에 위임하는 의안을 의결함에, 포클랜드(Falkland)와 하이드(Hyde) 2명을 비롯한 귀족원 의원 32명과 급진당의 행동에 반대하던 서민원 의원 60명이 웨스트민스터를 떠나 요크에 있던 찰스에게 귀의하여 투신하였다. 급진당의 영수는 국왕의 부재를 근거로 상원과 하원 등 양원에서 자유로이 주권을 사용할 수 있는 권능을 선포하고, 유명한 명사들로 하여금 행정위원회를 조직하게 하였으며, 사방에서 군사를 모집하여 국회군을 성대히 편성하니, 이에 대혁명이 일어나기 시작한 것이다.

국회군이 점차 편성되니 마치 산 바람이 마른 잎을 휘날리고 폭풍우가 넓은 하늘에 물을 붓는 것마냥 순식간에 혁명의 큰 파도가 영국 천지를 뒤덮으니, 처참한 광경이 사방에 늘 가득하였다. 왕당파(王黨派)와 의회파(議會派)는 매일 런던 시가지에서 교전하였고, 청교도와 구성직자는 사원(寺院)의 공회(公會)에서 교전하니 상인들이 시장을 폐쇄하고 굴뚝에서 연기가 나지 않는 등 분분한 살기가 천지를 뒤흔들었다. 이때 크롬웰은 곧장 고향으로 돌아가서 전답·토지·가산을 사용해 전력을 다하여 자신이 훈련시킨 케임브리지·헌팅던의 신교도 장정에게 무기를 제공하고 몸소 대장(隊長)이 되어 자신의 전력을 국회군에 바치려 하였다. 오호라, 오랜 세월 침묵하여 사회의 죄악과 압제·불의·부정을 관망한 크롬웰이 이제 예리한 무기를 들고 정의의 깃발을 분연히 들었다. 7월에 케임브리지대학이 찰스 왕에게 진상한 금액 2만 파운드를 도로에서 강탈하고 8월에 케임브리지성을 함락해 언덕 높이 쌓여 있던 수많은 무기를 탈취하여 급전직하(急轉直下)의 기세로 국회군에 합류하니, 헌팅던의 성도(聖徒)인 농부들도 다 비할 데 없이 용감한 신성 무사가 되어 용기를 크게 떨쳤다.

전세계(前世界)의 연구 / 연구생(研究生)

시간의 경과는 동쪽으로 흐르는 물처럼 잠시도 쉬지 않는다. 오늘이 잠깐 내일이 되고 내일이 갑자기 오늘이 되며 청춘도 백발로 변하고 뽕나무 밭도 푸른 바다로 바뀌니, 미래도 본래 영구한 것이지만 과거도 길고 먼 것이다. 넓게 생각해 보면 미래도 무궁하고 과거도 무궁해서 시작도 없고 끝도 없다. 하지만 우리는 지구라 칭하는 일종의 세계에 태어난 자이니 우리가 과거와 미래를 말하면 지구의 과거와 미래를 말하는 것이다. 그런데 지구의 과거와 미래에 본래 처음과 끝이 없는 것은 아니다.

더욱이 과거에 시작이 확실히 있었음은 자명하다. 대략 학설에 따르자면 지구는 애초에 가스구라 그 열기가 지금 지구상의 물체를 기체로 변환시킬 수 있을 정도로 매우 뜨거웠다고 한다. 이를 직접적으로 증명할 수는 없지만 간접적으로 이세계의 상태를 관찰하는 것이 가능하다.

그 이후로 점차 시간의 경과에 따라 가스가 냉각되어 액체가 되고 액체가 냉각되어 고체 즉 오늘 지구의 현상태가 되었다고 하니 고체라고 하면 지구의 중심부까지 고체가 되었는지 그 부근에 대해 자세히 알 수는 없지만 지면 밑의 상당한 고온을 관찰하면 혹여 중심부도 고체 덩어리가 되었는지도 모르겠다. 좌우간에 지구는 표면이라도 고체가 되어서 점차 물도 생성되고 공기도 생성된 이후로 현세계까지 그 사이의 시대를 전세계라고 한다. 오로지 지질학자가 연구하기 전에는 액체라던지 가스체라던지 하는 것은 추측일 뿐 직접적 증거에 의한 확언이 아니었다. 이와 같은 시대를 어떠한 측면에서 말하자면 또한 전세계라고 할 수는 있지만, 분명하지 않은 시대이니 지질학자가 논하는 전세계에 속하지 않는다.

전세계라고 하면 누구라도 그 연수(年數)를 알기를 원한다. 이는 분명한 사실로 지질학자들도 다 알기를 원하지만 자주 연구해도 아직 확실히 알 수는 없고 그 길이만 알 수 있었다. 이를 연수로 말하면 몇 백 만년 내지 몇 천만년이나 될 것이다. 또한 우리가 현세계라 일컫는 시대는 지금으로부터 3·400만년 이전으로 추정되니 중국이 가장 오래된 나라이다. 이집트가 오래된 나라이지만 그 역사가 지금으로부터 5·6000년 이전에 불과하니 이를 전세계 역사에 비교하면 그 장단이 구우일모(九牛一毛)[3]에 불과한 시간일 것이다.

5·6000년 이후는 역사가가 말하는 유사기(有史期)이니 어찌되었든

---

3 구우일모(九牛一毛): 아홉 마리 소에 털 한 가닥이 빠진 정도라는 말로 대단히 많은 것 중에 아주 적은 것을 말한다.

근거할 기록의 종류가 있는 시대이다. 하지만 인류가 기술한 책이 아니니 그 이전의 전세계에 물론 이러한 기록이 없는데 지질학자는 이를 어떻게 알았는가. 다름이 아니라 과학의 힘이다. 그 순서와 방법은 대략 다음에 기술한 바와 같다.

지각

지구상 고체가 된 부위도 중심부까지 고체 덩어리는 아닌 것으로 관찰되는데 이를 지각이라 한다. 그 두께는 물론 분명하지 않지만 그처럼 얇고 엷지 않다는 학설이 있으니, 4·50년 전만해도 계란의 껍질 모양과 비교하여 그 속에 반짝이는 고온의 액체의 바다로 구성된 것으로 추정하였다. 만일 그렇다면 우리는 얇고 엷은 얼음 위에 거처하는 것과 같으니 언제 아래로 떨어져 다 타버릴지도 모르는 이유가 될 것이다. 하지만 인류의 유사 이래로 아직까지 저같이 크나큰 재난을 경험한 전례가 없으니 이 설이 정당하지 않다고 하더라도 무관할 것이다. 그런즉 지각은 상당히 깊고 두꺼운 거리로 이루어져 있을 것이다.

먼저 지각의 두께는 미정이라 치고, 그 다음 문제는 그 성분이다. 이미 조사한 바에 의하면 지각 역시 상부만 어디든 암석으로 이루어져 있다. 혹자가 보통 토사로 이루어진 부분도 있다고 할지는 알 수 없다. 원래 지각에 두 가지가 있으니 하나는 암석이 붕괴해서 이루어진 것이고, 하나는 암석처럼 단단하게 뭉치지 않은 것이다. 전자는 물론 암석의 변형이고, 후자는 장차 단단해질 것이니 토사 역시 암석이라 하겠다. 지질학의 경우 지각의 구성만 논하므로 그 성질의 견고한 여부를 막론하고 전부 다 암석이라 한다.

수성암 및 화성암

암석은 크게 두 가지로 나뉘니, 수성암(水成岩)과 화성암이 그것이다. 전자는 수중에서 형성된 것이고, 후자는 열기로 인해 용액이 된 것이 굳은 것이다. 하천이 토사를 유출시켜 바다와 호수로 유입해 그 바닥에 침전된 것은 우리가 평소 목격하는 사실이다. 저 하구와 해협에 삼각주가 점차 형성되어 마침내 육지가 된다. 또한 하구 뿐 아니라 대양의 해저에도 생성된 곳이 있으니 이는 하천의 유출로 인한 것이 아니다. 그 인근에 서식하는 소형 동물의 껍질로 형성된 것도 있으니, 가령 유공충(有孔蟲)·방산충(放散蟲)·산호·해면 등이 그것이다. 이것이 남양(南洋)에서 타이완 인근까지 이어져 산호섬을 이룬 것은 우리가 익히 아는 바이다. 대양의 해저에 침전된 것은 동물 뿐 아니라 식물로 생성된 것도 있으니 가령 규조(硅藻)라 일컫는 소형의 하등식물이 수시로 퇴적되어 바닥층을 이루는 사례도 있다. 이상에서 진술한 하구 인근 바다와 원양의 해저에 침전된 토사류는 처음에 물론 유연하지만 푸른 바다가 뽕나무 밭으로 변하는 것처럼 육지가 점차 침몰되어 해저가 되고 해저가 점차 융기되어 육지가 되면서, 그 위로 침전된 토지가 건조되고 굳으면서 마침내 암석이 되고, 그 가운데 침몰되어 해저가 된 육지에 다시 토사가 침전되어 층을 이루고, 그 해저가 또 융기하여 다시 육지가 됨에 그 위로 토사층이 건조되고 굳으면서 또 암석이 되었다. 지구의 표면이 고체가 된 이래로 이와 같은 일이 수백 번 반복된 것이다. 그러므로 지구의 표면은 도처에 이른바 수성암이 있는 것이다.

화성암은 지하에서 용액체 상태로 수성암을 뚫고 분출된 것인데, 이 역시 지구 표면의 도처에서 나타나서 가장 광대한 면적을 차지한 것이다. 하지만 수성암의 면적에 비하면 극히 협소한 것이다. 지금 세계에서 분화산이 많은 지역의 대부분이 반드시 화성암으로 구성되었을 것이라 추정하고 있다. 하지만 이는 오해이고 역시 수성암이 많다. 대개 수성암 지역과 화성암 지역은 그 면적을 비교하면 세계에서 화산이 가장 많은 일본 역시 거의 2분의 1의 비례가 될 것이다. (미완)

| 학원 |

인조금(人造金) / 학해주인(學海主人)

지금으로부터 10여 년 전에 북미 합중국 사람 아무개가 은으로 금을 제조하는 법을 발명하였다고 주장하자 당시 학자들 사이에서 매우 큰 주의를 끌었고, 그 후로도 다른 금속으로 금을 제조한다는 자가 나타났다. 이러한 논자는 물론 소수인즉, 식자들 사이에는 진정 불가능한 일로 인식되었으나 그러한지 그렇지 않은지 확실히 알 수 없으니 이와 관련하여 일원론이 진리인지 다원론이 진리인지 반드시 이 두 가지를 논박하는 것이 옳을 것이다.

대저 우주만물이 어떠한 물질에서 나왔는가라는 이 문제는 오랜 옛날부터 토론하고 연구하여 비상한 의론을 일으켰다. 상고시대 그리스 학자들도 어떤 자는 물이 근원이 되어 만물의 형태를 만들었다 하고 어떤 자는 공기라고 하여 하나의 물품으로 만물의 근원을 이루었다 하니 이는 이른바 일원론에 속하는 것이요, 그 후에는 지(地)·수(水)·화(火)·풍(風)의 4원소가 합하여 이루어졌다고 하니 이는 이른바 다원론이다. 인도에서도 다원론이 유행한 듯하고 지나의 금(金)·목(木)·수(水)·화(火)·토(土)의 설 역시 비슷하지만 이러한 설은 학문이 발달되지 못한 시대에 나온 것이므로 선량(善良)한 사실로 조사하여 이룩한 바가 아니라는 점에서 대단히 잘못된 것이다.

지나의 경우 2000년 전부터 인공으로 금을 제조한다는 설이 성행하였다. 즉 단사(丹砂)를 변화시켜 황금을 제조한다는 것과 불로불사의 약을 조제한다는 것이 그것이다. 서양의 경우 천오륙백 년 전부터 이집트와 알렉산드리아 주변에 거주하는 그리스인이 점차 거의 같은 사안에 대해 언급하기 시작하였다. 이는 아마도 서한(西漢) 시대부터 지나와 로마제국 사이에 교통이 빈번한 까닭에 필시 지나의 사상이 서양에 옮겨간 것으로 짐작할 수 있다. 아라비아인이 로마 제국의 일부를 공격하여 취하였을 때 그 문화를 이어 받았으니 연금술 역시 전승된 것으로 보인다.

아라비아 학자들은 이 일을 연구한 자가 매우 많아서 지금도 전하는데 그 중에는 매우 재미난 일도 있다. 이 연금가(鍊金家)들은 우주 만반의 현상을 연구하자는 폭넓은 사상으로 연구한 것이 아니라, 황금을 제조하고 불로불사의 약을 조제하려는 협소한 사상을 목적으로 삼았기에 그 연구의 범위가 매우 좁다. 다만 그 시대의 의론이 어느 정도 분명하였으며 그 시험한 바가 다른 금속을 변화시켜 황금을 제조하는 데 있었으니, 제1금속의 성분이 어떤 물건인지 잘 연구하였을 것이다. 그 당시에 널리 유행한 설을 살펴보자면 금속은 다 수은과 유황(硫黃)으로 -단사(丹砂)의 성분-이루어진 것인데 그 성분의 순수한 정도와 혼합된 물질의 비율에 따라 금·은·동·철 등 온갖 금속이 된다고 믿었다. 납·철·동·안질모니(安質母尼) 등의 광석에는 유황이 함유되어 있어서 금은색의 광택을 지닌 것이 적지 않으므로, 이러한 사실로 인하여 그러한 잘못된 설이 나와서 통상적으로 믿게 된 듯하고, 아울러 황금을 제조하는 방법에 의하여 불로불사의 약 역시 조제할 수 있다고 믿게 된 듯하다. 이러한 설은 아라비아로부터 온갖 경로를 거쳐 팔구백 년 전부터 이삼백 년 전까지 유럽에 전해져 유행하였다. 각국의 연금가라고 명명한 자들 가운데 각종 실험 연구로 유익한 발명을 해낸 자도 있지만 황금을 제조한다는 주요한 목적을 달성한 자는 없었다. 그 사이에 사이비 학자와 사이비 기술가가 많았으니 이는 이삼백 년간 저술된 소설과 가요 속에 등장하는 연금가를 조소한 옛 글을 통해서도 예측할 수 있다. 동서양을 막론하고 옛날에는 음양술이 천문학과 거의 같은 지위가 되어 비상하게 서로 빌섭한 관계를 지니며 동시에 발달한 것과 같이, 동일한 관계로 연금술도 화학(化學)과 거의 같은 지위로 여겨진 시대가 있었다가 음양술이 쇠퇴하여 무너지고 천문학이 진정으로 진보한 것과 같이 화학도 연금술과 분리된 후에 진정한 발달을 하게 되었다.

그러나 직접적으로 유익한 문제를 연구하는 것에 있어서는 사람의 지식이 비교적 유치한 시대라도 정신을 다 쏟은 사람이 많았기 때문에 연금술과 같은 착오의 일도 대체적으로 논급하면 그 결과는 후세에 대단히 큰 이익을 주었다 할 것이다. 어째서 그러한가. 만일 이러한 시작의 기미가 없었으면 숱한 발명이 당시에 생겨나지 못하였을 것이다. 다만 이는 옛날의 일이므로 이삼백 년간 연금술을 믿던 자는 소수의 미신자에 불과하다. 그러나 근래에 이르러서 전술한 바와 같이 인공으로 황금을 제조할 수 있다는 설을 주장하는 자가 종종 나타나는 것은 주목할 만한 현상이라 말할 수 있을 것이다. 어째서 그러한가. 세상 사람들이 종래 학설의 굴레를 벗어나 새로운 방면을 개척하려는 용기가 솟구친 데에서 기인했기 때문이다.

오늘날 화학상 원소(元素)라고 하는 사상은 200년경 전부터 점차 명료해진 것인데 이 생각이 명료하기 전에는 성분이라는 사상이 먼저 명료했을 것이다. 가령 설탕물의 성분은 설탕과 물이요 놋쇠〔眞鍮〕의 성분은 아연과 동이다. 그러나 물이 과연 단순한 물품인지 혹은 각종 성분이 모여서 된 것인지를 말하자면 역시 수소와 산소의 두 성분으로 이루어진 것이요, 설탕은 다수의 유기물과 같이 수소·산소와 기타 탄소를 함유하였다. 그렇다면 수소·산소·탄소 등은 어떠한가. 이 또한 각종 성분으로 이루어진 것인가. 오늘날까지 하등의 각종 잡다한 방법을 통해 그 성분을 발견하려고 하였지만 도저히 그 목적을 분명히 달성하지 못하였으므로 화학상으로 말하면 오늘날까지 분해하지 못한 것이요 아연과 동 역시 분해하지 못하였는데, 이렇게 두 종류 이상의 다른 물질로 분해하지 못하는 물질을 화학상으로는 원소라고 칭하니 원소는

만물 궁극의 성분이요 설탕물에 포함된 물과 설탕은 그 '근성분(近性分)'
이라고 칭한다. 오늘날까지 발견된 원소의 총수는 거의 80가지 정도
되는데 이후에도 연구의 방법이 더욱 진전됨에 따라 최신의 원소가 얼
마나 생겨날지 알 수 없다.

　이러한 80여 종의 원소가 어떻게 지구상에 분배되었는지를 설명하
기는 보통 쉬울 것이다. 즉 동식물체의 중요한 부분을 이루는 탄소·수
소·질소·산소의 경우 이러한 것들은 금속의 성질이 아니므로 비금속
원소라는 부분에 속할 것이요 암석과 토양은 지구의 외각을 형성하고
있으니 그 주요한 원소는 규소(硅素)·산소·알루미늄·철·기타 작은
금속이요 우리가 일상적으로 사용하는 금·은·동·주석·납 등은 지
각 내에 존재하는 양이 아주 적으나 여러 곳에 모여 광맥(鑛脈)이 되었
으므로 비교적 채취하기가 쉬운 것들이다. 이러한 원소는 지구상에만
존재할 뿐 아니라 태양과 기타 항성에도 존재한다고 하니 어떻게 그
사실을 확실히 알게 되었느냐고 물으면, 어떠한 원소든지 너무 강렬하
면 기체가 되어 유색의 광선을 방사하는데 각기 원소에 따라 그 색은
현격히 다르다. 그러므로 그 광선을 세밀히 잘 연구하면 각 원소도 분
명히 알 수 있다. 지구상에 있는 각종 원소가 고온도의 기체가 되어
방출하는 광선은 충분히 연구할 것이므로 태양과 기타 여러 항성에서
오는 것도 같은 방법으로 조사를 해보면 어떠한 원소가 존재하는지를
알 수 있을 것이다. 지구상에 존재하는 원소 중에 태양 광선에서 발견
된 원소의 총수는 20여 종이요 기타 항성에는 이렇게 수가 많지 않으나
수소 등 원소가 우주 전체를 통틀어 가장 넓게 존재함은 정확하다. 그
런즉 지구상뿐 아니라 지구상에 존재하는 만물이 모두 대략 같은 형태
의 원소로 성립한 것임을 추정해볼 수 있다.

　그 가운데 가장 흥미로운 사실이 있다. 몇 해 전에 영국의 로키어
(Joseph Norman Lockyer)라는 학자가 태양의 광선을 연구할 때 종래 지

구상에서 발견한 원소와 다른 광선을 방출하는 것이 있어서 헬륨이라
는 명칭을 부여하였으니 이는 태양원소라는 의미이다. 그런데 수년 전
에 영국의 램지(William Ramsay)라는 학자가 지구상에서도 동일한 헬
륨을 발견하였으니 공기의 한 성분으로 존재했던 것이다. 물론 그 분량
이 매우 적기 때문에 오랜 기간 발견하지는 못하였으나 먼 거리에 있는
태양에서 발견된 것이 나중에 우리의 손 옆에서 발견된 것은 재미있는
일이 아닌가. 그러므로 지구상 여러 원소에 대한 입론은 우주 원소로
미루어 생각하는 것이 당연할 것이다.

　원소는 비금속원소와 금속원소의 두 종류로 구분된다. 그중에 비금속
원소는 겨우 20여 종에 불과하고 나머지는 모두 금속원소이다. 금속원소
라고 하면 금이나 은과 같이 광택이 있고 또 열이나 전기를 양도(良導)한
다는 서로 같은 성질을 지닌 것인데 여러 원소는 그 성질상 여러 가지
유사한 점도 있으며 각각 분류되는 것도 있으나 이는 전연 무관계한
것이 아니다. 완전히 관계가 없는 것이 아니요 흡사 각종 생물 간에
혈족의 관계가 있고 그 속에 원근의 차이가 있는 것처럼 원소 역시 동일한
근원으로부터 갖가지 다른 상황 하에 각가지 현상이 된 것으로 헤아릴
점도 없지 않을 것이다. 그런즉 생물학상의 모든 생물이 동일한 조상의
후예라고 칭하는 진화론과 같이 근래에도 원소의 진화론을 제창하는
자가 있다. 이는 물론 생물학상의 진화론과 같이 논거가 정확한 것이
아니므로 오늘날에는 일종의 억설로 간주한다. 만일 이 의론 중에 적중한
것이 있었으면 모든 원소는 동일 원질(元質)로 귀결될 것이니 역시 일원
론을 주로 삼았을 것이나 연구가 진보됨에 따라 결국 원소의 수가 증가함
에 이르렀고 또 앞에서 진술한 바와 같이 고온도에 있는 기체 원소의
광선에 대한 연구가 진보하여 수소, 산소와 같은 원소라도 결코 단순한
것이 아니요 각종 성분이 화합하여 이루어진 것이라고 주장하는 자도
있다. 그러나 이 또한 오늘날 관찰해본 바로는 충분히 신빙할 수 있는

것은 아니다. 정말로 정당할 것 같으면 일원론까지 갈 바는 아니더라도 원소의 수는 지금보다 감소함이 옳을 것이다. 또 물리학에서도 물질의 성분에 대한 각종 의론이 있는 가운데 물질은 모두 극히 미세한 먼지로 이루어졌다는 학설이 오늘날에도 널리 유행하는데 이 작은 먼지에 원자(原子)라는 명칭을 붙여 일원론을 제창하나 이는 하나의 억설에 불과하여 사실상 증거가 매우 박약하며 오늘날까지 확실히 실험한 결과에 의거하건대 원소는 각각 별종의 사물이다. 그 이상에 다른 성분을 발견하지 못하였으니 사실상 다원론을 신빙하는 것 외에 다른 방법이 없다.

만일 일원론을 진리라고 하면 한 원소를 다른 원소로 변화시킬 수 있을 것이니 다른 금속을 황금으로 바꾸어 제조할 수도 있을 것이고 비금속을 황금으로 바꾸어 제조할 수가 있을 터인데 사실상 다원론이 정확한 이상 인공으로 황금을 제작한다 함은 쉽게 할 수 있는 일이 아니다. 무용의 사물을 유용의 사물로 바꾸고 저가의 물건을 귀중한 물건으로 변화시킴은 동일 원소로도 제조할 수 있는 것이다. 현재 숯을 흑연-연필심을 제조하는 물건-으로 바꾸어 만드는 것과 숯을 금강석으로 바꾸어 만드는 것에 비교적 좋은 성공을 거둔 가운데 숯으로 제조한 금강석은 극히 작아 장식의 목적에 불과하나 목탄(木炭)·흑연·금강석이라고 하는 사물을 연소하면 탄산가스가 된다. 그런즉 이는 그 형태만 변할 뿐이요 한 종류의 원소를 다른 원소로 바꾼다는 것은 불가능의 사실이다. 가령 보통의 은을 금색으로 용해할 수 있으나 은은 은이요 결코 금이 아니며 또 불로 데우면 그 전과 같이 보통의 은이 된다. 그렇다면 이로써 추측하더라도 은을 금으로 제작하기는 극히 어려울 것이니 근래에 세상 사람들이 인조금이라 칭하여 판매하는 것은 단지 몇몇 종류의 금속을 합하여 금색으로 도금한 것에 불과하다.(완)

추위 속 동물 이야기 / 유종수(柳種洙)

대개 우리 인류의 경우 한기가 극심한 겨울철이 찾아오면 비단옷·솜버선·장갑 등을 온몸에 절실히 요구될 뿐 아니라 실내에도 난로·화로·털로 된 요 등 온갖 설비를 각기 완전히 갖추어야 온기를 늘 유지할 수 있다. 그런데 이와 같은 설비가 완전하지 못한 동물은 무슨 수로 극심한 눈바람 추위를 대수롭지 않게 보내는가. 이는 우리가 최초로 연구하려는 사상으로 자세히 관찰할 것이니 다음에 그 대략을 기술하겠다. 토끼·살쾡이·호랑이·사자 등은 천연의 방한구로 몹시 조밀하고 두터운 모피를 스스로 갖추고 있으므로, 겨울이 찾아와도 그 체모가 한층 더 조밀해져 한기를 대수롭지 않게 보낸다. 이는 우리가 다 아는 바이거니와 가령 고래 같은 동물은 부드러운 가죽 같은 유약한 피부를 지녔으니, 그 신체의 장대함이 과연 수산동물 가운데 선두를 차지하더라도 혹독한 추위에는 필시 생활상 수많은 곤경을 면하지 못할 것처럼 보인다. 하지만 이는 오해이니 어째서인가. 다름이 아니라 참으로 지극히 훌륭한 방한 장치가 있으니, 그 신체의 표면에는 특별한 기관이 없지만 그 피부 내부에 두께가 5·6촌 내지 1척 4·5촌 되는 지방층이 있어서 추위가 닥치는 한겨울에도 적당한 지방으로 인해 체온을 잃지 않으므로 큰 바다에서 잘 놀 수 있다.

박쥐는 여름철 밤에 공중에서 여러 번 날아다니며 모기 벌레 등 작은 곤충을 포식해 생활한다. 비록 조금만 추위도 어떤 곳으로 피하는지 그 그림자도 보이지 않음은 먹이인 곤충을 얻을 수 없어서 비행할 필요가 없기 때문인 것처럼 보이지만 사실은 자신이 움직일 수 없는 이유로 초가을부터 빈집·동굴·나무속·다리 틈 등에서 바람과 비가 들이 닥치지 않아 습기가 적당한 장소를 선택해 숨어서 달라붙되 혹 수천 수백 마리의 박쥐가 때로 모여 있을 때는 견고한 상태로 서로 달라붙어서 겨울 대롱(冬籠)을 만들어 동면을 한다. 이러한 상태를 만든 때 그 체온은 섭씨온도계로 35도 및 14·5도 내외로 내려가며 그 맥박은 3분에 한 차례를 겨우 간신히 순환함으로 맥박이 매우 낮아 죽은 상태와 같은 듯 하지만 단지 활발하지 못할 뿐이요. 실은 생리 작용에서 얼마간의 영양이 있다. 음식을 얻지 못해도 그 체형의 편리함은 낙타와 같다. 대개 낙타는 우마와 비등한 동물로 먹거리가 풍부한 때를 맞으면 예비석으로 일시에 다량의 식료를 삼켜 등 위 살이 부풀어 오르게 해 특출 나게 저장했다가 사막여행에 먹거리가 여러 날 결핍하게 되면 그 저장한 것을 조금씩 소비해 생활을 계속하는 동물이다. 박쥐도 역시 지방형으로 양력(養力)을 저장했다가 겨울 중에 그 저장한 양분을 조금씩 혈액 속에 흘러들어가게 해 생리작용을 계속한다. 또 교묘한 장치를 스스로 갖추었으니 이는 농밀한 그 체모이다. 그 체구가 작지만 150만 이상의 다수의 체모를 지니고 있으며 다른 일반 동물의 체모가 몸의 각 면에 대략 같은 형태의 원동형이지만 박쥐는 그렇지 않아서 지금 현미경으로 자세히 살피면 마디가 많은 체모가 깔때기를 같은 방향으로 연속한 모양으로 보일 뿐 아니라 체모가 매우 교밀(交密)해 한풍을 그 피부가 직접 받지 않게 한다. 또 방한구로 양 옆구리에 비막이 있어 우리가 외투로 신체를 감싸는 것과 흡사하게 그 전체를 덮어 가리며 그 막 사이에 공기가 조금씩 유통해서 열기 속에 정도가 넘치는 체온을 발산한다.

두더지-오(鼴)-는 같은 벌레를 먹는 동물이다. 추위를 감당할 수 없어 찬 기후를 맞으면 점차 지층 방향으로 깊게 들어가 4·5척 땅 아래에서 지렁이 등의 유충과 곤충을 캐어 먹으니 이러한 유충과 곤충도 역시 추위를 두려워해 지층 깊은 곳에 들어가 머무는 까닭에 두더쥐의 생활 역시 곤란하지 않다.

다람쥐-율서(栗鼠)-는 나무 위에서 생활하는 동물이다. 겨울철이 가깝게 임박한 늦가을부터 예비적으로 날짐승의 옛 둥지를 훔쳐 나무 위의 요처에 둥지를 틀고 둥지 안에 부드러운 이끼로 따뜻한 침상을 만든 후에 땅 아랫면에 작은 구멍을 만드니 이는 단지 방한의 목적뿐 아니라 제1의 적인 짐승이 침입할까 해서 보호방법이 필요해서 만든 까닭이요, 만일 위급한 때를 당하면 그 침상 및 작은 구멍으로 도피함이 교졸(巧拙)한 영리함이며 또 여름과 가을 사이에 나뭇잎과 과실을 모아 동굴·바위 사이·나무틈 등의 장소에 저장하였다가 떨어진 나뭇잎과 과실이 눈 속에 깊게 묻혀 밖의 세계에서 먹거리를 얻을 수 없는 겨울철에 그 저장한 것으로 심상한 생활을 하는 것은 우리가 인류가 곡식을 가을에 걸어 겨울이 오면 그것을 저장하는 것으로 주년(週年)을 생활하는 것과 흡사하다.

접목법 (전호 속) / 박상낙(朴相洛)

(5) 접목용 기구와 용품

접목을 시행할 때 사용하는 기구는 협(鋏)-가위-과 작은 칼과 톱 등이요, 기타 용품은 헝겊과 지푸라기〔藁〕와 접납(接蠟)과 접뉴(接紐) 등이다. 협(鋏)은 흔히 침목(砧木)의 가지와 뿌리와 접수(接穗)를 절단할 때에 사용하는 것인데 보통 목협(木鋏)이라 칭하고 톱은 조금 큰 나무를 절단할 때에 사용하는 것인데 그 톱니가 세밀한 것을 택하여 사용해야 할 것이다. 만일 톱니가 거칠고 두꺼우면 그 절단면을 나중에 작은 칼로 매끄럽게 깎아내어도 상흔이 남기 쉬우니 침목과 접수를 절단할 때에 더욱 주의해야 할 것이다. 작은 칼은 흔히 절단면을 깎아내어 매끄럽게 하거나 혹은 기타 단면을 깎는 것인데 가장 예리한 것을 택해야 할 것이다. 만일 칼날에 조금이라도 떨어져나간 부분이 있으면 깎아낸

단면이 매끄럽지 못하여 혹 접목이 단단히 붙지 못하기 때문에 잘 아물지 못하니 우리 모든 원예가는 여기에 주의해야 할 것이다. 또 접주(接紐)-혹은 접뉴(接紐)라고 함-는 접합한 부분이 유착하기까지 묶어두는 것인데 외과치료에 필요한 붕대(bandage)와 같다. 우리나라에서는 예로부터 삼과 지푸라기-찰벼 짚-를 사용하나 삼은 습기를 띠면 몹시 긴축되어 나무의 배양액 순환을 저해할 우려가 생기고, 지푸라기는 이와 반대로 시간이 지나면 그 뒤로 썩어 문드러지니 만족스럽게 접목이 잘 아물어 부착될 무렵이면 자연히 낡고 썩을 것이다. 그런즉 지푸라기가 삼보다 실용성 면에서 편리함이 많다. 접납은 접합부 외면에 바르고 붙여 습기의 침입을 방어하여 부패하지 않게 하는 것이다. 접납의 제조 방법은 여러 가지가 있으나 가장 간단한 것은 송지(松脂)-송진-2량쭝과 밀랍 1량쭝과 수지(獸脂)-돼지기름-닷돈쭝을 녹여 혼합하되 수지는 춥고 따뜻한 기후에 따라 추울 때에는 얼마간 추가해 넣고 따뜻한 때에는 줄여서 너무 굳거나 무르지 않게 해서 사용해야 할 것이다.

또 도부(塗付) 재료와 접납 면포가 있으니 도부 재료는 침목에 상처 입은 부분이 있으면 여기에 바르고 붙여 나무의 배양액이 그곳으로 새지 않게 하되 그 제조법은 석판용 석회암 분말 5·6분과 타르 1분을 혼합하고 잘 반죽해서 바르고 붙여야 하니 이는 나무의 상처 입은 부분이나 또는 절단한 면으로 배양액이 누출하는 경우에 적용할 것이요, 접납 면포는 접목의 접합부위에 감으면 큰 효과를 낼 것인데 그 제조법은 밀랍을 용해하는 중에 면사(綿紗)를 겹쳐 넣어 능히 밀랍이 면사에 스며들면 이를 꺼내어 냉각시켜 사용할 때에 적절히 잘라야 할 것이다.

접목의 종류

접목법은 지접법(枝接法)과 아접법(芽接法) 두 가지가 있다. 지접법은 다음과 같은 11종으로 세분되니

1. 침접법(砧接法) 2. 할접법(割接法) 3. 수접법(水接法) 4. 설접법(舌接法) 5. 안접법(鞍接法) 6. 근접법(根接法) 7. 복접법(腹接法) 8. 탑접법(搭接法) 9. 삽접법(揷接法) 10. 합접법(合接法) 11. 기접법(寄接法)

아접법은 다음과 같은 8종으로 세분되니

1. 정자형(丁字形) 아접법 2. 상자형(上字形) 아접법 3. 박비(剝皮) 아접법 4. 십자형(十字形) 아접법 5. 환상(環狀) 아접법 6. H자형 아접법 7. 방형(方形) 아접법 8. 삼각형(三角形) 아접법

등이 이것이다. 이제부터 한 조목씩 설명하겠다.

화학 별기 / 박정의(朴廷義)

우리가 일상에서 온갖 사물이 수시로 변화함을 통상 목격하는 것처럼 산천초목부터 금수충어(禽獸虫魚)까지 예로부터 불변하는 사물은 하나도 없다. 그 가운데 동식물 등은 생사(生死)와 영고가 있으므로 그 변화가 가장 현저하고 광물도 역시 변화하는 것인데 예로 들면 암석 등이 붕괴하여 토양이 되며 동철류(銅鐵類)가 공기 중에서 녹이 생기는 것이 이것이다.

이들 변화가 다만 완급의 차이는 있으나 모두 물질 조성상 변화이다. 이러한 물질 조성의 여러 변화와 각종 물질의 성상(性狀)을 강구하는 이학(理學)의 한 분과를 일컬어 화학이라 한다.

총괄적으로 물체의 변화에 갑을의 차이가 있다. 갑은 물체의 조성에 관계가 없고 을은 물체의 조성을 바꾸는 동시에 그 성질을 바꾸는 것으로 갑을 물리적 변화라 하고 을을 화학적 변화라 일컫는다. 갑을의 예

를 상세히 들면, 물이 얼음이 되는 것은 그 본질을 잃지 않아 조성상에 관계가 없으므로 물리적 변화라 하고, 철이 녹스는 것은 조성 및 성질을 바꾸므로 화학적 변화라 한다.

단체(單体) 또는 원소

원소는 금속과 비금속 2종으로 대별된다. 금속 원소는 일종의 광택을 지니고 수은 이외에는 다 고체인데 열 및 전기의 양도체(良導体)이며 또 창연(蒼鉛)을 제외하고 수소와 직접 화합하지는 못한다. 비금속 원소에는 기체와 액체 및 고체가 있는데 어떤 것이든지 광택이 없고 혹 수소와 화합하여 휘발성의 물체도 만들고 혹 산소와 화합하여 산생(酸生) 산화물도 만든다.

원소의 기호 및 원자량

원소의 기호는 간단하여 기억하기 편하므로 화학 연구상 가장 필요한 것이다.

즉 원소명은 수소, 기호는 H, 원자량은 1

원소명은 산소, 기호는 O, 원자량은 16

화합하는 법칙 및 방정식 시호

한 원소가 다른 원소와 화합할 때에 그 분량이 적당하면 화합하거니와 만약 분량이 맞지 않으면 화합하지 못한다. 가령 갑 원소 하나와 을 원소 둘을 화합량이라 하면, 갑 원소 둘과 을 원소 둘이거나 갑 원소 셋과 을 원소 둘과는 화합하지 못한다.

방정식 기호는 +는 화합이요 =는 변하는 표시이다.

물질 불멸의 정률(定律)

물질 불멸의 정률이라는 것은 어떤 물체를 불문하고 다 세 가지 상태로 변이도 하고 또 화합적 변화도 있으나 다만 형상 본질만 변할 뿐이고 원량(原量)은 결코 증감이 없다는 것이다. 바꾸어 말하면 물이 수증기가 됨을 외부에서 보면 사라지는 것처럼 보이지만 적절한 기계로 정밀히 검사해 보면 조금의 증감도 없음을 확인할 수 있으니, 이 일정한 비율이 화학상 대원칙이다.

산소, 기호는 O, 원자량은 16

산소는 무색·무미·무취의 기체로 지구에서 가장 많은 기체이다. 다른 원소와 구분해보면 공기의 용량의 5분의 1을 점유하고 있고, 다른 원소와 화합해보면 여러 동식물 조직에 들어 있고 물의 9분의 8을 점유하고 있으므로 76가지 원소 중에 가장 많은 것이다. 그 제조법은 (1) 산화수은을 강하게 가열하여 액체의 수은과 기체의 산소를 생성하고 (2) 염소산칼륨을 가열하여 고체의 염화칼륨과 기체의 산소를 생성한다.

산소의 효용

(1) 동물은 공기를 호흡하여 산소의 작용으로 혈액을 깨끗이 하고 체온을 얻는다.

(2) 산소가 다른 물질과 화합하여 동식물과 수많은 광물을 조성하고 필수불가결한 물을 생성한다.

(3) 공기 중의 산소로 인하여 땔나무·숯을 태워 열을 취할 수 있다.

이와 같이 동물의 호흡과 땔나무·숯의 연소 등으로 인하여 공기 중의 산소가 수시로 감소되어 결국 소진될 것처럼 보이지만 식물이 탄산가스를 분해해 산소를 방출하므로 천고로 다함이 없는 것이다.

질소, 기호는 N, 원자량은 14

질소는 무색·무미·무취의 기체로써 원소로 보면 공기의 용적의 5분의 4를 점유하고 있고, 화합해 보면 생물의 조직에도 들어 있고 광물의 조직에도 들어 있는 것이다. 그 제조법은 가히 산화할 만한 물체를 태워 공기 중에 산소를 제거하면 질소를 얻을 수 있으나, 공기 중에 산소와 질소 이외에도 소량의 여러 가지 물질이 함유되어 있기에 이 방법으로는 순수한 질소를 얻지 못하므로 그 화합물을 분해하여 순수한 물질을 제조한다.

수소, H, 1

수소는 무색·무미·무취로 심히 가벼운 기체이다. 그러므로 위에서 아래로 물이 쏟아지듯 수소를 아래에서 위로 주입할 수 있다. 그 제조법은 (1) 수중에 금속 나트륨-Na-를 투입하면 물과 Na가 반응-화합-하여 일종의 기체 즉 수소를 생성하며 (2) 철설(鐵屑)을 강하게 가열하여 이에 수증기를 통과시키면 역시 수소를 생성한다. 그중 간편한 제조법은 (3) 아연에 묽은 황산을 첨가하여 전해(電解)-물을 전기로 분해하는 방법-하는 데 있다.

수소의 효용은 허다하지만 가장 필요한 곳은 산소와 화합하여 물을 생성하는 것과 백금같이 고온이 필요한 금속을 용해하는 데 있다.

| 문예 |

• 광고

　본 태극학보 대금 수납의 편의를 위하여 경성(京城)과 평안북도(平安北道)에 위탁수금소를 설치하였으니 경성에서 본 태극학보를 구독하시는 분은 대금을 경성 북서(北署) 원동(苑洞) 이갑(李甲) 씨 댁에 거처하는 김기옥(金基玉) 씨에게 보내주시고 평안북도에서 구독하시는 분은 평안북도 정주(定州) 남문(南門) 내 홍성린(洪成鱗) 씨에게 보내주시기 바랍니다.

태극학회 알림

임종 시에 아들에게 남기는 유서 / 경세노인(經世老人)

　오호라! 내 운명이 이제 이 세상을 떠나기에 너희에게 마지막 몇 마디 말로 당부하노라. 너희는 부디 명심하여 삼가 지켜주기 바란다.

　1. 사람이 세상에 태어나 국가의 독립을 온전하게 보호하지 못하며 타락한 국권을 만회하지 못하고 세상의 공도(公道)로 나이가 벌써 늙어 부득이하게 이 세상을 영결하게 되었으니, 흉중에 타오르는 끓는 피는 형언하기 어렵다. 나는 천하 사회가 나라를 무너뜨리도록 한 큰 죄책(罪責)에서 도피하기 어렵게 되었으니 지금 통론(痛論)하여도 하등의 특별한 효과가 없겠으나, 너희는 밤낮으로 일어나 있거나 누워 있거나 간에 오랫동안 국가를 걱정하며 애국하는 의무를 다하여 우리의 원수에게 보복하고 우리의 자유와 행복을 기도(期圖)하라. 만일 이것을 도달하지 못하면 천하의 죄인이요, 사회의 죄인이요, 조종(祖宗)의 죄인이요, 동포의 죄인일뿐더러 짐승에 가까운 야인이라는 비판을 면치 못

할 것이니, 모쪼록 열렬한 마음으로 용맹하게 투쟁하라.

2. 이상 우리의 자유와 행복을 크게 회복하려면 당시의 급선무와 장래의 먼 계획은 국민 교육과 실업 발달 밖으로 벗어나지 않을 것이다. 교육은 특별히 의무군인의 교육을 보급하도록 상무적(尚武的) 용감의 기상을 양성할 것이요, 농업·공업·상업의 실업은 많이 장려하여 외국 물품은 적게 수입하고 내국 물품은 많이 수출하게 하여 점차 실업상의 권리를 폭넓게 회복하여 그 세력을 전지구상에 발전시켜라.

3. 내가 죽은 뒤에 너희는 그 사업을 각기 지켜 결코 좌지우지하지 말라. 시세(時勢)는 무상하게 변천할 것이니 이에 주의하여 업무상 개량을 베푸는 것은 좋거니와 결코 자기 본성에 적당하지 않은 사업에는 종사하지 말라.

4. 투기(投機)는 진실로 사람을 망가뜨리는 깊은 골짜기에 떨어지게 하는 바니 어떤 사정이 있든지 결코 함부로 행동하지 말라.

5. 비록 부득이한 일이 있어 전토(田土)를 방매(放賣)하더라도 결코 외국인에게 방매하지 말라. 한 번 외국인의 수중에 몰려 들어간 토지는 다시 우리 한국인의 장토(莊土)가 되기 쉽지 않다.

6. 너희의 자녀 중에 어떠한 피하기 어려운 일이 있어도 결코 외국인과 결혼하지 말라. 자고로 다른 나라 사람들 간에 결혼한 국가는 좋은 효과가 없을 뿐 아니라 결국은 쇠국(衰國)의 악운을 면치 못한다.

7. 다른 사람의 보증인이 되어 증서(證書)에 날인하는 것은 스스로 돈을 비는 것과 동일하다. 그 결과는 자기의 전 재산을 마구 잃어버리는 일이 겹겹이 있으니 내가 죽은 뒤에 결코 다른 사람의 증서에 날인하지 말아야 한다. 만일 부득이한 경우에는 처음부터 내버릴 생각으로 약간의 금전을 그 사람에게 증여(贈與)하라.

8. 자기의 전 재산은 반드시 반으로 나누어 반은 내 소유로 삼고 반은 너희 장남 장녀-또는 처- 등의 소유를 만들어 두어라. 그리하면 가령

불시의 변고로 인하여 그 반절을 잃어버려도 다른 반으로 능히 가계(家計)를 다시 일으킬 계책을 세울 수 있다.

9. 인격은 세계에서 가장 중한 것이라서 이것이 없으면 거의 사람으로서의 가치가 없다. 그러므로 너희는 그 자손의 어린 시절부터 항상 이것을 양성함에 주의하라.

10. 생존경쟁이 격렬한 현대에서는 체력의 건강한 여부가 그 사람의 사업의 성패를 결정지으니, 너희는 항상 알맞은 운동을 하여 체력의 건강을 함께 도모하며 또 너희 자손도 이것을 양성하게 하라.

11. 70년간의 경험에 의하면 내 병환은 반 정도는 무리한 행동에서 나왔다. 그러므로 너희는 온갖 사무를 처리함에 너무 신체를 무리하게 사용하지 말라. 만일 무리하게 사용하면 내 몸에 결함이 반드시 생길 것이요, 병환도 흔히 이 결함을 따라 침입하니 깊이 고려하라.

12. 너희와 너희 자녀가 병에 걸리거든 속히 그 초기에 치료하라. 조금의 징상(徵狀)이 있는 초기에 예방하면 이 밖에 상책이 다시는 없을 것이다. 나는 이 방법을 긴요하게 사용하여 요행히 병 없이 지냈다.

13. 너희는 반드시 어떤 종교든지 신봉하라. 기독교나 혹은 불교나 가리지 말고 다 해당한다. 대저 그 마음이 종교를 깊이 신봉하는 이는 역경에 빠지더라도 그 마음이 미혹되어 낙담하는 일이 없고 크고 많은 위로와 도움을 얻으며, 종교심이 없는 이는 순경(順境)에서는 그 마음이 크게 교만하여 실패의 원인을 만들어 내고 역경에서는 특별히 낭패를 만나 점점 그 몸을 깊은 골짜기에 빠뜨리니 나의 자손 된 이들아, 이 일을 명심하여 잊지 말라.

14. 너희 자손은 가능한 한 품성을 족히 도야할 만한 학교에 입학시켜라. 선하지 않은 자손은 매양 좋지 않은 학교교육에 의해 생기는 경우가 많다.

15. 너희 자녀를 장가들이거나 시집보낼 때에는 그 배필이 될 이가

정실(正實)한지 여부와 현명한지 여부와 건전한지 여부를 잘 조사하여라. 공연히 현재 문벌과 부유함에만 눈길이 뺏겨 자녀의 백년대사(百年大事)를 그르치게 하지 말라.

16. 너희가 부리는 고용인과 하인에 대해서는 될 수 있는 대로 친절히 하되 부려지는 이를 내 자식과 같이 보지 않으면 다른 사람은 나를 위해 부지런히 일하지 않을 것을 각오하여라.

17. 너희 자녀에게는 어릴 때부터 용·왕매진하고 간난(艱難)하여도 염려하지 않는 성격을 양성하라. 의복과 음식이 자유롭지 않은 적이 없는 자손 중에서 어리석은 이가 많이 나오는 것은 그 자손에게 노파의 편애를 베풀어 그 성격을 양성한 까닭이다.

18. 내가 죽은 뒤에 만일 일가의 부침(浮沈)에 관한 큰일이 있거든 항상 정실(正實)하여 사량(思量)에 부섬(富贍)한 여러 사람과 숙의할 것이요, 결코 가볍고 소홀히 처리하지 말라.

19. 내가 죽은 뒤에는 내가 생전에 빌려 쓴 사물이 사소해도 다 일일이 되돌려주며, 내가 부리던 이에게도 합당한 금전을 부여하고 기타 내 저축금 중에서 약간의 금전을 할애하여 내어 가련한 고아원, 맹아원(盲兒院) 등의 곳에 기부하여라.

이상은 지금 죽을 자리에 가로 누운 70년 경험을 지닌 너희 아비인 내가 너희에게 고하는 말이니, 이 말에 착오는 있을 터이지만[4] 내가 죽은 뒤에 너희는 삼가서 간담(肝膽)에 새기고 아침저녁으로 잊지 말거라.

---

4 있을 터이지만 : 원문에는 '有홀터히아니지만'으로 되어 있으나 문맥에 맞지 않아 이와 같이 번역하였다.

찬애국가

-찬송시 '하나님 가까이로'와 같은 가락- 한 / 애국생(愛國生)

1.
긴 날이 맞도록 생각하고
깊은 밤들도록 생각하고
우리나라로다 우리나라로다
길이 생각하세 길이 생각

2.
내먹고 마시며 위탁하여
모든 족척들과 생장한 곳
우리나라로다 내 일생 사랑해
길이 사랑하세 길이 사랑

3.
나의 부모형제 같이 살고
조상들의 해골 묻힌 대는
우리나라로다 항상 잊지 못해
잊지 못하겠네 잊지 못해

4.
태산이 변하여 바다 되고
바다가 변하여 들이 된들
나라 사랑하는 내 맘 변할손가
길이 불변일세 길이 불변

5.
내 나라를 내가 사랑하지
뉘가 내 나라를 사랑할고
내몸이 죽어도 내 나라 보전해
길이 보전하세 길이 보전

6.
우리나라 문명 발달되고
우리나라 독립 공고하면
빛는 영화로다 항상 즐겁겠네
나라 영광일세 나라 영광

해저여행 기담 제9회

-공기총이 큰 소리를 내어 갑자기 큰 게를 넘어뜨리고 몸을 땅에 엎드려 숨겨서 상어를 교묘한 방법으로 속이다-[5] / 모험생(冒險生)

이야기하자면, 네모 및 아로낙스 씨 일행이 크레스포 섬의 숲에 도착하자 수백의 교목은 나무 끝을 줄지어 서고 수천의 관목은 나뭇가지를 교차하여 두껍거나 얇은 푸른 잎들은 들쭉날쭉 펴져 있고 종횡으로 뻗은 줄기는 서리어 엉켰는데, 지면을 가린 잡초는 울창하게 융단을 흩어 펼친 듯, 가지 끝에 늘어뜨린 과실은 주옥(珠玉)을 연이어 꿴 듯 눈에 닿는 것이 육지의 삼림과 조금도 다르지 않았다. 꽃나무는 제철을 맞아 꽃망울을 터트리매 붉은색 흰색으로 어지러이 단장하였으니 커다란 비단 장막을 넓게 펼친 듯, 가지 사이에 헤엄치는 어족(魚族)은 꾀꼬리가 금 북을 던져 베를 짜는 듯 눈에 들어오는 풍물이 육지에 비하면 몇 배의 미관(美觀)을 나타내었다.

네모는 신세계를 발견한 듯이 자랑하는 안색을 띠고 아로낙스 씨는 다른 생각 없이 이리저리 둘러보매 진기한 나무에 놀라서 말하고자 하여도 말하지 못하고 답하려 해도 그럴 수가 없어 공연히 콩세유의 머리

5　『태극학보』 16호에는 회차의 제목이 역자 이름 아래에 배치되어 있으나 번역본에서는 이전 회차까지의 배치에 따라 앞으로 이동하였다.

를 쓰다듬으면서 손으로 기쁨을 표출하였다. 4시간쯤을 걸으니 몸과
마음이 모두 피곤할뿐더러 배고픔을 자못 깨닫겠기에 녹색 풀을 헤치
고 앉아 잠시 휴식하였다. 이때 심신(心神)의 늘어짐을 따라 차츰 잠들
었더니 홀연 들리는 유향(遺響)[6]에 아로낙스 씨가 깜짝 놀라 잠을 깨어
몸을 일으켜 사방을 돌아보니 파도 가득 금빛 비늘은 점차로 달아나고
햇빛은 서산에 기울려고 하여 미려(美麗)한 장관(壯觀)이 적막한 기미
(氣味)를 돋아내고 있었다. 그러다가 홀연 괴이한 유향이 다시 들리는
지라 놀라서 급히 보니 딱지의 직경이 대략 15척 가량인 큰 게가 두
발가락을 펴서 아로낙스 씨 배후를 후려갈기려고 하거늘 매우 심하게
당황하고 겁이 나 어찌할 바를 알지 못하였다. 그러던 차에 네모도 눈
을 차츰 떠서 전기총을 급히 가져다가 게를 향해 한 방을 쏘니 게딱지가
부수어졌다. 콩세유와 노틸러스 뱃사람들이 놀라 일어났고, 콩세유는
주인의 신상에 예측하지 못한 근심이 있는 줄로 오판하고 구천(九天)까
지 혼비백산하여 어찌할 바를 모르다가 요행히 무사함을 깨닫고 헤아
릴 수 없을 만큼 기뻐하였다. 아로낙스 씨는 가슴을 쓸어내리며 혼자
생각하기를 "이로부터 우리 앞길에 저와 같은 괴물을 몇 번이나 만날지
예측하기 어렵겠으니 신상에 필요한 방비물(防備物)이 없지 않겠거늘,
내 신상에는 입고 있는 일상복 한 벌뿐이니 이것으로 위험을 어떻게
피하겠는가."라고 하며 앞뒤의 일을 심사숙고하며 두려운 생각이 그치
지 않았다.

　그러나 네모는 추호도 굽히거나 휘는 기색이 없고 의기(意氣)가 끓어
올라 모험의 길을 더욱 탐색하니 도저히 금지할 방법이 없었다. 그 마음
은 서운하지만 일의 형세가 어찌할 수가 없어 따라다니더니 해로(海路)
가 내리막길을 이루었는지라 골짜기 바닥에 깊이 들어갔으니, 때는 오

6　유향(遺響) : 어떤 소리가 그치거나 거의 사라진 뒤에도 남아 있는 소리를 이른다.

후 3시경이었다. 대체로 수면 아래 450척 지역에 깊이 있으니 그 이하
는 태양광선이 전혀 미치지 않아 점차 캄캄해지는 터라, 네모가 허리춤
의 전기등에 불을 켜자 아로낙스 씨 등도 나사를 잡아서 돌려 휴대용
유리등 속에 옮겼다. 4개의 전등이 일시에 빛을 내매 빛이 사방 30야드
거리까지 넓게 비추니 해저의 캄캄하던 날이 바뀌어 한낮의 강산이 되
었다. 일행이 모두 기력을 분발하여 점차 깊이 나아갔더니 이쪽은 자라
난 초목이 전혀 없어 한 줄기도 보이지 않으나, 헤엄치는 어족은 의연
(依然)히 아직도 많아 무리를 이루고 줄을 지어 등불을 좇아서 오는 것
이 호랑나비가 꽃향기에 취해 꽃 사이로 오는 것과 흡사하였다. 어느덧
크레스포 섬의 뿌리에 이르자 네모는 뜻한 바를 다 이룬 터라, 앞길을
다시 돌아 험한 골짜기 사이를 등반하니 홀연 수면 아래 10야드 반 지점
에 이른 것이었다. 태양광선이 밝은 빛을 투과하여 오매 공기 중의 여러
섬에서보다[7] 수많은 여러 종의 어족이 몸 주변에 와서 모여 장난스럽게
헤엄치는 현상이, 아로낙스 씨 일행을 같은 무리로 짐작하는 듯하였다.
일행도 즐거움을 금하지 못하여 더러 꼬리를 잡고 지느러미를 치는 것
으로 흥미를 붙이더니 홀연 네모가 총 끝을 자기 머리 위로 향하여 한
번 저격하기에 일행이 놀라 괴상하게 여기지 않는 이가 없었다. 그러자
홀연 물속에 깊이 떨어진 물체가 있었으니, 길이 5척 남짓 되는 수달의
일종이었다. 원래 이 바다짐승은 대한과 청나라 근해에 많이 나는 바이
며, 또 껍질이 매우 좋아 1장의 가격이 6-700달러보다 적지 않으므로
앞 다투어 다 잡아버려 오늘날에 이르러서는 이 무리가 거의 멸종되었
다. 네모가 뱃사람에게 명하여 수달을 지고 점차 전진하였다. 수면 근처
에 이르러 뱃사람이 권총 1발에 수면 위 몇 야드 거리에 훨훨 나는 백조

---

7 공기……섬에서보다 : 문맥을 이해하기 쉽지 않다. 현대어 번역본을 참조하면 '공중
  에 나는 새들보다' 정도의 의미로 보이지만, 우선 원문에 따라 번역한 것을 그대로
  둔다.

한 마리를 맞춰 떨어뜨리거늘, 아로낙스 씨 주복(主僕)은 그 신교(神巧)한 사격술에 감탄하여 혀를 말고 서로 보기만 할 뿐이었다.

　잠깐 뒤에 앞길 반 리 떨어진 곳에 밝은 빛이 비추거늘 아로낙스 씨가 눈동자를 고정하여 주목하니 이것은 노틸러스함이었다. 이때에 기계 중의 공기가 거의 다하려고 한데다가 신체의 피곤함도 자못 깨닫겠더라. 속히 본 함선에 돌아와 신선한 공기를 충분히 흡입할 계획으로 걸음걸이를 빨리 나아가게 할 때 홀연 네모가 걸음을 멈추고 우두커니 섰다가 아로낙스 씨의 머리를 눌러 땅 위에 엎어지게 하고자 하거늘, 콩세유가 노기(怒氣)를 크게 내어 네모를 때리고자 하였으나 뱃사람들이 힘을 합치고 팔뚝을 걷어붙여 끝내 콩세유를 눌러 엎어지게 하였다. 아로낙스 씨가 이 광경을 보고 더욱 심하게 놀라 네모의 손을 떨치고자 하였으나 도저히 완력을 감당치 못하고 끝내 굴복할 뿐이었다. 네드 랜드 씨도 맞아서 넘어지자 사지를 움직이지 않고 잡초 사이에 조용히 누워있었다. 그러더니 홀연 신장 100여 척 가량의 큰 상어 두 마리가 지느러미를 나란히 한 채 큰 입을 나란히 열어 칼날과 같은 큰 이빨을 드러내고 도깨비불을 흩어내며 빠른 바람처럼 내달아 오는 것이었다. 아로낙스 씨는 털과 뼈가 덜덜 떨리고 이빨이 합해지지 않아 어찌할 바를 모르고 숨을 감추고 엎드려 있었더니, 요행히 상어는 아로낙스 씨 등을 보지 못하고 갑자기 달려갔다. 범 아가리의 재난을 겨우 피하고 노틸러스에 돌아올 때 바다 위에 드러난 문 입구가 여전히 열려 있었다. 콩세유와 네드 랜드 두 사람도 네모의 뒤를 따라 함선 속에 들어갔다. 네모가 문 입구를 먼저 닫고 두 번째 문을 살짝 두드리자 즉통(喞筒)이 작동하는 소리가 비로소 일어나며 방 안의 물을 빠뜨림 없이 빨아올리는 것이었다. 문을 열고 안으로 들어가 각자 몸을 씻으며 기계를 벗어놓을 때 아로낙스 씨 등은 네모의 불경스럽고 무례함에 아직 분격하였고, 네드 랜드 씨는 특히 성난 주먹을 휘둘러 네모를 때리고자 하는

지라. 콩세유가 귓속말을 하며 조용히 말렸다. "저들이 우리를 눌러 엎드리게 한 것은 결코 악의가 아니라 상어를 피하려 한 바니, 자네는 노기(怒氣)를 진정하게." 네드 랜드 씨가 손뼉을 치고 크게 웃으며 "아! 나는 멍청이로구나. 나는 자네가 손으로 나에게 가만히 엎드려 있기를 권하기에 나는 불평을 억지로 누르고 땅 위에 가만히 엎드려 있었지." 라 하니 온 좌중이 배를 잡고 웃었다.

만찬을 먹은 뒤에 긱자 자기 침소에 돌아가 피로한 몸을 휴양(休養)하고 다음날 18일 동틀 무렵에 일어나 나가니 어제의 피로는 벌써 사라져 회복된 터였다. 방 안에서 혼자 거닐다가 잠깐 뒤에 노틸러스가 수면에 떠올라 신선한 공기를 흡입하기에 갑판 위에 먼저 올라 바다 위를 멀리 바라보았다. 태양은 푸른 파도를 시원스레 헤치고 환한 광선을 운무(雲霧)에 진동하였으며 겹겹의 금란(金瀾)은 금빛을 드러내니 풍경의 미려(美麗)함은 길손의 향수(鄕愁)를 다 돋워내는지라 탄상(嘆賞) 소리를 한 번 내며 기대어 앉았다. 잠깐 뒤에 네모가 나와 한마음으로 시찰할 때 아로낙스 씨가 옆에 있는 줄 알지 못하는 모양이었다. 조금 있다가 시찰을 마치고 해수면을 멀리 바라보매 노틸러스 뱃사람 수십 명이 큰 그물을 지고 나가 고기잡이를 시작하였다. 아로낙스 씨도 그 곁에 있으면서 자세히 보니 뱃사람들이 일종의 기이한 언어를 하는데 그중에 프랑스, 아일랜드, 그리스 등의 말이 있었다. 이때 네모가 뱃사람을 지휘하여 함선 창에 매설된 판자를 밖으로 밀치자 갑자기 번쩍이는 광휘(光輝)가 바다 속에 나매 많은 어족이 광채를 따라 함선 주위에 와서 모이니 그 수가 수억, 수만을 헤아리기도 어려웠다. 뱃사람들이 일제히 그물을 던지니 곡물을 자루에 담아 넣는 것과 흡사하여 그물이 찢어지려 하였다.

그물을 차례로 들어 올려 기울여서 갑판 위에 어족을 펴놓고 가장 좋은 품질만 선택하여 식용으로 제공하고 그 나머지는 모두 바다 속에

던지거늘. 아로낙스 씨가 상쾌한 느낌을 이기기 어려워 콩세유와 네드 랜드 두 사람을 불러서 권하였다. 이에 앞서 두 사람은 객실에 있으며 창 앞에 군집하는 어족을 주시하며 계속 웃고 있었다. 아로낙스 씨도 일층의 미관(美觀)을 경탄하며 진진(津津)하게 즐기더니, 이윽고 그물 던지기를 끝내자 네모와 함께 실내에 돌아와 어제 엽총사냥으로부터 오늘 그물던지기 등의 일까지 세세히 설명하거늘, 아로낙스 씨가 물었다. "오늘 그물던지기는 실로 기이한 광경이었거니와 대개 얼마의 어족을 포획하였소?" 네모가 답하였다. "대략 헤아리면 9천 톤 이상에 달할 것이오." 아로낙스 씨가 다시 물었다. "이 물고기를 전부 번식시켜 모을 것이오?" 네모가 답하였다. "더러는 번식시켜 모을 것도 있고, 더러는 염지(鹽漬)할 것도 있소." 아로낙스 씨가 또 물었다. "이와 같은 고기잡이와 사냥을 종종 개최하오?" 네모가 답하였다. "그렇소. 언제든지 개최하오." 아로낙스 씨가 또 말했다. "오늘로부터 시작하여 본 함선이 어느 방향을 잡아서 항진할 것이오?" 네모가 답하였다. "여기서부터 진로를 동남쪽으로 잡아 태평양 가운데 수면 아래 200척 지역을 항진할 것이오." 이와 같이 이야기로 시간을 보내다가 네모는 거실로 돌아가고 그 뒤는 손님 접대하는 모양새가 꽤나 드물어 기이한 이야기와 오묘한 의론을 듣지 못하였다.

12월 11일 오후 2시경에 아로낙스 씨가 객실에 있어 고서(古書)를 열독하는데 콩세유와 네드 랜드 두 사람도 와서 모여 함선의 창에 기대어 바다 속을 조망하니 더러 해초 위에 누운 해마의 형체도 보며 암초 위에서 자는 바다표범도 있었다. 네드 랜드 씨가 분연히 말하였다. "내가 만일 바다 속에 있었더라면 주먹을 한 번 휘둘러 때림에 저들 바다짐승을 넘어뜨릴 텐데." 콩세유가 웃으며 말했다. "당신은 함선 속에서만 실없는 말을 공연히 내뱉지 마오. 만일 바다 속에 있으면 저 짐승의 이빨과 발톱을 벗어나기 어려울 겁니다." 네드 랜드 씨가 웃으며 말했다. "아니오. 내가 완력을 오랫동안 버려둠에, 근래에는 주먹으로 칠 생각이 수시로 일어나오." 아로낙스 씨가 말했다. "그대들은 이편에서 헤엄치는 한 척짜리 물고기를 아는가." 네드 랜드 씨가 말했다. "이것은 북미 캐나다 근해에 많이 나는 것인데, 이름은 로-브입니다." 아로낙스 씨가 말했다. "아니다. 이것은 '로-브'가 아니라 상어의 일종인 예어(鯢魚)의 치어이다." 콩세유가 네드 랜드 씨에게 말했다. "저 암초 뿌리에 붙어 사는 해초는 이름이 무엇입니까." 네드 랜드 씨가 말했다. "이것은 석채화(石菜花)입니다." 이렇게 서로 묻고 답하더니 이어서 사환이 한 쟁반에 진귀한 음식을 담아 가지고 왔다. 세 사람이 일시에 젓가락질을 하여 그 진귀하고 아름다운 맛과 향기를 감탄하고 칭찬하여 먹으면서 말하며 함선 밖의 풍광을 수시로 관망하던 차에 콩세유가 말 한 마디를 내지 않고 눈동자를 자주 굴리다 응시한 지 한참만에 문득 태도를 바꾸고 급히 아로낙스 씨에게 말하기를 "상공(相公)은 보십시오. 이편에 놀랍고 두려운 거대 물체가 있습니다."라고 하는 것이었다.

| 잡록 |

태극학회를 삼가 축하하다

저는 귀 학보를 2호에서 16호까지 읽은바, 늘 축하한 점은 드넓은 학식과 개절(慨切)한 언론을 애호해서일 뿐 아니라 조국을 잊지 않는 열성과 동포에게 충고하는 선행 때문입니다. 저술과 강단에서 우리 국민으로 하여금 사랑하는 마음을 단단하고 더하게 하여, 국민이 나라를 집안처럼 사랑하며 나라를 자신처럼 사랑하며 몸을 백절불요(百折不撓)의 열심(熱心)한 경계에 견고하게 세워 죽어서야 미소를 머금고 자기 몸을 헌신하여도 마음에 달게 여기도록 하면 국기(國旗)를 육대주 위에서 휘날리고 국위(國威)를 만국에 떨칠 수 있으리니, 누가 감히 두려워하지 않겠으며 누가 감히 숭모하지 않겠습니까. 이것이야말로 황국(皇國)의 영광입니다. 그러므로 태극학회의 창립을 찬양하며 대한제국의 만세를 부릅니다.

무릇 태극학회에는 것은 분묘(墳墓)를 버리고 친척을 떠나 수만 리 타국까지 먼 항해를 하여 해외의 풍상(風霜)에 고생을 피하지 않고서 그 혈성(血誠)을 스스로 분발하고 그 지조(志操)를 스스로 굳게 하여 나라의 일을 돌이켜 생각하고 큰 뜻을 마음에 품으며 문명의 공기를 상쾌히 흡수하여 학문 공부에 뜻을 독실하게 하고 행동에 힘을 쓰는 여러 뜻있는 군자가 있습니다. 그들은 마음과 단결된 힘으로 학자금이 넉넉하지 않은데도 의연금을 절약하여 이와 같이 굉대(宏大)한 사업을 시작하였습니다. 착실한 공부를 수행하는 여가에 수준 높고 귀중한 이야기를 강론하고 저술하여 이처럼 우매하고 굼뜬 우리로 하여금 감동하여 작은 정성이라도 드러내게 하니 기쁘고 즐거워 깡충거리며 뛰어 손발로 춤추기를 이겨내지 못하고 얕고 짧은 학식에도 불구하고 감히 이처럼 멀리서 무릎 꿇고 축하합니다. 이에 축하하는 작은 정성을 표하기 위하여 찬조금 50전과 학보대금 1원 80전과 제1회 찬조금조 50전 합 2원 80전을 사소한 땀을 잊고 드리오니 동감을 너그러이 이해하셔서 받아 주시기를 바랍니다. 태극학보가 만세토록 끝없이 이어가기를 삼가 축원하고 태극학회 모든 회원이 크게 평안하고 힘써 학문하기를 우러러 송축합니다.

융희 2년 1월 25일 김태현(金泰鉉)

○ 북미 뉴욕시 대한인공제회(大韓人共濟會)에서 단지(斷指)한 학생 보조금 21환을 광무 11년 7월 13일에 대한매일신보사(大韓每日申報社)를 경유하여 지난 1월에 본회로 보내왔기에 즉시 단지한 학생에게 전해주었다.
○ 북미 샌프란시스코 대한공립협회(大韓共立協會)에서 다년간 열심히 일한 김성무(金成武)·이교담(李交倓) 2명이 귀국차 1월 말에 증기선 만주호(SS Manchuria)를 타고 무사히 도쿄에 도착해 1주일 동안 유람하다가 이번 달 초에 출발해 귀국하였다.
○ 북미 로스앤젤레스 지방에서 유학하던 유홍서(柳弘瑞)·이응두(李膺斗)·장순화(張順和) 3명이 증기선 아시아호(亞細亞號)를 타고 이번 달 초에 무사히 도쿄에 건너와 며칠간 머물다가 출발하여 귀국하였다.
○ 도쿄 소재 우리 한인 대한유학생회(大韓留學生會)·낙동친목회(洛東親睦會)·호남학회(湖南學會) 등 세 학회가 일제히 단합하여 대한학회(大韓學會)를 새로 결성하고 이번 달 9일에 감독청에 회집(會集)하여 임원을 선정하고 장차 동회(同會)의 기관잡지(機關雜誌)를 간행한다고 하니 우리는 해당 학회의 발전을 축원하노라.
○ 도쿄 소재 우리 한인 대한기독청년회(大韓基督靑年會)에서 지난달 초에 해당 학회 회원들과 신도들이 일제히 회동하여 장차 도쿄에 회관

하나를 신설할 취지로 그 자리에서 의연금을 다수 출연하였다고 하니 우리는 진심으로 감축의 마음을 억누를 수 없노라.

• 회사요록

○ 1월 30일에 본회에서 김성무·이교담 씨 2명의 환영회를 열었다. 회장 김지간(金志侃) 씨가 개회사를, 강인우(姜麟祐) 씨가 2명의 내력을, 김홍량(金鴻亮) 씨가 축사를 성대히 연설한 뒤 이교담·김성무 씨 2명이 차례로 단상에 올라 미주와 하와이에 체류하는 우리 동포들의 정황과 강개하고 격절한 시론(時論)을 도도한 수백 마디로 장시간 연설하니 자리에 가득한 청자들이 박수갈채하고 격분하여 눈물을 머금지 않을 수 없었다. 이어 김수철(金壽哲) 씨의 답사로 폐회를 고하고 다과식을 거행하니 당일의 성황은 신년의 초유(初有)였다.

○ 임원 신임 : 본회 사무 겸 서기원 김낙영(金洛泳) 씨가 체임(遞任)된 대신 사무원으로 김연호(金淵祜) 씨가 서기원으로 김수철 씨가 임명되었다.

○ 이달 1일에 용의지회(龍義支會) 회장 정제원(鄭濟原) 씨의 보고에 의하면, 동 지회 임원의 임기가 이미 다 되어 총선거식을 거행하고 새 임원을 다음과 같이 선정하였다.

• 용의지회(龍義支會) 임원록

회 장	백진규(白鎭珪)
부회장	정진주(鄭鎭周)
총무원	정상묵(鄭尙默)
평의원	정제원(鄭濟原) 최인정(崔仁廷) 문정화(文精華)

	백운호(白運昊) 차득환(車得煥) 박상학(朴尙學)
	독고숙(獨孤櫹) 임영준(林英峻) 김경념(金敬念)
	정제승(鄭濟乘)
사무원	독고숙(獨孤櫹) 정성해(鄭成海) 임영준(林英峻)
	한영하(韓永河) 차득환(車得煥) 김경념(金敬念)
회계원	정제승(鄭濟乘) 박상학(朴尙學)
서기원	정상묵(鄭尙默) 김용선(金龍善)
사찰원	백용일(白鏞一) 장치용(張致鏞) 임창준(林昌峻)

• 신입회원

김현식(金鉉軾), 박선근(朴璇根), 김현재(金鉉載), 김유우(金有雨), 김성기(金星起), 김창섭(金昌燮) 제씨와 평안남도 안주군(安州郡) 김익하(金翼河), 장순봉(蔣舜鳳), 최의훈(崔義熏), 오덕행(吳德行), 김형식(金瀅植), 김정순(金鼎淳), 장학준(張學俊), 김창섭(金昌燮), 장지정(蔣志禎), 고한규(高漢奎) 제씨는 본회에 입회하였다.

• 용의지회 신입회원

독고숙(獨孤櫹), 이세훈(李世勳), 장기현(張起弦), 최재순(崔在巡), 김경념(金敬念), 김상구(金尙龜), 장인섭(張寅燮), 최양관(崔錫瓘), 장치용(張致鏞) 제씨는 저번에 용의지회에 입회하였다.

○ 본회 규칙 중에 미비한 것이 있는 고로 이달 9일 총회에서 규칙 위원 4인을 선정하여 본 회칙 제12장[8] 29조 '본회가 혹여 회명(會名)을 변경

---

8 제12장 : 이어지는 서술로 미루어보건대 '제13장'의 오자인 것으로 추정된다.

할 때는 지회의 동의를 거친 후에 실행함'이라는 1조를 보충하고 제13
장 29조는 30조로, 제13장 30조는 31조로 개정하였다.

• 회원소식

○ 회원 홍정구(洪正求) 씨는 작년 하계 휴학에 귀국하여 겨울을 보내고
다시 일본 교토시로 건너가 사립 호세이대학(法政大學)에서 경제과와
부기전문과 수학에 힘쓰고 있다.
○ 회원 이항렬(李恒烈) 씨는 사이타마현(埼玉縣) 양잠학교(養蠶學校)에
입학 차로 이달 초에 목적지로 가서 머무른다.
○ 회원 배영숙(裴永淑) 씨는 그 동생분을 교토시 염직학교(染織學校)에
입학시키려고 이달 13일에 신바시 발 열차로 출발하였다.
○ 회원 장계택(張啓澤) 씨는 작년에 메이지대학 경무과를 졸업한 후
경시청 제3기 강습소에 입학하였더니 지난 1월 말에 전과(全科)를 졸업
하였다.
○ 회원 한치유(韓致愈) 씨는 경남 동래(東萊) 부윤(府尹)으로 임명되었
고 신상호(申相鎬) 씨는 충북 경찰서 경부(警部)로 임명되었고 오석유
(吳錫裕) 씨는 내부(內部) 주사(主事)로 임명되었고 정석내(鄭錫迺氏) 씨
는 부산항 경찰서 경부로 임명되었다.
○ 회원 김찬영(金瓚永) 씨는 모친상으로 인하여 이달 5일 오후 3시 반
신바시 발 열차로 길을 떠나 귀국하였다.

• 태극학보 의연금 출연자 명단

이세훈(李世勳) 씨 1원 50전
독고숙(獨孤橚) 씨 50전

이인적(李仁迪) 씨 50전

임창준(林昌峻) 씨 50전

임병무(林炳茂) 씨 50전

백학룡(白學龍) 씨 50전

김경념(金敬念) 씨 50전

장기현(張起弦) 씨 50전

최재순(崔在巡) 씨 30전

김득수(金得守) 씨 30전

최석관(崔錫瓘) 씨 50전

박순흠(朴舜欽) 씨 50전

-이상은 용의지회 의연금 속(續)-

김성무(金聖武) 씨 2환 50전

류홍서(柳弘瑞) 씨 50전

김태현(金泰鉉) 씨 50전

광무 10년 8월 24일 창간
융희 2년 2월 20일 인쇄
융희 2년 2월 24일 발행
메이지 41년 2월 20일 인쇄
메이지 41년 2월 24일 발행

•대금과 우편료 모두 신화(新貨) 12전

일본 도쿄시 코이시카와구(小石川區) 히사가타쵸(久堅町) 45번지
편집 겸 발행인　장응진(張膺震)

일본 도쿄시 코이시카와구 히사가타쵸 45번지
인 쇄 인　　　김지간(金志侃)

일본 도쿄시 코이시카와구 나카토미사카쵸(中富坂町) 19번지
발 행 소　　　　태극학회

일본 도쿄시 우시코메구(牛込區) 벤텐죠(辨天町) 26번지
인 쇄 소　　　명문사(明文舍)

태극학보 제18호	
광무 10년 9월 24일	제3종 우편물 인가
메이지 39년 9월 24일	
융희 2년 2월 24일	발행-매월 24일 1회 발행-
메이지 41년 2월 24일	

광무 10년 9월 24일 | 메이지 39년 9월 24일 | 제 3종 우편물 인가

광무 10년 8월 24일 창간
융희 2년 3월 24일 발행(매월 24일 1회)

태극학보

제19호

태극학회 발행

• **주의**

△본 태극학보를 구독하고자 하시는 분은 본 발행소로 통지하여 주시되 거주지 성명과 통호를 상세히 기재하여 보내주시고 대금은 우편위체(郵便爲替)로 본회에 교부하여 주시기 바랍니다.

△본 태극학보를 구독하시는 여러 군자들 가운데 주소를 이전하신 분은 신속히 그 이전하신 주소를 본 사무소로 통지하여 주시기 바랍니다.

△본 태극학보는 뜻 있으신 인사들의 구독 편의를 위하여 출장소와 특약판매소를 다음과 같이 정합니다.

　황성 중서(中署) 동궐(東闕) 파조교(罷朝橋) 건너편 주한영(朱翰榮) 책사 -중앙서관(中央書館) 내-

　평안남도(平安南道) 삼화진(三和鎭) 남포항(南浦港) 축동(築垌) 김원섭(金元燮) 댁

　평양(平壤) 관동(貫洞) 예수교서원(耶蘇敎書院)

　평양(平壤) 법수교(法首橋) 대동서관(大同書觀)

　평안북도(平安北道) 정주군(定州郡) 남문(南門) 내 홍성린(洪成鱗) 상점

북미 샌프란시스코 한인공립협회(韓人共立協會) 내 -김영일(金永一)
주소-

• **투서주의**

1. 학술(學術), 문예(文藝), 사조(詞藻), 통계(統計) 등에 관한 온갖 투서
   는 환영합니다.
1. 정치에 관한 기사(記事)는 일절 접수하지 않습니다.
1. 투서의 게재 여부는 편집인이 선정합니다.
1. 투서의 첨삭권은 편집인에게 있습니다.
1. 일차 투서는 반려하지 않습니다.
1. 투서는 완결함을 요합니다.
1. 투서는 세로 20행 가로 25자 원고지에 정서함을 요합니다.
1. 투서하시는 분은 거주지와 성명을 상세히 기재하여 보내주셔야 합
   니다.
1. 투서에 당선되신 분께는 본 태극학보의 해당호 한 부를 무상으로
   증정합니다.

• **특별광고**

○ 내외도서 출판
○ 교과서류 발매
○ 신문잡지 취급
○ 학교용품 판매
   경성 중서(中署) 동궐(東闕) 파조교(罷朝橋) 건너편
   본점 -중앙서관(中央書館)- 주한영(朱翰榮)

평안북도(平安北道) 선천읍(宣川邑) 냇가

지점 -신민서회(新民書會)- 안준(安濬)

목차

태극학보 제19호

회원소식
신입회원
태극학보 의연금 출연자 명단

태극학보 제19호
융희 2년 3월 24일
메이지 41년 3월 24일 [발행]

| 논단 |

청년의 득의(得意) / 초해생(椒海生)

대한제국 전국의 수많은 청년들아. 우리는 단군(檀君) 4000여 년 문명의 옛 역사를 특별히 지니고 있는 자들이고, 장래에 영원히 끝없는 대제국을 누릴 코리안 민족으로 현재 20세기 생존경쟁의 생활무대에 오른 청년들이다. 처세와 생활에는 수단과 방법의 차이가 다소 있을지언정 장래에 국가의 영원한 행복을 희망함은 다 같으니, 이것이 우리의 가장 큰 이상이 동일하고 가장 큰 목적이 동일한 이유다. 누가 이 목적을 달성함에 몸과 마음을 희생으로 바치지 않겠으며 누가 이 이상을 완수함에 혹독한 고초를 감내하지 않겠는가. 그러므로 구천(句踐)은 회계(會稽)에서 신하가 되는 모욕을 감수한 뒤 10년 동안 쓸개를 맛보면서 크나큰 원수를 마침내 갚았고, 모세(Moses)는 이집트(Egypt) 노예생활의 고달픔에 크게 떨쳐 일어나 40일 금식기도로 하늘의 도움을 묵묵히 얻어서 이스라엘 민족을 사망의 수렁에서 건져 낸 것이니, 우리는 이러한 천추의 대의를 어떻게든 본받아서 얼마나 숭배해야 할지 모르겠다.

아아, 근래에 수년 이래로 막중한 국권이 암뢰(暗雷)에 피격되어 장구한 국운이 도탄의 비극을 연출하자 더할 나위 없는 치욕이 눈앞에 다가와서 신성한 우리 민족이 전무후무의 참혹한 역사를 피로 기록했으니, 드넓은 이 천하에 어느 국가 어느 인민이 우리 민족의 신성함을 논하겠으며 우리 제국의 유무를 공인하겠는가. 우리의 심사가 이 점에 이르면 비애와 한탄이 용솟음치고 피눈물이 눈앞을 가린다. 하지만 잠시 돌이켜 생각하면 이는 우리 청년이 자초한 죄이니 비록 살려고 달아난들 용납할 여지가 없을 것이다. 그렇다면 어찌해야 하겠는가. 큰 집이 넘어지려 하니 무너질 뿐이고 등에 진 시루가 무너지려 하니 부서질 따름인가. 그렇지 않다. 이전의 우리는 내외의 시세에 대해 전혀 모르고 이웃들의 쟁탈을 그저 관망하기만 하며 어떠한 대비도 없고 암흑천지에 술 취해 꾸는 꿈을 깨지 못하고 부지불식간에 갑자기 당하였다. 이제라도 우리가 이러한 전철(前轍)을 참조하고 훗날을 예견하여 우리의 가장 큰 목적에 대해서만 부지런히 애쓴다면, 개미 알 하나도 오래 모으면 겨울을 날 양식이 안정되게 이어지고 새우 뿔 하나도 많이 모으면 적이 되는 물고기의 발호를 억제하듯 할 것이다. 우리의 사조(思潮)가 이 점에 이른다면 크게 각오하고 분발하려는 감상이 우쩍 일어날 것이다.

하지만 아아 근래에 우리 한국의 청년들 사이에 지독한 절망병(絶望病)이 유행하여 그 전염의 해악이 온 천하에 가득하다. 혹자는 '선조로부터 드넓은 지구상에 일등 국가가 참으로 많은데 하필이면 구석지고 작은 반도국(半島國)에서 태어났는가. 하늘 아래 모든 곳이 왕의 땅 아님이 없고 땅의 모든 물가까지 왕의 신하 아님이 없다.' 하여 집과 토지를 함부로 팔고 선산을 멀리 버려 입적지(入籍紙) 한 장에 끝내 외국인이 되는 자도 있고, 혹자는 '국가도 다 망하였고 인민도 다 망하였다. 사람이 나서 70세 살기는 자고로 드문 일이다. 하루살이처럼 천지간에 잠시 머물다 가는 우리 인생이 얼마나 살겠다고 고통스러운 생활을 영위하고 몸과 마음으로 자유의 노예가 기꺼이 되겠는가. 사람이 한세상 살며 부귀영화가 제일이다.' 하여 자신의 재산을 헐값에 처분하여 외국인에게 청탁하고 벼슬 한자리 얻는 데 모조리 다 탕진한다. 근근이 고

생한 지 수십 개월 만에 외지의 수령으로 부임하면 사욕에 따라 백성의
재물을 부지런히 수탈하고 관리와 백성의 신용이 완전히 무너져 강도
짓을 자행하거나 권장하는 자도 있고, 혹자는 '이러한 일 저런 일로 어
지러우니 속된 세상을 원하지 않는다. 복사꽃 흐르는 물길을 찾아 들어
가면 그 근원이 되는 별천지가 있을 것이니 사람이 생활에 무슨 마음이
일겠는가.' 하고 표연히 배 하나로 떠나간 뒤에 세상을 벗어난 마을을
스스로 지어서 유목민족이 되기를 달가워하는 자도 있고, 혹자는 '사람
이 한 시대를 사는 데 오락이 가장 흥미롭다.' 하여 제 한 몸에 아름다운
첩 수십 명을 거느리며 화류계(花柳界)를 떠나지 못하고 풍류계의 주인
이 되어 아까운 청춘을 무료하게 허송하는 자도 있고, 혹자는 죽은 학
문의 노예가 되어 책상의 먼지만 불고 쓸며 현묘한 세계에 전념하여
사회의 일을 논하지 않고 염세적이고 슬픈 노래 한 곡조에 귀중한 소우
주(小宇宙)를 만 길 폭포에서 무단히 장사지내는 자도 있다.

혹은 외국에 유학한 지 수년 만에 졸업증서 한 장만 얻으면 귀국하는
길에 실제로 응용하는 것이 전혀 없고 안목만 높아져서 국내의 동포들
을 가리켜 무지하면서 사욕만 좇는다고 폄하하면서 경박하고 부화한
모습으로 백성들의 여론을 슬픈 지경으로 몰아가는 자도 있고, 혹자는
내실이 없는 지식에 노루 꼬리 같은 외국어 몇 구절만 외워대면서 이를
학계에 교육과 보급에는 전혀 기여할 생각을 하지 않고 외국인의 권세
에 의지하여 서울과 지방에 출몰하며 백성의 재물을 수탈하여 인정을
원망하게 만드는 자도 있고, 혹자는 종교계의 참되고 바른 신앙을 빙자
하여 '국가도 예외이고 인민도 예외이다. 국가를 잃은 유대인도 요즘
세상에서 후한 대우를 받는다.' 하여 신성한 국가의 원기를 잃게 하는
자도 있으니, 아아, 이는 세계 어느 국가를 막론하고 전혀 쓰지 않는
오늘날 우리 한국의 특별한 종교주의(宗敎主義)이다. 이상의 여러 부류
가 현재 우리 한국에 갈수록 뒤섞여 그 유행이 빠르고 그 전파가 빠르니

다소 건전한 두뇌라도 점차 그 영향을 은근히 받아서 국민들이 분발할 역량이 전부 뒤집히고 사회의 풍기(風紀)가 갈수록 무너지고 혼란해져 심지어 학교의 기호를 모갑(帽甲)에 명백히 부착한 학생들도 백주대낮에 주색잡기를 거리낌 없이 자행한다.

　사회의 풍기가 이토록 무너진 현재 이른바 뜻있는 인사라 불리는 자라면 누구라도 상심하고 낙담하여 절망병에 빠지지 않겠는가마는 잠시 생각해보라. 칠흑처럼 어두운 밤에 폭풍우가 온 강산을 구분할 수 없을 정도로 극심할 때는 누구인들 환한 대낮을 기약할 수 있겠는가마는, 잠깐 사이에 새벽닭이 날개 치며 우는 소리가 수차례 연이어 들리면 밝은 해가 동쪽 하늘에서 떠오르지 않던가! 눈보라가 펄펄 내려 수많은 나뭇가지에 생기가 사라질 때는 누구인들 봄날을 감히 바랄 수 있겠는가마는, 잠깐 사이에 춘제(春帝)가 수레를 돌리면 만물이 바야흐로 번성하지 않던가! 물리(物理)의 순환이 이와 같고 시서(時序)의 변천이 이와 같거늘, 어째서 우리가 눈앞의 일만 보고 스스로 절망병에 빠지는가. 우리도 아프리카 야만족처럼 진보된 발전을 알지 못하고 들짐승이나 산벌레와 함께 거처하면 모르겠거니와 예로부터 지금까지 신성한 역사를 지니고 있고 애국심이 천하에 비할 데 없는 대한의 청년이 된 이상 잠시의 고초를 어찌 걱정하고 잠시의 비운을 어찌 걱정하는가. 그러므로 우리는 여기서 의지를 얻고 소망을 이어서 대단한 활동을 익히고 유아 때부터 독립심을 길러서 다른 사람에게 의지하기 바라지 않아야 할 뿐 아니라, 외세의 발호를 허용하지 않고 자주자행(自主自行)한다면 장래에 국가의 큰 발전은 기약하지 않아도 자연히 이루어질 것이라 생각한다.

교육계(教育界)의 사조(思潮) / 호연자(浩然子)

무릇 피나 잡초를 파종해서는 제대로 된 곡식을 수확할 수 없고 가시나무를 재배해서는 제대로 된 과실을 채집하기 어려운 것은 고금 생태계의 원리이고, 상당한 훈도가 없는 가정에서 충효한 자제를 배출할 수 없고 진정한 교육이 없는 사회에서 건전한 국민을 양성할 수 없는 것은 사회 발전계(發展界)의 원칙이다. 그래서 세계 각국이 생존 경쟁하는 오늘날의 무대에서 교육으로 최선의 정책을 내는 것은 우리가 통상 자각하고 있는 사실이다. 근래에 우리 국민들도 암호 한 마디에 모두들 교육이 급선무라고 다투듯 주장하여 강호(江湖) 먼 곳에라도 학교를 설립하려는 움직임이 점차 일어나 세월이 지나면서 그 수가 갈수록 늘어나고 있으니, 이 점은 우리 일반 동포들이 심향(心香)으로 서로 축원하면서 향후 국가사회의 영원한 행복을 미리 기대할 따름이다. 그러나 이러한 학교들이 건설된 뒤에 그 현상이 과연 어떠했는지 우리가 확실히 알 수 없다. 다만 근래에 전하는 말에 의하면 혹자가 처음에는 아주 열성적으로 몹시 분발하여 교실을 신축한다고 무엇무엇을 무수히 설비하고 젊고 영리한 청년자제들을 대거 입학시키니 당시의 성황은 국가사회의 큰 사업을 건설하듯이 열성적인 여러 선비들이 환호작약하지 않는 이가 없었으나, 오늘날에 이르러서는 생도들이 크게 줄고 학교의 사정이 악화되어 어떠한 희망도 품기 어려운 곳이 흔하다고 하니, 이것은 교육계의 막대한 병상(病狀)이요 급하고 중요한 의문점이다. 나의 소견으로 관찰하건대 그 병인(病因)을 네 가지로 분석할 수 있다. 첫째 교사(教師)의 무능, 둘째 재정(財政)의 궁핍, 셋째 교과서(教科書)의 미비, 넷째 가짜 유지자(有志者)의 주장이다.

첫째, 교사(教師)의 무능이다. 무릇 교사란 장래의 소년 국민 양성에 중대한 책임을 진 자이니 상당한 지식과 도덕과 품행과 이상을 갖춘

자라야 그 소임을 감당할 수 있다. 하지만 우리나라의 경우 본래 사범학교 졸업생으로 대단한 수양과 특별한 경험을 가져서 교육계의 사업을 담당하는 자가 드물고 어지간한 보통학교 내지 중학교 졸업생이나 외국 유학자로 일등교사를 선정할 따름이다. 학식으로 상당히 부합하는 점이 있다고 하더라도 교수방법과 도덕과 품행을 가지고는 일일이 높이 평가할 수 없을 뿐만 아니라 이러한 교사도 백에 한둘에 불과하다. 그렇기 때문에 신식교육법을 창도한 지 이제 십여 년이 지났는데도 교수방법이 구태의연히 구습을 고치지 못하고, 더러는 한문(漢文)만을 주요과목으로 삼으며 더러는 체조와 산술을 으뜸의 일로 삼기도 하여 명목상 보통학교·중학교·소학교라고 하지만 사실은 예사로운 전문학교의 명색에 불과하다. 개중에 산수의 덧셈·뺄셈·곱셈·나눗셈이나 겨우 이해하고 한문의 역사를 능히 이해하는 자라고 하더라도 일종의 생계수단으로 교편을 함부로 잡는다면, 근본적인 공부가 본래부터 없던 학식이니 도저히 오래도록 거짓 얼굴로 꾸미기가 지극히 어렵다. 그래서 불과 수개월 만에 파탄이 일어나서 마침내 교직에서 물러나니 그에 상응하는 교사를 다시 구하는 데 세월을 보내다가 마음에 드는 자를 얻지 못하면 부형들과 생도들이 염증이 자연히 생겨서 학교 교육을 냉소하는 것이다. 더구나 혹자는 교사라는 명칭을 가지고 생도를 유인하여 화류계에서 세월을 보내다가 행적이 발각되면 야반도주를 예사로 한다. 이러한 교사에게 자제를 입학시킨 부형(父兄)이야 누가 재미를 붙이겠는가. 그러므로 이것이 교육계에 병마를 주입시킨 첫 번째 병인인 것이다.

둘째, 재정의 곤란이다. 무릇 재정이란 우리 생활에서 유일한 요소이다. 국가사회의 어떠한 사업을 막론하고 전부 이를 가지고 시행의 기초를 삼는 것은 우리가 주지하는 바이다. 더구나 교육사업의 경우 더욱 중요한 관련이 있다. 근래 우리나라 재정권이 한 번 외국인의 수중에 모조리 다 들어간 뒤에 농업·공업·상업·광업·삼림업·수산업 등 제반 실업의 권리마저 전부 빼앗겨 재정적으로 융통할 방도가 자연히 끊겼다. 그래서 위급상황 시에 공황이 갑자기 심해지자 어지간한 실업들도 활동을 감행하지 못하고 부자들도 기꺼이 공적으로 융통하지 않으려 한다. 그래서 이른바 부호의 손으로 설립된 학교도 도중에 폐지된다는 탄식이 거듭되고 있는 것이다. 더구나 기금은 넉넉하지 않고 비용이 오히려 많이 드는 사립학교야 어찌 유지되기를 바라겠는가. 설령 유지된다고 하더라도 보수적이고 소극적일 따름이다. 국내의 수많은 부호들이 자기 자신만 부유하려고 하는 완고한 소견을 고집하고 오늘날의 형편을 미처 자각하지 못하는 것이 이와 같은데, 교육의 진흥을 어찌 바라겠는가. 이는 오늘날 교육계의 예사롭지 않은 두 번째 병인이다.

셋째, 교과서의 미비이다. 무릇 교과서란 국민들의 자제교육에서 가장 시급하게 미리 갖추어야 하는 것이니, 비유해서 말하자면 항해자의 나침반과 같고 여행객의 지도와 같은 것이다. 만일 교과서가 갖추어지지 않아서 수많은 청년을 정당하게 가르치지 못한다면, 학교의 기금이 거액에 달하고 뜻있는 교원이 무수히 많더라도 아무런 소용이 없고 수년의 고심과 열성으로도 어떠한 진전도 없을 것이다. 우리나라 교육이 한 번 실시된 이래로 지금까지 10여 년간 학부에서 교과서를 어느 정도 출간하였다. 하지만 민간사회의 경우 발행과 배포도 그다지 많지 않았을 뿐만 아니라 민간사회에서 어지간한 발간 임용물이 있더라도 장려하고 검정하는 감독이 일절 없었다. 그런데 근래에 뜻있는 인사들이 시급한 일임을 간파하고 각종 교과서를 속속 출간하여 민간의 사숙(私塾)에서도 교과로 편집해 쓴다고 하니 이는 교육계의 발전을 위하여 길이 축하할 일이다. 하지만 오늘날 외국에서 편집해 쓰는 교과서류와 비교해 보면 수준의 차이가 과연 어떠한가. 국민들의 지식수준이 향상됨에 따라 매월 개간(改刊)하고 매년 교정(校正)하여 낡은 것을 버리고 새로운 것을 취하는데 우리나라는 과연 어떠한가. 나는 4·5년 전에 경성 지역의 모 학교의 교과를 참관한 적이 있는데, 13·4년 전에 저술한 『사민필지(士民必知)』를 유신(維新)의 학문이라 하여 지리과(地理科)의 교과서로 편집해 쓰고, 또는 청(淸)나라 교과서를 대거 매입하여 한문과의 과정으로 채택하고 있었다. 이는 18·9세기에 통행되던 수준의 교과일 뿐만 아니라 청나라의 교과서 따위는 청나라 사람이 자국 인민들의 이상과 역사와 풍속 및 예절을 저술하여 자국 인민들의 애국사상을 배양하는 것이다. 그런데 지금 우리나라 청년들에게 이러한 법외의 교과를 가르치고 있으니 과연 큰 해가 아니겠는가. 또한 근래 일본교과서가 정밀하다 하여 지리 및 각종 교과서를 무수히 채택한다고 한다. 무릇 소년이란 두뇌가 충분히 발전되지 못하였고 자국의 사상을 온전히 성취하지 못한 자이기 때문에 자국의 국어국문으로 자국의 정신을 부지런히 교양해도 부패한 사회풍조의 해독을 면하지 못한다. 더구나 세계에 통용되는 지명과 인명을 일본어로 습득하여 언어문자도 가나문자(仮名文字)[1]를 따르게 한다면, 이는 외국의 사상을 양성하는 것이고 자국의 정신을 매도하는 것이다. 그렇다면 이는 교과서의 미비로 인한 것이 아니겠는가. 그러므로 오늘날 교육계가 불행해진 세 번째 병인이다.

넷째, 가짜 유지자의 주장이다. 대저 국가와 사회의 발달에 있어 열성과 충심이 충만한 국민으로서 원만한 성취를 이루는 것은 동서양(東西洋)의 어떠한 나라를 막론하고 일반적인 사례이다. 만일 국가사회에 위선자들이 상당수 점거하고 있으면 국가사회는 이로 인하여 절대적인 패망을 면하지 못한다. 아아, 오늘날의 우리나라는 이러한 쓸모없는 영웅들이 개미떼처럼 수없이 몰려들었기 때문에, 교육계에서도 일신의 명예나 낚으려 하고 뱃속 가득한 야심을 이행하려 한다. 그래서 애당초

---

1 가나문자(仮名文字) : 원문은 '이로하(伊呂波)'로 되어 있는데, 이는 일본의 가나문자를 뜻한다.

더할 나위 없이 겉으로만 열심인 척하는 거짓 행위로 가면을 꾸미다가 혹시라도 어떤 학교의 권리와 명망이 다른 사람의 명의로 들어가면 그 즉시 옳은 일도 원망하고 그른 일도 한탄하여 의지가 있는 인사를 탄핵하고 선량한 청년을 선동하여 온갖 해괴망측한 운동으로 학교 하나를 폐교시켜 버리니, 이것이 오늘날 우리나라 교육계가 부진한 네 번째 병인이다.

이상에서 논술한 네 가지 사안은 우리 대한제국 교육계의 병통이다. 연원이 너무 오래되었고 치료할 방도가 없어서 어지간한 방책(方策)과 자잘한 경략(經略)으로는 도저히 만회하기가 지극히 어렵다. 그러하니 경험이 많지 않고 생각이 넉넉하지 않은 연소배(年少輩)로서 입을 놀릴 여지가 없겠으나, 나는 이하에 나의 소견을 대략 기술하니 다음과 같다.

첫째, 국내에 일대 교육회(敎育會)를 조직하되 중앙총회는 경성에 설치하고 지회는 각 지방에 설치해서 지부로 각기 한 군의 교정을 관할하게 하며, 학무원(學務員)을 파견하여 촌리의 인민을 권유하여 각성시킨다. 학계의 진전 여부를 중앙총회에 보고하면 중앙회는 각 지방 지부의 보고에 말미암아 알맞은 선후(善後)의 방침을 깊이 연구한다. 매월마다 기관의 잡지를 발행하되 내국과 외국의 학계와 교육계의 제도시설과 행정방침을 일반 학계에 소개한다.

둘째, 시급히 경성에 교원양성소(敎員養成所)를 설립하되 교원은 현재 외국 유학 졸업생을 초빙하고 생도는 각 군 지회의 회원 중에서 재능과 덕망이 특출난 자를 선발 수용하여 간단한 연한-가령 5년간이면 3년으로 줄여 정함- 내에 졸업시켜 고향으로 돌려보내 본래 각 향리에 이미 설치된 보통학교 혹은 소학교의 교원으로 종사토록 한다. 향리의 소학교는 매 방(坊)의 중간지점에 설치하고, 그 졸업생을 수용하는 데는 기왕의 보통학교를 병합하여 군내에 중학교를 설치하며 또는 각 도의 수부(首府) 혹은 교통이 편리한 처소를 선택해서 실업학교를 설치한

다. 그 졸업생들과 앞서 기록한 각 군의 중학교 졸업생을 수용하는 데
는 고등학교·고등사범학교·고등실업학교를 설립해서 편의를 취한
다. 각 고등부 졸업생은 각 지방 중학교와 실업학교의 교원으로 채용하
되 그 가운데 재능과 덕망이 넉넉한 사람으로 몇 사람을 선발해서 동서
양 각국에 유학을 보내어 학계의 제도행정을 본받아 와서 채택하게 하
고 발전방침을 강구한다.

셋째, 이상의 항목들을 시행하려면 가장 선호되는 용품은 황금이다.
이것이 없으면 어떠한 능력과 어떠한 방침이 있더라도 빈산의 메아리
요 목탁의 파성(破聲)에 불과하니 재정상의 문제를 연구해야 될 것이
다. 재정으로 말하자면 물론 거금이 요구될 것이니 본래 정부의 보조에
의지하는 편이 좋겠지만 이에 얽매이지 말고 교육회 회원의 의무로 거
액을 거두어들이거나 국내 자산가의 도움을 많이 얻는다. 그 방침은
다음과 같다. 실업의 장려를 통해 언론을 크게 열어 주식 내지 고금(股
金)을 모집하여 우선 은행부터 설립하고 각 대도회지에 지점을 설치해
서 경제계의 공황을 구제하고 융통을 계획하며, 그 외에 각종 실업까지
간섭(看攝)하고 실행하는 것은 일반 교육회의 회원으로 사무를 보게 하
여, 그 이익으로 교육계의 발전과 시설을 주재한다. 각 지방 중학교
및 소학교의 재정은 각 마을의 신사(神社)와 기타 공용전토(公用田土)와
금전으로 몇 푼의 비용을 충당하게 하고 교과서도 각국의 교육제도와
편집활용 방법 중 최선책을 취하여 일시에 수많은 서적으로 일반 학계
의 채택을 편리하게 한다. 그렇게 한다면 외국 교과서를 편집해 쓰는
것은 쓸데없는 물건이 되겠다. 이 방법은 교육계의 큰 발전을 이룰 것
이다.

넷째, 교원·교과서·재정의 경우 앞서 말한 바와 같이 강구할 방책
이 있더라도 이른바 위선자는 종적이 전몰되기 전에는 어느 시대 어느
지역을 막론하고 군침을 계속 흘리면서 별의별 해괴망측한 연극을 자

행하니 이러한 부류는 상당한 사회적 교육과 종교적 진리로 잘못을 뉘우치고 마음을 고쳐서 대단히 후회하고 자각하도록 만든 뒤에야 구급의 방책을 실시하여 효과를 거둘 수 있겠다. 아아, 국내에 가득한 수많은 위선자여. 그대들은 어째서 오늘날 국가사회의 중책을 전담하지 않고 억만년 무궁한 국가의 행복을 기도하지 않는가. 어째서 당대 일신의 명예만 탐하고 헛된 바람만 품고서 막중막대한 국가사회에 상당한 불행을 초래하고 영원한 사망병을 자초하는가. 목혈(木穴)과 토혈(土穴)로 일생의 생활을 영위하는 하등 동물도 그 사회 공익을 위하는 데는 무수한 고통을 다 감수하고 수많은 고난을 피하지 않는다. 하물며 만물의 영장인 인류로서 대한의 남자가 된 이상 세상의 눈을 꺼리지 않고 남들의 손가락질을 두려워하지 않으면서 이러한 금수 같은 행동을 어찌 감히 하겠는가. 시급하게 죄악을 스스로 뉘우치고 전력을 집중해서 더할 나위 없는 용기를 분발하며 장래의 행복을 대비하되 도덕상 죄벌을 두려워하고 공익상 심신을 희생한다면 한번 개과천선하여 상찬을 이룰 것이니 그대들은 대단한 각오를 기약해야 할 것이다.

이상의 여러 안건을 시행함에 있어 그 중대한 책임을 우선 담당할 자는 국내의 뜻있는 인사들이다. 나의 말 한 마디를 끝맺자면 여러분은 지금 유명무실한 정당을 돌아보지 말고 실질적인 국민교육을 시급히 실시해서 대단한 성취와 진정한 대비를 갖춘 뒤에 태평으로 돌아올 시기를 조성하여 기다려야 한다. 무릇 시기란 변천이 무상한 법이다. 우리 눈 아래에 확연한 대로가 널리 열렸으니 속히 경영하고 급히 실행하여 부지런히 전진한다면 국가의 부흥이 머지않아 자연히 올 것이라 생각한다.

동양사(東洋史)의 연구 / 만천생(挽天生)

과거를 귀감으로 삼고 미래를 예견하는 것은 인류의 공통된 이상이고, 외세의 자극을 받아 내부의 동작을 시험하는 것은 인류의 고유한 감정이다. 그러므로 우리가 역사를 연구할 때에 8만 리 지역과 5천 년 시간에서 무수한 인류 사회의 성쇠와 흥망이 전부 우리에게 상당한 경험을 주었고 비상한 훈계를 주지 않은 것이 없었다.

동양사(東洋史)는 대체로 한족(漢族)과 여러 이민족들이 다투던 사적이다. 요순시대(堯舜時代)는 물론이고 상고시대(上古時代) 주(周)나라 말기에 융적(戎狄)이 침입하여 주나라 왕실(王室)이 마침내 망하니 천하가 서융(西戎)인 진(秦)나라에 귀의하였다. 중고시대(中古時代) 한(漢)나라를 거쳐 서진(西晉) 말기에 이르러서는 근 100년간 오호십육국(五胡十六國)이 연이어 일어나 다투었다. 그 가운데 특히 흉노족(凶奴族)과 저종(氐種) 전진(前秦)과 선비족(鮮卑族) 후위(後魏)는 강북(江北) 지역을 점거해서 무력(武力)으로 문약(文弱)에 빠진 한족을 제압하고 영역을 확장하니 그 세력이 강대하였다. 수(隋)나라와 당(唐)나라를 거쳐 오계(五季)에 이르러서는 황하(黃河) 부근을 점거해서 대대로 수나라와 당나라를 섬겼던 말갈족(靺鞨族)과 거란(契丹)이 일어나서 회흘(回紇)의 옛 지역을 병탄하고 동발해와 후진(後秦)을 멸망시켜 송(宋)나라의 조공을 받았는데, 그 영토가 동쪽으로 일본해 서쪽으로 천산(天山)에 달하니 당시 동아시아에서 가장 강한 나라였다. 토번(吐蕃)의 별종인 서하(西夏)는 송나라 인종(仁宗) 때에 서하의 지역을 공략하여 그 세력이 한때 강성하였다. 그들은 또한 송화강(松花江) 유역에 정착하면서 요(遼)나라에 예속된 말갈족의 일부인 여진족이 흥기해서 요나라를 멸망시키고 송나라를 항복시켜 당대에 패자가 되었다. 그 외에 서돌궐의 한 부족인 셀주크(Seljuk)가 일어나서 아시아 서반(西半)을 공략하고 유럽의 예수교도의 십자군을 수차례 격파하여 국위(國威)를 원근(遠近)에 떨쳤다. 근고시대(近古時代)에 이르러서는 요나라와 금나라에 복속된 몽고족이 흥기하여 동아시아를 병탄하고 서유럽에 침입하여 유럽과 아시아 두 대륙에 전대미문의 대제국을 두 차례 건설하였다. 근세에 이르러서는 만주족이 명(明)나라를 멸망시키고 연경(燕京)에 도읍하니 이것이 청(淸)나라이다. 현재 야마토족(大和族)-일본이 자칭 야마토족이라 하니, 이것 역시 몽고종이다-이 동쪽 세 섬에서 굴기하여 청나라를 이기고 러시아를 격퇴하며 동아시아의 패권을 장악하여 세계로 웅비하니 그 세력이 자못 강하다.

이상은 고금의 동아시아 여러 이민족과 한족이 무강(武强)으로 흥기하고 문약으로 쇠망한 사례들인데, 지금 이후로는 누가 이어 흥기할지 알 수 없다. 대소를 막론하고 여러 종족과 여러 부락이 차례로 활동하였는데, 우리나라는 개벽한 지 4천 년이고 강토가 3천 리이며 인민이 2천만이라 예로부터 지나와 어깨를 나란히 하고 지세는 이탈리아와 유사하며 민족은 당당한 몽고종이다. 이와 같은 민족과 토지로 저 기나긴 세월 동안 조용하고 침착하여 큰 활동이 일찍이 없었으니 이는 내가 자못 의아한 것이고 몹시 부끄러운 일이다. 혹자는 "옛적에 신라문물이 당시 동방에서 스승의 지위를 차지하였고, 고구려의 강성함이 한때 수나라와 당나라를 능가하였으며, 우리 조정의 풍교(風敎)가 문명(文明)하다는 명칭이 있었다."고 하지만 이는 전체의 대활동이 아니라 부분의 소활동이니 더 거론할 가치가 없노라. 그렇다면 과거와 현재에 전부 없었으니 장래에 반드시 있을 것임은 내가 감히 단언하노라. 하지만 우리나라 폐단의 근원은 문(文)만 숭상하고 무(武)를 예사로 여겼기 때문에 민심이 나약하고 사기가 꺾여서 강한 자를 만나면 저항할 힘이 부족하고 큰 자를 보면 숨어 움츠리는 마음이 우선하여 당장의 안락함을 일삼고 구차히 편안함만 꾀하는 악습에 있다. 예부터의 악습을 제거하고 주의(主義)를 일변해서 무용(武勇)을 장려하여 군율(軍律)로써 국시(國是)를 정하고 질박(質朴)을 숭상하여 충절(忠節)로써 민심을 일으켜, 혼란기에는 인민이 국가의 의무와 혈세를 봉공(奉貢)하고 평상시에는 전함(戰艦)과 갑옷으로 수륙의 방비를 견고히 하여야 나라가 나라답게 되고 백성이 백성답게 될 것이다.

아아, 오늘날처럼 풍조(風潮)가 거세고 뇌정(雷霆)이 요란한 때를 당하여 비상한 능력과 적합한 자격이 없고서는 도저히 이 천지에서 생존할 수 없기 때문에, 각국의 공통된 주의를 채택하며 대세에 상당하는 방책을 이용하는 것이니 동포들은 알고 있는가. 미국도 예부터의 실업주의(實業主義)를 군율주의(軍律主義)로 변경하여 매년 함대와 군대를 확장하지 않았는가. 이는 오늘날에 생존하기 위함이니 우리도 생존할 마음이 없으면 그만이거니와 진실로 있다면 이를 본받지 않을 수 없노라. 비록 그러하나 속박되어 있어 이를 임의대로 실행하지 못하니 어찌하겠는가. 그렇지 않다. 이탈리아가 프랑스에게 유린을 당하지 않았더라면 자유사상이 어찌 싹텄겠으며, 미국이 영국에게 포학을 받지 않았더라면 독립정신이 어찌 싹텄겠는가. 오늘날 우리가 위험한 지경에 빠진 것은 하늘이 우리 민족으로 하여금 간장(肝腸)을 철석(鐵石)같이 단련할 기회를 주신 것이다. 우리는 이 기회를 이용하여 각기 지혜의 거울을 닦고 마음의 칼을 갈다가 한바탕 비바람에 동시에 함께 일어나 서양의 이탈리아·아메리카나 동양의 몽고족·야마토족과 동등해지기 바란다.

실업(實業)과 공덕(公德) / 모란산인(牧丹山人)

원래 실업(實業)과 공덕(公德)은 떼려야 뗄 수 없는 매우 중요한 관계가 있는 것이니, 그 공덕의 양성이 실로 온전한 실업교육의 장려와 보급에서 기인하는 것임은 다시 논할 필요가 없겠다.

도덕의 기원은 필시 사람과 사람 간의 교유에서 시작된 것이나 그것이 발달함에 이르러서는 분명히 일정한 순서가 자연히 생겼다. 그 첫째는 개인적 도덕이고, 둘째는 가족적 도덕이고, 셋째는 국가적 도덕이고, 넷째는 사회적 도덕이다. 이 네 가지 도덕 가운데 첫째와 둘째를 일컬어 사덕(私德)이라 하고, 셋째와 넷째를 일길어 공덕(公德)이라 한다. 사덕은 자신 개인의 덕을 닦는 것이기 때문에 그 관련된 것이 지극히 협소하다. 반면에 공덕은 국가 사회와 폭넓게 관련이 있는 것이기 때문에 그 영향을 주는 것이 참으로 많다. 이처럼 말하면 공덕과 사덕은 완전히 별도의 조목처럼 들리겠지만 실제로 사덕을 닦지 못한 자는 공덕을 지킬 수도 없으니, 마치 사덕이 공덕의 맹아라고 하여도 옳겠다.

공덕이란 국가 사회의 행복과 이익을 증진시키고 그 안녕과 질서를 보전하는 소유와 소행인데, 그 범위는 국가 사회의 규모에 따라 점차 넓혀지는 것이다. 그렇기 때문에 세상의 진보에 의하여 공덕이 더욱더 커지고 절실해지는 도리이다.

이 사덕과 공덕을 실업가의 신상에 견주어보면, 대체로 절약과 검소를 능히 지켜서 자신의 신분에 부적절한 일을 하지 않거나 또는 집안에서 서로 친목하고 자신의 가업(稼業)의 정밀하고 좋은 것을 내어서 능히 자신의 직분을 지켜 가는 것은 사덕이요, 결코 상품의 위조나 조제(粗製)를 하지 않고 또 부당한 이익을 탐하지 않으며 다만 세간(世間)의 신용을 중시하여 한결같이 정직함만 추구하고 추호도 남에게 의혹을 전혀 남기지 않는 것은 공덕이라 할 것이다.

우리 한국의 실업가를 질책하는 것은 아니지만 참으로 세간에 이 공덕의 마음이 부족한 인물은 한없이 딱하다. 물론 이러한 자도 제 스스로 공덕이 부족하려고 한 것은 아니지만 이상에서 기술한바 즉, 사덕을 닦지 않았기 때문에 자신의 신분에 걸맞지 않는 사치를 일삼고, 또 집안의 가업에 태만하여 수입과 지출의 셈을 기다리지 못하기 때문에 자연히 부당한 이익을 탐하고 부정한 물품을 얻어서 눈앞의 이익만 취하려 하는 천박한 생각이 일어나는 것이다. 아아, 이와 같이 하여 설령 한때는 시작과 끝이 잘 이루어져 부정한 이득을 얻을 수 있더라도, 이와 같이 공덕의 마음이 부족하고서는 이득을 영원히 지속시킬 도리가 도저히 없을 것이다. 갑자기 그 부정한 사실이 세상에 알려져 신용이 다 떨어지고 평생토록 궁벽하고 빈한한 초가에 살면서 도무지 어찌할 도리가 없는 지경에 빠질 뿐 아니라 또 나아가 다른 실업가에게도 의혹을 남기고, 더 나아가 실업의 발달과 진보를 저해하며 국가에 상당한 손해를 끼칠 것이니, 공덕의 부족함이 이 지경에 이른 자가 또 어디에 있겠는가. 이를 가지고 생각해도 공덕이라는 것이 얼마나 중요한지 확실히 알 수 있다.

지금까지 우리나라에서 공덕을 중시하지 않은 데는 특별한 이유가 있다. 우리나라의 경우 4천 년 이래로 봉건제도에 의해 통치되어 이른바 관(官)이니 사(士)이니 하면서 실업가를 천시하였을 뿐만 아니라 외국과 일절 교류한 적이 없어서 통상(通商)의 범위를 소국 내로 제한하였고, 수십 년이 지나도록 실업의 발전에 노력하지 않아서 자연히 도덕성의 불량함을 초래하였고 그 폐단이 마음속 깊이 각인되어 쉽게 고칠 수 없는 지경에 이르렀으므로 온갖 좋지 못한 결과가 나온 것이다.

최근에 온갖 사업이 일어나면 무너지고 무너지면 일어나서 세상에 의혹을 남긴 사례가 많았던 것도 결국 그 사람에게 공덕의 마음이 없어서 그저 한 때의 허명만 탐하고 눈앞의 이익만 얻으려고 충분한 승산도 없으면서 경솔하게 사업을 일으켰기 때문이다. 이 때문에 그 관계가 단지 상당한 의혹을 일으켰을 뿐만 아니라 나아가 해외에도 신용을 실추하는 데에 이르렀다.

아아, 나의 친애하는 형제자매들이여. 오늘날 우리 실업계의 풍조가 이와 같으니 어찌 한심하지 않겠으며, 분하고 원통하지 않겠는가. 아아, 나는 큰 소리로 절규하여 이렇게 말하노라. 우리 강산을 사랑하고 우리 미래를 운영하는 우리 종족은 반드시 실업도덕을 개선하며 실업도덕을 장려하며 실업도덕을 보급하는 것이 오늘날 급선무 중에 가장 급선무라고.

| 강단 |

세계문명사 제1편

: 비문명의 인류(전호 속) / 김낙영(金洛泳) 역술

제2장 자연민족(自然民族)

식인풍습(食人風習)이 야만인(野蠻人)들 사이에서 보편적으로 성행한 주요 원인은 필시 먹을 것의 부족으로 인하여 발생된 외부로부터의 강박에서 기인한 것이다. 대체로 야만인은 원래 경작할 줄 모르고 고기잡이나 사냥만 가지고 굶주림을 면하려 하는데 고기잡이나 사냥이 농작물의 수확만 못하기 때문에 십수 일 동안 식사를 거르는 경우가 종종 있다. 저들이 이러한 생활이 자연히 습관이 되어서 정시의 식사가 문명인만 못하니, 인내의 한계를 넘으면 마침내 자신의 동족을 잡아먹는 지경에 이르는 것 역시 필요로 인한 부득이한 상황인 것이다. 또 각자의 음식 재료는 아동과 노약자가 각각 스스로 마련하지 않고 단지 장년에게만 무거운 부담을 지워 사회 전체의 생활을 곤란하게 만드는 일이 있다. 이것이 야만인이 노약자를 살해하는 원인이 되니 이 역시 식인 풍습의 한 원인을 조성한 것이다. 후대에 동양의 여러 나라에서 널리 성행하던 은거제도(隱居制度) 역시 사회생활상 여유를 누린 뒤의 일이니, 그 소행이 이처럼 혹독하지 않더라도 이 역시 식인 풍습의 형태만 잠시 바꾼 것이라고 하겠다.

흑인(黑人)은 야만족이라 불린다. 하지만 저들은 가요도 있고 무도(舞蹈)도 있으며 성품이 대체로 쾌활하여 웃음과 해학이 많고 눈물을 모르며, 잔치를 열면 지극히 기이한 행색으로 분장하고 고성방가로 싫증 낼 줄을 모르며, 패전을 당해도 생존자는 생환을 스스로 기뻐하고 그 벗들과 친척들은 새 무덤에 둘러앉아 밤새도록 노랫소리를 그치지 않는다. 흑인의 종교는 통상 배물교(拜物敎)가 많으니, 즉 산하(山河)·초목(草木)·풍우(風雨)·뇌전(雷電) 및 금수와 곤충에 이르기까지 하나하나의 사건과 사물마다 각기 해당 신이 있어 자신의 위력을 드러낸 것으로 확신하기 때문에 경건한 예식과 예배를 바쳐 행복을 누리려 한다. 이는 자연생태계의 현상에 대해 통일된 주재자를 상상하는 유일신교의 성향을 보이는 데에는 이르지 못한 것이다.

흑인은 연애를 노래하고 사냥을 노래한다. 그렇기 때문에 세네감비아(Senegambia)의 경우 대대로 대물림하는 가인(歌人)이 있는데 노래를 통한 그들의 평가가 저 지역사회의 큰 세력을 점거하고 있다. 상투메(Sao Tome)의 경우 가인이 풍자와 해학의 시인도 될 뿐더러 예부터의 전설의 보존자도 되니 그 인민에게 조상들의 공적과 모험을 전하여 이야기하면 전부 더할 나위 없는 재미를 느껴서 즐겨 듣는다. 대개 그 노래는 대구(對句)의 반복이 복잡하고 조탁(彫琢)한 흔적이 전혀 없는 대신에 자연스러운 인정이 나타나는 것을 보여준다. 대구의 반복은 고대 시가의 특징이다. 히브리(Hebrew)와 지나의 고가(古歌)는 다소 이러한 반복이 없는데 반해 독일(Germany)의 고시(古詩)의 경우 두운(頭韻)이 복잡한 것도 동일한 사정에서 생긴 문학의 한 현상이다. 흑인의 시가 중에도 상상력이 풍부한 작품이 적지 않다. 그러므로 연인의 외모를 서술함에 "그 이마는 달과 같고 그 눈은 구름 사이에 새로 뜬 달과 같으며 코는 아침 무지개와 같고 입술의 감미로움은 벌꿀과 같고 냉기는 맑은 얼음과 같다." 하고, 동작을 형용함에 "가벼운 바람에 흔들리는 버들가지 같다." 하였다. 또한 그 속담 중에 탄복할 구절이 적지 않으니 "희망은 세계의 주춧돌이다", "하늘은 인내자의 머리를 덮어준다", "재는 분 자에게 돌아간다", "평범한 사람은 잡초처럼 많지만 좋은 사람은 안목보다 귀하다" 하였으니, 이와 같은 속담은 우리의 귀에도 상당히 흥미를 느끼게 한다. 또 흑인과 백인 두 인종의 근원을 일종의 비유로 설명하기를 "옛날에 천지가 처음 개벽하였을 때는 흑인이 백인보다 더 뛰어났다. 하지만 지혜와 황금을 증물(贈物)로 받을 때 백인은 지혜를 선택하고 흑인은 황금을 선택하였다. 탐욕이 이토록 많았기 때문에 흑인은 영원히 백인의 노예가 된 것이다." 하였다. 흑인은 열대지방의 자연민족이거니와 극대지방의 자연민족의 경우 면목이 또 변한다. 저들은 식물의 부족으로 인하여 미래의 대비에 매진하고 폭설과 추위의 방비에 거처를 별도로 만들고 기나긴 밤 내내 빛을 비추기 위해 등유를 잘 만드는데 그 근면과 절검이 과연 예사롭지 않다. 하지만 천연의 행복이 지극히 적어서 평생 노력해도 목숨만 부지할 뿐이다. 이것이 열대지방의 야만인처럼 자연민족의 범주를 영원히 벗어날 수 없는 이유이다. 이제 그 생활상의 사상과 신앙의 일반을 아래에 기술한다.

그린란드인의 동계 주거지는 흙과 돌로 벽을 만들고 각목·이끼·적설로 지붕을 덮는데 하계가 되면 천막에서 산다. 에스키모인의 가옥은 투명한 빙판과 견고한 눈덩어리로 이루어져 있는데 내부의 온도로 녹은 부위가 외부의 한기로 인하여 거듭 얼어붙어 천연의 결정체가 되기에 현지 여행자들이 그 외관의 웅장함과 화려함에 매번 감탄한다. 그 종교는 다른 극대지방의 자연민족처럼 현세를 초월하면 별천지의 세계가 있어서 수많은 사람들이 영원히 따뜻한 태양 아래에서 신과 함께 영생을 누려 현세에서 겪었던 고통의 결핍을 보충하고도 충분한 여유를 누리며, 순록과 설견(雪犬) 및 기타 금수를 가만히 두어도 충분히 포획할 수 있을 줄로 믿는다. 튜틱퀜인[2]의 종교는 사후세계에서 수많은 황금뿔 순록을 가는 곳마다 포획할 것이라 여기는데, 이러한 종교적 신앙심은 망자의 영혼을 믿는 신앙과 결합된 면이 어느 정도 있다. 그리하여 "절대적인 신앙심이 있으면 망자의 영혼과 소통할 수 있고, 미

---

2 튜틱퀜인: 미상이다.

래의 길흉도 예견한다." 하고, 또 자연계와 인간계에서 일어나는 모든
사건을 망자의 영혼이 일으킨 소행이라고 하면서 희생과 기도로 정성
을 다하면 망자의 욕심을 진정시키고 재앙으로 복록을 이룬다고 한다.
이것이 신탁·저주·마술 등을 저들이 의지하고 믿는 이유다. 여기에
더하여 꿈 따위는 저들에게 지극히 기이한 현상이기에 꿈에서 만난 것
을 현실 세계에 견주어서 다른 세계의 신령의 관념을 정하는데, 이는
너욱 극히 피할 수 없는 자연적인 길이 되었다.

　유목민족의 경우 앞서 기술한 열대와 극대 지역의 자연민족과는 약
간의 다른 점이 있다. 저들은 박식(剝食)으로 수렵을 일삼지 않고 도리
어 가축을 보존하고 길들여서 번식시키는 것을 오랫동안 번식시킬 이
익의 근원으로 추구한다. 그렇기 때문에 그 생활이 자연민족과 달라서
눈앞의 이득과 손해는 돌아보지 않고 얼마간의 미래에 대한 대비를 게
을리 하지 않으며 그 집단 사이에서는 온화함과 유순함으로 가장과 족
장의 명령에 복종하면서 감히 배반과 탐욕을 저지르지 않는데 이는 목
축 생활로 인해 자연히 익숙해지고 단련된 기질이다. 그러므로 지속적
으로 몇 세기 동안 생존할 수 있으면 일제히 순종하는 기질을 이룰 것이
다. 극대지방 목축민의 경우 순록으로 지보(至寶)를 만드는데, 고기와
우유로는 식료품을 만들고 모피로는 의복을 만들고 뼈와 힘줄로는 집
기를 만든다. 온대지방 몽골인의 경우 사슴과 양과 말과 소를 기른다.
랩족(Lapp)·오스티야크족(Ostyak)·퉁구스족(Tungus)의 경우 전부
민간가요가 있는데 다른 민족처럼 마음먹지 않고 노래를 지었다고 한
다. 몽골인은 가무(歌舞)에 장점이 있어서 침울하고 완미한 비곡(悲曲)
으로 연애의 애정을 노래하고 춤출 때 사람들을 감동시키는 풍취가 있
다. 그 노래의 한 사례를 들어보면 그 연인을 형용하기를 '그 자태는
회나무 같고 그 눈빛은 아침노을 같아 닿는 자에게 행복이라.' 하였는
데, 저들이 자연의 경물을 사람의 인생에 비유할 줄 알았음을 짐작할

수 있다. 저들 또한 그 영웅적 선조인 칭기즈 칸에 대한 찬송가를 즐겨 읊는다. 그 형식은 야만인의 시가처럼 보통 대구가 많은데, 운각(韻脚)을 이제(履題)할 뿐만 아니라 매 2항의 두어(頭語)마다 동음(同音)이 요구된다고 하니 아리안족의 미개한 서사시와 일치한다.

이상 기술한 바로 자연민족의 생활과 사상의 일반을 충분히 상상할 수 있을 것이다. 무릇 이와 같은 민족이 인문사적 국민이 되지 못한 것은 다름이 아니라 외세의 지배를 받아들이되 자기 고유의 사상을 일으켜 제어하지 못하였기 때문인데, 이는 그 토지와 기후가 자연히 그렇게 되도록 한 점이 많다. 대체로 열대지방의 경우 천연의 산물이 풍요로워서 생활상에 어떠한 곤란이 없다고 하지만 그 극한 열기가 사람을 나태하게 만들었고, 한대지방의 경우 그와 정반대라 그 극한 추위가 주민의 근면한 기질을 일으켰지만 천연의 산물이 늘 부족하여 평생도록 노력해도 목숨만 겨우 부지할 뿐이었기 때문에 인문을 발달시킬 여유가 없었다. 반면 온대지방에 사는 유목민족의 경우 어떠한 장애도 없기 때문에 특정한 토지에 정착할 때 인문의 발달이 그 사이에 생겨났다. 오늘날 아시아와 유럽에서 이른바 문명국민이라 불리는 자들도 그 선조 때는 대다수 유목민족이 일정한 토지를 점거하고 장기거주의 기초를 공고히 한 데서 벗어나지 않는다. 무릇 인문의 발달은 국가의 성립을 요하고 국가의 성립은 주권을 가진 인민과 일정한 토지를 요한다. 그렇기 때문에 유목민족은 수시로 이주하는 생활로 인하여 인문민족이 되지 못한 것이고 자연민족과 인문민족 사이에 머물렀다는 평가를 받은 것이다.

가정교육법(전호 속) / 김수철(金壽哲) 역술

신체교육(身體敎育)
제1장 영양(榮養)
제3절 영양의 방법

영양물(營養物)의 종류
그 성질에 대해서는 앞 절에서 기술한 바와 같다. 하지만 이를 복용하는 방법의 여하에 따라 영양섭취의 목적을 달성하지 못할 수도 있다. 예컨대 자양물질이 가장 풍부한 계란도 삶아서 복용하면 소화가 몹시 더디게 되고, 또한 잠시라도 없어서는 안 되는 음료수도 좋은 것을 가리지 않으면 전염병의 매개체가 되어서 마침내 목숨을 빼앗는 지경에 이르게 한다. 이러한 까닭에 영양의 방법을 상세히 논하여 그 목적을 전하고자 한다.

1. 음료수(飮料水)
음료수가 우리에게 필요한 것은 앞 절에서 기술한 바와 같다. 하지만 이를 복용하는 방법이 부적절할 때 뜻밖의 재앙을 초래하니 이에 가장 엄밀한 주의가 요구된다. 이 점에 대하여 우리는 강물을 배제하고 우물물과 샘물이 적당하다고 이미 정하였다. 하지만 이 역시 내키는 대로 음용해서는 안 되니 반드시 적절한 방법으로 시험하기 전에는 음용하지 말아야 한다. 오늘의 촌락의 상황을 살펴보면 몹시 한심한 것은 대다수의 국민들이 강물을 본래의 습성대로 음용하면서 전혀 개의치 않고, 또 우물물과 샘물을 복용하는 자들도 그 수질을 검사하지 않고 주방과 하수 등의 근방에 있는 우물물과 유기물이 용해된 샘물을 복용하는 자들이 많다는 점이다. 이러한 자들은 식품에 대해서는 그 적합한지 아닌지, 좋은지 안 좋은지에 대한 주의가 있지만 가장 중요한 음료수에 대해서는 부주의함이 이와 같으니 참으로 본말이 전도된 것이다. 나이가 아직 어린 아이는 스스로 물을 구하여 음용할 수 없지만 점차 자라서 두세 살이 되면 직접 찾아서 갈증을 해소하는 경우가 있는데 이 시기가 가장 위험한 때이다. 무엇 때문인가. 아동은 흐린 물과 더러운 물을 따지지 않고 음용하기 때문이다. 이로 인하여 이질(痢疾)을 재촉하기도 하고 예상치 못한 질병이 일어나는 것은 자주 듣는 일인데, 이는 오로지 그 부모의 부주의함에서 기인된 것이다. 그러므로 비록 우물물과 샘물을 사용하더라도 수질이 나쁘다는 의혹이 있다면 이를 간과하여 사용해서는 안 되는 것이다. 특히 여름철에는 매일 끓인 물을 주거나 희염산(稀鹽酸)으로 소독한 것을 주어서 뜻밖의 질병이 생기지 않도록 주의하는 것이 중요하다. 물이란 생명을 유지하는 영양소지만 또한 질병의 원인을 양산하는 경우도 있기 때문이다.

2. 동물성 영양물

가장 먼저 유아에게 주어야 하는 것은 유즙(乳汁)이다. 유즙으로는 모유와 우유가 있지만 질 좋고 영양에 적합한 것은 모유이다. 원래 생모의 모유를 주면 단순히 유아의 신체에 영양소를 주는 효과에만 그치는 것이 아니라 정신교육에도 예사롭지 않은 영향을 미친다. 그럼에도 불구하고 지금은 이른바 좋은 모유를 구하지 않고, 유모를 두는 것을 일종의 미풍양속처럼 여기니 참으로 통탄할 노릇이다. 무엇 때문인가. 어떤 사람이 유모가 되는지 살펴보면 알 수 있다. 유모는 태반이나 제 자식을 잃어서 슬픈 감정에 빠진 자이다. 그렇기 때문에 그 정신이 우울하고 활력이 더딘 것은 벗어날 수 없는 사실이다. 그러하니 이러한 유모가 가정에서 어찌 유아를 보호하고 기를 수 있겠는가. 이는 크나큰 의문점이다. 그러므로 부득이한 형편을 제외하고 유모를 두지 않는 것이 지극히 좋다. 그러나 만약 유모에 의지해야 하는 경우라면 반드시 그 성격과 행동을 자세히 살펴야 하고, 신체를 검사하여 유즙의 성분을 가려보아야 한다. 이 요건에 적당한 유모가 없을 때는 우유에 의지하는 것이 좋다. 우유를 복용할 경우에도 그 유즙의 성분을 검사하는 것이 필요하고, 우유를 복용할 때는 가급적 모유의 성분과 같게 하여 복용해야 한다. 요컨대 어떠한 유즙을 복용하든지 그 분량과 시간을 고려해야 한다. 분량은 연령에 따라 차이기 있지만 늘 유아가 포만감을 느낄 때까지 주는 것이 좋다. 우유를 줄 때는 생후 2주일 사이의 아동에게는 물을 5배 더하고, 2개월까지는 4배, 6개월까지는 2배, 8개월까지는 2분의 1을 더하고, 10개월 이후에는 순유(純乳)를 복용시켜야 한다. 시간은 엄격히 정할 수는 없지만 유아를 안을 때 주거나 유아가 울 때 주는 것처럼 불규칙적으로 주는 것은 참으로 해서는 안 된다. 애초에 적당한 시간을 계산하여 주는 습관을 기르게 하면 유아 또한 수시로 요구하는 일이 없을 것이다. 그렇기 때문에 이러한 습관을 길러 주는 것이 가장 중요하다.

아동은 생후 9개월에 이르면 새 치아가 난다. 이 시기가 되면 고형물을 줄 수는 있다. 다만 소화기관이 일반적으로 취약하니 소화가 쉽게 되는 것 외에는 주어서는 안 된다. 계란 같은 것도 반숙하여 가장 소화하기 쉬운 형태로 만들어 주는 것은 좋지만 육류 같은 고형물은 3세가 되기까지는 주지 않는 것이 좋다.

3. 식물성 영양물[3]

우리나라는 쌀과 보리 등 식물성의 식품을 주식으로 삼아왔기 때문에 아직 치아가 나지 않은 유아에게도 쌀밥을 일찍 주는 악습이 있다.

---

3 원문에는 '3. 실물성 영양물'이라는 소제목이 누락되어 있다.

이는 아동의 신체기관의 발육 정도를 모르는 오해로부터 유래한 것이라 신체 각종 기관을 해치는 경우가 적지 않다. 대개 곡류나 채소와 같은 식물성 영양은 충분히 씹어 주지 않으면 소화하기 어렵다. 그러므로 다만 유즙으로만은 영양물질의 부족을 고할 시기, 약 2세가 되지 않은 아동에게는 주지 않는 것이 좋다. 또 소화는 삶거나 끓이는 방법을 취하지 않으면 쉽지 않다. 그러므로 곡물이나 채소를 줄 때는 반드시 이 채비를 미리 갖추는 것이 좋다. 과실 같은 것은 어떠한 방법으로 주더라도 이득이 전혀 없고 도리어 각종 질병의 원인을 일으키는 것이 많으니 단연코 주지 말아야 하고, 거주지 주변에는 과수를 재배해서는 안 된다.

4. 자격물(刺激物)

자격물의 특징은 정신을 고무시키며 혈류를 왕성하게 하는 것이다. 다만 이는 일시적인 것이지 영구적인 것이 아니다. 그러한 까닭에 전체적으로는 도리어 정신을 둔하게 하고 정신적 활동을 방해하는 것이다. 흡연이나 음주의 경우 하루아침의 습관으로 평생 고치지 못하는 지경에 이르니 신체적으로도 경제적으로도 큰 손해를 초래하는 것이다. 그 외의 자격물도 아동이 섭취해서는 전혀 쓸모없다고 주저 없이 단언할 수 있다.

이상 각종 영양물에 대하여 그 영양의 방법을 논술하였다. 다시 전체를 들어 영양상 주의할 점을 논하자면, 첫째는 품질의 선택이니 품질을 택함에는 영양분이 풍부한 것과 소화가 빠른 것을 최우선으로 삼을 것이다. 둘째는 음식물의 온도이니 무릇 따뜻한 것은 소화가 빠르니 비록 여름철이라도 차가운 것은 복용하지 말아야 하며, 특히 극열(極熱)과 극냉(極冷)의 두 가지 음식물을 혼용하는 것은 가장 해서는 안 된다.

셋째는 음식물의 분량이니 분량은 영양을 충족시키도록 줄 것이다. 넷째는 식전과 식후의 휴식이니 특히 식후에는 곧 정신과 신체의 운동을 중지하는 것이 좋다. 다섯째는 식사 시간이니 우리나라의 습관은 아동으로 하여금 빨리 식사하게 하는 폐단이 있으니 이는 소화에 몹시 방해가 되는 것이다. 여섯째는 조리법이니 음식물의 소화는 조리의 방법과 상당한 관련이 있으니 이러한 까닭에 소화하기 용이한 형태로 조리하지 않아서는 안 될 것이요, 일곱째는 음식물의 배합이니 수시로 변화가 있는 음식물을 주어야 한다. 여덟째는 식기의 선택이니 놋그릇과 같은 유해한 기구를 사용하지 말아야 한다.

제4절 영양의 원칙

이상 영양에 관한 개요를 논술하였으니 이에 따라 영양의 원칙을 다음과 같이 정한다.

1. 영양의 주가 되는 것은 음식물이다. 그러므로 음식물의 성분을 검사하는 것이 중요하다. 그 성분은 인체를 구성하는 물질과 동일하고 또한 성장에 필수적인 것을 선별하지 않을 수 없으니, 즉 인체의 성분이 되는 단백질·지방질·전분질·철분성 수분 등을 함유한 영양물을 적절히 사용해야 한다.

2. 이미 각종 성분을 필요로 하니, 또한 이러한 성분을 함유한 음식물을 주지 않을 수 없다. 그러나 한 종류의 음식물이 각종의 성분을 함유한 것은 적으니 여러 음식물을 혼용하여 각 성분을 지나치거나 모자람이 없게 공급해야 한다.

3. 영양물의 성분은 설령 선택과 배합이 적절하더라도 만일 소화의 작용이 용이하지 못할 때는 결코 영양의 목적을 달성하기 어렵다. 그러므로 동일한 성분을 가진 것 중에서도 소화 작용이 빠른 것을 선택해야 한다. 만일 이러한 것을 얻기 어려울 때는 가장 쉽게 소화되는 것을

주어야 한다.

4. 소화 작용의 속도는 조리법에 관련된 것이 많다. 예컨대 채소는 삶은 것이 소화하기 쉽고 육류는 그 반대이다.

5. 음식물의 분량을 정하는 것이 극히 중요하다. 유아의 질병은 과음과 폭식으로 인하여 발생하는 것이 많으니 마땅히 신체의 필요와 소화기관의 능력에 맞추어 이를 정하여야 한다. 대개 유아는 매일 3-4시간 간격으로 5·6회를 주도록 적정량을 정해야 하니 아동들이 장난으로 음식에 대해 경쟁하는 것은 가장 주의하여 금지시켜야 한다.

6. 식사 시에 아동을 극히 편안하게 해주고 유쾌하게 해주어야 한다. 원래 아동은 대인처럼 정신을 수고롭게 하는 일이 없지만, 신체 외부의 상태는 대단히 불쾌한 감정을 일으키게 하여 음식의 소화를 방해한다.

7. 식품은 또한 일종의 화학작용을 통해 비로소 신체의 영양물이 되니, 동화작용의 촉진에 필요한 신선한 공기를 주는 것이 중요하다.

8. 식품의 온도는 신체온도와 비슷하게 만들어야 한다. 만일 냉기나 열기가 부적절한 것을 주면 소화기관을 해치게 된다.

9. 자극적인 음식물은 위장의 질병과 신경과민성 병의 원인이 되니, 이것은 진실로 금해야 할 것이다.

10. 식전과 식후에 신체를 평온한 위치에 두어야 한다. 식후 30분 동안은 특히 소화에 가장 중요한 시간이니 소화기관의 운동을 온전히 자유롭게 해주며 이를 해치는 외부의 사정을 엄격히 제거하는 것이 좋다. 그러나 일정한 시간이 지난 후에 반드시 운동을 실시해야 한다.

역사담 제17회 : 크롬웰전 (전호 속) / 숭고생(崇古生)

당시 혁명의 조류가 갈수록 급격하여 최후의 방책을 취하지 않으면 도저히 진압하기 불가한 상황이 되었다. 1642년 8월 2일에 찰스 왕이 큰 군사를 노팅검 성에 주둔시키고 거대한 깃발을 높고 험한 성벽 위에 세웠다. 이는 인민에게 선전을 포고한 것이다. 이로부터 참담한 전운이 영국 전역에 널리 퍼졌고, 비릿하고 거친 피바람이 잉글랜드 도처에서 끊이지 않았다. 찰스 왕 휘하에 집결한 병졸은 보병과 기병을 합쳐 1만 명이었다. 날래고 용감하지 않은 이가 없을 뿐 아니라, 루퍼트(Rupert) 친왕(親王)은 니이 겨우 약관이 지난 지 3년에 불과하지만 용감무쌍하여 삼군을 뒤흔들어 두렵게 하였고, 잘 싸우기로 유명한 린제이 백작이 대장(大將)의 위치에 있었으니, 국왕군의 양양한 위엄이 국회군을 일거에 대파할 듯 보였다. 찰스 왕은 점차 백성을 유인할 방책을 강구하여 국회의 대죄를 바로 잡아 밝히는 격문이 런던시 가운데로 화살처럼 날아들었다.

당시 국회군은 노샘프턴(Northampton)에 주둔하고 의용군을 모집하였다. 그 모집의 결과가 허망하지 않아서 열흘이 되기도 전에 보병 2만과 기병 1만 5천이 금세 깃발 아래로 집결하였다. 이는 모두 용감한 청교도로서, 구주(救主)를 위하여 목숨을 아끼지 않았다. 육군총독 에섹스 백작은 훈련군 몇 부대를 더하여 대장군이 되고 격문을 또 날려서 찰스의 무법과 압제를 국민에게 널리 알렸다. 하지만 국회군을 국왕군과 비교하면 국회군도 통솔하는 대장이 대체로 일개 신사에 불과하고 훈련군도 실전 기술이 미숙하고 병졸들도 어지럽게 뒤섞여서 훈련을 경험한 자가 한 명도 없을 뿐 아니라 에섹스 백작 같은 이도 국회군에 특기할 만한 기능이 없었고, 장차 대장이 될 크롬웰도 양떼 속에 숨어 있던 맹호와 같아서 아직 어떠한 기량도 인정받지 못하였고 단지 맨체스터와 헌팅던에서 모집된 37소대의 대장일 뿐이었다. 그러나 그 명예가 모르는 사이에 군대 내에서 세력을 가지게 되었고, 그의 친척과 옛 친구도 매우 많아서 대사업을 일으키기에 몹시 편리한 조건을 갖추고

있었다. 의형인 레인스바로우(Rainsborough)는 크롬웰 부대의 분대장
이 되어 그 효명(驍名)이 1군의 일반적인 비중을 초월하였고, 장남 올리
버는 제8소대의 부관으로서 정예무비함으로 이름을 널리 알렸고, 숙부
햄프든이 제26부대의 좌관(佐官)이었고, 미래의 사위 헨리 아이어턴이
제58대의 대장이 되고, 의동생 월튼이 제73대의 대장이 되었으니, 크
롬웰 일족만으로도 그 기세가 국왕군을 넉넉히 추월하고 있었다. 하물
며 그가 이끈 의용군은 모두 용감하고 거침없어, 하나님을 위해 몸과
목숨을 아끼지 않는 자들이었다. 오래도록 마음속에 품고 있던 주장을
이룰 수 없다면 진두에서 깨끗이 전사하여 추악한 사회에 물들지 않겠
다고 하였다.

　10월 27일-일요일-에 양군의 충돌이 시작되었다. 찰스 왕은 국회군
에 응모한 군인들이 더 늘어나기 전에 일거에 분쇄할 묘책을 거행하고
자, 깃발을 노팅검의 성벽에 세운 뒤 1만여 명의 군세를 정렬하고 곧장
런던 시가지를 향해 진격하였다. 국회군의 원수(元帥)인 에섹스 백작은
이 비책을 미리 알고 한발 앞서 그 배후를 치려고 하였다. 양군은 워크
셔의 에쥐(Edge) 언덕 부근에서 꼴사납게 조우하니 여기서 치열한 전쟁
의 실마리를 열었다. 당시 양 진영이 드넓은 평원에서 서로 대치하여
싸움의 예봉을 뒤얽으니, 붉은 흙먼지가 대지 위로 치솟고 대포 연기가
하늘 위로 뒤덮었다. 일진일퇴하고 상충상돌(相衝相突)하며 승부가 결
정되지 않았다. 그러나 국회군은 원래 오합지졸의 무리였다. 훈련을
경험하고 실전에 익숙한 국왕군이 우익(右翼)을 치고 나가니 선봉이 먼
저 무너졌고 중앙군도 궤멸되어 본진이 어지러운 형국이 되었다. 이에
카일턴까지 퇴각하니 크롬웰이 숙부 햄프든과 함께 국왕군의 좌익과
맹렬히 겨루며 분전을 거듭하나, 본진이 루퍼트 친왕의 돌격을 당하였
다. 크롬웰은 숙부에게 말하기를 "숙부님, 제가 이곳을 맡을 테니 숙부
님께서는 기병 제 13부대를 이끌고 서둘러 루퍼드 친왕의 배후를 공격

해주십시오."라고 하고, 말을 마치자마자 자신이 이끌던 37부대 병사를 정돈하고 흡사 맹호가 양떼 무리로 치닫는 것처럼 구약-성서(聖書)-시편(詩篇)을 낭음(朗吟)하면서 적군 린제이의 진영을 신속히 공격하니, 국왕군은 한 차례 돌파를 당하고 물러날 기색을 보였다. 햄프든의 용감한 부대는 루퍼트 친왕의 배후를 습격하여 큰 공훈을 세웠다. 카일턴까지 퇴각하던 본군도 기세를 타 반격하니, 국왕군이 대패하여 노팅검 성벽으로 흩어지며 달아났다. 크롬웰이 승기를 타서 전진하고는 국왕군의 기수(旗手) 에드먼드 웨너를 추격하여 베고 아기(牙旗)를 빼앗고 대원수 린제이를 격참(擊斬)하였다. 진을 가득 메운 병사들이 일당백 아닌 이가 없으니 찰스 왕도 위기를 면하기 어려웠다. 루퍼트 친왕이 와서 찰스 왕을 구해 노팅검으로 간신히 피신하니, 국왕군의 사망자는 4000명이요 생존자는 2개 대대에 불과하였다. 국회군의 선봉은 노팅검 성벽에 거의 육박하였다.

아, 크롬웰이여! 이 전투에서 크롬웰 한 명이 없었다면 국회군이 국왕군에 의해 순식간에 격파되어 재기할 수 없었을 것이니, 국민의 자유가 영원히 찰스 왕의 전제 정치에 유린되는 지경을 면하지 못하였을 것이다. 장하다, 자유의 영걸 크롬웰이여! 만세토록 찬송되리라. 크롬웰은 지금 이 일전을 통해 많은 교훈을 얻었다. 다름이 아니라 스스로 확신하던 그의 신앙심을 개선할 필요성이 있으며, 또한 대업을 이루기 위하여 신앙심이 견고하지 못하면 사소한 일 하나도 더불어 논할 수 없다는 것이다. 그러므로 그가 첫 싸움이 끝난 직후 숙부 햄프든에게 말하기를 "저는 이제 뜻이 견고하지 않은 자는 신뢰해선 안 된다는 것을 알았습니다. 보십시오, 숙부여, 어제의 전투에서 만약 굳은 뜻이 없었더라면 국회군은 순식간에 와해되는 상황에 빠졌을 겁니다. 따라서 저는 오늘부터는 정말로 믿는 자-교인(敎人)-만을 다수로 모집하여 우리 군의 정신을 만들고자 합니다. 숙부님께서는 주의하십시오. 현재의 국회군은 장병이 하나같이 신앙심이 부족하며 인내심이 결핍되어 이와 같은 장병으로는 다년간 훈련을 거쳐온 국왕군을 어찌 막아내겠습니까. 그런즉 지금의 급선무는 국회군을 조직함에 있어, 의지가 약하고 기력이 결핍된 자는 모두 도태시키고 신앙이 군건한 청교도만을 모아 정신적 훈련을 실시하여 어떠한 어려움을 당하더라도 불요불굴하는 장병을 조직하고자 하는 것입니다."고 한 것이다. 이것이 매콜리 경이 말한 세계에서 가장 위대한 군대가 바로 크롬웰의 철기병이니, 그 수가 비록 5000명에 불과하나 최고의 이상에 도달하고 최대의 사업을 일으켰으니 누가 그 신앙력의 넉넉함에 경탄하지 않겠으며 누가 그 혁혁한 역사를 칭송치 아니하리오.

에쥐 언덕의 전승 이후로 그는 서간을 보내어 사람을 시켜 헌팅던 주위에 순찰대를 두게 하여 런던 카운티 안의 왕당과 왕군사이이 교섭을 차단하고, 각 주에 동맹군을 창설하여 각 처의 왕당파의 교통을 모두 차단하고자 했다. 의원(議院)에 강하게 권고하여 실제로 착수하니, 이에 크롬웰의 세력은 나날이 국회군 내를 진동하고, 그가 세운 방략(方略)도 도처에 성공을 거두니, 케임브리지·사우스웰(Southwell)·에섹스·허트포드셔(Hertfordshire)·헌팅던·링컨(Lincoln) 등 농·상·공업이 발달된 가장 번화하고 부유한 지방도 바람에 풀이 쏠리듯 일제히 순응하고, 유력한 동방협회(Eastern Association)도 완전한 조직이 되기에 이르렀다. 그러나 국왕군의 소굴을 격파하고 영국의 전란을 평정했을 정도라면 크롬웰이 총대장의 지위에 오르는 것이 마땅했겠지만, 국회는 머뭇거리고 제멋대로 돌아가게 하는 분자가 많아서, 유약함을 면치 못하고 국왕군과 화친할 방책을 강구함에 결국 뒷걸음질 치며 결정치 못하였더니, 왕당파는 그 사이의 시간을 이용하여 불의의 군비를 정돈하였고 한번 쇠락했던 세력이 다시 하늘을 활활 태우게 되었다. 크롬웰은 도저히 묵인할 마음이 반점도 없었으니, 의회에 편지를 보내어 우물쭈물하며 결단하지 않는 것은 국왕군에 무한한 세력을 주게 되는 것이라고 통렬하게 논했으며, 나아가 방략을 세우기를 "지금 국왕군을 쳐부수려 한다면 우선 토링턴(Torrington)에 전선을 배치하고, 링컨을 둘러싸고 있으며 미틀랜드 지방의 요새 되는 뉴어크를 일거에 점령하여, 찰스로 하여금 좌우의 날개를 펼 수 없도록 함이 가합니다."라고 하였다.

그럼에도 국회는 여전히 애매한 태도를 보이며 결단하지 않았다. 크롬웰은 분기를 이기지 못한 나머지 즉시 큰 병력을 이끌고 질풍 같은 기세로 진군해 크로우랜드(Crowland)를 탈취하고는, 링컨으로 출병하여 혼자만의 힘으로 뉴어크를 공격하려고 하였다. 하지만 불행히도 도중에 그랜덤(Grantham) 지역에서 국왕군과 조우하였다. 3시간 동안 격전한 뒤 마침내 적장 할네하우스의 군대를 격파하였지만, 적진까지 만 리나 되는 여정도 멀고 식량도 부족하여 도저히 목적을 이룰 수 없었다. 그는 우선 링컨으로 회군하고 동년 6월에 다시 크로우랜드를 공격하여 함락시키고, 580리 먼 길을 말을 타고 달려 뉴캐슬 백작이 이끄는 용맹한 기병과 게인즈버러(Gainsborough) 들판에서 싸워 결국 격파하고 적장 캐번디시(Cavendish)를 베었다. 당시 1643년 7월 28일이었다. 그는 동부동맹군 위원에게 보낸 편지에서 당시 상황을 다음과 같이 기술하였다.

> "저의 병력은 심상치 않은 피로에 시달려서 큰 적을 맞아 싸울 여력이 없었지만, 제가 하나님께 기도하자고 한 마디 말하니, 우리 군이 마치 맑은 샘물을 마신 것처럼 신의 도움을 입은 것처럼 분연히 일어나서 적군을 쳐 죽였습니다. 아, 저는 하나님의 은혜에 몹시 감사합니다."

크롬웰의 철기군 세력은 그 후로 점차 국민의 인정을 받기에 이르렀다.

교사(敎師)는 계급의 존비가 없고
그 책임은 경중의 차등이 없다 / 이규철(李奎澈)

　예로부터 지금까지 어떠한 사회를 막론하고 경중의 차등과 존비의 계급이 반드시 있었다. 시험 삼아 정치사회(政治社會)로 살펴보면 정부의 제도는 전적으로 등급을 설정하여 제도를 세우고, 군무사회(軍務社會)도 상하의 등급이 있어서 엄연히 뛰어넘을 수 없으며, 실업사회(實業社會)도 등급을 설정하여 등급의 구분에 따라서 책임의 경중이 존재한다. 그러나 오직 교육사회(敎育社會)만은 나눌만한 등급이 전혀 없다. 만일 굳이 나누어 "대학 교사의 지위가 중등학교 교사의 지위 위에 있고 중등학교 교사의 지위가 소학교 교사의 지위 위에 있다."고 한다면 이 또한 반드시 탓할 것은 없지만, 내가 말한 등급은 아니다. 또한 저 대학 교사 등으로 말하자면 똑같이 대학에서 그 생도를 각기 가르침에 차별할 등급이 있었던 적이 없고, 설령 있다고 하더라도 역시 대우하는 방식에 대략 차등이 있는 데 불과하고 그 책임을 돌아보면 참으로 어떠한 차별이나 차이가 없다. 중등학교 교사도 그러하여 비록 교사 갑(甲)이 교수하는 학과와 교사 을(乙)이 교수하는 학과가 서로 같지 않더라도 상하와 경중의 차별이 결코 없거니와 또한 하급 생도를 가르치는 교사를 상급 생도를 가르치는 교사에 비교해도 상하와 경중의 차이가 없고 단지 그 직무를 성실히 다하는 데 달렸을 따름이다. 그렇다면 교사가 생도를 가르침에 있어 책임이 전부 같고 차등할 계급이 없는 것이 분명하다. 혹 학교장을 교사에 비교하면 그 사이에 그래도 작은 구별이 있지만 교사를 교사에 비교하면 논할 만한 등급이 전혀 없다.

　이는 교육사회만이 가진 특성이지 다른 사회의 경우 반드시 이와 같지는 않다. 또한 한 도내의 제도로 관찰컨대 방백(方伯) 아래에 군수가 있고 군수 아래에 속리(屬吏)가 있어 담당 직무가 다르므로 책임 역시 달라서, 윗사람이 아랫사람을 부리고 아랫사람이 윗사람을 받들며 윗사람은 명령하고 아랫사람은 복종하여 계급의 존비로 차등을 삼고 책임의 경중으로 구별을 삼는 데 반해 교사가 교사에 있어서는 똑같이 평등하게 보아 피차 책임의 경중이 본래 없으니 또한 등급의 고하가 어디 있는가. 다만 그 사이에 혹 봉급의 다과가 있기도 하고 근무 기간의 차이가 있기도 하고 나이의 차례가 있기도 하고 가르치는 학문이 과목을 달리하기도 한다. 하지만 끝내 등급에 차이가 있는 것도 아니고 명령과 복종의 관계가 있는 것도 아니다. 그러므로 저 한 도내의 제도에서 등급과 경중이 있는 것과는 큰 차이가 있는 것이다. 설령 학교장이 교사에게 지시할 때라도 교사로 하여금 법령과 규정에서 벗어나지 않게 할 뿐이지 교사의 교수 방법과 순서에 대해서는 간섭하지 않는다. 대개 교사가 법령과 규정의 범위 내에 있으면서 그 생도를 가르친다면 설령 교장이라도 어찌 그 사이에서 간섭할 수 있는가. 그렇다면 교사가 교장에게 있어서는 속리가 방백에 대하여 존비를 엄격히 구분하는 것과는 그 취지가 다르니, 교사가 강당에서 생도들을 가르칠 때 자주권이 있어서 홀로 서서 홀로 가르치니 누가 제지할 수 있는가. 이러한 까닭에 교사가 강당에서 주권자라 하여도 옳은 것이다. 종합해서 말하자면 교사가 법령과 규정을 어기지 않는다면 설령 학교장이라도 교사의 권한 내의 일에 간섭할 수 없으니 교사 홀로 교육의 책임을 짊어진다면 자신의 권한을 다른 사람에게 맡길 수 없는 것도 옳다. 이처럼 교사들은 모두 평등한 사람들이라 간여할 등급이 없다.

하지만 현재 상황을 한번 살펴보면 교사가 된 자가 혹 봉급의 많고 적은 정도로 등급이 있다고 스스로 여겨서 비굴함을 감수하기도 한다. 대개 이와 같다면 어찌 잘못이 아니겠는가. 진실로 봉급의 다도를 등급의 차등으로 삼는 자는 그 생각에 내가 얻는 봉급이 저이보다 많으면 "내가 저이 위에 있다."라 하고 내가 얻는 봉급이 저자 보다 적으면 "내가 저자 아래에 있다."고 하여, 봉급이 많은 자는 그에 따라 자만하여 적은 자를 보면 경시하고 봉급이 적은 자도 자중하지 못하여 많은 자를 보면 비굴하게 굴어서 등급의 차별이 있다고 스스로 여기는 것이다. 아아, 이러한 누습이 끊임없이 이어지기 때문에 교육사회가 쓰러져 진작하지 못하고 날마다 쇠퇴하여 무너지는 지경에 이르렀다.

혹 나의 설을 비판하는 이가 있어 "교사의 등급에 차별이 없다면 대하는 방식에도 번다한 차별이 없으니 똑같이 평등하게 보아야 옳다. 그런데 이상에서 어찌하여 대하는 방식에 차등이 있다고 하는가."라고 말한다면 나는 이렇게 답하겠다. "교사에게 등급이 없음은 굳이 거듭 말할 필요가 없다. 하지만 교사는 실로 한 사람이 아니니 그 사이에 간혹 경험의 차이가 있기도 하고 혹 학문 수준의 차이가 있기도 하다. 그러므로 대하는 방식에 차등이 있는 것처럼 보인다. 하지만 이 역시 지금 대하는 방식이 필시 진선진미하지는 않다. 다만 연이어 교육사회가 발전한다면 대하는 방식도 필시 차등이 심한 지경에 이르지는 않을 것이다.

나는 예전에 독일의 교육사회에 대해 들은 적이 있다. 독일의 소학교 교사는 반드시 사범학교 졸업자를 채용해야 하고 중학교 교사의 경우 반드시 대학교 3년 과정을 수료한 후에 사범교육 1년 혹은 2년을 받은 자를 채용한다고 하니, 이것이 최선의 제도이다. 나는 우리나라 교육사회의 진보가 독일을 따를 수 있기를 간절히 바라지만 애석하게도 규운(奎運)이 이 지경에 이르지 않으니 어찌하겠는가. 하지만 만일 이 독일을 본받아 실행한다면 또한 교사를 대하는 방식을 얻을 수 있을 것이고 봉급 역시 오늘처럼 차등이 심하지는 않을 것이다. 참으로 이와 같이 할 수 있다면 교사 역시 봉급의 차이로 등급을 정하지는 않을 것이다. 교사는 전부 다 같으니 그 책임에 실로 경중이 없다. 다만 학문 수준의 차이와 경험의 차이를 가지고 그 대하는 방식에 대략 차등이 있고, 봉급의 차이 역시 이로 인하여 등급을 나누는 것이다. 참으로 이와 같다면 많은 봉급을 받는 자도 스스로 분발할 바를 다시 생각하지 않을 수 없을 것이고 적은 봉급을 받는 자도 그 책임에 경중과 등급이 없으므로 자중할 생각을 더욱 발휘하지 않을 수 없을 것이니 이 어찌 교육을 진흥시킬 한 방침이 아니겠는가. 그런데 지금 교육사회에 '수요(須要)의 교사'라는 상언(常言)이 있다. 본론에서 논한 바로 살펴보면 참으로 이른바 수요와 불수요(不須要)의 구별이 없지만 이제 간혹 일률적으로 수요의 교사가 될 수 없는 경우도 있으니 이것이 한스러운 점일 뿐이다. 교육사회가 다시 한 걸음 더 나아가 이러한 차등과 오해를 없애기를 실로 바라는 바이다."

청년의 심리학(心理學) 응용 / 연구생(研究生)

자고로 기질(氣質)이라 함은 원래 우리의 정신활동에 강약과 지속(遲速)의 차이가 있기에 이러한 동작들의 명칭을 구분한 것이다. 서기(西紀) 기원후 2세기경에 로마인 갈레노스(Claudius Galenus)라는 의학자는 그에 관한 학설을 새롭게 주장한 바 있다. 그 설의 개요에 의하면 우리 인간의 신체에는 네 가지 주요한 액체가 있으니 그 가감(加減)으로 구성된 것이 우리 인간의 기질이라 한다. 과연 그의 설처럼 우리 인간에게 네 가지 기질, 즉 다혈질(多血質)·신경질(神經質)·담즙질(膽汁質)·호액질(粘液質) 등이 다 있는데 이것이 서로 어긋난 결과 우리 인간이 여러 가지 다른 성질이 된 것이다. 이하에서 각 기질의 대략을 다음과 같이 논한다.

1. 다혈질. 다혈질은 정신의 동작이 빠르면서 그 정도가 약한 것이다. 이러한 기질을 가진 사람은 외물의 접촉을 겪으면 그 마음이 쉽게

동요하여 생각을 신속히 확정하고 매사를 급하게 실행한다. 그렇기 때문에 이러한 부류의 사람은 잘 되면 쾌활하고 민첩한 반면에 그렇지 않으면 경솔하고 조급하여 인내력이 부족하고 의지와 실천이 박약한 사람됨을 면하지 못한다.

2. 신경질. 신경질은 정신의 동작이 둔하면서 그 정도가 강한 것이다. 이러한 기질을 가진 사람은 매사에 심사숙고하여 쉽게 결정하지 못하지만 한번 결정하면 변동되기 극히 어렵고, 또한 그 거동이 결정된 경우가 많다. 그렇기 때문에 이러한 부류의 사람은 잘 되면 착실하고 면밀한 반면에 그렇지 않으면 음울하고 침울하며 우유부단하여 결정을 내리지 못한다.

3. 담즙질. 담즙질은 정신의 동작이 빠르면서 그 정도가 강한 것이다. 이러한 기질을 가진 사람은 외물에 감동하기 쉽고 의지가 굳건하다. 그렇기 때문에 이러한 부류의 사람은 잘 되면 의지가 굳건하고 용감하여 견실한 인물이 되는 반면에 그렇지 않으면 거만하고 무모하여 완고한 사람됨을 면하지 못한다.

4. 호액질. 호액질은 정신의 동작이 둔하면서 약한 것이다. 이러한 기질을 가진 사람은 사고와 행동이 완만하고 또 외물에 쉽게 동요되지 않는다. 이러한 까닭에 잘 되면 성실하고 공평하여 침착한 인물이 되는 반면에 그렇지 않으면 냉담하고 무기력하여 활발한 사람이 될 수 없다.

이상은 기질을 분류하는 요점으로, 오늘의 심리학자들이 상당수 채택하는 것이다. 이처럼 보통 우리에게 네 가지 기질이 여러 가지로 서로 합쳐져 있다. 다혈질이 대부분을 차지하되 신경질과 담즙질이 어느 정도 섞여 있기도 하고 점액질이 대부분을 차지하되 담즙질과 신경질이 어느 정도 더해져 있기도 하여 반드시 여러 양상으로 기질이 성립된다. 감정이 풍부한 자는 문학 방면에 걸음을 내딛고, 냉정한 자는 과학 연구에 흥미를 두고, 민첩한 자는 사무 업무에 장기를 내도록 각자 자신의 기질에 따라 자신의 전문분야를 선정하고 계획하여야 비로소 개성과 직업 간의 중대한 관계가 비로소 맞아떨어질 수 있을 것이다.

이 외에도 천부(天賦)라는 것이 있다. 이 역시 그 사람의 방침을 정하는 이상 결코 없어서는 안 되는 것이고, 우리 인간의 정신 동작 중 일부분의 특색을 지닌 것이다. 가령 태어난 이후부터 수학에 재주가 있거나 문학에 장기가 있거나 하는 것 따위인데, 이 '천부'를 분석하면 다음과 같이 세 가지로 나뉜다. 첫째, 평범한 천부로서 무슨 일이든 마론하고 노력한 결과가 보통 이상을 벗어나지 못하는 자이다. 둘째, 특수한 천재성을 지닌 자로서 비록 여러 가지 등급이 있지만 한 과목에 특별한 재능을 지닌 자이다. 셋째, 이른바 천재라 불리는 자로서 두 번째 사례를 뛰어넘는 재능을 지닌 자이다. 그렇다면 기질은 정신활동 전체의 작용이고 천부는 정신활동 일부의 작용이니, 이 두 가지는 우리 인간이 태어날 때부터 똑같이 가지고 있는 것이요, 후박(厚薄)과 강약의 차이가 있을 뿐이다. 따라서 우리는 향후의 방향과 직업을 확정할 때 이 두 가지를 참작하지 않아서는 안 될 것이다.

이 외에도 청년이 지망을 정할 때를 맞이해서는 그 집안의 직업 역시 참고할 중대한 요건이다. 가령 의사의 자제라면 의학에 관한 서적 기계 약품 등을 그 부친에게 전수받는 것이 필요할 것이다. 그러므로 그 사람의 기질과 천부가 그 집안의 직업과 천지간의 큰 격차가 없는 이상에는 자제가 되어서 그 부형의 직업을 계승하는 것이 편리할 것이다. 대체로 말하자면 사실상 국민의 대다수가 선조의 직업을 계승한 것이니, 농부의 자제가 호미와 가래를 취하는 것이 원칙이고, 어부의 자제는 어망과 낚시를 취하는 것이 원칙이다. 대다수 국민 중에 농부와 어부의 두 자제만 가지고 추측하더라도 자제가 되어서는 그 부형의 직업을 다시 선택하는 것 외에는 다른 방법이 전혀 없다. 아아, 우리가 장래에 어떠한 방향으로 가고 어떠한 직업을 선택하여야 하겠는가. 설령 주저하는 자가 있더라도 소수에 불과할 것이다. 나는 이에 저 소수의 인사에게 그 자제된 자로서 그 부형의 직업을 이어가기를 권하려고 한다. 원래 우리 대한제국 문명의 수준이 최근 10여 년 내에 가히 놀랄 만큼 격변한 결과로 청년이 터득한 신지식과 그 부형이 유지한 직업 사이에 분명한 격변이 생겨서 직업의 범위를 허황되고 막막하게 취하는 자가 많다. 이 점으로 살펴보면 서양의 청년보다 지금 우리 한국의 청년이 배나 곤란할 것이라 생각한다. 무엇 때문인가. 다름이 아니라 서양의 경우 이미 완전한 사회가 조직되고 정돈되어 있어서 그 부모세대와 자식세대의 격차가 크지 않기 때문에 자식이 부친의 직업을 계승함에 어떠한 어려움이 없고 지극히 편리한 반면에 우리 대한제국의 경우 현재와 미래를 개괄해도 이처럼 편리하고 안전하지 못할 것이다. 그럼에도 불구하고 나는 어지간하면 부친의 직업을 이어가는 것이 상책이라 하는 것이다. 서양의 경우 가령 학자가 사망하면 그 문고(文庫) 등이 종종 나온다. 이러한 경우 그 자식이 그 직업을 이어가면 공연한 우려도 없게 되고 판매도 없게 된다. 그러므로 첫째는 경제적으로도 그렇고 둘째는 어버이의 뜻을 이어가는 데 있어서도 자식이 부친의 직업을 선택하지 않고 다른 새로운 직업을 다시 선택하는 데서 그보다 더 심한 불찰이 더 이상 없다고 하는 것이다.

자식이 부친의 직업을 이을 것이라 하는 것은 일반적으로 통용되는 이유이거니와, 만일 새로운 방면을 선정하려는 청년이 있다면 이는 그 사람의 천부와 기질로 기초를 삼고 사회의 대세를 대조하여 선정하는 것 외에는 별도의 방책이 다시는 없을 것이다. 천부에 대해서는 어떠한 직업과 어떠한 재주가 자신의 장점인 줄을 알려고 한다면 본인의 기호와 학교성적이 명백히 드러내 줄 것이다. 기질에 대해서는 본인 자신도 잘 알고 있거니와 그 외에 친족과 우수한 교사도 잘 알고 있을 것이다. 사회의 대세와 사업의 수준에 대해서는 본인은 경험이 부족하고 시각이 협소하여 피상적인 관찰에 불과한 일이 종종 있다. 그렇기 때문에 그 친족과 선배 혹은 자기가 미래에 착수하려는 직업을 선택하여 성공을 거둔 자에게 그 사정을 자세히 듣고 면밀히 상의하며 여러 가지 방향으로 깊이 연구하고 나서 심지를 정한다면 잘못이 거의 없을 것이다.

최근 사회적 경쟁이 몹시 극심한 결과, 청년이 직업을 선정할 때 의의 없는 기미(機味)를 생계로 취하는 경우가 적지 않다. 가령 모 학교에 입학할 때 모 과목이 본인의 지망임에도 불구하고 당시에 입학자가 많고 모 과목에 지원자가 적다면 입학이 쉬울 것이라 여겨서 다른 사람의 지원을 가지고 자신의 지원을 억누르고, 입학시험의 난이도만 보고 평생 자신의 막대한 방침을 선정하려고 한다. 행동이 애초에 이토록 막연하면 차후의 계획이 결국 어떻겠는가. 특별한 천부와 기질을 가지고 태어난 자가 아닌 이상 실행하기 과연 쉬운 일이 아니니 그 경로를 실행하려면 손해가 전혀 없지는 않을 것이다. 가장 정당한 방법을 말하자면 천부와 기질을 기초로 삼고 선배들의 의견을 참고하여 방침을 정하는 것이 가장 안전할 것이다. 또는 우선 아직 정하지 못한 장래의 방침이 세워지기를 기다리는 편이 적당할 것이다.

| 학원 |

천연두(天然痘) 예방법 / 김영재(金英哉)

1. 전염은 어떻게 되는가. 천연두의 병독(病毒)은 피부에 잠복하는 것이니, 천연두 수포의 육용물(肉容物)이 수액과 뒤섞여 콧물과 가래에도 존재하고 건조한 공기에도 들어가 섞이는데 이상의 물질들이 쉽게 전염시킨다. 이는 일반적으로 환자가 손에 쥔 물건 내지 그 주변에 있는 물건, 가령 수건·이불·의복·식기·음식물에 전염되거나 또는 실내에 함께 있을 때나 기차·전차에 동승할 때 전염되는 것이다. 따라서 천연두 예방법을 모르면 우리는 천연두에 걸릴 위험을 자초할 것이다. 그렇다면 무슨 방법을 써야 하는가. 다름이 아니라 종두법이니 이는 백번 실시하면 백번 치유된다. 하지만 세상 사람들은 줄곧 종두를 설령 실시한들 천연두의 침입을 면할 수 없다고 말하면서 효과를 인정하지 않는다. 하지만 이는 불가하니 대체로 병독이 잠복기에 있을 때 종두법을 실시한 결과로 효과를 거둘 수 없는 것이다. 천연두의 잠복기는 대략 2주에서 20일인데, 이 기간에 종두법을 실시하면 효과가 미약한 줄 모르고 효과를 의심한 것이니 과연 오해이다.

2. 천연두는 어떻게 발견하는가. 여기에는 여섯 가지가 있다. 첫째, 의사의 보고-정부와 관부에 통지함-이다. 둘째, 가족의 보고이다. 셋째, 밀고 내지 투서에 의함이다. 넷째, 경관(警官)의 검사로 발견함이다. 다섯째, 빈민부락 및 하층사회에 시행하는 건강진단으로 발견함이다. 여섯째, 사체검사이다. 이상의 여러 방법으로 발견한 것 가운데 두 번째 방법으로 발견한 것은 새벽녘 별빛이 적적할 때 발견하였다가 점차 횡하게 되는 데 이르러서는 실로 비참함을 견딜 수 없을 것이니, 이불 속 혹은 방 안에 잠복하게 한 비위생적 행위를 병이 만연하는 원인

으로 만드는 것은 한심한 처사라 하겠다.

　3. 예방은 어떻게 하는가. 의사는 발견한 천연두증을 정부 내지 관부에 조속히 보고해야 한다. 설령 유사하지 않은 증상이 있어도 주의하라는 보고를 성실히 수행해야 한다. 환자는 격리시켜 가족에게 접근하지 못하게 하고 곧장 병원에 입원시켜야 한다. 병원에 입원한 후에는 다른 사람에게 전염시킬 우려가 사라지고 온전한 치료를 할 수 있기 때문이나. 원래 이 친연두는 몸 전체에 빈틈없이 나는 것이니 치유될 때 정신이 착란되는 지경에 이르고, 환자가 손으로 천연두 자국을 긁어내면 치료가 늦어지고, 치료되어도 천연두 자국이 흉해진다. 그러므로 병자의 손가락을 헝겊 조각으로 싸매고 곁에 있는 사람은 각별한 간병으로 특히 조심해야 한다. 환자의 집에서는 가족의 식기를 소독하고,[4] 환자실의 집기와 화장실 등을 반드시 석탄산수(石炭酸水)나 승홍수(昇汞水)로 깨끗이 닦아야 한다. 그 다음은 환자를 병원에 이송할 때 주의 사항인데 보조사·가마·들것·인부 등의 소독을 엄격히 실시해야 한다.

　천연두가 신체에 침입하기 전의 예방법은 종두법이다. 이는 자법(刺法)과 절법(切法) 두 가지가 있다. 이 역시 일종의 기술로 솜씨의 차이가 있다.

바다 이야기 / 학해주인(學海主人)

　바다란 모두 서로 이어 지구면의 4분의 3을 점거한 것이다. 오늘날 전 지구상의 육지를 다 긁어모아 해저에 채워도 해수의 깊이는 그다지 줄어들지 않는다고 하니 지구에서 해수의 용량이 얼마나 거대한지 상

4　가족의……소독하고 : 원문은 '家族의消毒食器'라고 되어 있으나 문맥에 따라 번역하였다.

상할 수 있다. 이처럼 다대한 수량은 생물들의 생활에 직접적 관계가 있는 것이니, 만일 물이 없다면 지구상의 생명체가 단 하루도 살 수 없다.

최근에 바다를 탐구한 결과에 의하면 바다에는 참으로 수많은 동물이 서식하고 있다. 크기로 말하면 만물의 영장인 인류가 오늘날 세계의 통제권을 장악한 요인도 바다에서 비롯하였고, 인류 문화와 국가 발달의 역사도 바다에서 비롯하였고, 국가에 수많은 자원을 공급하는 역할도 바다의 막대한 효용이다. 바다의 지문(地文)을 명확히 설정한 계기는 영국의 탐험선 챌린저호의 탐험이다. 이 탐험 결과에 의하면 바다 속 다양한 지문적 성질은 바다 표면의 경우 구역에 따라 다소 차이가 있는데 해저로 내려 갈수록 그 차이가 점차 줄어들어 일정한 깊이에 도달하면 차이가 전혀 없어서 어떠한 대양도 전부 같은 상태를 부인다. 이 깊이는 표면에서 대략 600척 가량이요, 이 경계에서 서식하는 동물의 종류는 대개 동일하다고 한다. 또한 대양에서 가장 깊은 해저에 도달해도 동물이 전혀 서식하지 않는 곳은 없다.

해저 또한 얕은 구역은 모래와 자갈이 있으며, 해저 가운데 특히 돌출된 곳에는 암석과 돌조각이 있고 골짜기처럼 오목한 구역은 진흙이 지반을 이룬다. 또한 해안 부근의 해저에는 하천에서 유출된 흙·모래·자갈 등 유하물(流下物)이 퇴적되어 있다. 또한 한층 더 깊은 해저에는 바다 속에서 생활하는 무수한 작은 동물들의 개각(介殼)이 퇴적되어 층을 이루고 있다. 원래 바다 속에는 어디든지 작은 개각을 지닌 동물이 많이 사는데, 이것이 죽으면 그 개각이 해저에 퇴적된다. 그렇기 때문에 수심이 대략 3300척 가량 되는 대양의 해저에 도달하면 이러한 개각이 퇴적되어 두꺼운 진흙층을 이루고 있는 것이다. 그 개각 가운데 가장 많은 것은 포라미니페라(Foraminifera)라 불리는 유공충(有孔蟲)의 일종이다. 그 외에 각종 개류(介類)의 파편과 해조와 산호류의 사체와 규조(硅藻)라 불리는 규석질(硅石質)의 하등식물 등이 혼합되어 있다. 한층 깊은 대양의 해저에는 적니(赤泥)라 불리는 토사가 퇴적되어 있다.

바닷속 염류(鹽類)

해수는 염류를 함유하고 있기 때문에 소금기를 띠어 음용에 적합하지 않다. 이 염류의 대부분은 식염이고 기타 소량의 잡다한 물질이 함유되어 있다. 지금까지 여러 가지 방법으로 해수 속에서 발견한 원소가 32종에 달하는데, 금(金)·은(銀)·동(銅)·철(鐵)·연(鉛)·아연(亞鉛)·규소(硅素)·불소(弗素)·붕소(硼素)·옥소(沃素)·비소(砒素)·유황린(硫黃燐)·산소(酸素)·수소(水素)·탄소(炭素)·취소(臭素) 등 기타 여러 원소이다.

이상에서 열거한 해수 속에 함유된 원소는 대체로 서로 화합하여 이른바 염소(鹽素)를 형성한다. 이러한 염소는 해수가 얼 때는 대체로 분리되므로 그 얼음에 소량의 염분이 함유되어 있어도 녹이면 음료로 사용할 수 있다. 또한 해수가 증발할 때도 염소가 남아 있기 때문에 이를 이용하여 해수에서 식염을 만들어 낼 수 있다.

해수 가운데 염분이 가장 적은 곳은 육지에서 큰 하천이 유입되는 내해(內海)요, 염분이 가장 많은 곳은 하천에서 유입되는 수량보다 증발되는 분량이 많은 내해이다. 대양(大洋)에는 염분량이 물 100근 당 평균 3근 반이 함유되어 있다. 또한 해수 속에 탄산석회(炭酸石灰)의 분량이 극히 적은 것은 특이한 현상이다. 대체로 하천으로 유입되어 바다로 들어가는 육수(陸水)는 육지의 토양 속에 함유된 석회질이 곧 다량의 염류를 녹여 바다로 운반해 간다. 바다에는 이러한 석회질을 사용하는 동물이 대거 서식하고 있다. 즉, 개합류(介蛤類)·산호(珊瑚)·유공충(有孔蟲)·해담류(海膽類) 등이 자신의 껍질과 골격을 만드는 재료를 다 해수 속에 함유된 탄산석회를 사용하므로 하천에서 유입된 석회질이 거의 다 이와 같은 동물에게 흡수되는 것이다. 또한 공기와 탄산가스 등이 해수에 용해되어 있으므로 어류가 수중에서 생활할 수 있는 것도 결국 이 용해된 공기를 호흡하기 때문이다. 또한 대부분의 물은 흐르지 않으면 썩는데, 해수의 경우 늘 상하 방향으로 물의 순환이 있고, 수평 방향으로 해류 등이 있기 때문에 늘 청정한 상태를 유지하는 것이다.

해수의 색

해수의 색은 대개 남녹색(藍綠色)인데 해수가 순수하게 맑고 투명할수록 남색을 띠게 되고 불순하고 불투명할수록 녹색에 가까워진다. 일본 근해에서 흐르는 쿠로시오(黑潮) 중의 일부와 같은 것은 가장 순수하면서 가장 따뜻하고 염류가 가장 풍부하기 때문에 짙은 남색을 띤다. 그렇기 때문에 해수가 녹색 내지 황색 갈색을 띨 때는 그 물이 다소 순수하지 못하여 유기물·부패산물·진흙 따위가 함유되어 있음을 알 수 있다. 그 일례를 들자면 페르시아는 그 토착민이 이를 녹해(綠海)라고 부르는데, 홍해(紅海)라고 부르는 이유에 대하여 그 해수 속에 작은 적색 유기물이 많이 떠 있어서 적색을 띠기에 홍해라고 명명하였다고도 하고 붉은 산호가 그 해저에 다소 비치기에 명명하였다고도 하니, 이는 마치 청나라의 황해라고 부르는 이유에 대하여 황허(黃河)에서 유출된 황색 진흙이 바다에 유입됨에 따라 물빛이 흙색을 띠기에 황해라고 명명하였다는 것과 같다.

태양광(太陽光)은 해수 속에 들어가면 그 광선의 투과력이 크게 줄어들어 깊은 곳으로는 도저히 뚫고 들어갈 수 없다. 뿐만 아니라 태양광 속의 적광선(赤光線)과 황색선(黃色線)은 남광선(藍光線)보다 한층 더 많이 수중에 흡수되기 때문에 백색판(白色板)을 표면에서 점차 수중으로 넣으면 이 판이 수면과의 거리가 수십 척 이하에 이르면 녹색으로 보이고, 한층 더 아래에 이르면 남색을 드러내며, 다시 한층 깊은 곳에 들어가면 백색판은 완전히 짙은 남색을 드러내고, 그 후에는 마침내 보이지 않는 상태에 이른다. 이 백색판이 보이지 않는 상태에 이르는 수심은 구역에 따라 다소 차이가 있다. 발트해(Baltic Sea)와 북해(North Sea)의 경우 해수면 이하 66척이고 지중해 동부의 경우 165척이며 대서양의 중앙인 사르가소해(Sargasso Sea)의 경우 200-220척이다. 하지만 이는 결코 태양광선이 투과되는 최저 한계가 아니다. 그 최저 한계는 해수면 이하 총 1500-1600척가량인데 물론 이 한계에 도달하면 광선의 투과력이 극히 미약해져 감지하기 가장 쉬운 사진종판(寫眞種板)에도 전혀 감지되지 않는다고 한다. 이러한 경계 이하는 암흑계(闇黑界)로 늘 어두운 구역이다. 이 주변에는 인광(燐光)을 내어 먹이를 찾는 동물이 있기 때문에 약간 미세한 빛이 난다고 한다.

극해(極海)의 얼음

남극과 북극 양극지역에 거대한 얼음이 있고 오랜 세월 녹지 않는 것은 동일한 지역을 항해한 자들이 다 목격하는 것이다. 그 얼음의 일부는 해면에서 생성된 것이고 일부는 육지에서 생성된 것이다. 해면에서 생성된 얼음은 다소 평탄하여 해면 위로 노출된 것이 극히 드문 데 반해 육지에서 온 것은 빙산이라 부르는데, 이는 다소 고산(高山)과 구곡(丘谷)의 형상을 이루어 항해자를 몹시 두렵게 하는 것이다. 빙산은 빙하에서 흐르는 것이니, 원래 남극과 북극 양극지역은 사계절의 기후가 매우 추우므로 산야에는 오랜 세월 빙설이 겹겹 쌓였고 하천은 전부 단단한 얼음으로 길이 잠기어 이른바 빙하를 이루고 있다. 빙하는 산 위로부터 골짜기에 들어가고, 골짜기로부터 바다에 들어간다. 이 바다에 들어가는 얼음의 일부가 종종 빙하에서 분리되면 빙산이 되고, 이 빙산은 또 해류에 표류하여 먼 지역의 해상까지 떠돌아다닌다. 북극해에서 위험한 큰 빙산을 생성하는 것은 그린란드의 빙하이고, 남극해에서 생성된 빙산은 남극지방 육지의 빙하에서 유출된 것이다. 남극해에서 온 빙산이 북극해에서 온 빙산보다 대개 큰 것은 남극의 빙하가 북극보다 크기 때문이다.

낙타 이야기 / 노농(老農)

낙타의 종류

낙타는 무각번추수(無角翻芻獸)에서 갑종과 을종 두 가지로 분과된 것이다. 하나는 아메리카산인데 단봉이 있는 것이고, 하나는 아라비아산인데 쌍봉이 있는 것이다. 근래에 식자 사이에서 연구되는 것은 전부 갑종뿐이다.

낙타의 특성

낙타는 체격이 크고 신장이 대략 4척 9촌에서 7척 남짓이고, 코끝에서 꼬리까지 신장이 9척에서 9척 남짓이다. 체중은 대략 752냥쭝 내지 1,000냥쭝 사이이다. 구간(軀幹)은 비교적 짧으면서 오그라져 있고, 복부는 구불구불하면서 오그라져 있다. 등에는 높고 볼록한 혹이 있으니 지방으로 채워져 있고 영양분이 충분할 때는 등 혹의 중량만도 370여 냥쭝에 달하나 음식물이 부족할 때는 5-60냥쭝에 불과하다. 사지는 비교적 가늘고 길지만 단단하고 발굽은 폭이 넓고 목은 길면서 굽었는데 위쪽으로 점점 작아지며, 용모는 순진무구하고 꼬리는 암소와 흡사하며 흉부 앞과 팔꿈치와 팔뚝 및 무릎 등에 단단한 가죽이 있는데 나이를 먹으면서 면적이 점차 커진다. 평소에 누워 있을 때는 이를 가지고 자신의 몸을 지탱하여 안식을 얻는다. 털은 유연한데 동계에는 촘촘한

털이 나며 사지는 쥐색·갈색·흑색 등이 많다.

낙타의 사료

사료는 오로지 식물만 사용하는데 거친 음식물과 영양소 부족을 견디는 특성이 있어서 불량한 건초뿐 아니라 수주일 동안 왜소하고 무미한 건조식물과 단단한 건초류나 반건조된 나뭇가지를 먹여 길러도 수분 없이 견딜 수 있다. 그러므로 겨울에 5·6일 여름에 2·3일에 1회만 음료를 공급하면 된다. 대개 낙타의 첫째 위-낙타는 네 개의 위가 있음-에는 두 개의 방이 갖추어져 있는데 입구가 극히 좁기 때문에 음식물을 지탱하며 물을 수용하나 방 내면을 덮은 표피는 조금도 수분을 흡수하는 성질이 없다.

낙타의 번식 및 생명

임신은 12개월에 새끼 한 마리를 낳고 1마리 수컷은 10마리 내지 30마리 암컷 낙타와 교배하며 수명은 보통 40-50세이다. 4세가 되면 두루 사역되는데 단 2세에 사역되는 경우도 있다.

낙타의 원산지와 종류

현재 북위 12도 이하 아메리카 지역과 극동 일부에서 가축으로 사육되고 있다. 그 산지는 아라비아를 우선 꼽겠으나 이집트에서는 기원전 17세기경에 이미 존재하고 있어서 아메리카로 전파되었다. 지금 그 유적을 연구해보니 한편으로는 수리아·중앙아시아·페르시아를 거쳐 투르키스탄에서 몽골 지역까지 전파되었다고 하나 이는 상세히 알 수 없고 한편으로는 대서양과 북위 12도까지 전파되었다고 한다. 모 학자의 보고에 의하면 아라비아에는 낙타의 종류가 대략 20종인데 우종과 별종의 구분이 있다고 한다.

낙타의 효용

낙타는 탑승할 수 있는데 속력은 말과 비등하여 하루에 150리를 갈 수 있다. 적재량은 보통 은칭(銀秤)으로 3,700-5,000냥쭝을 실을 수 있다. 고기는 식용으로 제공할 수 있지만 어린 것만 가능하다. 우유는 음료로 쓸 수 있지만 길들여지지 않은 것은 불편하다. 털은 모포나 장막 등의 물건을 직조할 수 있다. 가죽은 응용처가 가장 폭넓다. 분뇨는 건조시켜 연료로 쓸 수 있다.

낙타의 손실

이 짐승이 잘 걸리는 병은 폐충혈(肺充血)·옴·사지통(四肢痛) 등이다.

화학 초보 / 박정의(朴廷義)

산소와 질소의 화합물

산소와 질소에는 일산화질소-기체-, 이산화질소-기체-, 삼산화질소-액체-, 사산화질소-액체-, 오산화질소-고체-의 다섯 종류가 있으나 그 가운데 공업에서 필수적인 오산화질소만 기술하겠다.

오산화질소(N_2O_5)는 일명 무수초산(無水硝酸)이라는 백색의 고체이다. 오산화질소를 만드는 방법은 초산은(硝酸銀) 가운데 오산화인(五酸化燐)을 더하는 것이다. 그 성질은 열을 급히 가할 경우 폭발하고, 열을 서서히 가할 경우 섭씨 30도가 되면 황색의 액체가 되고 45도가 되면 끓는데, 그때 물을 만나면 달궈진 철을 던진 것 같은 소리를 내고 화합(化合)하여 초산을 만든다.

산소와 수소의 화합물

(1) 물(H2O) (2) 이산화수소(H2O2)

(1) 물은 맛과 냄새가 없고 얕은 곳은 색도 없지만 깊은 곳은 청색을 띠는, 지구상에서 가장 많이 분포된 액체이다. 수증기가 되면 공기 속에 뒤섞여 지구의 전면을 감싸고, 액체 상태로는 지구표면의 대부분인 늪·호수·강·바다 등을 차지하고 있다. 땅속과 물체 속에 있는 그 수량 역시 직지 않다. 빙설 등은 고체 상태의 물인데 설선(雪線) 이상의 지역에서는 사계절 내내 끊이지 않는다.

물의 순도

물 가운데 순도가 가장 높은 것은 빗물이요 가장 낮은 것은 해수광천 등인데, 그 중간 정도 되는 물은 하천과 우물의 물이다. 그러므로 증류법(蒸溜法)-물을 가열하여 수증기로 만들어 불휘발성의 불순물과 분류시킨 뒤 그 수증기를 다시 냉각시켜 액체의 물을 얻는 방법-에 의하여 순수한 물을 만드는 것이다.

물의 부피와 밀도의 증감

물은 섭씨 4도에 최소부피와 최대밀도-중량-를 갖고 4도 이상이거나 이하일 때 부피가 점차 증가하고 밀도가 점차 줄어든다. 그렇기 때문에 보통 4도의 물을 가지고 고체와 액체의 비중을 측정의 기준으로 삼는다. 또한 물은 0도에 응고하여 얼음이 되는데 부피 100의 물이 부피 109의 얼음을 생성한다. 그렇기 때문에 간혹 겨울철에 물병이나 물관 등이 동파되는 것을 볼 것이다. 또한 물은 100도에서 끓어 수증기가 되는데 부피 1의 물이 부피 1696의 수증기를 일으킨다. 그렇기 때문에 이러한 물의 팽창원리를 증기기관에 이용하는 것이다.

이처럼 물이 응고하여 얼음이 되며 끓어서 수증기가 되는데, 그 질량은 변하지 않지만 그 부피는 늘어난다. 그렇기 때문에 수증기는 물론 물보다 가볍거니와 얼음도 동일한 부피의 물보다 가벼워서 봄철의 강가에 떠다니는 것이다.

(2) 이산화수소는 산소 32푼쭝과 수소 2푼쭝이 화합하여 생성되는 무색의 액체이다. 이는 자연적으로 존재할 수 없고 단지 인공적으로 제조할 수만 있다. 이 액체의 성질은 쉽게 산소의 반을 방산(放散)하여 다른 물건을 산화시키기 때문에 현재 견모(絹毛) 등의 표백제로 사용된다.

질소와 수소의 화합물(NH_3)

암모니아는 유취무색하고 물 1cc당 7-800cc 용해되는 가스인데, 대기나 지하에도 미량으로 존재하고 동식물 등이 부패할 때도 생성된다. 석탄은 조성되는 과정에서 소량의 질소를 함유하므로 그 제조법은 석탄을 밀폐된 용기 속에 넣고 가열하거나 혹은 염화암모늄($2NH_4$ C)에 석탄(Ca)을 혼합하여 가열하는 것이다. 이 기체가 물에 용해되면 암모니아수가 생성되는데 이것이 현재 암모니아의 중요한 재료가 된다. 이 암모니아수를 산류(酸類)에 중화시킬 때 암모니아염이 생성되니, 이 암모니아염은 공업과 의료에 많이 사용되고, 그 조제(粗製)된 물질은 비료로 사용된다. 또한 액체 암모니아가 증발할 때 상당한 냉기가 생성되기 때문에 얼음의 제조에 사용되기도 한다.

탄소(C12)

탄소나 동식물과 광물 중에 다량으로 존재하는 원소이다.

(1) 금강석 (2) 흑연(석묵) (3) 목탄 (4) 석탄 (5) 유연 (6) 동물탄

(1) 금강석(金剛石)은 만물 중에 가장 단단한 보석이다. 광선이 굴절되면 전기를 전도하기 어렵다. 순수한 금강석은 무색투명의 결정인데

미려한 광택이 있어 몹시 귀중하기 때문에 그 가격이 가장 높다. 사소한 불순물이 혼합된 것은 여러 가지 빛깔이 있는 것인데 이러한 조품(粗品)은 초자(硝子)·암석 등의 절단에 요긴하게 이용된다.

또 금강석을 산소 밖에서 강하게 가열하면 12푼쭝이 산소 32푼쭝과 화합하여 무수 탄산 44푼쭝을 생성한다.

(2) 흑연(黑鉛)은 반금속과 같은 광택이 있고 가장 유연한 회흑색의 연괴(鉛塊)로 생성된다. 열과 전기를 전도하기에 용이하며 보통 온도에는 용해되지 않기 때문에 점토와 화합하여 도가니를 제조한다. 이 외에도 연필을 제조하거나 기계 사이에 넣어 그 마찰을 줄이는 데 많이 사용한다.

흑연도 금강석과 같이 산소 중에서 12푼쭝을 가열하면 산소 32푼쭝과 화합하여 44푼쭝의 무수 탄산을 생성한다.

(3) 목탄(木炭)은 식물에서 취한 것이다. 그 특별한 성질은 물질이 부패할 때에 생성되는 악취 나는 기체와 물속에 함유된 유해물질을 흡수할 수 있기 때문에 탈취제와 여수료(濾水料)로써 가장 요긴하게 사용된다. 또한 공기 속과 물속에서 목재처럼 쉽게 부패하지 않기 때문에 전신주같이 땅속에 매몰되는 부분과 혹은 담장같이 비바람에 직접 닿는 표면 등에 태워 사용한다.

목탄을 공기 중에 태우면 무수 탄산이 생성되는데 그때 일어나는 열이 일상생활에 가장 필요하다.

(4) 석탄(石炭)은 고대에 번성하던 식물이 땅속에 매몰되어 화생(化生)된 물건이다. 탄소를 함유하고 있기 때문에 석탄을 공기에 접촉시키지 않은 채로 가열하면 가연성의 기체, 즉 탄산가스를 생성하는데 이 가스는 현재 연료나 등불에 요긴하게 활용된다. 또한 그때의 부산물로 여러 가지 주요한 물질을 생성하기도 한다.

(5) 유연(油烟)은 몹시 미세한 분탄이다. 기름과 나뭇가지에서 취한

것인데, 제묵(製墨)의 원료가 된다.

(6) 동물탄(動物炭)은 소나 말의 뼈를 태워 만들어 낸 숯이다. 목탄처럼 여러 가지 기체를 흡수하며 또한 용해되는 도중에 함유된 색소를 제거할 수 있기 때문에 사탕의 정제 등에 사용된다.

| 문예 |

• 광고

본 태극학보 대금 수납의 편의를 위하여 경성(京城)과 평안북도(平安北道)에 위탁수금소를 설치하였으니 경성에서 본 태극학보를 구독하시는 분은 대금을 경성 북서(北署) 원동(苑洞) 이갑(李甲) 씨 댁에 거처하는 김기옥(金基玉) 씨에게 보내주시고 평안북도에서 구독하시는 분은 평안북도 정주(定州) 남문(南門) 내 홍성린(洪成鱗) 씨에게 보내주시기 바랍니다.

태극학회 알림

사회와 가정 / 오석유(吳錫裕)

바람과 파도가 요동치고 번개와 우레가 으르렁거려 영예와 치욕이 비처럼 쏟아지고 비판과 명예가 파도처럼 부딪히니 좋은 혀와 나쁜 입이 구슬을 빻고 금을 녹이듯 하고, 평온한 다리와 위태로운 정강이가 배처럼 흔들리고 뭍처럼 평탄한 사회에 치달려 몸과 뇌가 한데 엉긴다. 비태(否泰)를 조우해도 그 뜻을 빼앗지 못하고 이험(夷險)을 경험해도 그 지조를 바꾸지 못하는 웅건한 대담아(大膽兒)의 행색과 통달한 방안자(放眼子)의 식견으로 해진 채찍과 여윈 말에 초초(草草)한 행장을 가지고 가정에 돌아오니 태항산(太行山) 흰 구름에 멀리 바라보던 지난 꿈이 문득 흩어진다. 책상 위 먼지 쌓인 책을 거듭 읽으니 어린 아들의 독서 습관이 가상하고, 술통 속의 오랜 술을 새로 거르니 형처(荊妻)의 정념(情念)이 자못 흡족하다. 이웃 거리에서 죽마고우는 다년간의 풍상

을 간절하게 위로하고, 뜰에서 쑥대머리 좋은 지난날의 노고를 흥미진
진하게 이야기하니 인륜상의 쾌락은 이쯤에서 족하다. 봄비가 가늘게
내려 채마밭의 윤택한 새싹은 껍질을 터트리고 봄바람이 살랑 불어 꽃
밭의 어여쁜 배태(胚胎)가 아긴 것을 내놓으니 물리적 정경은 이로써
충분하다.

　하지만 대저 사람은 혈거(穴居)하는 사물이 아니니 반드시 사회에 나
와 분전하고 고투하지 않을 수 없다. 만일 가정의 즐거움에 평생을 의
지하면 토시만 지키는 창응(蒼鷹)이 떨쳐 날아오르는 기운이 다 하고
구유에 숨은 여윈 말이 뒷발질하고 물어뜯는 의지가 꺾인 듯하여, 신분
은 쇠락한 물건과 다름없고 사상은 유치한 때를 방불케 하여 송나라의
해가 떨어진다 해도 떠받칠 능력이 없는 줄로 생각하고[5] 기(杞)나라의
하늘이 기운다 해도 근심할 의무가 결여된 줄로 인식하니, 개인들의
집합으로 사회가 성립되는 것은 괜찮거니와 공동체를 떠나 개인의 독
선은 도저히 해서는 안 된다. 하물며 바람이 뒤흔들고 조수가 삼키는
이 20세기의 시대와 우레처럼 달려가 번개처럼 치는 6대주의 세계에
살면서 없는 듯 흩어져 평온하고 조용한 가정의 즐거움을 취하여 결합
하여 활동하는 사회적 의(義)를 저버리겠는가. 이러한 까닭에 맹자(孟
子)가 말하지 않았던가. "깊숙한 골짜기에서 빠져 나와 높은 나무에 옮
겨 산다는 말은 들었어도 높은 나무 아래로 내려와 깊숙한 골짜기로
들어가 산다는 말은 들은 적이 없다"고. 본인이 모진 풍상을 오래도록
무릅쓰고 두 어깨가 다 해진 갖옷 차림으로 가정에 돌아오니 감회가
없지 않아서 사회의 동포에게 우러러 진술한바 번잡함과 외람됨을 피
하지 않는다.

5　송(宋)나라의……생각하고 : 임금을 보좌할 능력이 자신에게 없다고 여긴다는 뜻이다.

사제(師弟)의 언론 / 은우생(隱憂生)

　내가 본향에 있었을 때 무슨 간여할 일이 있어서 어떤 한 촌숙(村塾)을 들렀다가 여기서 보고 들은 사제(師弟) 간의 시론(時論)에 대한 문답을 다음에 대략 베껴 쓰니, 독자들께서 한번 살펴보고 공정하게 평가해 주기 바란다.

　　나이가 대략 열 한두 살쯤 되는 서동(書童)이 "선생님, 선생님 ⋯⋯" 부르면서 "저는 어제 시장에 갔습니다."
　선생 : "그래서?"
　서동 : "시장에서 단발하고 검은 옷 입은 어떤 사람이 연설하는 것을 봤지요."
　선생 : "예수쟁이가 예수를 믿으라고 연설하더냐?"
　서동 : "아니요. 참 재미있는 연설이었습니다."
　선생 : "무슨 연설을 들었기에 재미있다고 하느냐? 어디 말 좀 하거라."
　서동 : "하지만 선생님께는 좀 거슬리게 할 듯합니다."
　선생 : "이놈아! 무슨 말이든지 좀 시원히 하려무나."
　서동 : "네 말씀하오리다. 우리 대한국이 오늘날 이러한 비참한 지경에 빠진 것은 수백 년 이래로 이른바 국민교육을 담당한 학구배(學究輩)의 죄라고 하였어요."
　선생 : "이놈아, 듣기 싫다! 저런 육시할 놈들! 음 ⋯ 음 ⋯"
　서동 : "제가 이미 말씀을 선생님께 전달했던 것이오니 좀 노여움을 거두시고 끝까지 들으시기 바랍니다."
　선생 : "이놈아! 다시는 그런 무엄하고 놀라운 말은 내 앞에서 일절 뱉지 말거라. 나라를 망친 죄를 성문제자(聖門弟子)에게 돌려보내 ⋯⋯ 음! 음! ⋯ 예전 시대 같으면 이놈들을 ⋯⋯ 우리 도가 성행하던 시대에는 국태민안(國泰民安)하였지! 근래에 이른바 예수교니 천주학이니 천도교니 정토종이니 각양각색의 이러한 이단의 도(道)가 우리나라에 자행한 뒤로 세월이 갈수록

점차 혼란해졌지……"

서동 : "선생님께서는 잘못 통촉하셨습니다. 그 연설하던 사람이 유교를 배반하고 예수교나 천도교로 귀의하라 연설한 것이 아닙니다. 교육의 허실만 설명하면서, 구학문이 좋지 않은 것은 아니나 최근에 허문(虛文)만 숭상하는 폐단으로 인하여 사람들의 지혜가 진보하지 못해 오늘날 이 지경에 이르렀으니, 이제부터 각 사회의 유위(有爲)하는 청년은 허문의 노예가 되지 말고 조속히 실질이 있고 아름다움이 있는 신학문을 숭상하고 배워서 예전에 썩은 두뇌와 움츠린 정신을 변화시켜 마침내 일대 건장한 남아가 된다면 국권의 회복에 무슨 어려움이 있겠는가. 오늘날의 국세(局勢)는 한 순간이라도 바쁘니 청년의 부모님들과 또 청년들께서………"

선생 : "이놈아 네 말은 그만두고 내 말 좀 들어라 학교니 무엇이니 일컫는 명사도 모를 때는 무엇으로 말미암아 국태민안(國泰民安) 하였다더냐?"

서동 : "그러나 제가 학교를 구경한 이야기 좀 들어보소서. 제가 그 연설을 다 듣고 나서 돌아오던 길에 예수교 설립 소학당 앞을 지나다가 그 교내에서 '하나 둘, 하나 둘' 하는 소리를 이상하게 듣고 들어가 보니 저와 같은 아이 4-50명이 단발과 가벼운 차림으로 드넓은 정원에서 체조하는 모습! 참 흥미로울 뿐 아니라 대한독립을 회복하는 날에 그 학도들이 반드시 선봉대가 될 인재라고 흔쾌히 말할 만하였습니다."

선생 : "체조인지 무엇인지 선봉대가 되기는 관두고 골병들지니!"

서동 : "체조라 하는 것은 위생상 크게 이익을 준다는데 골병들 수 있습니까?"

선생 : "이익이 다 무엇이냐. 나는 체조를 모르고 자랐어도 나이 이제 일흔이다."

서동 : "그래도 유익하다 하던데요."

선생 : "저런 미혹된 놈이 어디 있나! 제 선생 말을 곧이 듣지 않는구나. 이놈아! 네 집에서 기르는 소를 보지 못하였느냐? 추수를

끝내고 나서 마구간에 한가로이 누워서 건초만 씹을 때는 몸도 살지고 단단하다가 봄갈이만 한 번 오면 또다시 야위어지니 사람이던 짐승이던 동물은 매한가지다. 한가로이 누워서 배불리 먹는 것 외에 위생의 방도가 더 있다더냐? 또 설령 이득이 있더라도 몸과 팔다리는 바르고 중하게 다루는 것이 좋다."

서동 : "선생님 말씀이 참 이치에 합당합니다. 그러면 학교에서 교수하는 과정은 어떻습니까?"

선생 : "이른바 학교의 학과(學科)라 하는 것이 너무 복잡하여 알 수는 없으나 통틀어 말하면 다 허무맹랑하니라."

서동 : "제 어리석은 소견으로는 다른 학과는 어떠하던 간에 지리·역사·산술은 사람으로서 학습하지 않을 수 없는 학과이옵디다."

선생 : "지리·역사·산술은 특별한 기술이 아니니라. 다 유학의 도에서 훔쳐 적고 베껴 모은 것이다."

서동 : "하지만 저는 『사략(史略)』과 『통감(通鑑)』을 그만두고 지리·역사·산술을 배우는 게 소원입니다."

선생 : "네가 지리는 배우기를 원하지 않아도 천문까지 배울 때가 있을 것이다."

서동 : "어째서요?"

선생 : "『서전(書傳)』에 천문·지리 다 있느니라. 「기삼백(朞三百)」 편에는 천문학이 있고 「우공(禹貢)」편에는 지리학이 있다. 또 역사는 지금 네가 읽고 있는 『사략』과 『통감』이 만고의 모든 역사이니 역사는 굳이 더 배울 필요가 없고 또 산술은 천횡백립(千橫百立)에 사부삼속(四負三束)이나 알고 가감(加減)이나 알면 충분하다."

서동 : "그러면 체조라 하는 것은 아동의 신체를 해치는 질병의 원인이고 또 학과라 하는 것은 구학문의 지엽과 같으니 학교에 다닐 정신 팔아먹은 놈이 어디에 있을까요?"

선생 : "옳다. 옳다. 네 말이 옳다. 그렇기에 내가 한탄하는 것은 다 아무것도 모르는 맹인들이 일본과 서양의 이풍(夷風)을 흠모하고 부러워하여 이른바 학교니 무엇이니 설립하고 늘 말하기

를 '학교 교육을 확장시키면 국권 회복이 자연히 된다.' 하니 그런 미친놈들!! 국권을 회복할 사람은 지금부터 산속에 깊이 은거하여 좋은 천시(天時)를 고대하느니라. 『정감록(鄭鑑錄)』에 이르기를 '왜왕(倭王) 3년'이라 하였으니 이 비결(祕訣)에 부합하려고 지금 동쪽 이웃나라의 보호 하에 치욕을 참고 이름을 굽혔지만 3년의 액운이 머지않아 떠날 것이니, 그때에 깊이 은거하여 때를 기다리던 영웅이 세상에 나와서 칼날에 피를 묻히지 않고 국권을 회복할 것이지. 이때가 되면 수년간 침체된 유학의 도가 중흥할 테지. 너는 어서 부지런히 글을 읽어라. 참 시부(詩賦)만 잘하였으면………"

서동 : "하지만 학교에 다니는 학도들이 단발한 것은 참 편할 듯합니다."

선생 : "우리나라가 4천 년 이래로 승려 외에 단발한 법이 어디 있었더냐? 『정감록』에 '승려들의 피가 강에 가득하리라' 하였으니, 오늘날 단발한 놈들을 조만간 낙동강·대동강·두만강 같은 큰 강으로 몰아내어 칼날 아래 귀신으로 만들어버릴 테다. ……… 아따. 담뱃불 붙여 오너라. ………… 허허! ………오늘이 내 생일이군."

서동이 동류들과 함께 술과 안주의 장만을 은근히 의논한다. 선생은 알면서 모르는 체하고 슬그머니 밖으로 나가서 '술이 유령의 무덤 위 흙에 이르지 않네〔酒不到劉伶墳上土〕'라는 구절만 부질없이 읊으면서 배회하는 저 모습………

술자(述者)는 말한다. "허허 가소롭다. 이러고서야 나라가 어찌!!"

반드시 후회할 것이다[必有悔][6] 漢

봄밭에 씨 뿌리지 않으면 필시 후회가 있을 것이다. 春田不種必有悔

---

6 본문 목차에는 '한시 5수'로 되어 있는데 제목은 4개의 한시만 나온다. 「감흥이 일어나다 3수」가 두 명의 다른 작가의 작품이라 이를 2개로 표기한 것으로 보인다.

청년이 배우지 않으면 필시 후회가 있을 것이다.	靑年不學必有悔
술에 취해 패망(悖妄)하면 필시 후회가 있을 것이다.	酒中悖妄必有悔
평소에 방탕하면 필시 후회가 있을 것이다.	平日荒淫必有悔
부자가 검소하지 않으면 필시 후회가 있을 것이다.	富家不儉必有悔
강자가 자만하면 필시 후회가 있을 것이다.	强者誇慢必有悔
재물만 아끼고 어질지 않으면 필시 후회가 있을 것이다.	
	愛財不仁必有悔
권세만 탐하고 충성스럽지 않으면 필시 후회가 있을 것이다.	
	貪權不忠必有悔
좋은 의원을 홀대하면 필시 후회가 있을 것이다.	良醫薄待必有悔
복음(福音)을 배척하면 필시 후회가 있을 것이다.	福音背斥必有悔
때가 떠나고 기회가 떠나면 필시 후회가 있을 것이다.	
	時去機去必有悔
사람이 떠나고 일이 떠나면 후회한들 어찌하리.	人去事去悔奈何

섣달 그믐날 밤에 [漢] / 육수생(六守生)

경종은 무슨 연유로 시름겨운 잠을 깨우나	警鍾何故罷愁眠
저것 또한 오늘 밤엔 뜻이 있어 그러하리.	渠亦今宵有意然
다만 바라노니, 여러분은 아는지 모르는지	但願諸君知也否
천시와 인사도 함께 새해 맞이함을	天時人事共新年

감흥이 일어나다 3수 [漢] / 강개생(慷慨生)

아시아의 먼지 유럽의 불길 나날이 분분하니	亞塵歐焰日紛紛
장사와 영웅은 넋이 나가려 하네.	壯士英雄欲斷魂

| 반도의 한 남아는 아는가, 모르는가. | 半島一兒能識否 |
| 용맹한 범 걸음으로 산촌을 나섰음을 | 猛然虎步出山村 |

/ 위와 같은 작가이다.

나라 형세 어렵고 세상사는 분분한데	國勢艱難世事紛
열렬한 충혼에 구천에서 감읍하네.	九泉應泣烈忠魂
적병은 가는 곳마다 어찌 그리 잔악한가.	敵兵到處何其惡
피 비와 비린내 바람이 벽촌까지 넘쳤구려.	血雨醒風漲野村

/ 육수생(六守生)

인생과 세상사 양쪽 다 분분한데	人生世事兩相紛
강호의 객창에서 공연히 애를 끊네.	江戶客窓空斷魂
구름 길 붕새 길은 길고도 먼 터라	雲路鵬程長且遠
어느 날에 공 이루고 고향으로 돌아갈고	成功何日返鄉村

서녘을 바라보고 감흥이 일어나다 漢 / 은우생(隱憂生)

이리저리 떠돌다가 오늘 아침에 소나기를 맞아	棲屑今朝逢驟雨
잠시 옛 사당 안으로 피하였지.	暫時廻避古祠中
처자식 지금 어디 있는지 생각하니	却思妻子今何在
만날 기약 할 수 없어 종족의 풍습이 무너지네.	會合難期破族風

| 잡록 |

건원절(乾元節)의 경축 漢

본월 10일-음력 2월 초8일-에 우리 황제폐하 제1회 건원절(乾元節)에 일반 유학생들이 감독부(監督部)에 일제히 모여 경축예식(慶祝禮式)을 거행하였다. 유학생 감독 신해영(申海永) 씨는 일반 유학생을 대표하여 황태자 전하께 나아가 알현하고 축하하였다. 황태자전하께서는 다과비로 금화 50환을 하사하셨다.

○학상(學相)의 도래 : 학부대신(學部大臣) 이재곤(李載崐) 씨가 본월 20일 오후 5시 반에 무사히 도쿄(東京)에 도착하였다.

• 회사요록

○본월은 본회의 임원 총선거 기간이라 1일 오전에 총회를 본회관에서 개최하고 투표로 선정하였는데 선임된 분들은 다음과 같다.

회　　장　김낙영(金洛泳)
부회장　이윤주(李潤柱)
총무원　김홍량(金鴻亮)
평의원　박상락(朴相洛) 김진초(金鎭初) 김지간(金志侃) 문일평(文一平)
　　　　김연목(金淵穆) 김수철(金壽哲) 이도희(李道熙) 장계택(張啓澤)
　　　　이인창(李寅彰) 김현식(金鉉軾)

　동일 오후에 임원회를 본회소에서 개최하고 사무원 이하 일반 임원을 선정하였는데 선임된 분들은 다음과 같다.

사무원	이원식(李源植)　김연목(金淵穆)　최윤덕(崔允德)　김영재(金英哉)　김연우(金淵祐)　곽룡주(郭龍周)
회계원	이인창(李寅彰)　김현식(金鉉軾)
서기원	김수철(金壽哲)　박상락(朴相洛)
사찰원	이은섭(李殷燮)　최시준(崔時俊)　김영기(金榮起)
편집인	김낙영(金洛泳)
편찬원	김지간(金志侃)　김진초(金鎭初)　양치중(楊致中)　장계택(張啓澤)　김홍량(金鴻亮)　김수철(金壽哲)　문일평(文一平)
편집부서기원	이규철(李奎澈)　최윤덕(崔允德)　선우획(鮮于攫)

○ 본월 8일 일반 총회에서 김홍량(金鴻亮) 씨가 본보의 확장을 발론하니 만장일치로 호응하였다. 이로 인하여 재정의 방침을 연구할 때 일반 회원들이 앞 다투어 의연금을 내었는데 즉각 모금한 금액과 성명은 다음과 같다.

김홍량(金鴻亮)	200환	장계택(張啓澤)	50환
최시준(崔時俊)	200환	김현식(金鉉軾)	50환
김연목(金淵穆)	200환	조운룡(趙雲龍)	50환
김수철(金壽哲)	200환	백성봉(白成鳳)	50환
김진초(金鎭初)	200환	이규철(李奎澈)	50환
문일평(文一平)	100환	박의식(朴義植)	30환
이윤주(李潤柱)	100환	이인창(李寅彰)	20환
김진영(金鎭鍈)	100환	노문찬(盧文燦)	20환

이도희(李道熙) 100환	오익영(吳翊泳) 20환
신성호(申成鎬) 100환	김연옥(金淵玉) 20환
김창변(金昌變) 100환	선우확(鮮于攫) 20환
김지간(金志侃) 100환	김영재(金英哉) 10환
김연호(金淵祜) 100환	조장호(趙章鎬) 10환
김영기(金榮起) 100환	김성기(金星起) 10환
이원관(李源觀) 100환	박성의(朴廷義) 10환
박상락(朴相洛) 10환	유성탁(柳盛鐸) 5환
장응만(張膺萬) 10환	변봉현(邊鳳現) 5환
한익변(韓益變) 10환	이정하(李庭河) 3환
정용원(鄭庸瑗) 10환	박제봉(朴濟鳳) 1환
김낙영(金洛泳) 10환	박원희(朴元熙) 1원
김시영(金始英) 5환	최윤덕(崔允德) 금비녀 1개
유공탁(柳公鐸) 5환	유종수(柳種洙) 10환

이상 금액의 총합이 금비녀 1개 외에 2505환이다.

• 회원소식

　○회원 박선근(朴璇根) 씨는 교토(京都) 염직학교(染織學校)에서 수학하기 위해 지난달 28일 오후 3시 30분 신바시(新橋)발 열차로 출발하였다.

　○회원 이은섭(李殷燮) 씨는 본월 2일 오후 3시 반 신바시발 열차로 귀국하였다.

　○회원 임회직(林會稷) 씨는 본월 9일 오후 3시 반 신바시발 열차로 귀국하였다.

　○회원 조운룡(趙雲龍) 씨는 교토 염직학교에 입학하기 위해 본월 10일 오후 3시 30분 신바시발 열차로 출발하였다.

○회원 이상진(李相晋) 씨는 본월 12일 오후 3시 반에 귀국하여 경성 (京城) 경신학교(儆新學校)에 입학하였다.

○회원 이승현(李承鉉) 씨는 작년 가을에 귀국하였다가 본월 13일에 도쿄(東京)에 건너왔다.

○회원 이인창(李寅彰), 이진하(李珍河), 이태희(李泰熙) 제씨는 춘계 방학에 부모님을 뵙기 위해 본월 20일 오후에 귀국하였다.

○회원 김지한(金志侃), 신성호(申成鎬), 박제봉(朴濟鳳), 오익영(吳翊 泳) 제씨는 군마현(群馬縣) 양잠학교(養蠶學校)에 입학하기 위해 본월 24일 오후에 시부야(澁谷) 발 열차로 출발하였다.

○회원 정용원(鄭庸瑗) 씨는 시바구(芝區) 관립 경찰소방연습소(警察 消防練習所)에 입학하였다.

○회원 김기곤(金基琨) 씨는 작년 춘계방학에 귀국하였다가 본월 초 에 교토에 건너왔다.

○회원 김기정(金基珽) 씨는 작년 동계방학에 귀국하였다가 본월 초 에 나고야(名古屋)에 건너왔다.

○회원 김재건(金載健) 씨는 도쿄 축산학교(畜産學校)에서 우등생으 로 본월에 졸업하였다.

• 신입회원

이동숙(李東䔉), 김덕윤(金德潤), 이대형(李大衡), 이희적(李凞迪), 차경 환(車景煥), 구극소(具克昭), 류긍렬(劉兢烈), 박병선(朴柄璇), 홍연도(洪 淵鍍), 홍병은(洪炳殷), 류세탁(柳世鐸) 제씨가 이번 본회에 입회하였다.

• 용의지회(龍義支會) 신입회원

김경회(金敬淮), 박지전(朴芝篆), 한경온(韓敬溫), 김상흠(金商欽), 오영호(吳英豪), 이경찬(李京燦), 정의건(鄭義健), 최세춘(崔世春), 조관진(趙寬珍), 공재명(孔在明), 임대영(林大榮), 김천원(金天元), 고승환(高承璇) 제씨가 이번 용의지회에 입회하였다.

• 태극학보 의연금 제4회 평양(平壤) 찬성인(贊成人) 성명 연속

이만희(李萬熙) 씨 20환	윤기원(尹起元) 씨 20환
김한조(金漢朝) 씨 20환	김연상(金然尙) 씨 20환
한인근(韓仁根) 씨 15환	윤기선(尹夔璿) 씨 5환
윤제선(尹濟璿) 씨 5환	최순정(崔順貞) 씨 5환
김명준(金明濬) 씨 재차 5환	
김종호(金鍾濩) 씨 5환	이정수(李政秀) 씨 5환
김택길(金澤吉) 씨 5환	박기석(朴箕錫) 씨 재차 5환
박용관(朴容觀) 씨 재차 5환	
김관선(金寬善) 씨 재차 5환	
이흥우(李興雨) 씨 5환	정희열(鄭熙悅) 씨 5환
안승렬(安承烈) 씨 5환	백순흠(白舜欽) 씨 5환
박승건(朴承健) 씨 5환	모정풍(牟正豊) 씨 5환
김연석(金演碩) 씨 4환	이동직(李東稷) 씨 3환
장의봉(蔣儀鳳) 씨 3환	이원학(李元鶴) 씨 2환
김경주(金烱澍) 씨 2환	곽봉학(郭逢學) 씨 2환
차정호(車廷鎬) 씨 1환	김병일(金秉一) 씨 1환
최승룡(崔昇龍) 씨 1환	김인택(金仁澤) 씨 1환
리양원(李養元) 씨 1환	한승은(韓承殷) 씨 1환

최응준(崔應俊) 씨 1환	김계헌(金啓憲) 씨 1환
박응선(朴應善) 씨 1환	최익모(崔翼模) 씨 1환
이병건(李炳乾) 씨 1환	노사건(盧士健) 씨 1환
김윤영(金允永) 씨 1환	김윤선(金胤善) 씨 1환
김기찬(金基贊) 씨 1환	김찬기(金瓚基) 씨 50전
박제용(朴濟用) 씨 50전	김계묵(金啓默) 씨 50전
김도익(金道益) 씨 50전	전관식(全觀植) 씨 50전
한상용(韓相庸) 씨 50전	한기혁(韓基爀) 씨 50전
김이준(金利浚) 씨 50전	김이건(金利鍵) 씨 50전

광무 10년 8월 24일 창간
융희 2년 3월 20일 인쇄
융희 2년 3월 24일 발행
메이지 41년 3월 20일 인쇄
메이지 41년 3월 24일 발행

•대금과 우편료 모두 신화(新貨) 12전

일본 도쿄시 코이시카와구(小石川區) 히사가타쵸(久堅町) 45번지
편집 겸 발행인　장응진(張膺震)

일본 도쿄시 코이시카와구 히사가타쵸 45번지
인 쇄 인　　　김지간(金志侃)

일본 도쿄시 코이시카와구 나카토미사카쵸(中富坂町) 19번지
발 행 소　　　태극학회

일본 도쿄시 우시코메구(牛込區) 벤텐죠(辨天町) 26번지
인 쇄 소　　　명문사(明文舍)

태극학보 제19호	
광무 10년 9월 24일	제3종 우편물 인가
메이지 39년 9월 24일	
융희 2년 3월 24일	발행(매월 24일 1회 발행)
메이지 41년 3월 24일	

메이지 39년 9월 24일 | 광무 10년 9월 24일 | 제3종 우편물 인가

융희 2년 5월 12일 발행(매월 1회)

태극학보

제20호

태극학회 발행

• **주의**

△본 태극학보를 구독하고자 하시는 분은 본 발행소로 통지하여 주시되 거주지 성명과 통호를 상세히 기재하여 보내주시고 대금은 우편위체(郵便爲替)로 본회에 교부하여 주시기 바랍니다.

△본 태극학보를 구독하시는 여러 군자들 가운데 주소를 이전하신 분은 신속히 그 이전하신 주소를 본 사무소로 통지하여 주시기 바랍니다.

△본 태극학보는 뜻 있으신 인사들의 구독 편의를 위하여 출장소와 특약판매소를 다음과 같이 정합니다.

황성 중서(中署) 동궐(東闕) 파조교(罷朝橋) 건너편 주한영(朱翰榮) 책사 -중앙서관(中央書館) 내-

평안남도(平安南道) 삼화진(三和鎭) 남포항(南浦港) 축동(築垌) 김원섭(金元燮) 댁

평양(平壤) 관동(貫洞) 예수교서원(耶蘇敎書院)

평양(平壤) 법수교(法首橋) 대동서관(大同書觀)

평안북도(平安北道) 정주군(定州郡) 남문(南門) 내 홍성린(洪成鱗) 상점

북미 샌프란시스코 한인공립협회(韓人共立協會) 내 -김영일(金永一) 주소-

• 투서주의

1. 학술(學術), 문예(文藝), 사조(詞藻), 통계(統計) 등에 관한 온갖 투서는 환영합니다.
1. 정치에 관한 기사(記事)는 일절 접수하지 않습니다.
1. 투서의 게재 여부는 편집인이 선정합니다.
1. 투서의 첨삭권은 편집인에게 있습니다.
1. 일차 투서는 반려하지 않습니다.
1. 투서는 완결함을 요합니다.
1. 투서는 세로 20행 가로 25자 원고지에 정서함을 요합니다.
1. 투서하시는 분은 거주지와 성명을 상세히 기재하여 보내주셔야 합니다.
1. 투서에 당선되신 분께는 본 태극학보의 해당호 한 부를 무상으로 증정합니다.

• 특별광고

○ 내외도서 출판
○ 교과서류 발매
○ 신문잡지 취급
○ 학교용품 판매

경성 중서(中署) 동궐(東闕) 파조교(罷朝橋) 건너편
본점 -중앙서관(中央書館)- 주한영(朱翰榮)
평안북도(平安北道) 선천읍(宣川邑) 냇가
지점 -신민서회(新民書會)- 안준(安濬)

목차
태극학보 제20호

융흥학교(隆興學校) 공함
회사요록
회원소식
신입회원
태극학보 의연금 출연자 명단

태극학보 제20호
융희 2년 4월 24일
메이지 41년 4월 24일 [발행]

| 논단 |

지성(至誠)의 힘 / 김홍량(金鴻亮)

오호라! 저 천지 사이에서 국가의 흥망과 사람의 생사가 끊임없이 이어지는바 국가와 개인에 있어 그 경영의 행위는 크나큰 성공과 승리를 목적으로 삼고 이를 관철시키기 위해 부지런히 노력할 따름이다. 아 저 목적이여, 우리 인류는 그 성질을 이해할 수 없는 자도 말과 생각이 여기에 한 번 미치면 뜻밖의 만족과 전에 없던 희망이 내면에 샘솟아서 생활의 흥미를 한층 더하며 미래의 영광을 스스로 기약하게 된다. 비록 그러나 예로부터 이를 관철시킨 자는 그 수가 매우 드물었다. 우리 인류는 만물의 영장이라 자부하고 자랑하지만 그 희망의 목적을 달성하기가 이처럼 지극히 어렵다는 사실에 참으로 탁상을 치며 한번 성내고 얼굴을 감싸며 부끄럽게 여기는 마음을 스스로 억누를 수 없다. 과연 우리의 성품에 이러한 결점이 있어서 그러한 것인지, 명확한 이론과 적절한 증험을 거치지 않으면 도저히 안심할 수 없을 것이다. 고금에 이를 능히 달성한 자의 성품을 살펴보면, 그 온축된 여러 미덕을 완전하게 수양했을 뿐 아니라 그 밖에도 큰 능력이 있었으니, 그 능력으로 이러한 미덕의 발전과 작용을 이끌고 도와서 그 종결의 온전함을 이루게 한 것이다. 그 큰 능력이란 무엇인가? 바로 고결한 지성(至誠)이 그것이다. 우리에게 이것이 있으면 충분히 죄악을 타파하고 허위를 파멸시켜 우리의 자유를 모독하는 자를 정복할 것이니, 훌륭하다 지성이여! 실로 항해자의 지침이며 혁명가의 폭약이며 승리자의 무기이다. 지성이 있는 사람은 그 경영하는 행동이 깊고도 맹렬하여 전투적 관념으로 천직에 종사하며 진리를 위하여 역경에 맞서 싸우면서 목적을 달성하지 못하면 그만두지 않는다. 세계의 위인과 영웅에게는 각기 품성을 주재하는 것이 있겠지만 지성의 일념이 부족하다면 저들의 존재는 환영에 불과하며 저들의 공리(功利)는 순간에 불과하며, 세상 사람들의 찬사를 길이 누릴 수 없었을 것이며, 불멸의 영광을 길이 받을 수도 없었을 것이다.

오늘날 우리가 찬미하며 경배하는 영웅호걸은 모두 지성의 산물이며 저들의 활동도 모두 지성의 활동이다. 저들의 내면에는 지성의 화염이 거세게 타올라서 온갖 장애물과 어려움을 다 극복하고 저들로 하여금 영광스러운 자리에 오르게 했으니, 지성이 있는 사람은 지상에서 가장 활동적인 동물이자 가장 영광스런 생물이며 가장 신성한 생물이라 할 수 있을 것이다. 저 만고의 성웅(聖雄)인 조지 워싱턴(George Washington)은 농민 출신으로 독립군의 총독을 자임하고 자신의 민족을 노예에서 해방시켰으며, 마르틴 루터(Martin Luther)는 나무꾼 집안에서 성장하여 천제(天帝)의 권한을 장악한 당대의 교황(敎皇)을 파문하고 신교(新敎)를 처음으로 내세워서 현대사회를 일변토록 했으니, 저들도 지성의 능력을 통하지 않았더라면 이러한 위업을 달성할 수 없었을 것이다.

아, 피보호국 국민들이여! 너희를 부흥시킬 계책과 너희를 번창시킬 방략은 무엇을 통해 얻을 수 있겠는가. 바로 교육·정치·군술·실업 등이라 할 것이니 이것이 참으로 지극한 의론이지만 명예를 낚는 교육가와 동족을 사냥하는 정치군술가(政治軍術家)와 아침에 꾀하고 저녁에 거두는 이득만 탐하는 실업가 등이 많으면 많을수록 국가가 더 기울 것이다. 너희를 부흥시킬 교육은 지성가의 교육이며 너희를 부흥시킬

정치·군술도 지성가의 정치·군술이며, 너희를 번창시킬 실업도 지성
으로 원대함을 도모한 자의 실업이니, 지성은 우리의 생명이며 우리의
구세주이다. 지성이면 감천이니 토지의 강탈을 원망하지 말며 자주의
속박을 한탄하지 말라. 지성만 우리가 가지면 새로운 토지도 개척하며
죽은 자유도 되살아날 것이니, 외부의 적과 내부의 원수만 원망하지
말고 지성으로 기초를 공고히 닦고 이상의 누각을 그 위에 세운다면
아무리 거센 비바람이 급박하게 휘몰아쳐도 확고부동하게 보전되어 태
극기 아래 낙성연(落成宴)에서 우리의 자유와 우리의 행복을 천지와 더
불어 영원히 누릴 수 있을 것이다.

인생(人生)의 운명 / 이규철(李奎澈)

　인간이 이 세상에 태어날 때 하늘로부터 좋은 성품을 받아서 남과
교제하고 그 사용함을 이롭게 하기 때문에 정신이 하나로 모이면 이루
지 못하는 일이 없으니, 그 이치가 참으로 옳다. 하지만 인간의 만사란
뜻대로 되지 않는 일이 많으니 비록 경륜의 방책을 지니고 도덕적 인성
을 갖추고 있는 사람이라고 하더라도 기운(氣運)의 영향을 받아서 그가
평소 품고 있던 포부를 끝내 제대로 발휘하지 못하고 움츠린 채 우울하
게 평생을 한탄하며 보내는 자들이 많다. 그러므로 이른바 운명에 관한
설이 참으로 이로부터 나온 것이다. 옛날에 공자(孔子) 같은 성인도 천
하를 주유(周遊)하면서 때를 만나지 못한 한탄이 있었고, 안연(顔淵) 같
은 현자도 대그릇 밥과 표주박 물로 누추한 거처의 고난을 감수했으니,
이로 미루어 생각해보면 사람의 인생이 과연 운명에 구애되는 것도 분
명하다. 무릇 전 세계 인류를 다 셀 수 없지만, 사람에 따라 직업이
달라서 어떤 이는 실업가가 되기도 하고 어떤 이는 교육가가 되기도

하며 그 외에도 각종 직업을 갖게 된다. 비록 품고 있던 뜻이 똑같이 이러한 직업에 있었는지는 알지 못하겠으나 또한 모름지기 자세히 살펴보면 그 사이에 여러 사정으로 인해 이러한 직업에 종사하게 되니, 그렇다면 어찌 운명이 존재하는 것이 아니겠는가. 우리의 직업이란 진실로 하늘이 나에게 부여한 것이지 결코 우리의 뜻대로 선택된 것이 아니다. 그러므로 도리를 아는 자는 마음을 다하고 뜻을 한결같이 하여 그 천직을 편안히 여겨서 다시는 외물에 이끌리지 않도록 해야 한다. 자신의 직업을 스스로 만족하지 못하고 도리어 다른 사람의 직업을 부러워하여 급급하게 살아가며 하루도 편안할 수 없는 것은 대개 운명의 소이연(所以然)을 모르기 때문이니, 자신이 할 수 있는 직업을 갑자기 버리고 자신이 할 수 없는 직업을 억지로 구한다면 그 미혹됨이 심한 것이다. 또 평생토록 어떠한 직업에 종사하여 이미 무수한 세월을 겪었다면 그 종사한 직업에 관한 경력 역시 필시 적지 않을 것임은 두 말할 필요가 없다. 그런데 이제 갑자기 다른 사람의 직업을 보고 자신의 직업을 바꾸려 한다면, 동분서주(東奔西走)해도 침식(寢食)조차 불안할 뿐 끝내 소득이 없을 것이고 반드시 다른 사람의 웃음거리가 될 것이니, 어찌 신중하지 않을 수 있겠는가. 만일 운명이 자신에게 달려있음을 안다면 그 분수 밖의 일을 바라지 말고 자신의 직업에 안주하여 부단히 노력하면 반드시 성공할 날이 있을 것이다. 그렇다면 운명을 모르는 자가 급급하게 살아가는 것과 비교해보면 그 우열이 과연 어떠하겠는가.

옛말에 '생사(生死)는 운명에 달려 있고 부귀(富貴)는 하늘에 달려 있다'고 하였고, 또 '분수를 편안히 여기면 몸에 치욕이 없고 기미를 알면 마음이 절로 한가롭다'고 하였으니, 이러한 격언은 참으로 마땅히 지켜서 잃지 않아야 하는 것이다. 그런데 농(隴)을 얻고도 촉(蜀)을 바라봄에[1]

---

1 농을……바라듯 : 욕심이 끝도 없음을 말한다. 『동관한기(東觀漢記)』「외효전(隗囂傳)」에 후한(後漢) 광무제(光武帝)가 잠팽(岑彭)에게 농서(隴西) 땅을 공격해서 "뻇

번번이 만족할 줄 모르는 욕심이 생겨서 그칠 줄을 알지 못한다면, 설령 백세의 천수를 누리더라도 단 하루의 진미(眞味)를 어찌 알 수 있겠는가. 그러므로 외물에 마음이 내달려 지위의 고하를 다투고 재산의 수량을 견주면서 천명의 소관을 모르는 자는 내가 관여할 바가 아니다. 대저 자신에게 있는 것은 자신을 질책하여 권면하고 남에게 있는 것은 마땅히 천명에 맡기면 된다. 타고난 재능이지만 참으로 자신의 힘을 다할 수 있다면 곧 진보가 있을 것이다. 지위를 높이고 재물을 쌓는 것도 자신의 힘에서 나온 것이지만 그 적기를 기다리지 않고 잃을까 염려해 성급히 구한다면 반드시 끝내 소득이 없을 것이니, 이는 대개 하늘의 분수와 관련이 있기 때문이다. 이로써 보건대 참으로 자신의 천명을 편안히 여기고 자신의 직업에 힘써서 사람된 본분을 잃지 않는다면, 즐거움이 그 가운데 있어서 늙음이 다가오는 것도 깨닫지 못할 것이니 또 어찌 밖에서 구할 겨를이 있겠는가.

비록 그러하나 이 세상에 만족할 줄 알고 그칠 줄 아는 자가 몇이나 되겠으며, 이익을 좇아 분주한 자는 또 몇이겠는가. 시험 삼아 교육사회로 말하자면, 어떤 사람이 이미 소학교 교사가 되었으면 마땅히 박봉을 감수하여 즐거움을 변치 않는 것도 천명이고, 중학교 교사가 되거나 대학교 교사가 되는 것도 천명이다. 그런데 세상에 참으로 자신의 천명을 모르는 자가 있어서 소학교 교사가 되면 중학교 교사가 되기를 원하고, 중학교 교사가 되면 또 대학교 교사가 되기를 원하여, 그 역량의 정도를 돌아보지 않고 높은 지위를 구하려고 하여 늘 근심하면서 일생을 마치니, 어찌 천명을 아는 자가 스스로 기쁘게 받아들이는 것과 같겠는가. 그러므로 '운명' 두 자를 결코 소홀히 대할 수 없는 것이다.

게 한 뒤에 계속해서 촉(蜀) 땅으로 진격하도록 하자 "농서를 평정했는데 또 촉땅까지 원하는가."라고 탄식했다고 한다.

실력(實力)의 희망 / 백진규(白鎭珪)

대개 비상한 일을 행하는 자는 비상한 공적을 이룰 수 있지만 허망함을 믿고 요행을 바라는 자는 희망이 아무리 절실해도 효험이 없다. 이는 연목구어(緣木求魚)이니 그 목적을 어찌 이룰 수 있겠는가. 이른바 종력(宗力)의 희망이란 그 사업에 매진하여 효험을 희망하는 것이다. 선철(先哲)이 말하기를 "그 일이 있으면서 그 공적이 없는 경우는 여태껏 없었다. 그러므로 그 나라를 다스림에 영원한 천명을 빌고 그 몸을 보살펴서 장생불사(長生不死)에 이르는 것도 분명히 인력의 소치이다" 하였으니, 그 실력을 쌓는다면 어찌 희망의 실효(實效)가 없겠는가. 지금 우리의 희망 중에 가장 희망하는 것은 국가의 문명정도가 월신일개(月新日開)하여 억만년 무궁한 나라의 기초를 공고히 하며 2천만 민족이 그 토지에 단회(團會)하여 더할 나위 없는 행복을 누리기를 바라는 희망이 누군들 없겠는가.

하지만 시험 삼아 묻나니 이 더할 나위 없는 행복을 희망하는 우리 2천만 동포들이여! 이 희망의 본 실력을 일찍이 배양(培養)한 적이 있었는가. 만일 희망만 있고 실력이 애초에 없다면 연목구어(緣木求魚) 같을 뿐만 아니라 이른바 후필유재(後必有災)에 가까울 것이다.[2] 아아 우리 2천만 동포는 우리국가의 문명 정도에 2천만 분자라 각기 2천만 분자 중에 한 분자의 의무를 그 역량에 따라 실제로 해 나아간다면 국권을 회복하지 못함을 어찌 걱정하며 민생이 편안하지 못함을 어찌 근심하겠는가. 그렇다면 희망의 본 실력은 동포의 단합에 달려 있고, 단합

---

2 연목구어(緣木求魚) …… 가까울 것이다 : 불가능한 일을 굳이 하려고 하면 재앙이 따름을 말한다. 『맹자(孟子)』 「양혜왕 상(梁惠王上)」에 전쟁을 벌여서 토지를 넓히고 진초(秦楚)를 호령하고자 하는 제 선왕(齊宣王)에게 맹자께서 말하기를 "이러한 행위로써 이러한 욕망을 구하신다면 나무에 올라가서 물고기를 구하는 것과 같습니다"라 했고, 또 "이와 같은 행위로 이와 같이 원하는 것을 구한다면 마음과 힘을 다하더라도 뒤에 반드시 재앙이 있을 것이다."라 하였다.

의 본 실력은 각기 한 분자의 의무를 착실히 해 나아감에 달려 있을 것이다. 아아, 이러한 희망이 있는 우리 2천만 동포여!

농업계(農業界)의 사조 / 김지간(金志侃)

농업(農業)은 천하의 대본(大本)이고 인류의 명도(命途)이니 우리 생활에서 단 하루도 빠질 수 없는 것임은 지혜로운 자가 아니더라도 분명히 아는 것이다. 근래에 이른바 부강(富强)이라 일컬어지는 열국(列國) 가운데 어떤 나라는 공업(工業)으로 국가를 유지한다고 하고 어떤 나라는 상업으로 국가를 유지한다고 하여 세상의 논의가 분분하다. 하지만 이는 모두 농업시대가 과거에 속하고 이제 상공업시대에 접어들었음을 말한 것이니, 저들이 말하는 공업국이니 상업국이니 하는 나라도 최초에는 농업의 발전에 전력했음이 확실하여 의심할 바가 없다. 그렇다면 우리나라는 현재 무슨 산업의 시대에 처하였는가. 우선 상공업시대라고 말하기는 어려우니 농업시대라 할 것인데, 농업이 어떠한 상태인가 하면 또한 유치함을 면할 수 없을 것이다.

그 유치한 것은 무수히 많지만 그중에 세 가지 큰 요소를 들어 말하자면, 첫째는 국내의 황무지를 개간할 줄 -산림·천택·해안- 모르고, 둘째는 토지를 이용하는 방법을 -경작지에는 비료와의 관계, 산지에는 조림과의 관계- 모르고, 셋째는 농산물의 공급 등을 -작물·목축·원예·삼림- 모른다. 이상 세 가지 큰 요소를 모른다는 것은 국민의 학식 정도가 유치할 뿐만 아니라 또한 쇄국시대(鎖國時代)의 수구적인 관습에서 나온 것이니 깊이 따질 것이 없다. 다만 근래에 우리나라 농업계에 아주 큰 위험물이 출현했음을 알고 있는가? 곧 근래에 성립된 동양척식회사(東洋拓殖會社)가 이것이다. 아아 4천년 유족(遺族)과 3천리 반도가 이로 인하여 끝날 것이니 생각이 여기에 미치면 모골(毛骨)이 송연하다.

한번 살펴보라. 그 회사의 명칭은 척식(拓殖)이나 사실은 경작지를 입수할 목적인데 이 회사가 중앙에 설립되고 각 도와 각 군에 지사가 난립하는 날이면 우리나라 농가의 전토가 그 회사로 빠른 속도로 입수될 것임은 예측할 수 있다. 현재 우리나라 농가의 빈곤한 상태로 그 회사의 자본을 채용(債用)하지 않기가 어렵고 만일 채용하는 날이면 전답권(田畓券)을 전당(典當)하지 않을 수 없고 산림권(山林券)을 전당하지 않을 수 없기 때문이다. 그렇다면 전당한 문권(文券)이 일일이 환퇴(還退)되어야 우리나라 농민의 소유물이 될 것인지 아닌지 모르겠으나, 지금 우리나라 농가의 현상으로 일일이 환퇴하리라고 단언하기 어렵다. 또 그 뿐만 아니라 그 회사가 수많은 금전을 내어 직접 우리나라 농민의 전토를 매입할 것도 의심할 것이 없다. 농업계의 앞길이 이처럼 위험한 경우를 당한 우리는 어떠한 방침으로 우리 조국의 토지를 온전히 유지시켜 장래의 큰 비약(飛躍)을 시도할 것인가. 속히 이 위급한 문제를 해결하기 위하여 국내에 뜻있는 동포들에게 양호한 방침을 구하며 아울러 저의 소견을 한 마디로 애독하시는 여러분에게 잠시 아뢰니 채택되는 영광을 주실지 모르겠다.

오늘날 위태로운 농업계를 구제할 방침은 온전히 자본가 동포에게 달려 있으니 뜻있는 자본가 동포들은 더욱 주의하여 한 번 살펴주기 바란다. 국내의 각 지방에 뜻있는 자본가가 자신과 신임하는 자본가와 회의하고 경내(境內)의 자본가와 연합해 그 지방에 농회(農會)를 개최하여 혹 합명(合名)이나 주식이나 그 편의에 따라 조직한다. 100환(圜)부터 수천수만 환까지 자본금을 모금하고 적립하여 그 지방의 척식사 지사와 대립하게 한다. 농민에게 농작자본을 공급하되 신용이 있는 농민에게는 넉넉히 공급했다가 가을의 수확을 기다려 되갚도록 하고, 신용이 부족한 농민에게는 문권으로 전당잡게 해도 되지만 우리나라 사람의 전답 및 산림권이 척식회사에 전입(典入)되지 않도록만 주의한다. 혹 전토를 그 회사에 방매(放賣)하는 자가 있으면 이치로 타일러서 농회에 매입하게 하였다가 내국인과 매매하게 한다. 또 농업을 발달시키기 위하여 농회의 자본금으로 농사모범장(農事模範場)을 설립해 농작물, 원예, 목축 등을 장려하고, 비료제조소(肥料製造所)를 설치해 비료를 제조 판매하여 토지생산력을 증진토록 하며, 본국에 부족한 종곡(種穀)과 종목(種木)은 외국에 주문 수입하여 농산원료(農産原料)를 넉넉하게 하여 국가의 실력을 양성하며 개인의 생활을 안전하게 할 것이다. 이상의 여러 조언이 눈앞의 큰 재앙을 방비할 뿐만 아니라 국력을 양성하는 실효도 있을 것이라 생각되니, 뜻있는 동포들은 때를 놓치지 말고 속히 실행하여 힘쓰기 바란다.

과학(科學)의 급선무 / 김영재(金英哉)

우리가 다 아는 바와 같이 과학(科學)은 곧 실학(實學)이니 공리공론(空理空論)도 아니며 상상도 아니고 실제의 학문이다. 이를 실제에 응용하면 국가와 사회의 각종 사업을 발달시키는 동시에 일반 국민의 상식을 발달시키는 기초가 될 것이다. 대개 과학이 발달하고 보급되면 개인적으로는 각자의 사업과 경영이 온전히 성행하게 되고 재력이 증가하게 되어 견실한 사상적 발전을 도모하게 되니, 국가적인 사업에서는 현저한 진보를 이루어서 공고하고 풍부한 기초를 세우는 것은 자연적인 결과이다. 국민의 상식을 발달시킨다고 하는 것은 개인은 물론 그렇거니와 국가 전체를 놓고 보더라도 역시 필요하다는 것이 세계만방의 여론(輿論)이다.

미국의 유명한 철학자 해리스(William Torrey Harris)의 격언에 "국민의 상식을 발달시키는 것은 과학의 보급에 달려 있다"고 하였으니 정말로 그러한 것인가 아니면 우연인가. 구미(歐美)의 여러 나라도 상식의 발달에 대해서는 대단히 고심한 연구 결과에서 따라 의연히 과학의 보급을 최상의 요지로 귀착시켰다. 그렇기 때문에 과학의 보급을 도모하기 위하여 고심한 결과로, 사상을 보급하고 취미를 고취(鼓吹)시킬 때 저서나 잡지 강연 등 온갖 방면으로 권면하고 노력하여 유익한 출판물이 크게 유행하였다. 이 한 가지 사례로 보더라도 과학의 보급에 대단한 주의를 기울인 것이 분명하다. 상식의 발달과 과학은 이상에서 논한 바와 같이 구미 각국 뿐만 아니라 우리나라 같은 신진국(新進國)도 여러 선진국과 경쟁하는 무대에 나란히 선 이상 그 중요성이 한두 가지에 그치지 않는다.

하지만 오늘날에도 우리 한국인은 철리정치(哲理政治)에만 열성을 다하고 과학과 실학에 대해서는 함부로 경시하여 학문이라 하면 치국평천하(治國平天下)만 생각해 법률과 정치 등의 학문만 닦기에 열중하고 실업은 버려둔 채 돌아보지 않아서 실제와 실력을 쌓지 못하고 공리와 공론만 들뜨니 국민의 자제들이 공론가(空論家)가 되어서 비참한 현상을 연출하고 있다. 이는 국가를 쇠약하게 하고 국력을 퇴수(退守)하게 할 뿐 아니라 국가와 사회의 공적(公賊)이 될 것이다. 아아, 오늘날을 목도(目睹)하는 뜻있는 인사들이여! 어떠한 감상을 지니고 어떠한 수단을 취하여야 하겠는가. 요책(要策)을 연구해보건대 학자나 민간의 유력자나 제반의 인사들을 막론하고 역량을 서로 합하여 과학의 보급에 매진하고 상식의 발달에 뜻을 세워서 견실한 사상을 양성하고 사업의 흥기(興起)와 실업의 발달을 촉진하여 이른바 부국강병의 기초를 확립한다면 국가의 발전을 머지않아 자연히 기약할 수 있을 것이다.

이상에서 말한 바를 요약하면, 오늘날은 국민의 상식을 시급히 장려하고 발달해야 하는데 이를 실행에 옮기려면 공리공론을 배척하고 실학을 존숭하라. 실학은 곧 과학이니 과학의 보급이 오늘날의 급선무라 할 것이다. 근래에 각 군에 학교를 설립하자는 의견이 분분이 일어나 소년국민과 뜻있는 인사들의 사회에서 훌륭한 큰 논의들이 서로 오가고 있다. 이 또한 쇄고주의(鎖古主義)와 비교하면 행복이 한량없지마는 이는 보통학(普通學) 즉 언론적인 학문일 뿐 실질적인 진전은 아니다. 그러므로 나의 소견으로는 시급히 실학을 연구하고 과학을 발달시킬 목적으로 특수주의의 실학교가 다수 설립되기 바란다.

세계문명사 제2편 : 동양의 문명 / 초해생(椒海生) 역술

제2편 동양의 문명

제1장 총설(總說)

이른바 동양(東洋)이란 아시아와 아프리카를 가리킨다. 이는 서양 사람이 말한 것으로 오리엔트(Orient)와 동의어이다. 원래 오리엔트라는 말은 라틴어로 일출(日出)이라는 뜻인데 점차 와전되어 소아시아와 이집트 및 중앙아시아에서 인도에 이르는 여러 지역을 일컫는 것이다. 대한제국(大韓帝國)・청국(淸國)・일본(日本) 등의 나라는 서양 사람들이 별도로 극동(極東) 혹은 절동(絶東)이라고 부르는데, 이는 지중해 이동(以東) 지역에 자리한 나라들을 말한 것이다. 국명(國名)으로 살펴보면 그 주요국은 대한제국・청국・일본・이집트(Egypt)・페르시아(Persia)・아시리아(Assyria)・바빌론(Babylon)・팔레스티나(Palestina)이고, 인종(人種)은 아리아(Arya)・함(Ham)・셈(Semite)・투란(Turan)이다. 그 가운데 대한제국・청국・일본 등의 나라 사람은 투란인종이고, 인도・페르시아 등의 나라 사람은 아리아인종이고, 이집트는 함인종이고, 바빌론・아시리아・팔레스티나인은 셈인종에 속한다. 역사적으로 살펴보면 전 세계에서 세 가지 큰 조류(潮流)로 지나・인도・유럽이 있다.

대략적으로 살펴보면 유럽의 인문(人文)이 근본적으로 인도처럼 아리
안 인종의 인문이라고 하는데, 셈인종에게 전수받은 영향과 풍토의 차
이 등의 원인으로 인하여 인도의 인문과는 그 발달의 방향이 전혀 달라
졌다. 인도의 인문은 열대지방에 있는 아리안 인종의 사상이 자연스럽
게 발달한 것으로, 그 세력은 불교(佛敎)의 전파에 따라 동방의 투란인
종에게 다소 영향을 주었으나, 유럽의 인문과는 거의 아무런 관련이
없다. 지나의 인문은 투란인종을 대표하는데, 인도·유럽 두 인문과 대
치하여 예로부터 일종의 면목을 유지하였고, 오랫동안 인도사상과 접
촉하면서도 그 고유의 특수성을 잃지 않았다.

제2장 투란인종

투란인종은 아시아대륙에 살았던 가장 오래된 역사적 민족이다. 아
리아나 셈인종이 이주를 시작할 때 도처마다 토착민을 발견했는데, 오
늘날에 고찰하면 이것이 투란민족이고, 청제국은 가장 오래된 투란인
종이 이주하여 부흥한 것이다.

막스 뮐러(Max Müller)의 설에 의하면 투란인종의 이주 방향은 남방
과 북방 두 갈래로 각기 네 차례나 된다고 한다. 그 최초에 남방으로
향한 종은 메콩강·메그나강[3]·이리와디강·브리마푸트라강 등 여러
강에 거주한 이른바 타이족(Thai people)이다. 그 최초에 북방으로 향한
종은 아무르강(Amur River)·레나강(Lena River) 등 여러 강가를 따라
거주한 이른바 퉁구스민족(Tungusic people)이다. 그 다음으로 남방으
로 향한 종은 대륙 각지를 점거한 뒤 바다를 건너 근방의 여러 섬에
이주한 이른바 말레이시아민족(Melaka People)이다. 그 다음으로 북방
으로 향한 종은 몽고족(Monggol people)으로 알타이산맥을 따라 점차

---

3 메이트·에이남: 둘 지명 모두 미상이다.

서쪽 지역으로 이동하였다. 그 다음으로 세 번째 북방으로 향한 종은
터키민족(turkey peoples)이 되어 서쪽의 우랄산맥을 따라 유럽의 경계
까지 도달하였다. 그 다음으로 남방으로 세 번째 이동한 족은 티베트와
인도를 향하고 후에 히말라야산맥을 넘어 천축반도(天竺半島) 최초의
토착민이 되었다. 후에 남방으로 향한 종은 타쿠르족이나 후에 아리안
족에 의해 멸망되었다. 그 최후로 북방으로 향한 종은 후힌민족의 조상
으로 시베리아 사모어즈인과 스페인의 바스크인 등이 속하는데 그 이
동의 근거지는 중앙아시아고지이고 그 연대는 유사(有史) 이전이다.

　막스 뮐러의 이 설은 전적으로 언어학적 관점에서 비교 연구한 결과
이지 고고학 내지 역사적 기초가 전혀 없다. 그러므로 언어와 인종이
반드시 일치할 수 없는 오늘날의 학계에서 도저히 신뢰할 수 없지만,
일종의 억설(臆說)로 다른 유력한 반증이 없으면 우리가 참고할 만하
다. 투란인종의 사적(事蹟)이 역사에 처음 드러난 것은 바빌론 스키타
이 제국인데, 그리스의 여러 역사가의 기록과 근대에 로빈슨(Edward
Robinson)이 유프라테스(Euphrates) 강가에서 발견한 것으로 점차 확정
되었다. 이 제국 수부(首府)의 위치는 후(後) 갈대아 수도 지역이니 니
니베(Nineveh)가 대도회(大都會)란 이름으로 널리 알려지기 전부터 이
미 번창(繁昌)했으며 그 연대는 기원전 2458년부터 2234년까지인데,
그 자세한 사실은 오늘에는 막연하여 알 수가 없다. 스키타이제국과
동시대에 투란인종의 대제국이 아시아대륙 극동에서 발흥했으니 이것
이 지나제국이다. 다음에 대략을 기술한다.

　이 인종은 지금도 여전히 아시아의 대부분과 유럽의 일부를 포괄하
고 있는데, 언어학적으로 상세히 고찰해보면 후힌라프마지알 여러 민
족과 티베트·터키·타타르·몽고·타무르·인도의 드라비다인종이
고, 종교는 명확히 알 수는 없지만 아리아나 셈인종처럼 고상하고 위대
한 종교관이 없는 것은 의심할 바 없는 일이다. 가장 오래된 전설에도

신(神)에 대한 관념이 거의 없는데 어떤 학자가 고대 페르시아의 마술이 스키타이민족에서 유래했다고 하나, 이는 확실한 증거가 없으니 신뢰할 여지가 없다. 우리는 특별히 주의할 사실이 있으니 다른 것은 아니고, 투란인종은 인종학적으로 여러 인종처럼 분명하게 일치되는 것이 없으니 아리아와 셈인종에 분속시켜 그 언어가 다소 공통점이 있는 일군(一群)의 민족으로 명명한 경향이 있다.

오늘날 투란인종의 인문을 대표하는 지나 국민의 특성을 다음과 같이 기술한다. 지나는 예로부터 중국(中國)·중화(中華)라 자칭하고 모든 다른 나라를 융적(戎狄)과 만이(蠻夷)라 경시하였다. 아시아의 동부에 나라를 세우니 면적이 유럽보다 크고 인민은 세계인구의 3분의 1을 차지하며, 건국 이래 4천여 년간 그 문학, 역사, 경전이 세계에서 가장 오래된 나라 중의 하나이다. 이 제국의 고대사를 읽은 자는 그 현상의 몽매함과 미개함을 다 알 테지만 오늘날의 지나와 선진양한(先秦兩漢) 당송명청(唐宋明淸)의 인문 수준을 비교해 보면 그 차이가 과연 어떠한가. 서유럽의 삼림 지대에서 로마 문화가 그 족적도 남기기 전부터 이미 찬란한 문물제도를 지닌 국민이다. 베를린과 파리는 세계문화의 중심이 된 오늘날에도 여전히 옛 모습을 그대로 유지하고 있지 않은가. 지나의 역사는 결코 아무일 없이 평온한 그대로 유지한 역사가 아니고 혁명과 투쟁이 이어졌는데도 유독 그 인문만은 정체되고 발전되지 못한 것은 무엇 때문인가. 지나의 역사가 비록 오래되었지만 연광(年光)이 여전히 유치한 때문이 아닌가. 전설에 의하면 노담(老聃)은 모태(母胎)에서 80세가 된 후에 태어나 머리카락이 이미 희었다고 하는데, 노자(老子)의 사례는 지나의 성격을 잘 보여준다고 할 것이다. 지나의 인문이 그 유구한 역사와 비교하면 통쾌하게 발전하지 못한 것이 많으니, 무엇 때문인가. 다름이 아니라 국민의 성질이 보수를 선호하여 어떤 방면이든 간에 자유로운 발전을 일으키지 못하고 어린애로 돌아가고자 바라는 경향이 많으니, 이러한 형식은 국민이 장차 실현하려고 하는 상상이 아니라 과거에 실현되었던 법제가 남아 있기 때문이다.

국민의 정학(正學)이라 불리며 통상 준봉(遵奉)되는 것은 유교(儒敎)이다. 지금으로부터 2천 수 백년 전에 공자(孔子)께서 요순(堯舜)을 조술(祖述)하고 문왕(文王)과 무왕(武王)을 헌장(憲章)하여 이른바 선왕(先王)의 도를 연역(演繹)하여 후대의 전범을 만든 자이니, 국가로부터 개인에 이르기까지 이상적으로 생각한 바가 요순(堯舜) 삼대(三代)의 국가와 개인이며 여기에 속박시키는 것을 유교가 선점한 것이다. 그렇다면 지나 민족의 인문은 전부 보수적인 정신에서 기인한 것이다.

유교는 실천도덕이지 종교가 아니다. 하지만 유교주의는 지나 사상의 정통(正統)이 되어 국민적인 활동의 중심이 되었는데, 그 체상(體象)은 안팎의 기운(氣運)의 변천에 따라 다소 변화가 있다. 말하자면 삼대(三代)의 문화는 주(周)나라에 이르러 정점에 달했으나, 진(秦)나라가 통일한 후에는 유교의 서적을 불태우고 유학자를 묻어 죽였다. 한(漢)나라에 들어서는 덕교(德敎)가 부진하고 불교가 동점(東漸)할 시기라 민심이 모조리 다 귀의했지만 유교정신은 다 사라지지 않았다. 송(宋)나라에 들어서서 이른바 송학파(宋學派)가 유불(儒佛) 두 교파의 조화를 주장했는데, 얼마 지나지 않아 이른바 고학파(古學派)가 발흥(勃興)하여 주나라 초기의 유학이 권토중래(捲土重來)의 형세로 청국 사상의 진상을 발양(發揚)하였다. 그러므로 유교는 시종일관 청국 민족이 실제로 행하는 사상이 된 것이다. 하지만 민족의 성격에 부합하지 않는 교의(敎義)는 예로부터 일국(一國)의 민심을 지휘할 수 없었다. 그러므로 유교의 세력은 근본적으로 지나 민족의 현세주의(現世主義)임을 알 수 있을 것이다.

가정교육법 / 김수철(金壽哲) 역술

신체교육(身體敎育)
제2장 운동(運動)

제1절 운동의 의의(意義)

운동(運動)은 신체교육상 영양섭취 다음으로 필수적이니, 영양소가 완전히 섭취되기를 바란다면 운동을 통하지 않으면 안 된다. 게다가 운동의 심리적 위상을 고찰한다면 영양보다 늘 우선시되는 듯하다. 대체로 음식물과 음료를 원하면 반드시 굶주리거나 목이 마르는 느낌이 먼저 드는데, 이러한 느낌은 적당한 운동으로 인하여 정신이 활발해져 동화작용(同化作用)이 일어난 뒤에 나는 것이다. 아동의 경우 사소한 질병이 없더라도 음식물을 원하지 않을 때가 있다. 이는 그 원인을 따져보면 대체로 정신적으로 우울하기 때문이고, 그 불쾌한 감정은 운동 부족으로 인한 것이 특히 많다. 이것이 운동이 영양섭취에 필수적인 이유이다. 이렇듯 심리적인 측면에서 이미 운동의 필요성을 인식할 때 신체발육이라는 점에서 한 층 더 필요하다는 것을 볼 수 있다.

대체로 유아 때부터 오른손 사용법만 익히면 그 아동은 오른손이 특히 발달되고 발을 사용하면 허리 아래의 발육이 특히 두드러진다. 성인의 경우로 보더라도 발달된 우체부의 발과 강인한 뱃사공의 손은 모두 다 국부운동(局部運動)의 결과이다. 이는 특정한 부위에 편중되어 있기에 운동의 진정한 목적에는 맞지 않는다 하더라도 운동의 효력을 입증하기에는 충분하다고 하겠다. 그러므로 이 두 종류의 필요성은 참으로 운동을 신체교육에서 포함시킨 이유라고 할 수 있다. 여기서 다시 한 걸음 더 나아가 유아의 운동이 어떠한 방법으로 해야하는 지를 다음 절에서 기술하도록 하겠다.

제2절 운동의 종류(種類)와 방법(方法)

유아가 할 만한 운동의 종류로는 대략 체조(體操)·보행(步行)·유희(遊戲)·승차(乘車)·수공(手工)·수욕(水浴) 등이 있다. 운동의 종류를 선택하는 것은 기후를 관찰하고 연령에 맞도록 해야 한다. 아울러 여러 가지 운동을 온전히 실시토록 하여 고른 신체발달을 도모하는 것이 좋다. 현재 이러한 종류의 운동에 대해 그 방법의 효능을 다음에 기술하겠다.

1. 체조. 체조라고 하면 세상 사람들이 종종 엄격하고 어려운 학과처럼 여기는데 이는 큰 오해다. 체조의 역할은 실제로 신체의 운동을 운용하는 데 있다. 그렇게 때문에 학교에서만 억지로 실시할 것이 아니라 신체 건강을 유지하기 위해 남녀노소를 막론하고 시행해야 할 운동이다. 무릇 체조란 신체를 고르게 운동시켜 고른 발달을 이루는 데 그 목적이 있으니, 대체로 유아기부터 체조를 즐기는 습관을 기르도록 힘써야 한다. 체조란 반드시 곤봉·구간(球杆)·아령 등의 기구를 요하는 것이 아니니, 아동이 즐기면서 완전한 운동을 하도록 하는 것이 좋다.

2. 보행. 신체의 각 기관과 각 국부는 사용하지 않으면 발달하지 못하고 정체되는 것은 진화론이 분명히 밝힌 것이다. 실제로 징험해 보더라도 할머니나 보호자의 등에 늘 업혀 있던 아동은 보행이 매우 더디게 발달한다는 것은 과연 분명하게 드러난 사실이다. 이렇듯 유아기에 발육되지 못한 부분은 성인이 된 뒤에도 쉽게 회복될 수 없다. 만일 조금이라도 유아에게 보행을 실시하지 않은 상태라면 소학교에 입학할 나이가 되어서도 그 유아의 보행상태는 충분하지 못할 것이다. 그러므로 유아 때부터 서서히 보행을 익혀 숙련되도록 해야 한다. 보행 연습이란 아동에게 가장 흥미를 주는 것이니, 한 걸음 한 걸음으로 아동의 정신을 격려토록 해서 차츰차츰 전진하게 해서 장거리 보행을 시도하도록 노력하게 하는 것이다. 보행은 운동의 오의(奧義)이니 각종 운동은 다

보행에서 시작된다. 이미 보행을 통해서 모든 신체가 운동이 된다는 사실을 안다면 보행에 가장 주의해서 그 신속한 발달을 도모할 것이다. 아동이 3·4세가 되어 보행에 익숙해지면 수시로 교외에서 산책하게 하여 자연의 풍경을 접하게 하고 신선한 바깥 공기를 호흡하게 하며, 또한 추위와 더위에 대한 저항력을 키울 뿐 아니라 적절하고 간편한 재료로 자연물에 관한 지식을 계발하도록 한다면 아동은 더욱 흥미를 느껴서 교외에서의 산책을 즐기게 될 것이다.

3. 유희. 유희는 교육상 가장 가치 있는 운동법이니 가장 장려할 만한 것이다. 대체로 소학교에서 초년급(初年級)의 아동을 가르치는 학과는 모두 놀이를 하며 유쾌한 분위기 속에서 가르치는 것처럼 가정에서도 유희를 크게 장려하여 운동의 목적을 달성하고, 한편으로는 지식의 개발도 도모하지 않을 수 없으니, 이미 이러한 목적으로 유희를 채택할 때는 그 선택에서도 대단한 주의가 필요하다. 종류를 선택할 때는 지극히 진보적이고 사교적인 성격을 아우르는 유희를 최우선으로 삼아야 한다. 유희는 승패를 겨루는 것이 많으니 그 승부의 결과가 아동의 심리를 자극하지 않는 것을 선택해야 한다. 이러한 목적에 따르면 많은 수의 아동으로 조직된 공동체적 성격의 유희가 가장 적당하니, 이는 지든 이기든 상관없이 여러 사람에게 분배되어 정신을 해치는 느낌이 덜하기 때문이다. 유희는 지방에 따라 그 종류와 방법을 달리 하기 때문에 대략적으로 논하기가 지극히 어렵다. 그래서 다만 유희의 목적과 종류 선택의 기준만 제시하고, 그 선택은 자유에 맡기겠다. 유희에 대하여 기술할 때 거듭 언급되어야 할 것은 완구(玩具)이다. 무릇 어떠한 유희를 막론하고 그 유희에 부속된 완구가 필요하기 때문에, 완구의 선택 또한 고심하지 않을 수 없다. 완구 역시 유희의 목적을 달성하기에 적당한 것을 선택해야 하는데, 그렇다면 진보적인 것은 물론이고 운동하지 않을 때는 사용할 수 없을 것 같은 것이 가장 적절하다.

4. 승차. 승차는 간접운동의 일종으로 기차에 타거나 전차에 타거나 마차나 인력거에 타거나 하는 등의 운동을 말한다. 이러한 운동은 유아가 하기에 가장 적당한 방법이다. 하지만 매일 할 수는 없으니 이를 대신해 작은 손수레를 만들어 여기에 유아를 편안하게 싣고 천천히 끄는 것이 좋다. 또 유아가 조금 자라면 나귀나 말 등을 사용하는 것도 좋다. 이는 보모에게 업어 기르게 하는 것보다도 효과가 크고, 한 명에게 두세 명을 기르게 할 수도 있다.

5. 수공. 수공도 역시 유쾌한 분위기에서 운동을 할 수 있는 일종의 방법이다. 원래 유아는 정교한 수공예를 할 수 없으니 모래산을 쌓아서 둑을 만들고 흙인형을 만드는 것도 굳이 필요 없고, 다만 분명히 할 수 있는 것으로 종이를 주어 상자를 만들게 하거나 나무 조각을 주어 집의 모형을 만들도록 하는 등 가장 손쉬운 것부터 시행하게 하여 잠깐이라도 싫증나지 않도록 이끌어야 한다.

6. 수욕(水浴). 수욕은 신체의 발육과 불의의 재해를 피하는 두 가지 이점이 있으나 위험 역시 동반되기 때문에 세상 사람들이 종종 꺼리기도 한다. 하지만 이는 작은 단점만 보고 큰 효과를 없애는 것이다. 수욕은 호흡기를 건강하게 하며 혈액의 순환을 원활하게 하여 사지의 발육을 고르게 하는 등 이점이 일일이 거론할 수 없을 정도로 많다. 그러므로 아동이 걸을 수 있는 때가 되면 반드시 엄격한 감독 하에서 시행하게 해야 한다. 여름철에 특히 적당한 시간을 정해 수욕하게 하여 피부를 강인하게 만들고 한기의 엄습을 예방시키고, 아울러 수영을 숙련시켜서 불의의 재앙을 모면할 대비를 갖추도록 해야 한다.

제3절 운동의 원칙

1. 운동은 청결한 공기 속에서 실시해야 한다. 불결한 공기 중이나 실내에서 실시하는 운동은 도리어 해를 초래한다.

2. 운동의 종류는 연령에 따라 선택해야 한다. 신생아의 경우는 손수레에 태우게 하는 등의 안정된 운동을 실시하도록 하고, 점차 성장하면 각종 운동을 혼용하여 실시하도록 해야 한다.

3. 운동에 흥미를 갖게 해야 한다. 엄격한 규율로 운동시킬 때 게으름과 싫증이 나서 운동의 목적을 달성할 수 없게 된다. 그러므로 항상 여러 가지 운동을 혼용하고 변화시켜 아동이 운동에 흥미를 갖고 자발적으로 즐기도록 해야 한다.

4. 운동은 적당한 것을 취해야 한다. 아동의 신체발육의 정도를 살펴서 적당한 종류를 선택하는 것이 좋다. 그러므로 신체가 피로할 때까지 운동시키는 것은 도리어 해가 된다.

5. 운동을 실시할 때 성인이 반드시 지도해야 한다. 아동은 아직 운동하는 방법을 찾을 수 없기 때문에 성인의 지도를 필요하는 것이 많다. 그러므로 부모는 항상 운동의 모범을 지시하여 그 방법을 가르쳐야 한다.

역사담 제18회 : 크롬웰전 (전호 속) / 숭고생(崇古生)

당시 크롬웰은 이미 40세였다. 신체의 힘은 나날이 성장하였고, 어떤 곳이든지 그 이상을 달성하려는 생각이 철석(鐵石)과 같았다. 여간한 실패를 만나더라도 조금도 그 기세가 좌절된 적이 없었다. 그렇지만 국회는 찰스를 반대하려는 용기가 없었으며 급진당의 수령 핌은 이미 병사했고, 용감한 햄프든은 유탄에 맞아 전사했으니, 남아 있던 히어포드(Hereford) · 노섬버랜드(Northumberland) · 에섹스의 무리들은 애매한 태도를 보이며 허둥댔고, 확고한 정견(定見)이 없었기에 국회군이 떨쳐 일어나지 못함이 극심하였다. 크롬웰의 철기군조차 없었다면 도저히 국왕군과 대치하는 것이 불가능하게 되었는데, 찰스 왕은 대단한 열심과 비상한 분발로써 군비를 모았으므로, 각 주의 동맹군은 국왕 때문에 유린당한 자가 연이어 원조를 요청하는 소리가 끊임없이 국회를 뒤흔들었다. 그럼에도 여전히 국회군은 애매한 태도를 취하며 결단하지 않았다.

이에 국민들은 차차 국회에 부탁할 것이 아니라는 것을 알고, 국왕의 전제정치에서 벗어나고 싶다면 자연히도 한 사람의 우두머리를 구해야 한다는 사실에 도달했다. 오호라, 그들이 갈망하는 우두머리는 과연 어떠한 인물인가. 크롬웰을 이외에는 다른 사람이 없었을 터였다. 이렇게 크롬웰에 대한 여망은 국회를 신뢰할 수 없음을 알게 됨과 동시에 더욱 더 높아지고 늘어갔다. 항상 크롬웰은 이미 오랫동안 링컨에 있으면서 거듭 원병을 요청했는데, 애매한 태도를 취하며 결단하지 못하던 국회도 결국 8월 8일에 드디어 1만의 군사를 더 모집했고, 맨체스터 백작을 대장(大將)으로 임명하고 크롬웰을 부장(副將)으로 삼아 뉴어크를 공격하려 했다. 11월 11일에 결국 적병 3천여 기와 윈스비 땅에서 마주쳐 이곳에서 일대 격전의 무대의 막이 공중으로 높이 열렸다. 먼 길에 지친 크롬웰의 병력은 한번 적군을 보게 되자 돌연 용기를 배가하여, 즉시 적군의 중진을 공격하여 30분뒤 적군을 분쇄하였으니, 이 전투에서의 크롬웰의 용맹은 일국을 진동시키게 되었다. 다음해인 1644년이 되자 대장 맨체스터 백작이 윈스비 씨를 대신하여 동방동맹군의 총독이 되었기에, 국회군의 전권(全權)이 크롬웰에게 귀속되었다. 크롬웰은 이 기회를 이용하여 국왕군과 승패를 일거에 결정하려고 할 때, 스코틀랜드의 청교도 2만여 명이 가세하게 되어 양군을 한 곳에 합치니, 국회군의 기염(氣焰)이 하늘에 넘쳐날 뿐 아니라 이에 더하여, 크롬웰·페어팩스(Fairfax)·레븐(Leven)의 여러 장군이 맨체스터 백작의 지휘 아래 진세(陣勢)를 정돈하고 국왕군의 근거지로 향했다. 국왕군도 역시 오랫동안 전비를 모아왔던지라 그 기세가 또한 몹시 굳건하였다.

7월 2일 양 진영은 요크에서 서로 대치하고 이로써 유명한 마스턴 (Marston) 대전을 개시하니, 당시 양군의 기세로 서로 충돌하여 사상자가 허다했으나 국회군이 승리하였다.

이에 동북의 여러 주는 국회군에 귀속되었고 크롬웰의 위세는 천하를 진동하였다. 국회는 국화군을 잠시 런던으로 되돌아오게 했으나, 이때부터 크롬웰과 총독 맨체스터 백작과의 사이에 점차 불화의 조짐이 발생하였다. 이는 순연한 귀족과 평민의 충돌이었다. 맨체스터 백작은 일단 자유의 권리를 부르짖은 이래로 왕의 전제정치를 배척하였으나, 멈칫멈칫하던 5년간 그 폐해가 역으로 크다 하여, 오히려 국왕의 전제정치 하에 있는 편이 낫다고 주장하였고, 크롬웰의 위세가 나날이 성대하게 타오르는 것을 꺼려하여 도중에 별개의 조건도 더하지 않고 국왕과의 화친을 강하게 원하니, 열성적인 크롬웰이 어찌 이를 묵인하고 있었겠는가. 그런즉 사적인 교류를 포기하고 맨체스터 백작이 마스턴 전투의 불미한 행동을 국회에 제출하니, 그 말에 "저는 이유를 불구하고 맨체스터 백작을 공격하는 것이 아니요, 마스턴의 전투에서 백작의 책임 없고 열성 없는 행동을 발견하였기에 묵시하기 어려워 백작의 반성을 요구하였습니다. 그런데 소문에 의하면 백작은 국회의 과업을 버리고 국왕과의 화친을 청원한다고 하니, 백작은 무엇 때문에 이 같은 행동을 시작하였는지 우리가 확실히 알 바가 아니라고 하였습니다." 이 말로 크롬웰과 맨체스터 백작 간의 교류의 정은 깨졌다. 백작은 대단히 분노하여 즉석에서 크롬웰이 전단(專斷)으로 군사를 진퇴한 것을 탄핵했으며, 부하 장군이 되어 상관의 명령에 복종하지 않은 것은 문책해야 한다고 공격하고, 상당한 처벌을 요구했다. 이에 귀족과 평민이 양파로 스스로 분열되어 갑이 찬성하면 을이 반박하는 식으로 소란하기가 극심하였다.

이것이 크롬웰이 정치가가 된 최초의 의론(議論)으로서, 12월 29일의 국회에서 농변(弄辯)했던 것이다. 본시 어눌한 혀로 조리가 어수선하고 어조는 거칠어, 연설로서는 전혀 취할 가치가 없었지만, 그 지극히 난삽한 가운데에도 끝없는 열정과 비상한 성심이 현저하여, 국회의원들 하나하나가 묵묵히 귀를 기울이게 하였다. 이 연설은 적당 중 왕당파로 갔던 자를 오히려 우리 편으로 끌어당기는 힘이 있었다. 크롬웰의 당이 대다수로 성공을 고하니, 맨체스터 백작과 에섹스 등이 파직을 당하고 페어팩스가 총독에 피임되었다.

페어팩스는 본래 크롬웰의 마음속의 벗이었으며, 주의(主義)와 사상이 조금도 크롬웰과 다른 점이 없었고, 하나님을 신앙하는 믿음의 힘 또한 동일하여 어디든지 왕조의 전제정치를 복멸하고 자유와 인권의 깃발을 높게 세우고자 하니, 총독의 명의는 그에게 있었으나 그 실권은 완전히 크롬웰에게 있어 용감한 철기군이 국회군의 중견이 되었다.

삼나무와 각종 과실나무 이식의 주의 / 편집인

삼수(杉樹)의 식재법(植栽法)에 대한 것은 본보 제13호에 그 대략을 기재한 바 있다. 그런데 작년 가을부터 금년 봄까지 그 사이에 내지(內地)의 뜻있는 인사들 중에서 시무(時務)의 절박함을 파악하신 여러 분이 일본의 삼수를 내지에 배양하기 위하여 여러 차례 본회에 주선(周旋)해 주기를 요청하니, 우리는 그러한 인사들에게 만강(滿腔)의 동정(同情)을 표하는 바이다. 하지만 삼수를 이식(移植)할 경우 일본의 기후가 우리나라의 기후와 다소 다르고 거리가 자못 멀어 이 지역에서 내국(內國)으로 운반할 때 시간이 자연히 지연되며 소요되는 운반비가 여전히 과중하니 이는 부득이한 사정이다. 특히 주의할 점은 적지 않은 금화를 소비하고 비상한 열성을 들여서 내지까지 운반한다 해도 나중에 온전한 결과를 거두지 못하고 끝내 실패하니, 이는 다름이 아니라 이식하는 방법을 모르기 때문이다.

대저 이 지역에서 삼수를 매입할 때 즉시 발송하는 것이 아니라 수만 내지 수천 그루를 묘전(苗田)에서 뽑아서 상당한 포장을 거치다 보니 자연히 3·4일이 지연되는 것은 일상적인 일이다. 그 후에야 운수회사와 약정(約定)을 거쳐서 발송한다. 그리고 이 운수회사는 각 지역마다 교통의 편의를 얻어서 각 철도회사 및 상선회사(商船會社)와 계약하고 어디 곳이든지 전달하는 것이니, 어디에서 어디까지는 철로에 발부하고 어디에서 어디까지는 상선에 발부하기에 그 사이에 자연히 시간이 지연된다. 시간이 지연되면 부적합한 기후로 인하여 묘목이 점차 마르고 만다. 절기(節期)를 택하자면 봄에 수목의 즙액이 순환되기 전인 청명절(淸明節) 이전에 이식하는 것이 가장 필요하다. 무엇 때문인가. 우리나라 기후는 일본보다 춘계가 늦고 추계가 이른 것이 보통이니, 추계에는 잠시라도 지체됨이 있으면 한기가 점점 강해지고 토지가 점점 얼어붙어서 완전하게 뿌리내리지 못하게 되고, 하계에는 햇빛이 극심하여 마르기 쉬우니 춘계가 가장 적절할 것이다. 하지만 춘계도 또한 잠시라도 지체되면 묘초(苗梢)-묘목의 새싹-가 너무 자라고 힘이 없어져서 즉석에서 고사(枯死)하고 말기 때문에, 해빙(解氷)되자마자 즉시 이식하는 것이 상책이다. 하지만 앞서 서술한 바와 같이 운반하는 날짜가 지연되면 묘목이 자연히 피로를 느끼고 반쯤 마른 형상이 될 것이다. 따라서 도착한 후에 즉시 식출지(植出地)로 나누어 심어도 일일이 고사됨을 면할 수 없고, 생장한 것조차 발육 상태가 부족해질 것이니, 다음에 분식법(分植法)의 대략을 열거한다.

묘목이 도착하면 즉석에서 다발로 묶은 묘포(苗包)를 풀어서 산기슭 아래-북쪽을 향하는 곳- 음습한 땅을 선택하여 묘근(苗根)이 적당히 묻힐 만큼의 땅을 일자형으로 파내고 그 속에 묘목을 가로로 눕혀 파묻는

다.-묘초가 묻히지 않도록 주의할 것- 음습한 땅은 토질이 보통 좋지 않기 때문에 거기서 파낸 흙을 사용하면 성공적으로 뿌리내리지 못할 우려가 있을 것이니, 이 흙을 사용하지 말고 다른 지역의 윤택한 흙 부들부들한 흙을 파서 메꿔 묻으면 여러 날 동안 토미(土味)를 접하지 못했던 묘목이 점차 생기를 띠게 될 것이다. 생기가 점차 생겨나는 지를 잘 살펴서 그 다음에는 식림지(植林地)에 나누어 심는데, 나누어 심을 때도 역시 윤습(潤濕)하고 풍향(風向)을 직접 받지 않는 장소를 선택하여 땅을 파낸다. 구멍은 대개 깊이 판 후에 역시 다른 지역의 윤택한 흙을 파와서 그 흙으로 구멍을 우선 채운 뒤 그 위에 묘목을 세우고 윤택한 흙으로 메워서 단단하게 밟아 눌러줘야 한다. 그렇게 하지 않으면 묘목이 풍뢰(風惱)를 받아서 온전히 뿌리내리지 못하여 끝내 실패하는 것이다. 그러므로 묘목의 생기가 불완전하고 기후와 토질이 부적합한 폐단이 없는 이상 이 방법을 사용하면 대체로 묘목의 이식과 생장이 온전해질 것이다.

이상은 묘목을 이식(移植)하는 방법을 짧게 서술한 것이니, 이에 대해 생소한 인사들에게는 혹 보탬이 될 듯하다. 하지만 이것이 장기적으로 완벽하고 좋은 대책은 결코 아니니, 우리 식산계(殖産界)의 뜻있는 인사들은 장차 어떠한 방책을 강구하여 영원히 전할 만한 훌륭한 사업을 온전히 이루어 발전시키겠는가. 여러 분에게 반드시 좋은 계책이 있을 테지만, 나는 다음에서 한마디 말씀을 올리고자 한다. 대저 우리나라의 시무를 논하는 자들은 한결같이 '교육 교육'이라 말한다. 특히 우리 실업계를 유지하고 발전시키려면 토지의 경우는 우리나라에 진황지(陳荒地)가 많아서 외국인에게 침탈을 당하지 않는 이상 고유의 큰 실물이 오래도록 건재할 것이니 별반의 조치가 필요하지 않을 것이다. 다만 재정적인 문제의 경우는 하루 이틀 사이에 갑자기 거금을 모으기 어렵고, 설령 하루 이틀 만에 거금을 구하더라도 이는 확고한 단체가 운영하는 곳이 아니면 안 될 것이다. 단체가 운영한 곳이면 더욱 좋은 일이나 이는 소수에 불과할 것이다. 그러므로 경성과 지방을 막론하고 식산계의 뜻있는 자본가들이 서로 뜻을 합쳐서 자본을 취합하고 임업 사범가(林業師範家)를 양성하는 것이 좋을 것이다. 이러한 인재를 양성할 때는 청년 중에 농업의 경험이 풍부한 사람으로 지원자를 선택하여 일본 유학을 명한다. 여기서 특히 주의할 점을 다음에 열거한다.

1. 수업기한은 만 2년으로 가정할 것.
2. 유학 중에 그 사람의 일반적 행동은 일본에 있는 본국인 단체의 지도를 따르도록 할 것. 이는 부득이 다소 설명을 요할 것이다. 대저 본국에서 유학을 위해 일본에 건너온 동포로서 의지가 굳고 행실이 도타운 인사는 물론 논할 바가 없을 것이다. 하지만 가령 그렇지 않아서 잠시 경치나 구경하려는 식의 생각을 가지고 확고한 목적의식이 없는 자인 경우는 처음 건너올 때는 동지 간의 인도를 달게 받지만, 한두 달만 지나면 선배의 지도를 비웃고 문명 천지에 자유설(自由說)을 앞다투어 내세워서 마음 내키는 대로 하다가 끝내 좋지 않은 결과를 내기도 한다. 심지어 학업 중에도 오늘 입학했다 내일 퇴학하기를 예사로 여겨서 귀중한 시간을 공연히 허송하기도 하는데, 가령 불량배들과 상종하여 수천리 외국에서 유학하는 자격을 실추시켜 불량한 행위에 학자금을 탕진하기도 하고, 질병을 빙자하고 부모에게 학자금을 더 보내달라고 요구하기도 하는 등 불량한 사태가 거듭된다. 그러므로 앞서 서술한 바와 같이 일본에 상주한 우리나라 사람이 조직한 단체에 부탁하여 졸업할 때까지 모든 행동을 감독하게 하는 것이 상책이다.
3. 속장비(束裝費) 및 학자금. 속장비는 경성에서 일본의 도쿄(東京)까지 가는 사이에 필요한 금액은-차비와 음식비-20환이면 충분하고, 그 외에는 동경에 도착한 후에 준비할 품목-양복 등을 포함함-에 들일 자

금으로 35환이 필요하겠고, 만반의 준비가 끝난 후에는 학자금으로 매
월 20환가량이면 어려움이 없을 것이다. 하지만 이 역시 이용자의 절약
여부에 달려 있다. 그러므로 이용자의 주의를 요하고 20환씩 예산(預
算)할 것.
4. 유학 지원자는 본국에 있을 때 일본어를 열심히 연구할 것. 이 문제
에 대해서도 다소 설명할 필요가 있다. 다름이 아니라 근래에 일본 유
학을 지원하고 건너온 동포 중에 본국에서 일본어 연구를 하지 않은
자가 넉넉지 못한 학자금으로 기한 2년 사이에 지용(支用)을 예산하고
일본으로 건너와서, 먼저 1년간은 어학 연구에 귀중한 시간과 경비를
낭비하고, 주저하는 수개월 동안에 학비 조달의 어려움으로 인하여 어
떠한 사업에도 착수하지 못하고, 신바시(新橋)의 기적소리에 귀국조(歸
國調)를 노래하는 사태가 거듭된다. 그러므로 본국에서 일본어를 열심
히 연구하는 활동이 필요하다.

  이상 기술한 바와 같이 임업실습생을 양성한 후에 국내로 불러들여
위 항목에서 이미 기술한 바, 단체-학자금을 지급하는 단체-의 지휘에
따라 헌신하게 하는데, 우선 임업시험장부터 설치하여 점차 실제 시행
하게 하고, 한편으로 임업강습소를 설치하여 인근지역의 백성으로 하
여금 임업을 강습하게 하고 제반의 시행을 모색하게 하면, 애초에 임업
의 생리(生利)가 더디다고 비관하던 자들도 우리와 생각이 점차 가까워
져 어떤 한 지역이면 해당 지역의 임업 발전이 자연히 가속화 될 것이
다. 각 지역마다 이러한 실습모범가가 자리하고 있다면 수년 내에 전국
에서 모두 훌륭한 효과를 거둘 것이다. 이처럼 번잡하지 않고도 막대한
이익을 넘치게 얻는 사업이 다시 어디에 있겠는가. 하지만 근래에 우리
나라 민간사회에 괴이한 풍조가 유행하고 있다. 학문이라 하면 심오한
철리(哲理)나 우선 강구하고, 현실과 동떨어진 먼 정치나 법률만 취하

며, 실업이라 하면 고상하고 제 몸에 편한 사업만 원하여 현재 하잘 것 없다고 비웃을 만한 경영이라도 장래에 큰 성공을 이룰 사업은 버려 둔 채 돌아보지 않는데, 이것이 우리나라의 장래발전에 예사롭지 않은 병폐의 근원이 아니겠는가. 여러분도 서양의 근대사를 읽었을 때 각국의 문명 발전이 작은 사업에서 비롯되었음을 보지 못하였는가. 어찌하여 이러한 사조가 횡행하고 있는지 모르겠다. 그래서 내가 여기에서는 많은 말을 다하지 못하고 단지 여러분이 채택하기를 참으로 바라는 바이다.

| 학원 |

타담(唾痰)의 위생 / 김영재(金英哉)

대저 가래는 인후(咽喉)가 좋지 않을 때나 기관 혹은 기관지 또는 폐에 어떠한 질병이 있을 때 나오는 점액 즉 반유동체물(半流動體物)이다. 코가 좋지 않을 때도 역시 이것이 나오니 이를 콧물이라 부르는데, 이 또한 가래와 같은 것이라 생각하고 주의하는 것이 좋겠다. 가래가 불결한 물건인 것은 본래 다 아는 바이지만 가래가 단지 불결한 물건일 뿐 아니라 극히 위험하다는 것을 다음에 짧게 서술한다.

여러분. 병 가운데 이 사람에게서 저 사람에게 전염되는 병이 있으니 가령 혹사병(黑死病)과 콜레라(Cholera)도 역시 일종의 전염병이다. 한 사람이 병에 걸리면 그 곁에 있는 간병인과 다른 사람에게도 전염되는 병이 있었다. 과거 우리나라 사람들의 미신에 이러한 병이 유행하면 그 병의 원인을 어떤 포악한 악귀가 이 사람에게서 저 사람에게 침입하고 이 집에서 저 집으로 옮겨 가는 것으로 오해하기도 하고, 혹은 악귀를 잘 대접하면 무사할 줄로 생각하여 만반의 진수성찬을 성대히 갖추어 제사를 지내는 자도 있었으며, 어떤 가정에는 맹인 무속인을 영접하여 경문과 주문을 부지런히 읊기도 하고, 혹은 수십 리가량 외지로 피난하여 그 생명을 보전하는 일도 있었다. 이는 물론 과거 암흑기의 소행이라 웃다가 밥알이 튀어나올 정도로 다 어처구니없는 일인데, 특히 다른 지역으로 피난간 사람은 자기도 깨닫지 못한 사이에 횡수(橫數)를 얻었다고 할 수 있다.

대저 이러한 전염병은 앞서 서술한 바와 같이 마귀의 소행이 아니다. 우리 눈에는 형태나 색깔도 보이지 않는 미균(黴菌)이라는 작은 벌레가 있어서 2~3천 필을 나열하여도 그 길이가 겨우 한 푼 밖에 안 되는

균충이 원인이 되어서 병이 생기는 것이다. 이 균이 있는 병자에게서 그 미균이 다른 사람에게 전염되면 그 사람도 역시 동일한 질병을 피할 수 없다. 간혹 전염성이 없는 병도 있지만 이른바 가래라는 것은 미균을 함유하고 있기 때문에 가래가 불결한 물건일 뿐 아니라 실로 위험한 것임을 알 수 있다. 그러나 가래가 언제나 미균을 지니고 있는 것이 아니기 때문에 특별히 두려워할 바는 아니지만, 가래에 대해서는 상당한 주의해야 한다. 그러므로 가래를 통해 전염되는 여러 가지 병을 일일이 여기에 서술하고 싶지만 도저히 다 서술하기는 어려우니 두세 가지 조목만 설명하겠다.

1. 우리가 익히 알고 있는 폐병으로, 의사는 이를 폐결핵이라 부른다. 열도 있고 기침도 나며 가래도 생겨서 점차 신체가 쇠약해지고 안색이 창백해지니 그 유행의 원인은 미균에 의해 생기는 것이다.

2. 의사가 디프테리아(Diphtheritia)라 부르는 병인데 역시 전염병이니, 이는 인후의 병환으로 역시 미균이 있는 것이다. 이 병에 걸리면 인후의 통증이 극심하여 식사가 불편하고 기침도 나오며 열과 가래가 나와서 입안에 진액이 험탄(險呑)한 가운데 미균이 내포되어 있는 것이다.

3. 흑사병이다. 이 역시 전염병이나 폐흑사병이라 하여 폐 속에 미균이 내포되어 있는 것도 있고 또는 각양각색으로 가래에 미균이 나오는 병도 있고 또는 콧물에서 나오는 것도 있다. 이러한 가래는 왕왕 악질의 매개체가 되기 때문에 그 위험성을 각별히 주의해야 한다.

여러분, 질병에 걸리면 즉시 의사를 불러 진단을 받는 것은 당연한 일이지만, 혹시라도 가래가 나온다면 앞서 서술한 바와 같이 극악한 질병이 아니라도 가래에 각별히 주의하라. 다른 사람이 병에 걸린 것을 보면 두려운 것처럼 자신의 병도 다른 사람에게 전염되지 않도록 주의하여 가래는 각별히 타호(唾壺)에 토하고 결코 방구석이나 뜰아래에 토해서는 안 된다.

화학 초보 / 박정의(朴廷義)

산소와 탄소의 화합물

(1) 산화탄소CO (2) 무수탄산(無水炭酸) 또는 탄산가스CO_2

(1) 산화탄소는 무색(無色) 무미(無味) 무취(無臭)하고 몹시 독한 기체이다. 무수탄산을 붉게 달궈진 목탄에 통하면 이 가스를 생성하고 또 산화탄소 2용(容)과 산소 1용을 혼합하여 전기의 불꽃을 통하면 화합하여 2용의 무수탄산을 생성한다.

(2) 무수탄산은 무색 무취하고 약한 산미가 있는 가스인데, 그 소재지는 공기 중과 광천 중에도 있고 왕왕 오래된 우물이나 석탄갱 속에도 존재하며 또 탄소를 함유한 물질의 연소할 때와 동물이 호흡할 때 생기므로, 납촉(蠟燭)이나 신탄(薪炭) 등을 태우든지 혹은 금속산화물을 탄소와 같이 가열하면 이를 얻을 수 있다. 다만 실험실에서 간편하게 제작하는 방법은 산(酸)으로 탄산을 처리하는 것이다.

탄소와 수소의 화합물

탄소는 수소와 화합하여 탄화수소라 부르는 다수의 화합물을 생성하는데 석뇌유(石腦油)와 동식물 속에 존재하고 또 동식물에서 유래한 물체의 변형으로 생성되는 것이다. 이러한 탄화수소가 유기화합물의 대부분을 점유한 까닭에 이를 연구하는 학문이 유기화학인 줄 알 수 있을 것이다. 지하에서 산출되는 석뇌유는 이러한 탄화수소로 만들어진 혼합물이라 한번 지상에 나오면 압력이 줄어드는 까닭에 가스의 분량을 방산(放散)한다고 하나 항상 다량의 휘발성 탄화수소를 함유하고 있어서 공기와 혼합될 때는 폭발하기 때문에 사용하지 못한다. 이 가스를 분석법으로 제거하면 (1)휘발유 (2)등유 (3)기계유 등 세 종류로 유출(餾出)된다.

탄화수소 중에 가장 간단한 것은 (1)소기(沼氣) CH_4 (2)에틸렌 C_2H_4 (3)아세틸렌 C_2H_2 등이다.

(1) 소기는 석유산지와 석탄갱의 지하에서 발생하는 기체 속에 혼재되어 있고, 습지나 연못 등에서 초목이 부패할 때에도 생성되는 무색 무미 무취의 기체이다. 이 때문에 소기지(沼氣池) 속에 기구를 거꾸로 넣고 봉(棒)으로 기구의 하부 즉 진흙 속을 휘저으면 가연성의 기체를 얻을 수 있고, 이 가스에 점화하면 담청색의 화염을 생기는데 그때 물과 무수탄산이 생성된다. 또 공기를 혼합하여 점화하면 폭발하는 까닭에 석탄갱에서 이러한 원인으로 종종 폭발할 때가 있어서 대단히 위험하다.

(2) 에틸렌은 무색이고 특수한 취기(臭氣)가 있는 가스인데 점화하면 밝은 불꽃을 낸다. 이러한 까닭에 이것이 석탄가스 속에 소량으로 혼재되어 있으면 그 불꽃이 더욱 발한다. 이에 동용(同容)의 염소를 혼합시키면 서로 화합하여 기름 상태의 액체를 생성하는 특성이 있는 까닭에 일명 생유기(生油氣)라 한다. 그 조제법은 170도 이상에 강렬한 유산(硫酸) 속에 주정증기(酒精蒸氣)를 통하면 산소 및 수소의 일부분은 물이 되어 추출되고 차례로 흑색의 액체 속에서 이 가스가 발생한다.

(3) 아세틸렌은 탄화칼슘에 물을 더하면 생기는 무색 유취(有臭)의 가스이니 점화하면 밝은 불꽃을 낸다.

초산(硝酸) NHO_3

초산은 무색에 몹시 강렬한 산화력이 있어서 보통 공기 속에서 연기를 내는 액체이다. 이 액체를 섭씨 85도까지 가열하면 기체가 되고 영하 75도까지 냉각하면 고체가 되는데, 이 액체에 백색의 모직을 넣으면 황색으로 변하고 피부에 닿으면 황색의 얼룩이 생긴다. 여러 광물과 금속-백금과 황금 이외-도 이 액체 속에 넣으면 용해되는데 그 용액에서 최초에 넣었던 금속 혹은 광물을 다시 취할 수 있으니 이 역시 물질 불멸의 법칙이다.

초산의 조제법과 용도

유산(H_2SO_4)에 초산가리(KNO_3) 혹은 초산조달($NaNO_3$)을 더하여 가열하면 기체를 생성하는데 이 기체를 냉각시키면 액체의 초산이 생성된다.

초산은 화학을 연구하는 곳과 각종 공업에서 가장 유용한 물건인데 그 대략은 (1) 화약 (2) 폭발약 (3) 염물(染物) (4) 류산·초산염 등의 제조에 요긴하다.

초산 속에 백면(白綿)을 넣었다가 건져내면 이른바 화면(火綿)이란 것이 되는데, 겉으로 보기에는 백면과 차이가 없으나 화면(火綿)에 불을 붙이면 무연(無煙)의 화염을 생성하며 연소된다. 이를 빠르게 폭발시키면 화력이 몹시 강력하기 때문에 이를 압착한 압착화면(壓搾火綿)은 군용에 필요하여 흔히 오형수뢰정(奧形水雷艇)에 사용하는데 그 수뢰가 파열될 때 다량의 가스를 내는 까닭에 맹렬하게 군함을 격파시킨다.

무연의 화약은 화면(火綿)을 박연(薄延)하여 제조하는 것인데 연기가 없고 화력이 강렬한 화약이다. 그러므로 현재 각 문명국에서 무연의 화약을 발명하여 전쟁 시에 요긴하게 사용한다.

과수(果樹)를 전정(剪定)하는 법 / 김지간(金志侃)

과수(果樹)를 전정(剪定)하는 목적은 다음과 같다.

(1) 과수의 모양을 고르게 하여 미관을 드러내기 위함이다.

(2) 최소의 지면에 최대의 유효한 가지와 줄기를 자라게 하기 위함이다.

(3) 토양 속에 함유되어 있는 양분과 공급한 비료분을 무익한 가지와 줄기에 허비하지 않기 위함이다.

(4) 대기의 유통을 적당하게 하여 일조량을 충분히 하고 병충해에 대한 저항력을 강하게 하기 위함이다.

(5) 형상이 풍만한 좋은 과실을 매년 다량으로 결실하기 위함이다.

(6) 병해충의 구제 예방을 용이하게 하기 위함이다.

이상의 목적을 달성하기 위하여 다음에 기술한 수술(手術)을 과수의 가지、줄기、뿌리와 여러 부속 기관에 시행하도록 한다.

갑. 하계의 전정(剪定)

1. 적초(摘梢) 2. 도장지제거(徒長枝除去) 3. 적아(摘芽) 4. 적엽(摘葉)

을. 동계의 전정(剪定)

1. 전엽지(剪葉枝) 2. 전과지(剪果枝)

병. 수세억압(樹勢抑壓)

1. 환상박피(環狀剝皮) 2. 침목변경(砧木變更) 3. 전근(剪根) 4. 편식(便植) 5. 사식(斜植)

정. 수세조장(樹勢助長)

1. 표피박삭(表皮剝削) 2. 외피개절(外皮開截)

하계의 전정(剪定)

적초(摘梢)의 목적과 방법

적초란 나뭇가지의 끝을 손톱으로 제거하는 작업이다. 춘계에 새순이 발아한 후로부터 가지와 줄기의 기세를 관찰하여 지체없이 시행해야 한다. 적초는 잎눈이 열려서 가지 끝이 녹색이 된 후에 시행하되 초단(梢端)의 두세 푼을 손톱으로 제거하거나 또는 가지와 줄기 전체 길이의 3분의 1이나 2분의 1을 제거한다.

적초의 목적은 오로지 그 가지 위의 엽액(葉腋)에 포함되어 있는 작은 순을 꽃눈이 되게 하거나 또는 직접 꽃망울이 되도록 만드는 수술이다. 적초시의 주의점은 그 과수의 상태를 관찰하여 과수의 가지 끝 가운데 기세가 강한 것만 적초하고 가지 끝의 기세가 약한 것은 적초하지 말아야 한다. 적초한 후에 그 자른 자리로부터 두순이나 세순이 발아할 때는 그 중에 세력이 가장 약한 것만 남겨 두고 그 나머지는 기부(基部)까지 전제(剪除)해야 한다.-기부란 순이 나오는 가지의 기초이다-

도장지(徒長枝)는 주간(主幹)의 부근에 생겨서 발육이 억세고 빠르게 자라서 과수 생장의 평균을 잃게 하며 개화(開花)의 결실을 해치는 가지이다. 그대로 방치하면 수세(樹勢)를 교란시키고 수자(樹姿)를 많이 변화시키니 신속히 제거하고 또 길게 자라기 전에 제거하라. 귀중한 양분만 낭비하고 결과는 얻을 수 없다.

적아(摘芽)의 목적과 방법

적아는 춘계에 새순이 나올 때 쓸데없는 위치에 있는 싹을 따서 제거하는 것이다. 손가락 끝으로 긁어 제거하는 것이 좋다. 쓸데없는 싹이 귀중한 수액을 소모하게 해서는 안 되니 가지와 잎이 길게 늘어나기 전에 적아법을 시행해야 한다.

적엽(摘葉)의 목적과 방법

수목의 잎은 식물체를 조직하는 동화액(同化液)을 만드는 곳이다. 그러므로 어떤 가지든 간에 그 세력이 강해서 다른 가지를 압박하고 혼자만 생장하려고 할 때 그 잎을 적당히 제거하면 그 가지의 세력이 쇠약해져 다른 가지와 고르게 된다. 그러나 그 가지의 잎 전부를 적채(摘採)하는 것이 아니고 항상 상부에서 점차 하부로 시행하되 일시에 급격하게 해서는 안 된다. 적엽은 가지와 줄기의 세력을 쇠약하게 할 뿐만 아니라 또한 나무 끝에 잎이 너무 많이 나서 과수에 햇빛이 충분히 들지 못할 때는 잎을 따서 충분히 햇빛을 받게 해야 한다.

동계의 전정(剪定)

동계의 전정은 추계에 잎이 떨어진 후부터 춘계의 새순이 나오기 전까지 과수의 휴면기간에 시행한다.

과수의 가지와 잎의 가지의 구별 없이 대체로 그 전체 길이의 3분의 1 내지 2분의 1을 전정한다. 대부분 과수의 잎순은 동계에 그 끝부분을 베어내지 않으면 춘계에 이르러 그 가지 위에 있던 잎순이 나무 끝 근처에만 나고 그 아래가 휴면 상태가 된다. 그러면 가지 위에 빈 공간이 생겨서 나무의 모양을 해칠 뿐 아니라 그 빈 공간은 단지 귀중한 수액만 낭비해서 과수를 양성하는데 불리해진다. 과수는 동계에 그 가지와 줄기 전체 길이의 약간 부분을 베어내면 거기로 향하던 수액이 가지 위에 머물게 되어 그 위에 있는 싹을 자극하고 그 전체의 발전과 성장을 촉진시켜 나뭇가지의 어떤 부분이던 간에 작은 가지를 자라나게 해서 수목을 고르게 할 수 있다.

과지(果枝)의 지정(枝定)

동계의 전정(剪定) 또한 과실의 품질을 개량할 목적으로 과수의 가지에 행하는 것이다. 과수의 가지 수가 많으면 그 과수의 가지에 분배될 동화액의 양이 당연히 적어지고 이로 말미암아 과실의 크기도 몹시 작아진다. 그러니 그 과수의 가지 전체 길이의 2분의 1이 내지 3분의 1 가량을 전지(剪枝)한다. 전정하는 방법은 과수의 가지와 잎의 가지를 막론하고 순의 부착점에서 너무 위쪽으로 길게 전절(剪截)하면 그 부분이 고사(枯死)하여 그 자른 자리가 아물지 않으며, 순의 부착점에서 너무 가깝게 전절하면 자른 자리에서 수분이 증발하여 싹이 말라 움트지 못한다. 그러므로 순의 부착점부터 순 위의 가지와 줄기를 길게 한 푼 쯤 남겨 두고 베어내야 한다. 미완(未完)

천문학 강담 / 앙천자(仰天子)

여러 행성[遊星]

(갑) 우리 태양계의 행성은 일반적으로 태양을 중심으로 삼고 각자의 궤도를 따라 돌며 태양의 빛을 받아서 그 빛을 반사하여 찬란한 광채를 내는 것이다. 우리 지구도 지구 외의 성구(星球)에서 보면 달이 맑은 밤에 비추는 것처럼 찬란한 광채를 낼 것이다. 원래 행성이라는 것은 무엇을 말하는 것인가. 이제 그 명칭의 의미를 궁구해보면 그리스어로 표박자(漂泊者)라 하니, 태고부터 유성(遊星)이 표박(漂泊)함을 이미 발견한 것이다. 그렇다면 행성과 항성을 무엇으로 구분하는가. 이는 어렵지 않은 현상만 예로 들어도 충분히 해명할 수 있다. 보통 항성은 찬란한 광채를 내고, 행성은 침정(沈靜)한 밝은 빛을 내니 이것만 가지고 충분히 증명할 수 있다.

(을) 행성의 궤도. 궤도란 행성이 태양의 주위를 도는 것을 말한다. 그 형태가 전부 타원형-길고 둥근 형태-인데 태양이 그 중심에 위치하고 있다. 따라서 중심에서 원주에 이르는 거리가 길기도 하고 짧기도 하고 멀기도 하고 가깝기도 하다.

(병) 여러 행성의 유래. 수성·금성·화성·목성·토성 등 다섯 행성은 우리의 육안으로도 볼 수 있는 것으로 옛날 사람도 다 알고 있었다. 그런데 천왕성(天王星)은 서기 1781년 3월 11일에 영국의 천문학자 윌리엄 허셜(William Herschel)이 발견한 것이다. 다음에서 허셜의 약력을 잠시 소개하겠다. 허셜은 서기 1738년 독일의 하노버(Hannover)에서

태어났다. 그는 미천한 음악가인 아버지의 유업을 계승하여 음악을 전
공했는데, 그의 아곡(雅曲)은 당시 유럽의 여러 나라에서 훌륭한 평판
을 받았다. 그러나 그는 단지 음악만으로 삶의 위안을 충족하지 못하고
틈틈이 어학과 수학을 부지런히 공부하였다. 그는 마침내 천문학에 흥
미를 느꼈고 수많은 고난을 겪으면서 대망원경을 제작하고 이를 사용
하여 천체관측을 실행하였다. 작업에 착수한 지 1년 반이 지난 어느
날 밤에 그는 7척 초점거리의 망원경을 사용하여 하늘의 한 구역을 관
측했는데, 광채가 항성과는 전혀 다른 별 하나가 여러 별 가운데 보였
다. 며칠 동안 계속 관측한 뒤에 이것이 일종의 행성임을 확정하고 세
상에 발표하였다. 당시 영국왕의 이름이 조지 3세이기 때문에 이 유성
을 조지언 스타라 명명하였다가 지금은 천왕성으로 통칭된다.

　해왕성(海王星)은 1846년에 독일의 천문학자 요한 고트프리트 갈레
(Johann Gottfried Galle)가 발견한 것이다. 최초로 발견한 내력에 의하
면, 당초에 천왕성의 운전행동(運轉行動)이 일시적이고 불완전하여 확
정된 시간을 파악하기 어려웠기 때문에 당시 각국의 천문학자들이 의
심하며 결정하지 못하였다. 그런데 프랑스의 천문학자 위르뱅 르베리
에(Urbain Le Verrier)가 이 문제를 이 문제를 충분히 연구하고, 그 거리
와 운행을 상세히 기록하여 같은 해 9월 13일에 프랑스의 수도 파리에
보고하였다. 갈레가 강력한 관천기(觀天機)를 사용하여 그 지시대로 하
늘의 한 구역을 찾아보니 전대미문의 유성 하나가 있었다. 이튿날 밤에
자세히 탐구하니 전후의 위치가 갑자기 바뀌어 있어서 유성임을 비로
소 알아차리고 해왕성이라 명명하였다.

　(정) 여러 행성의 비교. 허셜은 여러 행성과 그 궤도를 비교하고 이해
하기 위하여 다음과 같은 방법을 사용하였다. 평탄한 너른 들에 직경
2척가량의 구(球)를 설치하여 태양이라 가정하면, 직경 164척의 원주
(圓周)에 개자립(芥子粒)으로 수성과 수성의 궤도를 표시하고, 직경

284척의 원주에 대두립(大豆粒)으로 금성과 금성의 궤도를 표시하고, 직경 430척의 원주에 대두립으로 우리 지구와 지구의 궤도를 표시하고, 직경 654척의 원주에 조금 큰 유침(留針)의 머리 같은 것으로 유성과 유성의 궤도를 표시하고, 직경 1000척에서 1200척의 원주에 사립(砂粒)으로 작은 유성과 그 궤도를 표시하고, 직경 반리〔0.5mile〕의 원주에 은행 열매 같은 것으로 목성과 그 궤도를 표시하고, 직경 1리의 5분의 4의 원주에 작은 은행 열매 같은 것으로 토성과 그 궤도를 표시하고, 직경 1리 반 남짓의 원주에 복숭아 열매 같은 것은 천왕성과 그 거리를 표시하고, 직경 2리 반의 원주에 큰 매실 같은 것으로 해왕성과 그 궤도를 표시하였다고 한다.

(무) 여러 행성에 생물의 유무. 이 문제는 예로부터 수많은 학자들이 몹시 고심한 것으로, 상당한 경험을 축적하였지만 지금까지 확실하게 증명하지 못하였다. 가령 다른 행성에도 우리 지구처럼 인류가 있다고 가정하더라도 우리 지구의 인류와는 전혀 다를 것이다. 무엇 때문인가. 다름이 아니라 온도와 중력과 대기와 모든 상황들이 각기 너무 다르기 때문이다. 그렇다면 그 곳에서 존재하는 생물 또한 상태와 종류가 각기 다를 것임을 추측할 수 있을 것이다.

수성. 수성은 태양과 가장 가까운 행성이다. 보통 일몰 내지 일출 때 몇 분 사이에 우리의 육안으로도 볼 수 있다. 대체로 태양과 동시에 출몰하기 때문에 그 광채가 충분히 빛날 수 없어서 원만하게 관측할 기회가 없지만, 간혹 볼 수 있으면 삼등성(三等星)으로 보인다. 다른 행성과는 달라서 담홍색(淡紅色) 빛을 내며 반듯반듯하다. 망원경으로 살펴보면 둥근 달이 보름달에서 초승달이 되려고 할 때처럼 변화함을 알 수 있는데, 이는 수성이 수시로 태양의 표면에 비치거나 비치지 않거나 하기 때문이다. 지금까지 관측한 바에 의하면 수성에는 대기가 없는 듯하고, 또 반점이 존재하지 않기 때문에 그 자전(自轉)하는 지를 증명하려면 그것의 변화를 가지고는 근거로 삼기 어렵다고 한다. 그러 므로 자전의 유무를 아직 알 수 없는 것이다. 수성의 열량은 자생된 열이 아니라 태양에서 받은 것인데, 지구보다 일곱 배의 열량을 받는다 고 하고 그 온도는 물이 끓는 정도와 같다고 한다.

실업지리(實業地理) / 학해주인(學海主人)

지구총론

지구는 우리가 통상적으로 다 알고 있는 것처럼 원형을 이루기 때문 에 그 명칭을 지구라고 하였다.

지구의 표면은 육지와 물로 성립되었지만 물이 거의 육지의 3분의 2를 점유하고 있다.

지구는 우리가 목격한 바 일반적인 유성처럼 태양의 주위를 회전하 는 일종의 유성(遊星)이다.

지구의 직경은 3만 2천 여리이고 둘레는 총 10만 3천 여리이다.

지구의 육지에는 산이 높이 솟아있고 골짜기가 낮게 파여있는데, 지 구상 가장 높은 봉우리는 2만 9천 척이다. 육지는 해수에 싸여 있는데, 그중 작은 것은 섬이라 일컫고 큰 것은 대륙이라 한다.

지구는 동과 서 크게 두 부분으로 분할하여 동쪽에 있는 것은 동반구 라 하고 서쪽에 있는 것은 서반구라 한다. 동반구에는 아시아·유럽· 아프리카·오세아니아의 오대주가 있고, 서반구에는 남아메리카·북 아메리카의 양대주가 있다. 그러므로 세계육대주(世界六大洲)라 일컫는 것이다.

물의 대부분을 점유한 것은 해수이니, 어디에서 어디까지라는 제한 은 원래 없는데 그 수폭(水幅)의 너비를 구별하여 작은 것을 바다(海)

혹은 만(灣)이라 하고 큰 것을 대양(大洋)이라 한다. 바다와 만은 그 수를 헤아릴 수 없는데 대양은 오대양으로 구분하여 태평양·대서양·인도양·북빙양(北氷洋)·남빙양(南氷洋)이라 한다.

지구표면의 기후는 대개 다르니 그 중앙은 태양에 가장 가까운 지역이라 몹시 덥고 그 남북으로 멀리 떨어질수록 점차 한대(寒帶)에 이르러서는 결국 생물이 살 수 없다. 그 추위와 더위의 대체(大體)를 세 가지 큰 지대로 구분한다. 먼저 지구표면 남북중앙의 한 선을 가설하여 적도(赤道)라 부르고, 그 다음은 남극과 북극에 이르기까지 각각 90도로 나누고 적도에서부터 남북 각 23.5도 선을 남북회귀선(南北回歸線)이라 하며, 남북 두 끝에서 각 23.5도 선을 남북의 극권(極圈)이라 하고, 적도를 중심을 삼고 두 회귀선 사이를 열대(熱帶)라 하고, 두 회귀선과 두 극권 사이를 온대(溫帶)라 하고, 두 극권과 두 극 사이를 한대(寒帶)라 한다.

세계의 인구

광활한 세계 속에서 아시아와 아프리카의 대사막과 같은 곳과 단 한 사람도 거주하지 않는 곳도 있지만, 이러한 곳들을 제외하고 현재 우리의 주거지만 들어 말하자면, 농업을 주업으로 삼는 나라는 인구가 희박하고 공업을 주업으로 삼는 나라는 인구가 밀집되어 있다. 미개국은 인구가 점차 감소하고 문명국은 인구가 급격히 증가한다. 유럽은 세계 문명국이라는 곳일수록 인구의 밀집이 극심한데, 그 가운데 유독 이상한 현상은 프랑스는 무엇 때문에 인구가 증가하지 못하고 매년 감소하는지가 우리가 크게 주목하는 점이긴 하지만, 하여간에 변화된 하나의 양상이다. 기타 유럽의 여러 나라들은 매년 증가하고 있는데, 그 가운데 속도가 몹시 빠른 것은 미국이니 이는 그 문명의 속도가 몹시 빠른 정비례를 표시하는 것이다. 아시아의 여러 나라들은 문명의 속도가 대부분 더디기 때문에 인구의 증가도 대체로 더디다. 좌우지간에 인구가 점차 증가할 것은 의심할 바 없는 사실이다. 그렇다면 전세계 인구의 총수가 현재 얼마나 되는가. 원래 통계가 불확실하여 도저히 정밀한 수를 산정하지 못하였지만 대략 16억 이상으로 추산된다. 토지의 넓이에 따라 아시아 인구가 가장 많아서 총수의 절반 이상을 차지하고 그 다음은 유럽이니 총수의 4분의 1가량 된다.

세계의 인종

세상에 거주하는 민족은 언어풍속과 종교도덕과 문명의 정도와 건국의 국시(國是), 기타 온갖 것에 차이가 있다. 하지만 생리학적으로 인체조직을 연구하면 차이점이 거의 없고, 단지 피부와 모발이 각기 차이가 있을 뿐이다. 이를 다섯 분파로 분류하면 다음과 같다.

1. 몽고인종. 몽고인종은 일명 황인종이라고도 칭하니 피부가 황색이고 안면이 넓적하고 광대뼈가 튀어나왔고 눈이 작고 눈매가 찢어져 있으며 머리카락이 억세고 검으며 수염이 적은데 이 인종의 인구가 총 5억이다.

2. 코카사스인종. 일명 백인종이라고도 칭하니 피부가 백색을 띠고 이마가 넓고 길며 얼굴이 가늘고 길고 코는 크고 높으며 눈매는 치켜져 있지 않고 머리카락은 다갈색을 띠고 수염은 덥수룩하고 많으니 이 인종의 인구가 총 5억이다.

3. 아프리카 인종. 일명 흑인종이라고도 칭하니 피부는 흑색을 띠고 코는 비대하며 턱이 앞으로 들려 있고 입술이 몹시 두툼하며 이마가 넓적하고 평평하며 머리카락은 검고 짧으며 수염이 적으니 이 인종의 인구가 총 1억 5천만이다.

4. 말레이시아종이니. 피부가 다갈색을 띠고 외모는 몽고인종과 거의 같고 두개골과 눈매는 코카사스인종과 흡사한데 이 인종과 폴리네

시아 인종을 합쳐서 그 인구가 4천 5백만이다.

5. 아메리카 인종이니, 피부가 적동색을 띠고 머리카락은 흑색이며 수염은 적으니 이 인종과 다른 잡종을 합쳐서 그 인구가 총 3천 4백만이다.

그 외에 인도 트라비타인종과 파푸아뉴기니 및 오스트레일리아 토인종이 또 있으니, 전자는 총 6천만 인구이고 후자는 총 3백만 인구이다.

세계의 언어

언어의 종류는 수천 가지로 각기 차이가 있는데 널리 통용되는 여부를 논거(論據)하자면, 학술적으로는 라틴어 그리스어 등의 언어가 우위를 선점하였고 공업 · 상업 · 실업적으로는 영어와 지나어가 우위를 선점하였으며 그 다음은 스페인어요 국제외교와 상류사회에서는 다수 통용되는 것은 프랑스어이다.

세계 각국이 대체로 특수한 국어를 가지고 있는데 스위스 국민은 프랑스어 독일어 이태리어 등 여러 언어를 사용하고 있고, 오스트리아와 헝가리 국민도 한 국민이 수많은 언어를 사용한다.

세계의 종교

세계 종교 중에 중요한 것이 네 종류가 있다. 그 근원은 전부 아시아에서 나온 것으로, 그 중에 불교는 석가의 종교이니 발원지는 바로 인도인데 지금은 발달하지 않지만 일본에는 신봉하는 자가 많다. 브라만교는 불교와 같이 인도에서 생긴 것인데 인도인이 신봉하는 것이다. 기독교는 예수 그리스도를 구세주로 신봉하는 일신교(一神敎)로 신교 · 구교 · 그리스정교 등 세 가지 큰 분파로 나뉘었다. 이슬람교는 마호메트를 최대 예언자로 신봉하는 종교인데 서아시아 및 아프리카에서 현재 성행하고 있다.

각 국토의 영역

현재 세계의 독립국은 총 50개국인데 그 가운데 강대국의 반열에 속하는 것이 5분의 1에 불과하다. 국토의 면적이 넓어도 국세가 미약한 곳도 있고 국토가 좁아도 열강과 지위를 나란히 한 곳도 있다. 국토가 넓고 강한 나라는 러시아·미국이고, 본토가 협소해도 나란히 열강이란 강명(强名)을 부여받는 나라는 영국·프랑스·독일·포르투갈·네덜란드이다. 이러한 나라들은 본토는 작지만 그 영토가 본토의 수백 배 내지 수십 배나 되기 때문에 세상 사람들이 열강이라 일컫는 것이다.

세계의 주요 물산

세계의 물산을 크게 나누면 광물·식물·동물 세 가지다. 가장 필요한 광물은 철·금·석탄 세 종이다. 가장 필요한 식물은 곡류·면화 두 종이다. 가장 필요한 동물은 양·잠사(蠶絲)이다.

철과 석탄의 산출량은 미국이 가장 우위를 점하고 그 다음은 영국이고 그 다음은 독일이다. 금은 오스트리아와 남아프리카 트란스발, 미국이 주요 산지이다. 곡물 중에 백미(白米)의 산지는 동양이고 소맥(小麥)의 산지는 서양이니, 미국이 소맥의 다산지(多産地)로 세계 산출량의 4분의 1을 생산하고, 영국은 곡물 산출량이 부족하여 매년 외국에서 수입한다. 양모(羊毛)는 유럽·오스트리아·남아메리카·아르헨티나 등이 주요 산지이다. 잠사는 유럽 남부와 아시아 등 여러 나라가 주요 산지이다. 제반 관계상 가장 중요한 것은 소와 말이다.

세계의 무역

각국이 무역에서 모두 해마다 진보를 이루는 가운데 영국이 가장 우위를 선점하고 그 다음은 미국과 독일이 발전 정도가 대단히 빠르고 그 다음은 인구 한 명에 해당하는 수출입액을 살펴보니 네덜란드 벨기

에 스위스 등 여러 나라는 그 액수가 가장 낮았다. 다음에 수출입액표
를 열거한다. (단위는 파운드)

인구 한 명당 수출입하는 액표

각국	수출액	수입액
네덜란드	27.7	32.5
스위스	10.4	3.5
벨기에	11.0	13.3
영국	6.8	12.6
독일	4.0	5.1
미국	3.7	2.5
이탈리아	1.7	2.1
스페인	1.5	1.8
헝가리	1.8	1.5
러시아	0.7	0.6

세계의 교통

세계의 교통에서 특별히 주의할 것이 세 가지 있다. 첫째는 대륙을
횡단하는 철로(鐵路)이고 둘째는 대양을 횡단하는 해저선(海底線)이고
셋째는 해양을 연결하는 대운하(大運河)이다.

북미주를 횡단하는 수많은 철도가 동 대륙 개발과 중요한 관련이 있
고 시베리아 철로의 개통은 세계 교통에 대단히 큰 변화를 가져왔다.
만일 이후에 아프리카를 횡단하는 철도와 중앙아시아를 횡단하는 철
도, 두 철도가 완성되면 세계 육상 교통에 실로 새로운 흥미를 일으킬
것이다.

해저선은 대서양을 횡단하여 신구 양 대륙 사이를 연결하고 태평양
도 이미 횡단선이 있으니 통신상의 편리는 다시 말할 필요가 없다. 북
미합중국에서 경영 공사를 시작한 파나마 운하의 개착(開鑿)이 끝나면
세계 교통에 새로운 복음을 일으킬 것이다.

| 문예 |

• 광고

본 태극학보 대금 수납의 편의를 위하여 경성(京城)과 평안북도(平安北道)에 위탁수금소를 설치하였으니 경성에서 본 태극학보를 구독하시는 분은 대금을 경성 북서(北署) 원동(苑洞) 이갑(李甲) 씨 댁에 거처하는 김기옥(金基玉) 씨에게 보내주시고 평안북도에서 구독하시는 분은 평안북도 정주(定州) 남문(南門) 내 홍성린(洪成鱗) 씨에게 보내주시기 바랍니다.

태극학회 알림

무하향(無何鄕)[4] / 이규철(李奎澈)

봄날이 한창이라 산천초목(山川草木)이 한층 정채를 빚어내고 이역만리 객지생활의 울적한 심정은 몹시도 산란하였다. 하루는 공부를 쉬는 여가에 울적한 회포도 풀고 시원한 경치도 감상할 겸 두세 친구와 함께 우에노공원(上野公園)에 들어서니 꽃향기는 바람 따라 코에 닿고 경치는 사람을 붙드는 듯하였다. 이에 느린 걸음으로 동물원과 박물관 등에 불쑥 들어가서 이상한 짐승과 기묘한 물품을 차례로 다 관람하고 하숙방에 돌아오니 시간이 벌써 5시였다. 저녁 식사 후에 한 시간이 지나 몇몇 학과를 복습하니 밤이 이미 깊었고 수마(睡魔)가 찾아와서 잠깐 잠자리에 들었는데, 장자(莊子)의 나비[5]가 어디에도 없는 고장〔無

---

4 무하향(無何鄕) : 장자(莊子)가 말하는 이상향(理想鄕)으로 아무것도 없이 끝없이 펼쳐진 적막한 세계이다.

5 장자(莊子)의 나비 : '호접지몽(胡蝶之夢)'으로 물아일체의 경지를 말하는데, 여기

何鄕)에 날아드니 완연한 고국(故國) 향곡(鄕曲)의 촌장(村庄)이었다. 때마침 날이 저물었으나 투숙할 점막(店幕)이 없어서 방황하다가 어찌할 수 없는 노릇이라 손님을 치르는 일가에 곧장 들어갔더니 노쇠한 안색과 센 머리털에 거드름을 피우는 노선생(老先生)이 오궤(烏几)에 기대어 앉아 있었다. 우선 초면의 예를 마치고 방안의 문구(文具)를 찬찬히 보니, 사서삼경(四書三經)이 책상과 시렁에 가득 쌓여있을 뿐 아니라 시부표책(詩賦表策)이 차례대로 갖추어져 있으니 필시 구학문(舊學問)에 저명한 유학자(儒學者)일 것이다.

조금 있다가 이웃의 어떤 노인이 탕건(宕巾) 위에 정자관(程子冠)을 쓰고 들어와서 안부를 묻고 비분강개한 모습으로 말하기를 "갑오개혁 이후로 만이(蠻夷)의 악풍이 동방예의지국에 전염되어 수천 년간 준수하던 공맹(孔孟) 성인의 도가 끝내 비운을 겪고 심지어 과거시험까지 폐지되었으니 치국안민(治國安民)할 영재(英才)를 어디서 채용하겠는가. 성인 문하의 제자로서 참으로 통곡하여 눈물을 흘릴 일이거늘 아무 마을의 아무 진사(進士)는 도리어 승두선(僧頭扇)과 흑의(黑衣) 차림으로 흡사 호기를 만난 듯하여 백주대로(白晝大路)에서 '구학문을 포기하고 신학문에 종사하라'는 문제로 연설하네그려. 만일 황천(皇天)이 지각이 있다면 이러한 배은망덕한 인간을 어찌 이 세상에 그냥 두겠는가. 제가 구학문의 공효(功效)로 진사가 되는 영광을 누리고 오늘까지 아무개라 불리는 명예가 한 고을에 분명히 알려졌지." 하더니 분기탱천(憤氣撑天)하여 온갖 욕설이 입에서 끊이지 않았다.

주인 역시 한 목소리로 호응하여 발끈 안색이 변하여 말하기를 "그놈의 그 연설을 자네가 직접 목격하였나? 어제 같은 마을의 아무개가 찾아와서 그 일을 말하던데 나는 그 말을 믿지 못하고 도리어 전한 자에게 허물을

서는 꿈을 꾸었다는 뜻이다.

돌리며 '군중 속에서 혹 용모가 서로 흡사한 자가 있을 것이니 자네가 잘못 본 것이 아닌가. 아무개 진사는 본래 성인 문하에서 덕을 닦은 고제(高弟)로 설령 천려일실(千慮一失)이 있더라도 어찌 이토록 무지몽매(無知蒙昧)한 지경에 이르렀겠는가?'라 했는데 이제 자네 말을 들으니 과연 확실한 일이로군. 그놈이 나이가 거의 60세 가까이 되었는데 단발(斷髮)한 꼴이 좋기도 하겠구만. 모양은 고사하고 신체발부(身體髮膚)는 수지부모(受之父母)니 불가훼상(不可毁傷)이라[6] 하는 훈계(訓誡)가 성현의 경전에 실려 있거늘 자포자기하여 부모에게 불효하고 성인에게 죄를 지었으니 죽은 뒤에 무슨 면목으로 지하에서 뵙겠는가. 그놈은 나와 죽마고우일 뿐 아니라 아무개 선생께 3~4년을 동문수학하였기에 정분이 가장 친밀했는데 이제 성인의 도를 배반하니 나의 원수다. 만나기만 하면 반드시 꾸짖어 욕하고 절교할 것이다." 하며 한탄을 금치 못하였다.

이웃 노인이 정리하여 말하기를 "근래에 신학문이라는 책자를 심심풀이로 간혹 보았더니 혹 옛날 이야기책처럼 순국문으로 기술된 것도 있으며 혹 국한문을 섞어 쓴 것도 있으나, 그 취지는 대개 유도(儒道)의 겉면만 훔쳐 베껴놓은 것들이니 평생 글 한 줄 읽지 않아서 '어(魚)'자 '노(魯)'자도 구분 못하는 무지하고 무식한 놈들이나 공부해라지. 우리 유교야말로 천하에 유일무이한 성인의 도이지."라 하니, 주인이 응답하기를 "맞다. 맞다. 지금 부랑무뢰(浮浪無賴)한 소년들이 무수한 재물을 낭비하고 일본과 서양국을 항해하고 왕래하면서 오랑캐의 풍속을 본받아서 학교교육을 확장하고 사회교육이 완전하여야 국권을 회복한다고 하는데, 학교교육이 무엇이며 사회교육이 무엇인가. 이열 사열로 부대를 만들어 병정처럼 조련하며 양복과 양화에 단발 차림으로 길가에서 연설하는 것으로 쉽사리 천운(天運)을 만회할 수 있단 말인가. 일성일

---

6 신체발부(身體髮膚)는……이라 : 자신의 신체를 잘 보전하는 것이 효행(孝行)의 시
   작이라는 말로, 『효경(孝經)』 1장에 나온다.

쇠(一盛一衰)와 비퇴태래(否退泰來)[7]는 만고불변의 정해진 이치이니 무너졌던 성인의 도가 부흥하는 날이 와야 국운이 자연히 공고해질 것일세. 우리 소년시대에는 학교교육이니 사회교육이니 라는 말은 들어보지도 못했는데 강구연월(康衢煙月)에 국태민안(國泰民安)하였으니, 아마도 국가의 쇠운(衰運)이 머지않아 사라지고 깊은 산골짜기에서 때를 기다리던 참된 군자가 나타나 형형색색의 이단(異端)을 배척하고 성인의 도를 숭상하여 과거시험을 다시 실시하면 그 때는 수년간 웅크렸던 우리의 시부표책(詩賦表策)이 힘을 얻게 될 걸세. 자 풍월(風月)이나 한 수 읊어보세." 하고는, 이에 운자(韻字)를 집어내고 무슨 남 놀랠 시구를 지어내는지 홍얼홍얼 하더라.

아 슬프도다. 내가 이러한 진부한 말을 듣고 가슴이 막히고 간담이 떨어지는 심정을 이기지 못하여 가슴치고 누르며 큰소리를 내고 보니 잠꼬대였다. 마침 옆 사람이 흔들어 깨우기에 깜짝 놀라 잠자코 생각하니 참 딱한 일이로다.

수심가(愁心歌) 2수 : 자창자화(自唱自和)

「자창(自唱)」 이천만 생령(生靈) 우리 동포님네, 이 내 말 좀 들어보소. 죽자하니 가련하고, 살자하니 난처하도다. 난처한 일 있은들 누구에게 하소연 하고, 원통한 마음 있은들 누구에게 외칠꼬. 아비는 이끌고 어미는 품에 안고 헛봇짐 싸서 메고, 피난가세 피난을 가세. 깊은 산골짜기 사람 없는 곳으로 피난이나 하여볼까. 아따! 여보 삼천리 강

---

7   일성일쇠(一盛一衰)와 비퇴태래(否退泰來) : 운수는 반복되는 것이니 불운이 지나면 행운이 온다는 말이다. '비퇴태래'에서 '비(否)'와 '태(泰)'는『주역(周易)』두 괘(卦)의 이름으로, 천지가 교감하여 만물이 형통하는 것이 태이고 천지가 교감하지 않아 만물이 폐색(閉塞)하는 것이 비이다.

산 중에, 깊은 산 깊은 골짜기가 그 어디냐. 금강산이냐, 지리산이냐.
금강산으로 가려 하니, 승냥이며 이리가 층층이 늘어서 목숨이 두려워
갈 수 없고, 지리산으로 가려 하니, 머나먼 앞길은 구덩이 겹겹이라.
전후좌우로 엄습하는 매질과 곤장의 모욕이야, 아이구! 차마 진정 서러
워 난 죽겠소. 그물 하나로 모조리 거두니, 동산(銅山)도 무너지고 부천
(釜泉)도 말라버렸네. 사람 몸이야 본래 날개 없으니, 구름에서 밭 갈고
달에서 고기 낚을 수도 없겠고 큰 매 뒤에 있으니, 둥지 잃은 새 어디
가겠으며, 날랜 수달이 뒤쫓으니, 구멍 없는 물고기 어디 가겠고, 사방
들판에 풍랑 치니, 거처 잃은 뱀의 무리 피신할 곳 전혀 없네. 초한(楚
漢) 시절에 역발산기개세(力拔山氣盖世)하던 항장군(項將軍)도 길이 끊
기고 힘이 다하니 할 수 없이, 오강(烏江) 속에서 세상과 작별하였고,
당세의 영웅이던 나폴레옹도 적수공권(赤手空拳)이라 할 수 없이, 외로
운 섬에서 슬픈 원혼이 되었지. 아이구! 무식하고 생각 없는 연연약골
(軟軟弱骨) 우리 인생이야, 어이할꼬, 어이할꼬. 죽을 곳 찾으려 한들,
할 수 없는 이 때로다.

「자화(自和)」 봄이야 바람이야 꽃이야 달이야 춘풍화월(春風花月) 돌
아왔네. 북쪽 대륙에서 음기가 이미 다하고, 사방 교외에 쌓인 눈이
다 사라지니, 춘풍화월이 분명하지. 남쪽 산 서쪽 들판에 어여쁜 꽃
향기로운 풀은, 좋은 시절을 환영하며, 매화 배 살구 복숭아 천만 가지
에, 꽃망울은 붉고 희니, 아이구 좋은 시절 꽃 시절이 아닌가. 아득한
우주 사이에 잠자듯 적막하던 만산(萬山)과 평야(平野)가 눈 깜짝할 새,
완연히 조화로운 천당(天堂)을 꾸몄네. 아이구 이 누구의 공인가. 춘신
(春神)의 공인가, 산야(山野)의 공인가. 아니 아니라 다애(多愛) 다련(多
憐) 다정(多情) 다권(多權)하신, 유일한 조물주 상제(上帝)의 공이로다.
아하 넘어진 우리 인류야, 가련하고 애달픈 우리 청년들아, 이러한 조
화로운 봄철의 풍월(風月)이, 우리가 겨울 내내 시달렸던 고달픈 정신

을 위로하며, 죄 많은 심장을 한층 정결히 하건만 … 아이구 무지하고 어리석은 인류들아, 이 시절의 의미를 모르고, 안락무위(安樂無爲)에 유유히 허송하며, 꽃을 희롱하고 달에 노닐다가, 악착(惡着)에 잘못 빠져 도리어 큰 죄를 지었도다. 무지한 인류 중에 청년들이 더욱 애석하니, 훗날 그 죗값은 어찌하오. 사형이지… 상제(上帝)의 애정으로 등급 하나만 덜어주면, 캄캄한 지옥에 도형(徒形)할 리 없지. 명심할지어다, 명심할지어다. 청년들이여 청년들이여.

여흥(餘興) 1수

책상에 기대앉아 4년 전 옛일 생각하니, 슬픔에 젖어 눈물 절로 나네. 길가 버들 실실 스치고 지나가니, 한식(寒食)의 동풍(東風)이 분명하고, 야심한 오경(五更)에 천기(天氣)가 상쾌하니, 3-5월이 네가 아니더냐. 답답하고 답답한 이내 가슴 무엇하면 시원할까. 답답울울(沓沓鬱鬱) 심란한 와중에 시 한 수 떠올린다.

온갖 꽃 다 지고 녹음 막 짙푸르니	百花落盡綠陰新
어린 참새와 늦봄의 꾀꼬리는 우짖으며 가는 봄을 전송하네	
	乳雀殘鶯啼送春
이내 몸 귀향하여 농사지을 계획 아직 얻지 못한 채	此身未得歸耕計
홀로 칼과 책을 마주하며 그 사람을 그리워하노라	獨對劍書思其人

태극학보를 위하여 삼가 축원하다 漢 / 증산(甑山) 김붕각(金鵬珏)

환히 밝은 저 태극은 본래 무극인데	明明大極本無極
태극이 다시 태극기를 밝히도다	太極復明太極旌
우리나라 문단의 호걸지사들	東社騷壇豪傑士

대한제국 온 강토에 공명을 떨치네	大韓天地壯功名
창해(蒼海)에서 붕정만리를 도모함을 또한 알겠으니	也知蒼海圖鵬搏
치림(緇林)에서 새 울음소리 익힘을 몇 번이나 들었던가	
	幾聽緇林習鳥鳴
학계가 태평함에 글 솜씨를 발휘하니	學界昇平文藻發
군산(君山)의 나뭇잎에 맺힌 물방울 오호(五湖)에서 나는 소리일세	
	君山翠滴五湖聲

늦봄에 우연히 짓다 漢 / 봉주한인(蓬洲閒人)

헌창(軒窓)엔 가는 봄 아쉬워 우는 새소리	軒窓鳥語惜餘春
맑은 새벽에 나서서 낚싯줄 정리하고파	欲趁晨晴理釣緡
높은 대 낮은 꽃에 안개 자욱하고	高竹低花烟靄靄
새로운 부들 가는 버들 가에 시내 졸졸 흐르네	新蒲細柳水涓涓
제나라 문하에서 피리 부는 객 누가 배우리⁸	齊門誰學吹竽客
자연이 좋은 나는 절각건⁹을 따르리라	野性余追折角巾
지난 반평생에 풍월주인 되었으니	半代徒爲風月主
문장으로 세상 다스릴 이 과연 누구인가	文章經世果何人

---

8 제나라……배우리 : 재주가 없는데 흉내만 내면서 벼슬하지 않겠다는 뜻이다. 『한비자(韓非子)』「내저설 상(內儲說上)」에 제 선왕(齊宣王)이 좋아하는 피리를 잘 부는 척하면서 무리에 끼어있던 남곽처사(南郭處士)가 민왕(湣王)이 즉위하여 독주를 시키자 달아났다는 고사를 인용한 것이다.

9 절각건(折角巾) : 재야(在野)에서 자연을 벗하며 자유롭게 지내겠다는 뜻이다. 후한(後漢)의 명사 곽태(郭泰)가 어느 날 비를 맞아 두건 한 쪽 귀가 꺾였는데, 그것을 본 당시 사람들이 일부러 모두 그렇게 한 쪽 귀를 접어서 썼다는 고사를 인용한 것이다.

해저여행 기담 제10회 / 모험생(冒險生)

-우연히 침몰선을 보고 항해의 위험을 생각하여 함선의 탈출을 은밀히 모의하고 기회가 오기를 기다리다-

한편 아로낙스(Pierre Arronax)는 콩세유(Conseil)가 놀라 일어나는 모습을 보고 간담이 서늘해져 읽고 있던 책을 던져 버리고 선창(船窓)에 붙어서 바라보니, 노틸러스호(Nautilus號)가 항해를 중지하고 선창을 완전히 열어 번갯빛을 바다 위 하늘에 멀리 비추는데 바다 속 천지가 혼연히 불야성을 이루었다. 수많은 어류들이 모여 솟구쳐 서로 연이으니 흡사 조각조각 나뭇잎이 약한 바람에 따라 휘날리고 쌍쌍이 나비떼가 고운 꽃에서 노니는 것처럼 찬란한 광경이 사람들의 눈을 사로잡았다. 아로낙스는 잠시도 다른 생각을 할 겨를이 없이 그저 자세히 볼 뿐이었다. 콩세유는 해저를 가리키며 아로낙스에게 말하기를 "주인님 저 주변을 보세요. 저것은 침몰선이 아닌가요" 하였다. 아로낙스가 눈을 휘둥그레 뜨고 보니 큰 고래가 해저에 누워 있는 듯한 것이 과연 침몰선이었다. 뱃전의 돛대는 꺾여 있었지만 선체는 여전히 상하지 않아서 추측컨대 침몰된 지 얼마 되지 않은 것처럼 보였다. 이에 아로낙스가 크게 외치기를 "침몰선, 침몰선이다!" 하였다.

아로낙스의 곁에 있던 네드(Ned Land)는 뱃전의 돛대 아래에 가로로 누워있는 시체를 가리켰다. 아로낙스가 눈물이 나서 눈을 비비고 자세히 보니 남자 네 명에 여자 한 명이었다. 여자는 나이가 대략 25~6세 가량에 용모가 비상하고 풍채가 수려하였다. 그녀는 아이를 머리 위로 들어 올려서 가엾은 아이를 구하는데 사력을 다하다가 아득히 바다 속의 외로운 원혼이 된 것 같았다. 아이는 단풍잎처럼 작은 손을 들어서 제 어머니의 치마폭을 쥐려고 하였다. 그 참상은 참으로 눈을 뜨고 볼 수 없을 지경이었다. 아로낙스가 이를 한번 보더니 어찌할 줄 모르고 눈물에 젖은 뺨을 계속 닦으며 고향을 그리워하는데 처자식과 친척들이 멀어서 흔적조차 없으니 그리운 마음에 아쉬워서 고개를 숙이며 흐느껴 울었다. 그때 한차례 뱃고동 소리가 요란하게 나더니 선체가 폭풍처럼 내달렸다. 콩세유가 침몰선체에 '플로리다 샌더랜드'라고 나란히 적혀 있는 것을 얼핏 보고는 아로낙스에게 전하는데 아로낙스는 오래도록 침묵하며 마음에 담아둘 따름이었다. 그 이후로 아로낙스는 침몰선을 떠올릴 때마다 코끝이 시큰거려 침식을 잊었다.

각설(却說) 노틸러스호가 동남쪽으로 진로를 향하여 밤낮을 쉬지 않고 항해하여 적도 바로 아래 지점에 도달하고는 다시 방침을 돌려서 서북쪽을 향해 나아갔다. 이곳은 태양광이 머리 위로 곧장 쬐여서 열기가 상당히 강렬했는데 그때 노틸러스호는 해저 120척 내지 150척 아래로 항해한 까닭에 열기를 전혀 받지 않았다. 아로낙스는 객실에 혼자 앉아서 벽에 걸려 있는 지도를 보며 지리를 검토하였다. 그때 네모 선장(Captain Nemo)이 갑자기 들어오더니 아로낙스에게 해도의 한 면을 가리키며 말하기를 "지금 노틸러스호가 항해하는 지점은 이곳인데 바로 바니코로입니다." 하였다. 아로낙스는 이 말을 듣고 놀라서 오랫동안 말 한마디를 하지 못하였다. 아로낙스가 바니코로라는 이름을 듣고 놀란 까닭은 우연이 아니었다. 1878년경에는 유럽 각국이 전 세계를 향해하는 것을 목표로 삼고 견고한 선박을 건조하고 수리(水利) 측량에 능한 인재들을 선발하여 항해를 권장하였다. 당시에는 정해진 항로가 거의 없었기 때문에 폭풍우에 의해 전복 당하거나 암초에 부딪쳐서 그다지 좋은 성과를 거두지 못하였다.

프랑스도 1785년에 루이 14세가 라페루즈경에게 명하여 부솔호와 아스트롤라베호를 수리하여 파견하였으나 그 후로 5-6년이 지나 소식이 끊어졌다. 정부에서 수없이 고민한 끝에 1791년에 탐색차 당트르카스토 선장에게 명하여 르셰르슈호와 에스페랑스호라는 두 전함을 거느려 파견하였으나 불행히도 에스페랑스호는 바니코로에서 암초에 부딪히는 바람에 해저로 침몰해 버렸다. 르셰르슈호는 침몰선을 인양하기 위해 해저를 탐색하는 과정에서 뜻밖에 부솔호의 침몰을 발견하였고, 아스트롤라베호도 이 근해에 침몰되었을 것이라 여겨서 갖은 방법으로 애써서 다급하게 수색하였지만 목적을 완수하지 못하고 그 정황을 프랑스 정부에 보고하였다. 이에 정부는 르셰르슈호의 승전보를 크게 치하하기 위해 죽은 자의 유족에게 상당한 은전을 지급하였다. 이러한 전력이 있어서 바니코로라고 하면 프랑스에서는 부녀자나 어린아이조차도 모르는 이가 없었는데 이제 아로낙스가 바니코로라는 이름을 들었으니 깜짝 놀란 것이다.

이에 아로낙스는 네모 선장에게 말하기를 "그렇다면 아스트롤라베호도 이곳에 침몰하였을 텐데 알고 있었나요?" 하니, 네모 선장이 아로낙스에게 답하기를 "저를 따라 오세요."하고는 갑판 위에 오르려 하였다. 아로낙스는 네모 선장의 의도를 짐작하고 그의 뒤를 따라 갑판에 올랐다. 북동쪽에 두 개의 화산섬이 있었다. 그 둘레가 4백리 남짓인데 초목이 무성한 곳에 수많은 원주민들이 모여서 노틸러스호를 바라보며 두려워하는 기색을 띠고 있었다. 그때 네모 선장은 양철 상자 하나를 아로낙스에게 보여주었다. 그 속에는 소금물로 인해 누렇게 바란 서류뭉치가 있었다. 그것은 루이 14세가 친필로 아스트롤라베함장이라고 라페루즈경을 명명하여 내린 세계 항해 명령서였다. 아로낙스가 몹시 놀라며 그 내막을 상세히 물으니 네모 선장이 답하기를 "제가 예전부터 아스트롤라베호의 종적을 모른다고 들은 바 있어서 바니코로에 올 때마다 해저를 수색해서 이 서류를 찾았습니다. 그 함선은 바로 부솔호가 침몰된 곳에서 몇 리나 떨어져 있기에 지금까지 아는 자가 한 명도 없습니다." 하였다. 아로낙스가 이 말을 듣더니 마음속으로 기약하기를 '내 훗날 조국에 돌아가면 이 사건의 전말을 자세히 보고하여 예전에 단독으로 괴물토벌대에 가담한 죄를 모면할 것이다. 그러니 그 배의 침몰상태 등 상세한 것까지

다 아는 편이 좋겠다.' 하여 여러 말을 주고받았다.

그때 노틸러스호는 서남쪽으로 전환하여 시간당 150리의 속력으로 밤낮으로 항해하여 오스트레일리아 북동 해안에 곧장 당도하였다. 예전에 떠났던 일본의 근해인 크레스포도 주변과는 거리가 3만 3천 4백리나 떨어져 있는데 이때가 1863년 1월 1일이었다. 해저에서 신년맞이 축제가 없었기 때문에, 아로낙스와 콩세유 및 네드는 객실에 모여 잡담으로 시간을 보냈다. 갑자기 네모 선장이 들어와 말하기를 "저는 여기서 토러스 해협을 지나 인도양에 가겠습니다." 하였다. 이 토러스 해협은 오스트레일리아와 그 서북쪽에 있는 파푸아뉴기니섬 사이에 자리한 해협인데 너비가 1천 3백리나 되고 수많은 작은 섬과 암초가 여기저기 흩어져 있으며 해저에는 산호가 많이 자라고 있으니 몹시 험준한 곳이라 할만하다. 노틸러스호는 좌충우돌 위험을 무릅쓰고 같은 방향으로 내달렸다. 그런데 1월 4일 오후 3시 경이 되자 썰물이 점차 밀려와 항해가 어려워졌다. 이러한 실수가 있어서인지 빠른 속도를 자랑하던 노틸러스호는 좌초되어 꼼짝도 하지 않으니 선원들이 두려워하였다. 반면에 네모 선장은 침착하고 태연하여 놀라는 기색 하나 없이 얼굴에 늘 미소를 띠었다. 하지만 아로낙스는 근심어린 기색을 은근히 띠고 네모 선장에게 말하기를 "노틸러스호가 좌초되었으니 어찌할 도리가 없습니다. 아아, 저희는 선장과 함께 이 섬의 주민이 되는 것 외에는 다른 방도가 없겠군요. 슬픕니다. 애석하지 않은지요." 하니, 네모 선장이 답하기를 "그렇지 않습니다. 오늘이 1월 4일이니까 썰물이 가득 일어나 항해에 지장이 있지만, 이제 닷새만 지나면 만조가 될 것입니다. 좋은 때를 참고 기다려 출항하면 무슨 어려움이 있겠습니까." 하고는 말이 끝나자 밖으로 나갔다.

객실에는 세 사람이 모여 앉아 담소로 시간을 보내고 있었다. 네드가 아로낙스에게 말하기를 "이제 우리가 달아날 때가 되었습니다. 우리는 이 기회를 놓치지 말고 은밀히 달아나면 조국에 돌아가기 어렵지 않죠.

그대의 생각은 어떻습니까." 니, 아로낙스가 답하기를 "그대의 말도 일리
가 없지는 않지만 지금은 우리가 달아날 때가 아닙니다. 며칠만 더 항해하
여 영국령 해안에 도착하면 탈출하는 것이 좋을 듯합니다." 하였다. 콩세
유도 이 의견에 찬성하였다. 하지만 네드는 0.5리 쯤에 자리한 파푸아뉴
기니섬을 발견하자 탈출할 생각을 억누르지 못하고 아로낙스를 재촉하
기를 "그대는 육지에서 나는 음식물을 좋아하지 않나요? 제가 저 섬에
가서 사냥하면 짐승 고기를 많이 얻을 수 있을 텐데요. 그렇게 된다면
좋지 않겠는지요." 하니 콩세유도 재촉하며 청하기를 "네드의 의견이
제 생각에 가장 맞습니다. 주인님은 네모 선장한테 허락을 받아보세요."
하니, 아로낙스도 승낙하고 네모 선장을 찾았다. 뜻밖에도 네모 선장이
흔쾌히 허락하였다.

  콩세유와 네드 두 사람은 뛸 듯이 기뻐하며 아로낙스와 함께 이튿날
이른 아침에 그 섬에 가기로 약속하였다. 이날 밤에 네드는 기다리는
마음이 간절하여 이리저리 뒤척이며 숙면을 이루지 못하다가 이튿날
새벽에 아로낙스를 깨워서 식사를 마친 후에 네모 선장에게 총포와 도끼
등을 빌려 와서 보트에 올랐는데 시간이 벌써 오전 8시 경이 되었다.
해수면은 파도가 그림처럼 잔잔하여 맑은 바람이 천천히 부니 그 쾌활한
정취는 형언할 수 없을 정도였다. 여기저기서 고래가 수면에 분수를
내뿜고 물고기가 무리지어 일제히 날아오르니 바다의 광경이 객지 신세
의 우울한 감회를 제법 달래주었다. 네드가 키를 잡고 아로낙스와 콩세유
는 노를 저어서 나서니 보트는 마치 질풍처럼 빠른데 세 사람이 한 목소리
로 노래하며 파푸아뉴기니섬의 동쪽 끝을 향하여 나아갔다.

| 잡록 |

태극학회에 삼가 드리다 / 진명학교 공함

삼가 아뢰오. 아, 우리 2천만 동포 중에서 누군들 귀와 눈이 없겠으며 누군들 의지와 기개가 없겠는가마는 귀와 눈이 서로 같으면서 그 시대가 어떠한지를 보고 듣지 못하는 자도 있고 또 의지와 기개를 똑같이 부여받았지만 그 사무(事務)의 선후를 생각하지 않는 자도 있으니, 이들을 가리켜 귀와 눈이 있고 의지와 기개가 있다고 하겠는가. 저는 반드시 그렇지 않다고 할 것입니다. 무릇 마땅히 들어야 할 바를 잘 듣고 마땅히 보아야 할 바를 잘 보며, 오직 의지로서 행하고 기개로서 용단하여 닿는 곳마다 펼치고 무리를 이끌어 성장시켜서 반드시 초연(超然)히 행한 바가 있은 연후에야 이것이 있다고 할 수 있을 것입니다.

존경하는 여러분께서 이 나라가 치욕을 당하고 백성이 죽음을 당하는 이때에, 무엇보다 공의(公義)를 앞세우고 불세출(不世出)의 간충(艱忠)을 가슴에 품고서 만 리 해외에서 떨쳐 일어나 친척의 사랑을 생각하지 않고 객지의 괴로움을 돌보지 않고 풍토의 다름을 근심하지 않고 비용의 어려움을 염려하지 않고, 오직 우리나라를 보전하고 우리 민족을 돕는 것을 자신의 책임으로 여기고 우리 조국이 환란을 극복하지 못하면 내 업을 마친 것이 아니고 우리 동포가 자유를 마음껏 누리지 못하면 내 업을 마친 것이 아니라 여겨서 시종일관 한결같은 마음으로 부단히 노력하고 계십니다. 그렇기 때문에 다른 마음이 없다면 분발의 의지가 2천만 동포의 가슴 속에서 뛰어오르고 충애(忠愛)의 마음이 3천 리 강토 바깥으로 넘치게 되었으니, 그 의지와 마음은 단지 우리나라의 기초(基礎)가 될 뿐 아니라 참으로 우리 생문(生門)의 관건(關鍵)과 같다고 할 것입니다. 하물며 비용과 수고를 아끼지 않고 매번 월보를 전국의 각 학교와 여러 동족에게 전하여 그 보이지 않고 들리지 않는 눈과 귀를 질책하고 무지함과 나태함을 일깨운 것들이 의무로 구(句)를 짓고 열혈로 구(字)를 만드는 뜻이 여기에 있음에랴. 그 글을 보는 여러 사람들도 또한 귀와 눈이 있으니 어찌 시대의 앞섬을 살피지 못하겠으며, 그들도 의지와 기개가 있으니 어찌 사무(事務)의 대의를 얻지 못하겠습니까. 나 역시 귀와 눈, 의지와 기개가 없지 않지만 그래도 일찍이 이처럼 하지 못했으니, 여기서 함께 논하기는 참으로 난감합니다.

그러므로 전국의 동포들이 기약하지 않아도 똑같이 말하기를 '대한제국 부흥의 기초는 일찍이 이분들이 싹을 틔워주지 않음이 없다'고 하면서 펄쩍펄쩍 뛰면서 서로 칭송하며 해가 동쪽 하늘을 바라듯 함께 축원하는 것입니다. 힘써주십시오 여러분! 더욱 분발하고 면려하여 옹송담애(顒頌膽愛)를 바라는 지위에 부응하소서. 그 진심을 꾸밀 겨를이 없이 그저 소소한 원금(圓金) 몇 푼 가지고 작은 정성을 표하니 그저 부끄러움만 더할 따름입니다. 부디 이를 예사로 여겨 물리치지 마시기 바랍니다.

융희 2년 4월 14일 평북(平北) 박천(博川) 진명학교(振明學校)

태극학회 귀중(貴中)

태극학회에 삼가 드리다 /융흥학교 공함

삼가 아뢰오. 일찍이 듣기로 비상한 때에는 비상한 사람이 나와서 비상한 대업을 행한 연후에야 비상한 이름이 드러난다고 하니, 이것이 귀회의 여러분을 위해 준비한 격언입니다. 대개 태극이 처음 나뉜 이래로 사람과 만물이 활동함에 사람이 만물의 영장이 되는지라 지혜와 재주가 날로 늘어나는데 치란(治亂)이 무상(無常)하여 그때 한 번 저때 한 번인 것이 고사에 분명히 드러나 있습니다. 현재 서세동점(西勢東漸)에 풍조가 진탕(振盪)하여 생존경쟁의 무대에서 강자가 약자를 이기고 병탄(倂吞)하니 이것이 비상한 시국입니다. 여러분이 이러한 시국을 살피고 자각하는 마음을 크게 발휘하여 국가를 위해 헌신적으로 견문을 넓히며 지식을 밝히기 위하여 부모 친척을 떠나 이역만리 해외로 나서는데, 그 기운이 활발하고 그 도량이 탁월하니 이것이 시세에 대처하는 비상한 인물입니다. 수년간 풍상(風霜)을 무릅쓰며 온갖 어려움에도 굴하지 않고 단합력으로 신학문을 연구할 때, 태극은 그 이치가 무극(無極)으로 우리 대한제국의 국기(國旗)이니 이 이치를 취하여 이 학보를 명명하고 매월 간행함에 그 차례와 조리(條理)가 과연 옥을 만드는 방법이 아니겠습니까. 전국의 동포로 하여금 무지한 마음을 문명으로 바꾸어 나아가게 하고 나약한 태도를 용강(勇强)으로 떨쳐 일어나게 하니, 실로 세상을 일깨우는 종(鍾)이며 남쪽을 가리키는 침(針)이 되므로 이것이 천공(天工)을 대신하는 비상한 대업입니다.

옛 말에 이르기를 "뜻이 있는 자는 일을 끝내 이룬다" 하였으니, 이것을 목적으로 삼고 분발한다면 천하의 대업이 모두 그 분수 안의 일이라서 그 증진(烝進)의 효력을 누가 막을 수 있겠습니까. 이미 실추된 국권도 이를 통하여 회복할 수 있고, 이미 잃어버린 인권도 이를 통하여 펼 수 있으며, 태극기를 세계에 빛나게 하여 열강과 어깨를 나란히 하여 함께 나아갈 수 있을 것이니, 그렇게 된다면 황국(皇國)의 정간(楨幹)이자 국민의 법도가 될 것입니다. 지구의 역사에서 대한제국 중흥의 사업을 논할 자들은 반드시 '여러분의 지혜가 발달한 공로라.' 할 것이니, 이것이 만세토록 없어지지 않을 비상한 명성입니다. 이 사업을 담당하고 계신 여러분! 힘써주십시오. 귀보(貴報) 13호부터 누차 보내주시는 은혜가 어찌 그리도 두루 미치는지 감사합니다. 이에 거친 말을 삼가 드려 축사를 대신합니다.

융희 2년 4월 4일

평남(平南) 숙천군(肅川郡) 융흥학교(隆興學校) 삼가 드림.

태극학회 귀중

• 회사요록

○ 이달 5일에 회원 장계택(張啓澤) 씨의 졸업축하 겸 송별회를 본회관
에서 개최하였다.

○ 이달 12일에 본국신사(本國紳士) 양기훈(楊基薰), 장영한(張永翰), 양
인탁(梁寅鐸) 제씨의 환영회를 본회관에서 개최하였다.

○ 이달 19일 총회에서 본회(本會) 평의원(評議員) 장계택(張啓澤) 씨가
사임하고, 대신에 유세탁(柳世鐸) 씨를 보선(補選)하였다.

• 회원소식

○ 회원 김찬영(金讚永) 씨는 금년 봄에 모친상으로 귀국하였다가 지난
달 그믐에 도쿄로 건너와 예전처럼 통학하고 있다.

○ 회원 채규병(蔡奎丙) 씨는 작년 가을에 부모를 뵙기 위해 귀국하였다
가 이달 초순에 도쿄로 건너왔다.

○ 회원 이인창(李寅彰), 이태희(李泰熙) 제씨는 춘계 방학에 부모를 뵙
기 위해 귀국하였다가 이달 중순에 도쿄로 건너와 예전처럼 통학하고
있다.

○ 회원 이은섭(李殷燮) 씨는 3월 초에 잠시 귀국하였다가 이달 중순에
도쿄로 건너와 예전처럼 학업을 하고 있다.

○ 회원 장계택(張啓澤) 씨는 작년 가을에 메이지대학 경무과(警務課)를
졸업하고, 10월경에 경시청(警視廳) 제3회 연습소에 입학하여 전 과목
을 졸업하고, 1월경에 경시청 소방연습소(消防練習所)에 입학하여 전

과목을 졸업했으므로 이달 6일에 출발 귀국하였다.

○ 회원 이원식(李源植) 씨는 이달 6일에 출발 귀국하였다.

○ 회원 김시영(金始英) 씨는 학비 조달의 어려움으로 인하여 큰 뜻을 이루지 못하고 이달 18일에 출발 귀국하였다.

○ 회원 이정하(李庭河), 최기항(崔基恒) 제씨는 이달 초에 출발 귀국하였다.

○ 회원 박래균(朴徠均), 김현재(金鉉載), 김창섭(金昌燮), 방용주(方鏞柱), 노문찬(盧文燦), 이동숙(李東肅) 제씨는 메이지학원 중학교 1학년에 입학하였다.

○ 회원 최윤덕(崔允德), 최시준(崔時俊), 이시복(李始馥) 제씨는 메이지학원 중학교 2학년에 입학하였다.

○ 회원 김수철(金壽哲), 박상락(朴相洛), 선우확(鮮于攫) 제씨는 메이지학원 중학교 3학년에 입학하였다.

○ 회원 장응만(張膺萬), 안병옥(安炳玉) 제씨는 사립 쥰텐(順天) 중학교 1학년에 입학하였다.

○ 회원 김연옥(金淵玉), 김영기(金榮起), 김진영(金鎭韺) 제씨는 사립 이쿠분칸(郁文館) 중학교 2학년에 입학하였다.

○ 회원 이희적(李熙迪), 구극소(具克昭), 차경환(車景煥), 유세탁(柳世鐸) 제씨는 청년학원(青年學院)에 입학하였다.

○ 회원 김진봉(金鎭鳳), 박의식(朴義植) 제씨는 사립 아오야마학원(青山學院) 중학교 1학년에 입학하였다.

○ 회원 박원희(朴元熙) 씨는 백금고등소학교(白金高等小學校) 2학년에 입학하였다.

○ 회원 이윤주(李潤柱) 씨는 동양대학(東洋大學) 사범과에 입학하였다.

○ 회원 신성호(申成鎬), 오익영(吳翊泳), 박제봉(朴濟鳳), 김지한(金志侃) 제씨는 군마현(群馬縣) 양잠학교(養蠶學校)에 입학하였다.

○ 회원 이원붕(李元鵬), 이창균(李昌均), 조운룡(趙雲龍), 박선근(朴璇根) 제씨는 교토시립(京都市立) 염직학교(染織學校)에 입학하였다.
○ 회원 김재건(金載健) 씨는 도쿄 축산학교(蓄産學校)를 졸업한 후 지바현(千葉縣) 약학교(藥學校)에 입학하였다.

• **신입회원**

방용주(方鏞柱), 박래균(朴徠均), 김기주(金基柱), 이동훈(李東薰), 이동희(李東熙), 최양근(崔錫根) 제씨는 이번 본회에 입회하였다.

• **장계택(張啓澤) 씨의 사력(事歷)**

　장계택 씨는 황해도(黃海道) 장련군(長連郡) 사람이다. 어렸을 때부터 문명의 신정신을 환하게 깨닫고 동군(同郡) 공립보통학교에 통학하여 출중한 자질로 명성이 한 지역에서 소문났었다. 지난 광무 9년 여름에 일본에 유학차 건너가 첫 1년간은 어학과 보통학을 연구했는데 불행히도 학자금을 구하지 못하여 어쩔 수 없이 귀국해야 할 지경이 되었다. 하지만 장계택씨는 이미 확실히 정한 뜻이 있는지라 삼순구식(三旬九食)으로 온갖 고초를 다 감내하며 반년을 보내었다. 천운이 돌아와서 학자금이 변통됨에 따라 즉시 메이지대학에 입학하여 경무과의 전 과목을 졸업하였다. 그 뒤에 실습을 목적으로 일본 경시청 제3회 연습소에 입학하여 전 과목을 수료하였고, 그 후 제3회로 경시청 소방연습소에 입학하여 전 과목을 수료하고, 일본에 건너간 지 4년 만인 이달 초 5일에 성공적으로 귀국해 기념일을 가졌다.

• 태극학보 의연인 성명

임경엽(林景燁) 씨　　1환

한병로(韓炳魯) 씨　　50전

-이하 평북(平北) 박천군(博川郡) 진명학교(振明學校) 중 제씨-

김상칠(金尙七) 씨	1환	주리점(朱履漸) 씨	50전
주창점(朱昌漸) 씨	50전	주익점(朱益漸) 씨	50전
심성훈(沈成薰) 씨	1환	허 섭(許 燮) 씨	50전
박영찬(朴永燦) 씨	10전	김인협(金寅協) 씨	50전
강리항(康履恒) 씨	10전	심경훈(沈京薰) 씨	30전
김상훈(金商壎) 씨	50전	최진항(崔鎭恒) 씨	30전
김태순(金泰淳) 씨	1환	김송학(金松鶴) 씨	20전
염준근(廉浚根) 씨	30전	탁일청(卓日淸) 씨	20전
김용손(金龍孫) 씨	50전	박승호(朴承浩) 씨	20전
김찬흥(金贊興) 씨	20전	김칠성(金七星) 씨	20전
김장수(金章洙) 씨	5전		

광무 10년 8월 24일 창간
융희 2년 5월 9일 인쇄
융희 2년 5월 12일 발행
메이지 41년 5월 9일 인쇄
메이지 41년 5월 12일 발행

•대금과 우편료 모두 신화(新貨) 12전

일본 도쿄시 시바구(芝區) 시로카네산코쵸(白金三光町) 273번지
편집 겸 발행인   김낙영(金洛泳)

일본 도쿄시 코이시카와구(小石川區) 나카토미사카쵸(中富坂町) 19번지
인 쇄 인   김지간(金志侃)

일본 도쿄시 시바구 시로카네산코쵸 273번지
발 행 소   태극학회 사무소

일본 도쿄시 우시코메구(牛込區) 벤텐죠(辨天町) 26번지
인 쇄 소   명문사(明文舍)

태극학보 제20호	
광무 10년 9월 24일	제3종 우편물 인가
메이지 39년 9월 24일	
융희 2년 5월 9일	발행(매월 1회 발행)
메이지 41년 5월 12일	

광무 10년 8월 24일 창간
융희 2년 5월 24일 발행(매월 24일 1회)

태극학보

제21호

태극학회 발행

• **주의**

△본 태극학보를 구독하고자 하시는 분은 본 발행소로 통지하여 주시되 거주지 성명과 통호를 상세히 기재하여 보내주시고 대금은 우편위체(郵便爲替)로 본회에 교부하여 주시기 바랍니다.

△본 태극학보를 구독하시는 여러 군자들 가운데 주소를 이전하신 분은 신속히 그 이전하신 주소를 본 사무소로 통지하여 주시기 바랍니다.

△본 태극학보는 뜻 있으신 인사들의 구독 편의를 위하여 출장소와 특약판매소를 다음과 같이 정합니다.

황성 중서(中署) 동궐(東闕) 파조교(罷朝橋) 건너편 주한영(朱翰榮) 책사 -중앙서관(中央書館) 내-

평안남도(平安南道) 삼화진(三和鎭) 남포항(南浦港) 축동(築垌) 김원섭(金元燮) 댁

평양(平壤) 관동(貫洞) 예수교서원(耶蘇敎書院)

평양(平壤) 법수교(法首橋) 대동서관(大同書觀)

평안북도(平安北道) 정주군(定州郡) 남문(南門) 내 홍성린(洪成鱗) 상점

북미 샌프란시스코 한인공립협회(韓人共立協會) 내 -김영일(金永一) 주소-

• 투서주의

1. 학술(學術), 문예(文藝), 사조(詞藻), 통계(統計) 등에 관한 온갖 투서는 환영합니다.
1. 정치에 관한 기사(記事)는 일절 접수하지 않습니다.
1. 투서의 게재 여부는 편집인이 선정합니다.
1. 투서의 첨삭권은 편집인에게 있습니다.
1. 일차 투서는 반려하지 않습니다.
1. 투서는 완결함을 요합니다.
1. 투서는 세로 20행 가로 25자 원고지에 정서함을 요합니다.
1. 투서하시는 분은 거주지와 성명을 상세히 기재하여 보내주셔야 합니다.
1. 투서에 당선되신 분께는 본 태극학보의 해당호 한 부를 무상으로 증정합니다.

• 특별광고

○ 내외도서 출판
○ 교과서류 발매
○ 신문잡지 취급
○ 학교용품 판매

　황성 중서(中署) 동궐(東闕) 파조교(罷朝橋) 건너편
　본점 -중앙서관(中央書館)- 주한영(朱翰榮)

평안북도(平安北道) 선천읍(宣川邑) 냇가
지점 -신민서회(新民書會)- 안준(安濬)

목차
태극학보 제21호

회사요록
신입회원
태극학보 의연금 출연자 명단
회원소식
성천지회(成川支會) 발기청원문(發起請願文)과 발기인 성명

태극학보 제21호
융희 2년 5월 24일
메이지 41년 5월 24일 [발행]

| 논단 |

수양의 시대 / 포우생(抱宇生)

개인이 서로 모여 사회를 조성할 적에 그 인격을 상호 존중하며 그 복리를 상호 도모하기 위하여 정치·경제의 기능이 있는 것이다. 정치와 경제는 실로 사회 조직의 2대 운영(運營)이니, 첫 번째는 사회의 질서를 유지하며 두 번째는 생활의 편리를 기약하고 꾀하여 공동의 완미(完美)를 성취하고 그 진보·발전을 꾀하는 것이다. 그러나 사회의 요소가 되는 개인의 품성이 완미할 수가 없을 때에는 도저히 그 만족스러운 결과를 얻지 못할 것이다. 그러므로 이러한 2대 기능 이외에 또 다른 하나인 교화(敎化)의 기능이 있어서 자연적 상태에 있는 인류를 변화시켜 사회의 성분에 적합하게 하고, 다시 향상·발전하게 하며, 이 사회로 하여금 점차 이상(理想)이라는 높은 언덕에 올라 이르게 하는 것이다. 인격의 양성(養成)은 실로 이 기능을 필요로 하는 경우가 많다. 인격의 조성에는 선천적 요소와 후천적 요소가 있으니, 선천적 요소는 쉽사리 고치기가 어려우며 후천적 요소는 교양(敎養)을 필요로 하지 않으면 바꿀 수가 없다. 이러한 직책은 실로 교화의 기능이 담당한 것이며, 교육의 목적도 또한 여기서 벗어나지 않는다. 사회에 교육이 있으므로 우리 인류는 태어나기 이전에 문운(文運)을 습득(習得)하여 자연의 상태를 벗어나고 사회에 대한 개인적 활동의 자격을 배양할 수 있는 것이다. 그러나 교육은 개인의 성격을 완성할 뿐이고, 그 진보와 향상에 대해서는 오히려 만족스럽지 못한 것이 있다. 그렇다면 우리는 이에 대하여 교육 이외에 수양이라는 필요한 한 물건이 반드시 있어야 함을 알아차리게 될 것이다.[1]

대체로 수양이란 스스로 교육하는 것이다. 이렇게 스스로 교육하는 것은 능동적이고 다른 사람에게 교육을 받는 것은 수동적이다. 수동적인 교육은 일정한 시기에 국한되며, 능동적인 교육은 생애 전반에 걸쳐져 있어서 잠시도 그만둘 수가 없으나 그 필요의 중심은 인생에서 위기가 되는 청년 시대에 있다고 말할 수 있다. 이 시대는 과거 교육의 영향으로 충돌적(衝突的)이고 자연적인 동작을 겨우 벗어나고 대체적인 인류의 본무(本務)도 의식하며 사회의 상태도 짐작하지만 오히려 장래 충돌(衝突)의 속박을 벗어날 수가 없을 것이다. 또한 이 시대는 의지가 공고하지 못하고 사상이 건전하지 못하여 공연히 외계(外界)에 촉감(觸感)을 받는 까닭에 일과 뜻이 서로 반대되어 결국에는 일생을 그르치는 경우가 적지 않기 마련이다. 청년 시대는 실로 일생의 봄철이다. 정욕이 불길같이 맹렬하여 지려(知慮)가 모자라며 공상(空想)에 들떠서 현실을 잊어버리고 꿈같은 허영과 허깨비 같은 명리에 취해 혼미하다. 이성과 감정이 마음속에서 충돌해서 박약한 의지를 자각하고도 고칠 수가 없으며 나약한 실행을 인지하고도 힘쓸 수가 없어서 점차 정욕의 노예가 되는 것을 달가워하고 방종한 생활에 자신을 던져 넣게 된다. 그러면 천리(天理)가 의(義)로써 문책하는 것이 흉중과 뇌리를 번민하게 만들어 제대로 처신하지 못함이 여기서 비로소 극심해지고, 생활의 곤란함이 여기서 비로소 느껴진다. 그러나 허다한 간고(艱苦)는 눈앞에 가로로 누워 있고 자유로운 일신(一身)은 구속되어서 한 가지 일조차도 스스로 경영할 수가 없으며 한 걸음조차도 스스로 움직일 수 없을 것이다.[2]

---

1 원문에는 단락이 나뉘지 않았으나 문맥에 따라 임의로 나누었다.
2 원문에는 단락이 나뉘지 않았으나 문맥에 따라 임의로 나누었다. 이하 동일하다.

이러한 때를 당하여 저이를 위로하며 저이를 인도할 자가 없으면 저이들의 운명은 영원히 사지(死地)에 떨어질 것이니, 수양의 필요보다 이 시기에 중요한 것은 없다. 이 시대는 생애에서 배우는 단계〔楷級〕이고 인생의 첫걸음이니, 이 배우는 단계에서는 그 향상의 방도를 잃어서는 안 되며, 그 첫걸음에 있어 수양의 방법을 그르칠 수가 없을 것이니, 인격의 완성과 품성의 도야보다 이 시기에 더 긴요한 것이 없다. 산비가 한번 지나가매 모든 나무가 푸른빛이고, 폭풍이 한번 자매 만물의 자태가 편안하고 고요해지기 마련이니, 저이들이 번민하는 것도 옳고 저이들의 오뇌(懊惱)하는 것도 옳다.

한번 울리는 기적(汽笛) 소리에 천 리의 경색을 하루 만에 훑어보고 목적지에 도달하는 경우의 홍취도 쾌하다고 이를 것이지만 대지팡이에 짚신 차림으로 비바람을 무릅쓰고 헤치며 높고 험한 산들을 두루 돌아다녀 목적지에 도달하는 경우에는 미치지 못한다. 그렇다면 역경에 처한 자는 상당한 노동을 한 뒤에 매우 좋은 결과를 기대할 수 있을 것이니, 상당한 노동을 하지 않고 이상적 결과를 얻고자 하는 자는 나무에 올라가서 물고기를 찾는 것[3]과 같을 뿐만 아니라 결국에 패망을 면할 수가 없을 것이다. 바로 지금 우리 한반도의 형세를 예로 들어 한번 말해 보건대, 생활의 곤란이 이보다 더 심한 경우가 없으며 일신의 구속이 이보다 더 심한 경우가 없다. 이와 같은 역경에 빠져든 민족이여! 역경에 처한 자로서 어느 누가 너보다 더 심한 경우가 있겠는가. 이러한 지경에서 빠져나와 자유천지(自由天地)에서 유쾌한 생활을 보내고자 하는 것이 너의 이상이 아니며 너의 목적이 아닌가. 이러한 경우에서 빠져나오고 이러한 목적을 달성하려면 상당한 노동을 필요로 할 것이

---

3 나무에……것 : 이 말은 『맹자(孟子)』「양혜왕 상(梁惠王上)」에 보이는바, 제(齊)나라 선왕(宣王)에게 한 맹자의 말씀으로, 도저히 불가능한 일을 기필코 하고자 함을 비유한 것이다.

니, 바로 지금 종교상(宗敎上) 관계를 철저히 깨달아 이로써 장래에 긴요한 물품을 만드는 것도 가능하고, 교육을 확장하여 범선생(范先生)[4]을 본받아 생취(生聚)[5]로 우리의 혼을 양성하는 것도 가능하며, 뜻이 있는 큰 부자는 한편으로는 자제를 여러 나라에 속히 파견하여 장래에 세계적 한반도를 경영하는 것도 가능하고, 한편으로는 실업(實業)의 책임을 스스로 담당하여 오늘날 매우 위급한 형세를 구제하는 것도 가하며, 무엇……도 가능하다. 그런데 이러한 가장 시급한 노동에는 착수하지 않고, 눈앞의 곤란함만을 근심하며 역경의 절박함만을 두려워하여 그 이상의 목적과 장래의 영생을 천당의 문 아래에 요구하는 자도 많으며 '20세기는 외교의 시대이다. 그러므로 우리에게 실력이 없어도 우리를 보전할 계책이 있다.'라고 하는 맹목적이고 무지한 자의 터무니없는 말을 곧이 믿고 영국과 미국이 우리나라를 구제해주는 것도 희망하며 러시아와 청나라가 우리나라를 원조해 주는 것도 몽상하는 자가 많다. 아아, 하늘은 스스로 돕는 자를 돕는 법이니, 자기의 일을 자기가 하지 않는 자에게 은혜를 내려줄 하늘이 어디에 있으며, 인류 유사 이래로 그 행동의 결과를 한 마디의 말로 논하여 정하면 약육강식한 결과뿐이다. 너를 구할 자도 너이며 너를 망칠 자도 너이니, 너의 일은 네가 하고 다른 것을 헛되이 생각하지 말아야 할 것이다. 날이 저문 해 질 무렵의 하늘에 너의 앞길이 천 리이다.[6]

　말머리를 돌려서 본제(本題)에 다시 들어가면 청년 시대에 역경을 당한 자들아. 순경(順境)은 너에게 함정이며 역경은 너에게 구제의 문이니, 태산이 너를 누르더라도 굽히지 말며 부월(斧鉞)이 목에 이르더라도

4　범선생(范先生) : 춘추 시대에 월왕 구천의 책사인 범려(范蠡)를 가리킨다.
5　생취(生聚) : 이는 인구를 증가시키고 재물을 비축하여 나라를 부강하게 만드는 일을 가리킨다.
6　원문에는 단락이 나뉘지 않았으나 문맥에 따라 임의로 나누었다.

움츠리지 말고 성심으로 향상의 일로로 용감히 전진하라. 그러면 오래지 않아 너에게 안락이 있으며 너에게 행복이 있을 것이다. 예로부터 지금에 이르기까지 영웅 · 걸사(傑士)로서 순경을 따라서 공리를 취득한 자가 몇 사람인가. 세 개의 사과로 이틀 동안의 배고픔과 목마름을 견뎌낸 에밀 졸라 씨는 프랑스 대문호의 지위를 차지하였고, 해진 신도 신기 어려웠던 존슨 씨의 이름은 세계 문명사를 아름답게 장식하였다. 석가는 그 위에 더할 나이 없는 관락(觀樂)을 스스로 포기하고 세 벌 가사와 한 개의 바리때만을 소유한 역경에 자신을 던져 넣어서 '인생의 구주(救主)'라는 명칭을 얻었고, 한 고조(漢高祖)는 역경을 전환하여 순경으로 만들었기에 성대한 명성을 청사(靑史) 위에다 드리웠다. '순(順)'이란 가득 참[滿]이니, 가득 찬 것은 쉽게 이지러진다. 카이사르는 가득 참에 스스로 만족하여 패망해 죽었고 왕망(王莽)은 가득 참을 즐겨서 망하였으니, 가득 찬 것이 이지러지며 이지러진 것이 가득 참은 고금에 변하지 않는 정칙(定則)이다. 순경에 있어서 유혹되지 말고 역경에 있어서 움츠리지 말고 정성스러운 마음으로 향상의 일로에 경주(傾注)하여 자기의 심장을 단련해 양성하는 행위는 청년 시대에 필요할 것이다.

지속성 함양의 필요 / 호연자(浩然子)

　　무릇 지속(持續)이란 사회의 존망에 가장 큰 문제이고 국가의 성쇠에 필요한 조건이다. 사회로써 이것이 없으면 사회의 운명이 이미 끝나버리고, 국가로써 이것이 없으면 국가의 기식(氣息)이 이미 다해 버리기 때문이다. 기예 · 학술의 세계의 원조로서 6천 년 이전에 문명의 조류가 온 세상에서 먼저 일어난 나일강 가의 민족은 막막한 황야에 찾을 곳이 묘연하고, 종교 · 문화의 역대 원천으로 동서양의 암흑시대에도 특수한 문명의 광채를 먼저 드날린 발칸반도 민족은 냉혹한 오늘날의 현실을 벗어나지 못하였으니, 이는 오늘날 세상 사람들이 가장 크게 주목할 부분이고 우리가 갖가지로 강구해야 할 점이다.[7]

아아, 어디서 기인한 것인가. 이에 대해 우리에게 무한한 감상이 솟아나더라도 한 마디의 말을 마다하지 않겠으니 어째서인가. 다름이 아니라 저 민족이 문화의 개명(開明)이라는 측면에서는 특수한 긴 걸음 내디뎌 올랐으나 인습을 고수하며 낭비하고 사치하는 풍속이 국시(國是)를 더럽히고 해쳤으며, 나태하고 문약한 결과가 개인의 뇌수를 부패시켜서 지속을 감행하지 못했고, 흥기하고 분발함을 유지하지 못하였으니, 우리는 이를 참조하여 전철(前轍)을 돌이켜 생각해 보아야 할 것이다. 몇 해 전부터 지금까지 우리가 창시한 사업이 과연 좋은 결과를 거두었으며, 우리가 건설한 이상이 과연 좋은 성공을 얻었는가. 심지어 학계(學界) 하나를 관찰하더라도 아침에 세웠다가 저녁에 그만둠에 처음과 끝(終始)이 차례를 지키지 못하고, 국민 사회를 관찰하더라도 오늘 설치했다가 내일 폐지함에 본말이 온축되지 못하여 가을 달 비치는 강 위에 떠도는 부평초 같은 생애를 보내고 아침 이슬과 저녁 서리에 파충(爬蟲)의 행동을 연출하였으니, 이는 지속의 필요를 아직 깨닫지 못한 것인지 절대적 영능(靈能)이 다른 사람에게 미치지 못한 것인가. 둥글고 큰 세계의 간판 위에 국교의 생존 문제가 명백히 쓰여 있지만 우리는 보아도 볼 수 없고, 동아시아 대륙에 살기가 치솟아 올라서 두 열강의 대포 소리가 천하를 떠들썩하게 진동하더라도 우리는 들어도 들을 수 없으니, 이목의 총명함이 다른 사람에게 미치지 못하고 수족의 건전함이 다른 사람만 못하였는데 불구의 신체가 되어서 가뿐하고 날쌘 행동을 어찌 취하였겠는가. 그러므로 준준(蠢蠢)한 기동(起動)이 실

---

7 원문에는 단락이 나뉘지 않았으나 문맥에 따라 임의로 나누었다.

패에 실패를 더하고 묵묵한 침정(沈靜)이 위험에 위험을 더하여 지극히 애통한 오늘날을 당하였으니, 우리가 만일 혹 지속의 필요를 이미 깨달았다면 어느 누가 이날을 예견하였겠는가.[8]

우리의 심사가 한 번 이러한 지경에 이르면 가슴속에 사무치는 슬픔의 눈물이 눈과 코를 다 막을 정도로 흐르겠지만 잠시 돌이켜 생각해보면 이것이 어렵지 않은 일이니 어째서인가. 다름이 아니라 국가의 성분이 된 우리 개인이 모두 다 지속을 오직 나의 종시(宗是)를 삼으면, 국가 사회도 모두 다 지속을 오직 나의 국시(國是)를 삼은 뒤에 국가라는 명칭 하의 사업은 크고 작고를 막론하고 가령 한 학교 한 단체이지만 시작함이 있으면 종말까지 지속을 위주로 하고 한 신문 한 잡지이지만 창간함이 있으면 역시 종말까지 지속을 위주로 하여 분자와 분자 사이에 응집력을 채택해 쓰고, 원자와 원자 사이에 화합력을 강구하여 일대 특수한 새로운 물체 ―우리의 최대 목적물― 를 조성하게 되면 이 역시 억만년 지나가도 무궁한 최대 지속성을 갖추고 있어서 세계가 우리를 어떻게 비평하더라도 우리의 이상이 허락하지 않으면 조금의 망동을 용납하지 말아야 할 것이다. 이는 영국인의 보구주의(保舊主義)인데, 한 방면에서 관찰하면 오늘날에 이 주의를 채용하는 것이 불가한 듯하지만, 유신 주의와 보구주의를 정확하게 사용하지 않으면 양자가 치우치게 굴러가는〔偏轉〕 경향을 면하지 못할 것이니, 아아, 동포여, 오늘에 지속성을 함양할지어다.

자주독행(自主獨行)의 정신 / 모란산인(牧丹山人)

아아, 자주독행의 정신이여. 이 정신이 개인에게 충만하면 이로써

---

8   원문에는 단락이 나뉘지 않았으나 문맥에 따라 임의로 나누었다.

그 인격의 완미함을 이룰 수 있고 많은 인민에게 충만하면 이로써 국가의 강대함을 이룰 수 있다. 대개 문화의 인민은 쓸쓸히 고립되어 나무에 둥지를 틀고 깃들거나 동굴 속에서 사는 경우가 없고 반드시 종족·언어가 동일한 인민이 상호 단결하여 유기적 국가를 구성하는 것이다. 그런즉 국가는 곧 창생이 그것에 근거하여 개개인이 일을 완수하는 기초이며 인민이 그것을 근거로 그 발달을 이루는 근원이다. 그러한 까닭에 지구가 세계 만물을 품고 태허(太虛)에 독립하여 날마다 운행을 정지하지 않는 것처럼 인민 역시 총체를 일괄하여 자유자재로 활동하는 자이다. 처지를 바꾸어 반대의 지점에서 관찰하면 개인은 국가의 실질을 조직하는 요소가 되는 것이니, 개인의 역량을 제외하고 국가라는 것의 유기적 활동을 구하여 얻을 수 없다.

비유컨대 개인은 세계를 조성(組成)한 지반과 같다. 지구의 중력(重力)이 지반의 크고 작음과 견고함의 여부로 인하여 많고 적음과 강하고 약함을 이룬 것처럼 국가의 크고 작음과 강하고 약함도 조성하는 분자가 된 개인의 크고 작음과 강하고 약함으로 인하여 나뉘어 갈라지는 법이다. 극단적으로 미루어 예를 들면 성괴(星塊)의-우리 진보한 국민은 반드시 우리의 설명을 필요로 하지 않고도 지구뿐 아니라 몇억 되는 무수한 성괴가 모두 태허에 매달려서 날마다 다른 큰 유성(遊星)에 흡인되는 것을 인식할 것이다.- 중력이 지극히 쇄미한 경우 항상 태양 및 큰 유성에 끌려들어가 충돌해 사라지는 것처럼 개인의 중력이 극히 박약한 국가도 역시 강대한 나라에 흡수·병탄을 반드시 당하게 되기 마련이다. 그러므로 우리중에 독립하는 개인이 늘어날수록 국가의 실질이 견고해지고 개인의 활동이 커질수록 클수록 국가의 기관이 점차 확장될 것이니, 마침내 개인의 자주독행은 전 국민 자주독행의 전제이고 개인 독립의 총합이 국가의 독립이다. 그렇다면 나라의 문명과 야만은 인민 각자의 문명과 야만을 통하여 확정되고 나라의 성쇠 흥망은 인민 각자의 자주독행을 통하여 결정되는 것이다.

로마사를 열독할 때 우리는 책을 덮고 번번이 긴 탄식을 금하지 못한다. 대체로 로마는 부랑 야인의 한 부락에 불과하였지만 갑자기 일어나 땅을 빼앗았고, 나라를 멸망시킬 계산이 없었지만 일시에 유럽 대륙 전체와 아프리카·아시아의 몇 몇 지역을 정복하여 천하에 으뜸이자 패자로 칭해졌다. 그런즉 로마의 흥기는 인민 개개인이 어느 누구 할 것 없이 앞장서서 용기와〔挺身抗冠〕 국난에 먼저 달려가는 정신이 늠름하여 감히 당해 낼 수 없었기 때문이다. 또한 도시의 번성은 도민(都民)이 모두 다 질박하고 강의(剛毅)함으로 옛날의 기풍을 보존하여 감히 실추하지 않음으로 인한 것이다. 그러나 하루아침에 도민이 현명한 무리〔明黨〕를 적대시하고 교만하고 사치하는 풍속을 이루어 문약함이 세속을 변화시키고 절의가 땅에 떨어지게 되었다.

이에 위엄과 권세가 하늘의 해와 서로 앞을 다투던 로마의 성대한 국운이 졸지에 무너졌다. 그러므로 역사가가 당시의 상태를 비평하기를 "로마의 한 도시의 인민이 거리 위에 걸어 다닐 적에 한 쌍의 쉬파리가 우연히 날아와서 볕을 가리는 양산 위에 멈추어 앉자 그 사람이 어깨 끝의 피로로 인하여 마비됨을 면하지 못하였다."라고 하였으니, 국민의 정신이 이와 같이 부패하고 보면 국가가 아무리 조직이 예전 그대로 변함이 없고 군병이 이전과 같더라도 이는 부패한 거목이 속이 텅 비어 생을 마친 식이다. 버팀대로도 붙들어 보전할 수가 없으며 끈으로 묶어도 유지할 수가 없을 것이니, 설사 매섭고 세찬 비바람이 있지 않더라도 결국에는 스스로 거꾸러짐을 면하지 못하였다. 최후에 트라얀과 같은 위인이 출현하여 정신을 가다듬음으로써 혁신을 도모하고 법망을 치밀히 하고 금령을 엄격히 하였지만 사회가 헐고 무너지는 것을 만회하는 데에 아주 조금의 효용이 없다가 끝내 게르만족에게 멸망을 당하였으니, 아아, 나라의 흥망이 국민정신의 진작 여부에 달려 있음을 로마 제국의 역사를 통해 참으로 알 수 있다.

국가와 국민의 관계는 상술한 바와 같거니와 정부와 통치를 받는 사람의 관계도 또한 이와 같다. 대개 한 나라의 정치는 곧 통치를 받는 사람이 그 거울 속의 영상이다. 그러므로 한 나라의 당시 민도(民度)를 초월하여 단계를 뛰어넘어서 개진(改進)할 때는 반드시 조만간에 폐지를 당하기 마련이다. 예를 들어 말하자면 1780년에 오스트리아 국왕 요제프 2세가 정신을 가다듬고 마음을 단단히 차려 자유의 제도를 건설하였으나[9] 시세가 아직 이르므로 오스트리아 인민 어느 누구 할 것 없이 배척해 왕이 그 훌륭한 거조가 시행되지 못함에 대하여 크게 유감스러워하며, 침울과 번민으로 만년을 함부로 보내다가 결국 그 생을 마쳤다. 또한 민도에 뒤지는 정치도 역시 길이 유지하기 어렵다. 그렇다면 수많은 인민의 희망에 적당한 개진·개혁이 아니면 불가할 것이다. 그러므로 동서고금에 어느 나라를 막론하고 총명한 군주와 어진 재상이 잇달아 출현하여 인민의 수준에 상응한 정치를 잘 베풀지 않으면 그 반란의 비극이 역사 위에 항상 드러났다. 요건만을 추려내고 실제를 거론하면 강직하고 자주적인 인민은 언제나 늘 자유의 제도를 희망하고 비굴하고 몽매한 인민은 압제와 속박을 싫어하지 않기 마련이니, 법률 제정의 실효를 얻고 얻지 못함은 완전히 인민의 지식 수준에 적합함과 적합하지 않음으로 인하여 헤아려 볼 수 있을 것이다. 그러므로 정치와 인민의 평정(評定)은 시종 정(情)이 서로 균평(均平)하고 서로 중요해서 저이는 낮고 이이는 높다는 잘못된 판단을 전혀 하지 않을 것을 요구할 것이다.

또한 제도와 법률이 서로 국가의 진보와 인민의 발달에 중대한 교화

---

9 1780년에……건설하였으나 : 요제프 2세는 1780년 11월에 모후 마리아 테레지아가 사망하자 전제적 계몽주의에 입각하여 개혁 즉 농노해방, 상공업 자려, 예배의 자유, 독일어의 공용화를 실시했다.

에 영향을 끼치는 바가 매우 크다. 하지만 이를 단지 위에 더하는 것이 아니라 아래를 일으키는 길에서 구하여 개개의 인민이 자주독행의 실과(實果)를 거행하고 선량한 제도 법률를 반드시 건설하는 것이 최대의 요사(要事)이다. 또한 외부에서 제어하는 힘은 긴절함이 내부의 자제력만 못한 법이니, 이는 한 개인에게 견주어 확인해 보아도 스승과 아비가 경계하여 타이르는 것이 아무리 엄정하더라도 패악이 습성이 된 소년과 부유가 습성이 된 탕자(蕩子)는 바로잡기가 지극히 어렵다. 행동이 어떤 역경에서 헤매는 고난의 길에 빠져들어 간 인물이지만 하루아침에 자기 마음에서 발분하고 반성하는 기회를 얻으면 스승과 아비의 훈계를 기다리지 않고도 스스로 바로잡기를 어기지 않는 것이 인지상정이다.

또한 이와 같이 정부에 대한 인민의 태도 역시 정부의 도움을 받지 않고 강직하고 굳세게 힘써 행하여 인민이 용감한 기상을 고무하고 도의(道義)와 정경(正經)으로 독립 자행(獨立自行)하는 것이 국가의 발달에 제일의 요소라 하겠다. 하지만 성미가 참을성 없이 매우 급하고 과격한 무뢰배는 도의를 따르지 않고 법률을 돌아보지 않아서 감정이 내키는 대로 전후 분별없이 행동함으로 자유 정치 체제를 빈번히 부르짖으니, 이 또한 그 목적은 한때 비록 달성하더라도 도저히 오래도록 담당하는 본체가 아니며, 또한 별종의 무기력한 인민은 난삽하고 궁색한 지경을 스스로 달가워하고 억압적 제재를 공손히 받아들여서 섭정하는 자가 부여하는 자유만 한사코 기다린다. 아아, 이러한 줏대 없는 무리〔無骨輩〕는 설령 한때 안락을 비록 얻더라도 결국에는 고생과 괴로움을 달갑게 받아들일 것이다.

내가 프랑스 혁명사를 접하여 읽어보니 1789년에 그 국민이 자유·평등·박애라는 의로운 기치를 높이 들고 순정하고 원만한 이상국(理想國)을 창도해 건설하였지만, 한동안 난민(亂民) 정치가 나타나 무단 전제(武斷專制)의 정치를 곧 이루게 되었으니, 슬프도다, 프랑스 인민이여. 그들이 권세에 반항하며 억압을 튕기는 기력이 비록 있었다고 하더라도 자제하는 도의적 마음이 부족하고 자존(自尊)하는 오만한 마음이 크며 예양과 겸손의 아름다운 점이 없고 기민(機敏)한 성벽(性癖)의 극렬함이 너무 심한 이상에는 평등 사업 질서의 발달이 우활(迂闊)하여 인명을 갑작스레 희생하도록 공급한 것은 더 말해 무엇 하겠는가. 아아, 이러한 인민으로 조성(組成)된 국가는 창성함을 얻지 못할 것이다.

독일의 명사 중 류트가 80년 전에 프랑스 인민을 평론하기를 "프랑스는 억압 정치 아래에 항상 복종할 것이니 어째서인가. 다름이 아니라 프랑스 사람의 성질이 조급하고 경박하여 소란에는 기뻐하고 즐거워하되 중정(中正)을 지키지 못하고 극단적인 것을 항상 행하여 자유를 적당히 거두어들여 제 것으로 만들지 못하니, 반드시 머리를 숙이고 꼬리를 낮춤으로 다른 사람에게 굴복하는 것을 달갑게 받아들일 것이다."라고 하였으니, 잘 모르겠지만 나는 이 평론이 적당하다고 하겠다.

원래 상궤를 벗어나고 과격한 인민은 강성한 국가를 조성하지 못한다고 하지만 또한 비굴하고 무기력한 인민은 위에서 진술한 바와 같이 그 폐해가 오히려 심하기 마련이니, 이는 예로부터 우리 동양 각 나라의 인민이 이러한 경우에 해당한다고 하겠다.

자기의 형편과 자기의 복리를 확장해 나가지 못하고 인작(人爵)[10]만 높이고 천록(天祿)[11]을 멸시하여 조세로 의식의 원료를 만드는 관인의 지위를 가장 좋은 행복의 본원으로 삼아 다른 경계로 벗어나지 못하고 그 몸이 어떠한 질고를 받아도 스스로 치료하는 방법을 강구하지 않는

---

10 인작(人爵) : 공경(公卿)이나 대부(大夫) 따위의 지위를 이르는 것으로, 인간 세상에서 사람이 주는 벼슬이라는 뜻이다.
11 천록(天祿) : 여기서는 '인작(人爵)'에 상대되는 '천작(天爵)'을 가리킨다. 천작은 하늘이 내려준 벼슬이라는 뜻으로, 남에게서 존경을 받을 만한 덕행을 가리킨다.

다. 음침한 곳에 깊게 침잠하여 하층(下層)만 한갓 원망할 뿐이다. 이러한 까닭에 국가의 막중한 정치도 특수 계급에 있는 자의 수중에 있는 물건으로 자인해 다스리는 자와 국가를 혼동하고 방촌(方寸) 간에 한마디도 참여하지 못하며 심지어 정치상으로는 단념하는 것이 옳다고 하였다. 그러므로 종래로 습관 이외에는 사업과 복리를 신장할 지망(志望)이 완전히 어둡고 국가적 임무는 통치자의 명령에만 복종하는 것을 가지고 상책으로 삼는다. 그래서 이와 같은 인민으로 조성된 국가가 진보하는 것을 어찌 바라며 발전을 감히 완수하겠는가. 그런즉 지반이 취약할 경우에는 모래 위에 건설한 크고 너른 집과 흡사하여 소수 통치자의 마룻대와 들보와 기둥과 난간과 벽과 지붕과 문호와 들창은 설혹 아름답고 묘하더라도 결코 완전한 존재를 확인할 수가 없을 것이다.

영국이 예전에 인도와 그 밖의 다른 지역을 정복하고, 지금 러시아의 중앙아시아 공략이 겨우 한두 차례 전투에서 승리한 데 불과하지만 영구적 주권을 장악하였다. 그렇다면 이러한 여러 나라의 인민이 영구히 통치자에게 의지하던 습관에 스스로 익숙하여 통치자 외에는 국가가 있고 없음을 따지지 아니하므로 그 추장이나 부족장이 외국의 위협과 농락을 피하지 못하여 마침내 그 지위를 보전하지 못하면 즉시 새로 온 주권자를 정성껏 대하며 굴복해 복종하였으니, 이와 같은 인민으로 성립한 국가가 이와 같은 최후를 이루는 데에 어떠한 의아심이 드는가. 그러므로 비굴하고 무기력한 인민은 세계의 대세가 어떠한 경향으로 흘러가든지 그 대가(大家)의 멸망〔覆敗〕을 헤아리지 못하며 오대주의 풍조가 자유와 박애를 쌍으로 부르짖더라도 억압 정치를 벗어나려고 도모하지 못하기 마련이다. 대개 정경(正經)을 주로 삼고자 하는 자는, 상궤를 벗어나고 과격한 것도 허용하지 않고 비굴한 것도 허용하지 않는다. 다만 진취적 활동의 기상으로 도의의 자중한 정신을 두뇌 속에 아울러 가진 인민이어야만 성공의 월계관을 따낼 것이다. 아아, 동포, 동포여.

인류는 사교적 동물

-한쪽으로 치우친 성질을 지닌 자에게 경고한다- / 경세생(耕世生)

인류는 원래 집합 동물이다. 그런즉 동류와 회합함을 사랑하는 것은 자연스러운 정(情)이다. 상호 간의 교제로 일어난 쾌감으로 인하여 무한한 위안을 얻어서 심신(心神)이 맑고 상쾌한 생각이 생기는 지경에 이르는 것은 고등 동물이 된 우리 인류의 특권이다. 지식이 있으며 이상이 있으며 사상의 능력이 있는 인간으로서 이와 같은 도리를 무시하는 것은, 어찌 인정에 어긋나고 사리에 위배된 것이 아니겠는가. 그렇다면 병적인 마음의 상태를 지닌 채 불쾌한 감정을 가지고서 항상 동료 사이의 교의(交誼)를 사절하며 친구의 내방을 두려워하고 아무런 까닭도 없이 스스로 한 몸을 은둔하여 적막한 생활로 세월을 보내 버리고자 하는 사람은 그 진짜 의도가 과연 어니에 있는가.

그는 사회에서 격리되는 것을 좋아하고 반려자와의 교제를 꺼린다. 태만하고 소홀히 초연주의(超然主義)를 취하여 은군자(隱君子)의 태도를 배우는 것에 자기 인성을 절반으로 소모하는 것에 그칠 뿐만 아니라 아울러 자기의 건강과 자신의 성립(成立)을 해친다. 무릇 자기가 항상 단독을 지키고자 하는 것은 몽상적이고 처창(凄愴)한 인물이 됨을 표시할 뿐만 아니다. 그 성질이 한쪽으로 치우치고 비굴하게 된 것과 그 행동이 굽혀지거나 꺾이게 된 것은 삼척동자라도 다 인지하는 바이니, 아아, 참으로 슬프도다. 저이가 승려 무리를 본받아 법으로 삼음이여. 승암(僧庵)의 생활은 과거의 꿈이고 문명 시대에 활사회(活社會)의 현상은 아니다. 20세기 생존 경쟁의 시대에 처한 오늘날 우리 청년들은 여기에 깊이 주의하여 한쪽으로 치우친 성질[偏性]의 비참함을 망상하지 말고 사교의 쾌감을 깨달아야 할 것이다.

체육론 / 문일평(文一平)

　건전한 국민을 양성하는 방도는 교육에 달려 있거니와 무릇 교육의 취지를 분석해서 말하면 덕육(德育)·지육(智育)·체육(體育) 세 가지이다. 이 세 가지 중에 체육이 그 한 자리를 차지하고 있는 것은 어째서인가. 그 이유는 다음과 같다. 신체가 존재한 뒤에야 정신이 생겨나는 법이니, 수목에 비유하자면 신체는 근저(根柢)이고 정신은 지엽(枝葉)이다. 근저가 견고하면 지엽이 따라서 번성하게 되고 만일 근저가 박약하면 지엽이 또한 따라서 쇠잔하게 되는 것은 필연적인 이치이다. 그렇다면 수목을 재배하는 경우에는 반드시 근저로부터 시작해야겠고 인재를 양성하는 경우에는 먼저 신체를 기점으로 삼아야 할 것이니, 곧 체육이 이것이다. 대개 체육의 목적은 신체를 단련하여 정신을 발전하게 하는 데에 있으니, 바꾸어 말하면 정신을 발전시키기 위하여 신체를 단련하는 것이다. 가령 사상을 면밀하게 하려면 두뇌를 건실하게 해야 할 것이며 기력을 웅대하게 하려면 근골을 강장하게 해야 할 것이다. 그러므로 덕육과 지육 양자를 완전하게 하려면 먼저 체육을 완전하게 해야 할 것이니, 실로 체육이 관계된 바가 이와 같이 밀접하고 영향이 중대하다. 그런데 세상 사람들은 왕왕 이를 오인하고 번번이 말하기를 "체육은 아동의 일개 유희적 운동에 불과하다."라고 하여 심상한 것으로 치부하고, 심한 경우에는 배척하고 꾸짖으며 침까지 뱉으니 어찌 탄식하지 않겠는가.

　아아, 오늘 우리를 시험 삼아 한번 보라. 이팔청춘 시절의 형용(形容)이 바짝 야위고 체간(體幹)이 굽어 있어 활발한 기상이 부족하며 용감한 정신이 쇠한 상태가 거의 팔십 노인의 지경이라 청년이 청년이 된 가치를 잃은 까닭 또한 이 때문이다. 다시 눈을 돌려서 온 나라를 둘러보니, 모두 우리와 같이 신체가 허약한 까닭에 한 가정을 가지고 관찰하더라도, 가령 열 사람으로 구성된 한집안에서 다섯 사람은 평소 언제나 질병을 오래된 벗으로 삼기에 가문의 평화가 파괴되고 근심과 걱정이 뒤얽히어 인생의 행복을 멀리 떠나보내고 한평생을 무정한 병중에 장송하니 그 불행이 더할 나위 없이 심하다. 더욱이 여자에게 이 허약의 병증이 가장 많은데, 그 가장 큰 원인은 상류층 여자에게 있어서는 일상의 한담·수면 등의 나태하고 산만함에 기인하고, 중류층 이하의 여자에 있어서는 방적·세탁 등 노역으로 말미암아 면모가 창백해지고 혈액이 점점 말라가다가 결국에는 요절하거나 그렇지 않으면 폐질에 걸리는 자가 그 수를 헤아리지 못할 정도로 많으니 슬프도다. 가정의 왕이 되는 여자가 이와 같이 완전하지 못하니 그 가정이 어찌 완전하겠으며, 자손의 어미가 되는 여자가 이와 같이 건실하지 못하니 그 자손이 어찌 건실하겠는가. 우리 동포가 비록 2천만 명이라고 일컬어지지만 잔병(殘病)[12]·폐질이 있는 자를 제외하면 몇 사람에 불과하니, 이러한 반죽음이 된 국민을 보유한 국가가 태평성세를 맞이할 리가 어찌 있겠는가. 문화가 퇴보되는 것도 여기에 기인하고 교육이 진보하지 못하는 것도 여기에 기인한다. 큰 목소리와 애타는 부르짖음으로 국내에 구제할 방침을 깨우쳐 고하니, 일반 국민의 체육을 장려해야 할 것이다.

옛 그리스의 스파르타에서는 아동이 태어난 뒤 남아·여아를 막론하고 정부가 신체검사를 집행하여 허약한 자는 장래 사회와 국가에 공민(公民)이 된 책임을 감당하지 못할 것이라고 간주하여 산과 강에 내던져 버리고 오직 건강한 자만 부모의 품속에서 잘 기르게 하였다가 7세 이상에 이르면 정부가 직접 데려다가 교육을 베푸는데 순전한 군율주의(軍律主義)로 오로지 체육에 집중하여 인내성과 모험심을 발휘하게 하여 다수의 역사(力士)와 용사(勇士)를 만들어 냄에 이 교육의 효과가 크게 드러나 국운이 나날이 진전하고 다달이 흥성하여 마침내 그리스 일부의 패권을

---

12 잔병(殘病) : 쇠잔하여 병이 많거나 병이 낫지 않음을 이른다.

장악하고 페르시아의 정예군 백만 명을 격멸하였으니, 심하도다, 스파르타 교육의 방법이여. 인정상 차마 하지 못할 바이다. 그러나 체육의 효력이 과연 얼마나 중대한가를 우리는 여기서 충분히 확인할 수 있다.

더구나 지금 사자나 이리가 으르렁거리고 울부짖는 것 같은 경쟁의 장 속에서 각국이 자국에 대해서는 이론을 기준으로 삼고 외국에 대해서는 완력을 비교하는 시대를 맞아 작게는 자신과 크게는 국민을 막론하고 갯버들 같은 허약 체질로는 도저히 저 소나무 끝과 대나무의 굳센 마디 같은 것을 압도하고서 생존을 보유할 수가 없을 것이다. 이 때문에 구미 열강에서는 가장 이른 시기부터 이를 살피고 거울로 삼아서 일반 가정과 사회에서 이에 대한 주의를 게을리하지 아니할 뿐만 아니라 특히 군인학교 이외에 체육 학교를 건립하고 매년 다수의 졸업생을 배출하여 전국의 체육을 지도하고 장려하게 함에 그 우아한 기상과 용감한 정신이 아득히 동양 사람들이 미치지 못할 바이다. 그 예를 대략 들어보건대, 연전에 영국인 아무개 씨가 당시 연령 구순에 세계를 두루 돌아다니고자 하여 서양으로부터 동아시아 여러 나라를 순회하여 일본 도쿄에 도착하여 어떤 교당(敎堂)에서 연설하는데 하얗게 센 머리털과 주름진 얼굴에 가을 기운이 소소(蕭蕭)하지만 웅대한 성음과 활발한 자세는 오히려 청년에게 일보라도 뒤지지 않았으며, 근래에 북극 대륙 탐험대를 조직하며 공중의 비행정에 탑승한 자가 서양 사람이 아닌가. 우리나라에 와서 머물러 있는 선교사를 보더라도 그 일반(一斑)을 엿볼 수 있을 것이다.[13]

최근의 동양을 논하자면 일본은 예로부터 무사도(武士道)를 숭상한 까닭에 일종의 검술이 성행하여 자연히 체육이라는 측면에 크나큰 이익을 주었고, 유신 이후로는 더욱 체육의 필요를 깨닫고 구미 여러 나

---

13 그……것이다 : 원문의 '일반(一斑)'은 표범의 아롱진 무늬 한 점을 가리키는바, 즉 대롱 구멍으로 표범을 보면 표범의 무늬 전체를 보지 못하고 겨우 그 일부분의 무늬만을 볼 수밖에 없다는 뜻에서, 식견(識見)의 좁음을 비유한 것이다.

라에 유학생을 특별히 파견하여 체육에 관한 연구를 정밀하고 자세하
게 온축토록 하고 그들이 귀국한 이후에 체육에 관한 서적을 저술·간
행하게 하며, 체육 학교를 특별히 설치하여 교육계의 새로운 면모를
열어 보여 주니, 학교 체조-보통·군대식 두 가지-이외에 강과 하천에
는 단정(短艇)의 경조(競漕)가 있으며 육지에는 승마 경주가 있고, 또
고유한 검술·유도·스모(角力) 등이 성행하는데 오히려 이것이 부족
할까 우려하여 체육과(體育科)를 전수(專修)할 목적으로 해외에 유학(遊
學)하는 자가 많으며 신보와 잡지 등은 마음을 같이하고 힘을 한데 모아
어떤 곳에 운동회나 혹 스모 시합이 열리면 진심을 보이며 환영하여
지면에 다투어 게재하고 황자(皇子)·공(公)·경(卿) 등은 어떤 학교에
격검(擊劍) 대회나 혹 경마 시합이 열리면 친히 왕림하여 우등을 포상
하니, 온 나라가 바람 따라 초목이 쓰러지듯 따르며 한 세상이 구름처
럼 좇아서 체육이 매우 빠르게 진보되어 오늘날 굳세고 사나움을 이루
었다. 이로 말미암아 보건대, 체육이 개인의 정신적 측면에 밀접한 관
계가 있을 뿐만 아니라 국가의 운명에 중대한 영향을 끼치니, 이를 어
찌 소홀히 하고 심상한 것으로 치부하겠는가. 그러므로 나는 천박한
지식에 얽매이지 않고 체육에 관한 관견(管見)을 거칠게나마 진술하여
동포 인사들의 일람에 이바지하고자 한다.

1. 체육 학교 -위치부정(位置不定)-를 특별히 설치하고 체육 교사를 양
   성-연한부정(年限不定)-할 것.
2. 과목은 체조·격검·승마 등을 설치할 것.
3. 연단(演壇)의 보필(報筆)[14]이 이에 대하여 장려를 게을리하지 말 것.
4. 학교·가정에서 특히 주의할 것.

---

14 보필(補筆) : 문장이나 서필 따위에서 부족한 곳에 더 그리거나 써 넣는 것이다.

5. 체육에 관한 학술을 정밀히 연구하기 위하여 품행이 단정하고 신체
   가 강장한 청년을 해외-구미나 혹 일본-에 파견할 것.

이상의 몇 가지 조항이 결코 완전한 방침이라는 것이 아니라 한때
느낀 바에 따라 되는 대로 붓을 놀린 것이다.

국문과 한문의 과도기 / 이보경(李寶鏡)

우리 거룩하신 조상께서 아시아 동쪽 반도의 낙원을 개척하시어 우
리 백성으로 하여금 여기에 머물러 살며 여기를 지키며 여기를 발전하
게 하시니, 이 영토를 문명하게 하고 이 영토를 지켜서 만에 하나 외인
(外人)이 이 영토를 침범하는 경우가 발생하면 생명을 희생해서라도 굳
게 지켜서 한 걸음도 물러서지 않아야 하는 것은 대한 민족의 의무이다.
그렇다면 국민의 정수(精粹)인 국어를 발달시켜야 한다는 것은 굳이 많
은 말을 할 필요가 없지만 이를 형태 있게 국문을 유지하고 발달시키는
것도 역시 국민의 의무가 아닌가.

예전에 우리나라가 미개할 때는 국문이 없었던 까닭에 당시 문명의
경지에 도달한 지나 문자를 빌려 썼다. 이것이 비록 저 나라에는 적절
하지만 풍교(風敎)가 같지 않고 국어가 전혀 다른 우리나라에는 맞지
않았다. 하물며 점과 획이 번잡하고 글자 수가 상당히 많은 까닭에 일
생을 소비해도 도달할 수 없는 경우야 더 말해 무엇하겠는가. 대체로
문자의 핵심은 사상 및 지식을 서로 소통하게 하며 예로부터 지금까지
의 사적(事跡)을 연역(演繹)하는 데에 있는데, 문자만 배우는 것에 금과
같은 일생을 소비하면 어느 겨를에 사상 및 지식을 서로 소통하게 하며
옛날부터 지금까지의 사적을 연역하겠는가. 이와 같은 것은 실로 완전

한 문자의 가치가 없다고 하겠다. 어찌 문물의 발달을 돕는 것이 많겠는가. 되돌아보아 생각건대, 우리나라 5천 년의 빛나는 역사가 오늘날 참담한 검은 구름 속에 침몰되려는 데는 수많은 원인이 있지만 이 문자가 영향을 끼친 바가 참으로 클 것이다.

생각건대 우리 슬기롭고 거룩하신 세종 황제께옵서 이와 같이 많고 큰 폐단이 있다는 것을 꿰뚫어 보시어서 소의간식(宵衣旰食)[15]의 수고로움을 무릅쓰신 결과 우아하고도 아름다우며 편리한 문자를 만들어 내셨나니, 다름 아닌 우리 국문이 바로 이것이다. 글자 수가 모음과 자음을 합하여 25자이고, 각각 소리가 구비되었으며 점과 획이 간단하고 몇 개월이 안 되어 능히 일만 권의 서적을 읽을 수 있으니, 실로 전 세계 각 나라에서는 다시 그러한 유(類)를 보지 못하겠고 우리나라 역사에 일대 찬연한 광채를 내었다. 그런데 우리나라 사람은 저 지나의 문자에 미혹하고 도취되어서 이 우아하고 아름다우며 편리한 문자는 경홀한 것으로 치부하여 바로 지금의 상태를 만들어 내었으니, 어찌 탄식할 만하지 않겠는가.

바로 지금 우리 대한의 형세를 천박한 소견으로 헤아려보니, 말할 것도 없이 실업(實業) · 정치 및 그 밖의 다른 각종 사물 중에 어느 하나도 과도기에 처하지 않은 것이 없다. 그러니 이러한 시기에 만에 하나라도 조금만 그르치면 고치기 어려운 고질병이 될 것이다. 어찌 막중하고 위험한 시대가 아닌가. 우리 국문도 역시 이러한 시대에 동참하였다. 국문의 과도기에 관한 것은 다음과 같은 세 가지이다.

1. 국문을 아예 그만두고 한문만 사용해야 할 것인가.
2. 국문과 한문을 아울러 사용해야 할 것인가.

---

15 소의간식(宵衣旰食) : 미명에 일어나 정복을 입고 해가 진 이후에야 저녁밥을 먹는다는 뜻으로, 군주가 '정사에 부지런함'을 비유하여 이르는 말이다.

3. 한문을 아예 그만두고 국문만 사용해야 할 것인가.

이상 세 가지 가운데 상세하고 면밀하게 이해관계를 잘 헤아리고 생각하여 그 가운데 하나를 정하지 않을 수 없을 것이다.

1. 국문을 아예 그만두고 한문만 사용해야 할 것인가.

이것은 이상에서 논하기 시작한 바이다. 또한 일본의 어떤 학자는 논하기를 "애국정신의 근원은 국사와 국문에 있다."고 하니, 어떠한 경우를 가지고 논하여도 불가할 것이고,

2. 국문과 한문을 아울러 사용해야 할 것인가.

바로 지금 우리나라의 각 교과서와 신문지가 채용하는 형태이고 보면 한문으로 날줄을 삼고 국문으로 씨줄을 삼은 것이다. 이는 비록 한문만을 사용하는 것보다는 낫지만 역시 한문을 배울 수밖에 없다는 문제점이 있으니, 그 마땅함을 얻었다고 하지는 못하겠다.

가정한 세 가지 가운데 두 가지는 부정되었으니, 부득불 세 번째를 채용해야 할 것이다.

국문만을 사용하고 한문을 아예 그만둔다고 하는 것은 국문의 독립을 이른 것이고 절대적으로 한문을 배우지 말라고 하는 것이 아니다. 이렇게 세계의 모든 나라가 이웃집과 같이 서로 소통하는 시대를 만나서 외국어학을 연구하는 것이 학술상·실업상·정치상을 막론하고 급선무가 될 것임에는 이의가 없을 바이니, 한문도 외국어의 한 과정(課程)으로 배워야 할 것이다. 이러한 중대한 문제를 하루아침에 결단해 실행하기는 불가능한 일이라고 할 듯하지만 질질 끌며 세월을 보내어 신 국민의 사상이 견고하게 되고 출간 서적이 다수가 되면 더욱 시행하기가 어려울 것이니, 한때의 곤란을 무릅쓰고서 우리나라 문명의 진도를 빠르게 하는 것이 좋은 방책이 아닌가. 이에 천박한 의견을 개진하여 뜻이 있는 동포의 주의를 재촉하며 아울러 방침의 강구를 바라는 바이다.

| 강단 |

세계문명사 제2편 : 동양의 문명 (전호 속) / 초해생(椒海生) 역술

　지나 민족은 세계에서 가장 실제적인 민족이다. 철학·종교·문학·미술과 그 밖의 다른 제반 장점을 열거해 설명하자면 우리의 심회를 확실히 열게 할 것이니, 셈·함·아리안 인종도 태고에는 자연계 현상을 두려워하여 이른바 자연 종교를 으레 사사로이 구성하였으나 지나 사람은 이러한 점이 없었다. 지금 지나의 옛 역사를 자세히 살펴 연구해보면, 문학에서 천명(天命)·상제(上帝)·황천(皇天) 등의 문자를 종종 사용했는데 베다교나 유대교에서 신이라고 칭한 것과는 의의가 특별히 다르다. 간혹 추위와 더위·날이 갬과 비가 옴 등의 자연 현상을 신이 하는 일이라는 믿는 근거로 삼는 일이 있더라도 그 진짜 상황을 궁구해 보면 인간이 자연 현상의 일어나고 사라짐을 맞아 일종의 능동적 세력으로 신의 뜻을 만들어 쓰고자 했던 것이다. 이는 신을 사람이 구사(驅使)하고자 한 주의(主義)이다. 성탕(成湯)[16]이 7년 동안이나 계속되는 큰 가뭄에 손톱을 깎고 머리를 자르고서 여섯 가지 일로 자신을 책망하신 것[17]과 인도 사람이 하늘을 우러러보며 간절히 바라는 것 외에 다른 일을 행하지 않고 하늘의 도움을 가만히 앉아서 기다린 것은 동일 선상에 놓고 함께 비교하여 논할 바가 아닐 것이다.

　지나의 고대 문화를 미루어 생각해 보면, 그 기원을 북방에 두었는데 그 지방의 거칠고 드넓음 때문에 얼마간 하늘을 두려워하고 신을 공경한 행위가 있었다. 그러나 민족의 실제 성질은 종교심에도 현실주의를

---

16 성탕(成湯) : 상(商)나라를 개국한 군주로 '성상(成商)'으로도 적는다.
17 칠……것 : 상나라 탕왕(湯王)이 즉위한 뒤에 7년 동안의 큰 가뭄을 만났을 적에 상림(桑林)의 들에서 하늘에 기도한 것을 가리킨다.

사용하고 인위적 수단을 제정하였다. 하늘의 위엄을 두려워하는 것처럼 사람의 능력에 이에 맞추어 길흉화복을 점치고자 하였다. 오늘날 『주역』을 가지고 관찰해 보더라도 그 깊은 뜻과 정화(精華)는 모두 다 현세주의로써 나의 일생을 경영한다는 것이다. 그렇다면 현세주의는 무엇을 이른 것인가. 곧 현세의 공리에 무익한 것은 낱낱이 따져서 배척하고 현세의 공리에 도움이 되는 것만 선택하는 것을 말한다. 지나 사람이 이러한 사상을 가진 결과 철학도 순정 철학을 쓰지 않고 천·지·인 삼재로 이해(利害)를 자세히 설명하여 인간의 복리를 추구하였으니, 노자·장자의 순정한 철학이 수천 년 오랜 역사를 가지고 있었지만, 인민 사상의 정통이 되지 못한 근원적 요인은 현세의 실리주의를 숭상한 까닭이다. 문학도 철두철미하게 보수주의를 틀로 썼는데 지나의 고대 문학을 자세히 살펴 볼 때, 그 중요한 순수 문학으로 『시경』을 손꼽을 수 있다. 대체로 『시경』은 풍영과 차탄의 흥감한 성색(聲色)을 연출하여 인정의 자연스러움을 묘사해내고 있다. 그러나 『시경』 삼백 편을 전체적으로 훑어볼 때에 순수한 서정시가 매우 드물고 보통은 교훈적 의미를 지니고 있다. 남녀의 애정에 관련된 「왕풍(王風)」의 대거 (大車)장과 같이 남녀의 연애를 그려낸 것도 있으나 "어찌 그대를 그리워하지 않으리오마는 저분이 두려워 감히 달려가지 못하느니라."라고 한 것과 "어찌 그대를 그리워하지 않으리오마는 저분이 두려워 달려가지 못하느니라."라고 한 구절에 이르면 형식주의에 복종하는 의지가 얼마나 강경한가를 알 만하겠다. 「소남(召南)」 행로(行露)장에 "함초롬히 이슬 젖은 길에 어찌 아침저녁에 다니지 않으리오마는 길에 이슬이 많아서 못하느니라."라고 하였으니, 예도로 인하여 정욕을 억제하는 것이 드러난다. 「정풍(鄭風)」 계명(鷄鳴)과 「당풍(唐風)」 주무(綢繆)와 같은 것은 실리주의를 위주로 자유로운 인정(人情)을 방임하지 않았고, 정치의 쇠함과 융성함을 풍자하고 군후(君侯)의 덕택을 찬송했다. 이처럼

『시경(詩經)』 3백 편이 물의 흐름처럼 도도하였다. 공자께서 이를 편찬하시되 그 의도는 교육과 정치의 용재(用材)로 삼으신 것이니, 공을 논하고 덕을 칭송하는 것은 그 아름다움을 순히 한 소이(所以)이다. 과(過)를 풍자하고 실(失)을 비판한 것은 그 악(惡)을 바로잡은 소이이고, 선왕이 이로써 부부를 다스리고 효경(孝敬)을 일으켜 인륜을 후박(厚朴)하게 하고 교화를 미려(美麗)하게 하여 풍속을 순결하게 하였으니, 이것이 시(詩)를 짓는 이유이고, 시가 두루 쓰이게 된 소이도 결국에는 이로 인한 것이니, 정(情)을 발하여 예의로써 지배하는 것은 교훈주의의 당연한 결과가 아닌가.

원천(源泉)의 하류(下流)와 같아서 후대의 지나 문학이 결국에는 이 실리주의를 벗어나 뛰어넘지 못하고 4천 년 동안 옛날 그대로 변함이 없는 긴 걸음으로 달려오되 시는 사람의 마음을 후련하게 탁 터놓고 문(文)은 사람의 뜻을 잘 드러내어 전달하게 한다고 하였다. 이른바 명교상(名敎上)에 유익한 점이 결핍이 되면 어떠한 절묘호사(絶妙好辭)[18]라고 하더라도 광언기어(狂言綺語)[19]로 취급받음을 면하지 못하였을 터이다. 그런즉 이로 인하여 사군자(士君子)가 문(文)을 짓고 시를 읊는 것은 인심과 세도에 어떠한 보탬과 도움이 되는가를 생각하는 것이었다. 또 공교로운 솜씨를 한갓 희롱하고 문장을 제멋대로 짓는 것은 문사(文士)의 말기(末技)로 세상 사람들의 경멸을 받았다. 그러므로 소설·희곡 등 순전한 문학에 속하는 것은 상고에 발달이 되지 않았다. 『장자』와 『열자』의 우언을 비롯하여 『목천자전(穆天子傳)』·『비연외전(飛燕外傳)』 등 다섯 왕조에 걸쳐 편집한 소설의 수가 적지 않지만 사군

---

18 절묘호사(絶妙好辭) : '절묘호사(絶妙好詞)'로도 적는다. 지극히 아름답고도 훌륭한 문사(文辭)를 가리키는 데에 쓰이는 말이다.

19 광언기어(狂言綺語) : 이치에 맞지 않아 실속이 없거나 흥미를 끌기 위하여 지나치게 꾸민 말로, 불교나 유교의 입장에서, 소설이나 설화 따위를 가리키는 말이다.

자 이른바 상류사회에서는 유행하지 못한 채 하류사회의 한낱 놀이 도구가 되었다. 그러다 원(元)·명(明)·청(淸) 이래로 잡극·소설이 점차 유행하여 『수호전(水滸傳)』·『삼국지(三國志)』·『서유기(西遊記)』·『홍루몽(紅樓夢)』·『도화선(桃花扇)』 등의 명저가 잇달아 출현하였고 탕약사(湯若士)·김성탄(金聖嘆)·이입옹(李笠翁) 등의 명가(名家)가 연이어 배출되었다. 그러나 유가의 정경(正經)에 용납을 받지 못해 소설가도 자기 자신을 낮추고 억제하여 장기·바둑과 같은 놀이 도구에 자기 자신을 견주고 권선징악으로써 자기 자신을 변명하였다.

　실리주의가 성행함에 따라 일종의 협애한 형식주의가 문학을 지배하였는데, 이것이 지나 문학의 발전을 막은 하나의 원인이다. 시가 문단은 일정한 전형을 공유하여 여기에 맞추지 못한 것은 모두 다 파격으로 지목하였다. 자유롭게 뜻한 대로 짓는 것을 위주로 한 것이 산문인데 기결(起結)·조응(照應) 등 꽤 많은 복잡한 질곡이 있어서 사상의 활동도 형식의 구속으로 인하여 실속 없는 글이나 쓸데없는 말로 전락하는 문제가 종종 발생하였다.

　지나의 역사는 진정한 역사적 저술이 부족한데, 이 역시 실리주의의 영향을 받은 것이다.『춘추』이래로 이른바 역사 기록이라 이름할 것이 하나도 없거니와 약간의 역사적 기술은 역사를 위해 저술한 것이 아니고 세속의 풍교를 위하거나 혹은 왕자(王者)의 경륜에 필요한 재료로 삼기 위한 저술이었다. 그러므로 공평무사한 바른 필법이 완전히 단절되었고 실리를 주된 안목으로 모든 것을 관찰하였기에 그 서술한 바가 정치사와 왕의 홍폐(興廢)의 변화뿐이다. 일예일학(一藝一學)이로되 일반 인문의 역사가 없었다.

　지나 미술의 경우 역시 어떠한 화려함도 없었다. 그러므로 고대에 황거(皇居)와 왕궁(王宮)이라도 띠 지붕에 흙 계단을 상례로 삼았고, 사람이 한 일은 경작과 주거에 필요한 도랑과 못뿐이었다. 회화와 조각은 후대에 창시된 것이니, 불교가 수입됨으로써 인도식의 불탑이 점차 전파되었다. 음악은 예로부터 발달하였지만 인생의 미적 욕망의 충족을 위함이 아니라 교육의 보조가 그 목적일 뿐이다.

그런즉 지나 민족은 천근한 공리주의를 위주로 실제적으로 필요한 물건이 아니면 인간에게 필요한 어떤 물건도 급하게 여기지 않고 그 무익함을 번번이 부르짖어 쉽게 물리쳐 버렸다. 이 때문에 당우(唐虞)·삼대(三代) 즉 옛 성현의 유업을 체인하여 모든 행동이 이 범위 밖으로 감히 벗어나지 못하였다. 이를 지나 4천 년 동안의 청사(靑史)의 중심 사상으로 삼은 것이다. 이 정신이 있은 이래로 후대 인민은 완고한 형식주의에 결핵(結核)되어서 변천은 있지만 발달이 없고 회고는 있지만 전진이 없게 되었다. 이것이 늙은 대제국(大帝國)이 세계 인문사(人文史)에서 무의미한 지위를 차지한 이유이다.

역사담 제19회 : 크롬웰전 (전호 속) / 숭고생(崇吉生)

새해가 이미 시작되었다. 유약한 분자가 아주 걸러져 제거되고 민첩하고 활발한 운동을 점차 연출한 국회군이 그 동안 전비(戰備)를 대대적으로 정제하여 국왕군을 위축시킬 방책을 강구하였다. 1645년에 네스비에서 찰스를 대파하니 국왕군의 전사자가 4천여 인이요, 생포된 사관(士官)이 5백여 명이며 전리품이 이루 다 셀 수 없을 정도로 많았다. 국왕군은 거듭 패배하여 수중에 의지할 만한 것이 하나도 없으니 간악한 찰스가 온갖 계교를 다 부려도 해결할 방도를 찾지 못하여 스코틀랜드의 장로군(長老軍)을 찾아가서 의탁하였다. 그러나 장로군은 국회의 위력을 몹시 두려워하여 새장 안의 새와 같은 찰스를 적막한 화이트홀 궁전에 송치하였으니 세상사는 헤아릴 수 없다고 하겠다.

이 소문이 일차로 국회에 전달되자 프레스비테리언(Presbyterian) 당[20]은 결사반대하며 국회의 처치를 주장하였고, 철기군은 발끈하며 말하기를 "왕은 우리 국민의 최대의 적이다. 우리 국민이 수년 동안 피 흘린 까닭은 완전히 그로 인한 것이 아니냐. 저 프레스비테리언당은 어떤 자들인데, 한 차례 병역의 노고도 해본 바 없었거늘 어찌하여 이를 항거하느냐."라고 하니 풍파가 잇달아 일어났다. 당시 영국의 혁명계는 세 개의 세력을 포함하고 있었다. 하나는 왕과 화의를 서로 체결하고 새로운 헌정을 반포하자고 한 프레스비테리언당의 주의인데 홀스가 그 수령으로 대의사(代議士)의 대다수가 여기에 속하였다. 다른 하나는 절대적으로 분노한 성향을 드러내며 왕의 종적을 멸망시키지 않으면 자유 인권에 공화제도가 완미한 효과를 거두지 못할 것이라고 한 인디펜던트당이 고집한 주의이다. 군대의 다수가 여기에 속하였다. 또 다른 하나는 앞서 언급한 양자의 극단적인 사상을 절충·융합하여 혁명의 좋은 결과를 얻고자 한 것이니 이는 곧 크롬웰의 이상이었다. 급진적인 철기군은 크롬웰의 조용하고 온건한 태도를 비판하여, 사위 아이어턴에게 크롬웰을 설득하게 하였다. 아, 크롬웰이여! 저 나폴레옹 1세의 야심을 품고 이와 같은 좋은 기회를 이용하여 용감무쌍한 철기군을 디딤돌로 삼았다면 잉글랜드의 황위가 다른 사람의 손안에 들어가지 않았을 것이다. 하지만 그는 헌팅던 평야에서 묵상한 바를 실행하여 신성한 영국에 더할 수 없는 영광을 찬양하고자 하였기에 다른 날 국회가 천거해 제업(帝業)을 힘써 권하였으나 끝내 사절한 것이다.

혁명이 일어난 이래로 7년의 시간이 이미 지났으니 국민이 도탄의 고통을 부르짖어 공상(工商)의 실업이 전폐되었다. 그래서 프레스비테리언당이 이에 의거하여 군대 해산 문제를 국회에 제출하니 장구한 세

20 프레스비테리언(Presbyterian) : 장로당을 의미한다.

월 동안 혁명에 머리가 매우 아팠던 대의사들이 이 소리를 한번 듣고서 찬동하는 의견이 3분의 2를 차지하여 대다수가 군대 해산 문제에 동의하자 런던 시내에 머물러 있는 스코틀랜드 군대는 당일로 무장을 해제하고 본국으로 돌아가라는 명을 받게 되었다.

이윽고 크롬웰이 거느린 철기군의 해산 문제가 다시 일어나자 인디펜던트당은 불가하다고 쌍으로 부르짖었으나 프레스비테리언당은 온갖 음모를 유도했다. 한편으로는 인디펜던트당에 시위운동을 연출하고 한편으로는 크롬웰에게 자객을 누차 보내었다. 1642년 6월에 크롬웰이 분노를 견디지 못하여 런던에서 즉시 군대로 돌아와 좌관(佐官) 조이스로 하여금 한 부대의 군사들을 데리고 찰스 왕을 화이트홀궁에서 에워싸게 했다. 그리고 상당한 군신 간의 예를 행한 뒤에 관병식을 거행하고 군대를 뉴마켓(Newmarket)에 머무르게 하니, 아, 이는 프레스비테리언당에 대한 시위운동이었다. 국회는 이 소식을 듣고 매우 진노해 위원을 군대에 파견하고 해산하지 않는 이유를 질문하니, 장수와 병졸들이 일제히 큰 소리로 답하기를 "공공의 적이 아직도 존재하니 군대는 해산할 수가 없다."라고 하였다. 열흘 후에 크롬웰이 유명한 격문을 런던 시내에 반포하자 국회의 권력으로도 군대의 행동을 두려워하여 그 태도를 바꾸었다. 그러나 프레스비테리언당은 전과 다름없이 제의(提議)를 거두지 않으므로 크롬웰이 큰 뜻을 마침내 결정하고 8월 3일에 군대를 거느리고 런던 시내로 달려 들어가 반대당의 수령 홀스 이하 두서너 사람을 프랑스로 축출하였다. 이에 국가의 전권이 마침내 군대에 귀속되었다.

당시 크롬웰의 신분은 일개 군대 대장의 지위에 불과하였다. 하지만 국가의 실권이 그의 한 몸에 있었다. 이에 청교도는 크롬웰을 추천하여 대통령으로 삼고 숙세(宿世)에 품었던 바람을 한번 완수하여 공화정 체제를 천하에 공포하자고 밤낮으로 크롬웰에게 강권하였다. 그러나 크롬웰은 끝내 듣지 않았다. 오호라, 간악한 찰스 왕이여! 이러한 지경에 이르렀으나 이전의 과오를 통렬히 뉘우치지 않고 은밀히 음모를 내어서 국왕군을 회복하고자 하니, 그 잔당을 사주하여 의병을 각처에서 주도적으로 모집하였다. 마음을 다해 정성껏 왕을 대우하던 크롬웰은 마침내 이러한 기미를 상세히 알고 노기가 극도에 이르렀다. 왕의 음모로 스코틀랜드 군병은 세력을 크게 확장하였고 점차 국경을 침범하였다.

1648년 4월에 웨일즈외 산악지대 사람들이 왕조의 회복을 명분과 의리로 빙자하여 의병을 사방에서 모집하니, 남부의 여러 주가 멀리서 적이 쳐들어온다는 소문만 듣고도 그 기세에 놀라 달아나 무너졌다. 아울러 또한 해밀턴·에섹스·맨체스터 등 여러 장군이 왕의 밀지를 받아서 스코틀랜드 군사 2만 명을 거느렸으니 그 기세가 자못 웅장하였다. 이에 램버트·페어팩스·크롬웰 세 장군이 수하의 군사 약간 명을 거느리고 세 갈래로 나누어 정벌하는 길을 취하였다.

개전 이래로 크롬웰이 연전연승하여 7월에 웨일즈의 무장 봉기를 마침내 평정하고 프레스턴(Preston)에서 스코틀랜드 군과 맞닥뜨려 한 시간 격렬한 진공으로 적군을 격파하고 왕당의 소굴을 들이받아 해밀턴을 격파하였다. 그러나 이 원정을 개시한 이래로 찰스 왕은 크롬웰의 부재를 틈타 프레스비테리언당과 서로 음모를 체결하고 그 세력을 국회에 확장했으며 화친론을 제출하여 왕정 복귀의 건의안을 가결하였다. 그 수령 크롬웰은 부재중이었지만 철기가 이 광경을 한번 보고 격렬한 반대를 한 번 해보았지만 끝내 무효를 면하지 못하였다. 좌관 웰스 씨가 군대를 거느리고 국회를 협박하여 11월 27일에 왕을 허스트성(Hurst castle)에다 잡아 가두었으나 국회가 전과 다름없이 항의를 지속하였으므로 군대가 매우 심하게 격노하여 바로 그날에 웨스트민스터와 야드(Yard)의 두 궁전을 굳게 포위하고 영관 프라이드로 하여금 군병을 거느리고 국회에 느닷없이 들어가게 하여 프레스비테리언당의 대의사

40여 명을 체포하여 즉시 감옥에 가두었다. 이것이 이른바 유명한 프라이드의 의원청결법(Pride's Purge)이다. 본래 불완전한 국회가 잔당국회(Rump Parliament)라는 오명을 면치 못하니 이때가 12월 6일이었다.

이날 밤에 크롬웰이 원정에서 돌아와 이 전말을 듣고서 곁의 사람에게 말하기를 "아아! 이는 내가 모르는 일이다. 일의 기틀이 이러한 지경에 이르렀으니 어찌할 수 없고 앞으로 나아가는 하나의 길만 잡아서 가자."라고 하였다. 시일이 경과하면서 왕의 음모가 차례로 생겨났고, 대체로 네이즈비 대전 이래로 화의의 설이 5년을 경과하였기에 왕의 생각이 어떠하다는 것을 경험으로 확실히 알게 되었다. 그 결과 하나의 방책을 생각해내고 대기도회를 열어 하나님의 의사를 우러러 여쭙고 찰스 왕을 참형에 처할 것을 결의하였다.

이러한 까닭으로 왕의 깊이 악한 죄악과 무한한 음모를 의거해 구실로 삼아 즉시 고등법원에 구인하고 세 차례의 엄중한 신문을 거치니 크롬웰·페어팩스·아이어턴 등이 그 심판관이었다. 최종 선고일에 재판관이 성명하기를 "왕이 국가에 대역을 저질렀다. 왕의 안중에는 영국 국민이 없으니 이것이 탄핵의 한 이유라 하겠소."라고 하자 왕이 일어나 답하기를 "짐은 신자의 심판을 받지 않을 것이며 고등법원은 군주를 심판할 장소가 아니로다."라고 하였다. 이에 재판장은 답하기를 "왕이 이미 국가를 크게 무너뜨렸으니 왕이 옛날에 대권을 장악한 것은 부끄럽게 여길만한 일이 아닌가."라고 하고, 이어서 음모의 서류를 눈앞에 가져다 내놓고 왕에게 말하기를 "어떻게 변명하려오."라고 하자, 찰스는 답하기를 "짐은 짐의 반역자를 없애고자 한 것뿐이로다."라고 하였다. 그러자 재판장은 목소리를 높여 부르짖기를 "고등법원은 스스로 행할 권위를 보유하였으니 두 번 다시 말할 필요가 없다."라고 하고 서기관에게 명하여 선고서를 낭독시키니, 오호라, 찰스의 운명이 여기서 종말을 고하였다.

저자는 다음과 같이 평한다.

심하도다, 크롬웰의 행위여! 천지의 대의를 무너뜨려서 시역(弑逆)을 감행하였으니 어느 누가 그의 행위를 훌륭하다고 일컫겠는가. 그러나 그의 안중에는 정의와 이상이 충만하여 국민의 구제를 유일한 목적을 삼고, 구약의 모세가 지닌 이상을 자기의 이상으로 삼아 맹렬하고 부끄러움이 없이 완력을 감행하였다. 이는 국가의 대의이다. 그가 다른 뜻을 품고 있었으면 천주의 악명을 벗어나지 못할 뿐더러 천의와 인심의 대반역을 면하지 못하여 왕망과 조조의 옛 형벌을 길이 받았을 터이다. 그렇지만 그는 정의로써 한 혁명가의 사업을 창시하였고, 그 효과로 오늘날의 영국이 건설되었으니 그 성공의 위대한 이름이 천지와 더불어 무궁할 것이다.

축산계 번식의 방침 / 김재건(金載健)

아아! 슬프도다, 2천만 동포여. 바로 지금 우리나라의 현상을 관찰하지 않는가. 국가의 성쇠와 강약이 실업 발달의 여부와 중대한 관계를 맺고 있는 것은 고금과 동서양을 막론하고 똑같이 매일반인 가운데 실지 사업을 진흥하여 국민의 복리를 증진하는 것에 이르러서 긴급하고 절박한 급선무 중에서 가장 큰 급선무는 우리 인류의 생활의 근본인 농업이다. 그러나 우리나라의 농업은 한낱 작물 농업에 지나지 않아서 목축(牧畜) 등의 농업이 어떠한 것인지 명칭도 알지 못하였으니, 어찌 탄식하지 않을 수 있겠는가. 그러나 옛말에 이르기를 "알지 못하여 행하지 않는 것은 논할 필요가 없지만 알고서 행하지 않는 것은 사회의 적일 뿐 아니라 국가의 적이다."라고 하였으니, 대한의 청년 된 자들이여, 지금부터 이후로는 자칭 문명·개화의 세상, 타칭 학술인·실업인이라고 형식적으로 말하지 말고, 단 하루라도 농학을 착실히 연구하여 급속하게 축산을 번성하게 하고 육류의 결핍을 풍족하게 하여 우리 대한 국민의 건강을 돌보고 길러야 할 것이다. 이에 우리는 이러한 때를 맞아 국가를 길이 보전할 사업 방책을 연구할 필요가 있으므로 얕은 견문에도 불구하고 이에 몇 마디 말을 간략하게 기술하겠다.

지금 우리나라에 있는 가축은 대·중·소 세 종류로 나뉜다. 대 가축은 소·말·나귀·노새 등이고, 중 가축은 돼지·산양·양 등이고, 소 가축은 닭·해오라기 등이다.

말. 우리나라 재래종 말은 체구가 작아도 도로에서 사역과 그 밖의 다른 경제적 효력이 상당하다. 하지만 장래에 군비를 확장할 목적으로 말하자면 우선 종류의 개량이 필요하다. 그 요점을 거론하자면 다음과 같다.

1. 재래종 말은 체구가 작아서 개량할 방법이 없다고 하는 학자의 주장이 있지만, 우리의 얕은 견문으로는 외국의 양종의 수말만 구입하여 재래종 가운데에 체구가 큰 암말과 교미시켜서 점차 번식하고 증가하게 하면 그 효과가 확실할 듯하다.

2. 수말을 외국에서 구입하고자 하면 기후와 풍토가 우리나라와 어느 정도 근사한 나라에서 구입하는 것이 알맞고 마땅할 뿐 아니라 수입할 때에 운임과 그 밖의 또 다른 편리함이 있다.

3. 풍토가 어느 정도 근사한 나라는 일본과 청국·만주·몽고 등지이니, 이 밖의 품종은 수입하지 않는 것이 좋다.

소. 우리나라 소의 품종은 열악한 관리와 사육에도 불구하고 그 성질이 온순하고 인내력이 풍부하고 체구가 거대하여 사용하는 힘과 고기의 양이 많으며, 유용(乳用)에 있어서도 외국의 양종에 뒤지지 않는다는 설이 있으니, 특별히 외국의 양종을 수입해 개량할 필요는 없다. 재래 고유의 품종도 점차 개량하여 농가의 이익을 증진시킨다면 역용(役用)·유용·육용(肉用)·겸용(兼用) 등 양질의 대한종(大韓種)을 만들어 낼 수 있을 것이다.

돼지. 농가에서 돼지를 사육하는 마릿수가 적지 않지만, 사육법이 너무 불완전하다. 그러므로 개량할 점이 많지만, 더 필요한 사안을 거론하겠다.

1. 먼저 사육과 관리의 방법을 개량하지 않을 수가 없을 것이니, 돼지우리의 구조는 더위와 추위를 예방하기 위해 공기가 잘 유통하는 데에 설비하고, 또 사료로는 좋고 나쁜 것을 가리지 않지만, 먹이를 공급할 때는 횟수를 정하여 곡실(穀實)의 만해자(挽害者)를 풍부하게 하는 것이 양호하니, 유돈(幼豚)과 및 모돈(母豚)은 1일 3회씩이고 자돈(仔豚)과 비영돈(肥脇豚)은 1일 4회씩이다.

2. 우리나라 재래종 돼지를 관찰하면 흑색이 많으니, 그 근본을 좇아서 외국의 아주 좋은 흑색 종(黑色種)을 수입하여 개량하는 것이 적당하다.

3. 그러나 외국의 흑색 종 가운데에도 종류가 많지만, 풍토의 변화에 견뎌낼 수 있는 능력이 강하고 유전력(遺傳力)이 강한 것은 버크셔 종이니, 이 종을 종자 개량용으로 삼는 것이 적당하겠다.

닭. 양계 산업을 진흥하여 농가의 곤란을 구제하고 국권을 회복하려면 전하여 내려온 열등한 종자를 개량하는 것이 가장 큰 급선무인 듯하다.

개량에 주의하지 않을 수 없으니, 경제상 이용에 근거해 종류를 개량하되 적당한 난용·육용·난육 겸용 등 세 종으로 나눈다. 각각 자가의 사정에 적합하고 이익을 얻을 수 있는 것을 고려해 사육할 필요가 있다. 그러므로 이에 그 긴요한 종류를 논하겠다.

1. 난용종에는 안달루시아 종·단관 백색 미노르카·단관 흑색 미노르카·단관 갈색 레그혼·단관 백색 레그혼·단관 흑색 레그혼·단관 버프 레그혼·바라강 백색 레그혼·바라강 갓속구 레그혼·흑색 햄버그·금색 햄버그·은색 즈봉 퀼로트 햄버그 종·금색(金色) 홀랜드·은색(銀色) 홀랜드·백모관흑색(白毛冠黑色) 홀랜드

종 등이고

2. 육용종에는 은회색 도킹 종·랑샨 종·호도관(胡桃冠) 담색(淡色) 브라마·암색(暗色) 브라마 등이고

3. 난육 겸용종에는 라후렛슈 종(種)·우당 종·금색 와이언도트·은색 와이언도트·백색 와이언도트 종·백색 플리머스록·린몬 플리머스록·호도관 넨몬 플리머스록 종·흑색 코친·버프 코친·백색 코친·바도릿지 코친·나고야 고친 종·흑색 오핑톤·백색 오핑톤·버프 오핑톤 종 등이고

4. 애완종에는 세브라이트 반탐·금색 세브라이트 반탐·은색 세브라이트 반탐 종 등이다.[21]

오늘 우리나라에서 가장 시급한 사업은 축산 번식의 방책이다. 그런즉 마을마다 동네마다 뜻 있는 인사와 그 밖의 소학교에서 교편을 잡고 있는 여러 동포들이 이 사업의 장려에 유념하기를 우러러 바라는 바이다.

가정교육법 / 김수철(金壽哲) 역술

제3장 위생

제1절 위생의 의의

위생은 신체 교육의 소극적 방법이다. 따라서 그 적극적 방법인 양생(養生)과 병행해야 신체의 온전한 발육을 도모할 수 있다. 또한 위생은 공중위생과 가정위생이 있다. 공중위생이란 국가의 행정기관에 의해 영위되는 것이다. 몇 년 전부터 우리나라도 매년 많은 비용을 투입해 그 완비를 도모하고 있지만 아직 뚜렷한 성과가 없다. 이질·콜레라 등 가장 두려운

---

21 원문에는 단락이 나뉘지 않았으나 문맥에 따라 임의로 나누었다.

전염병이 늘 유행하고 있으니, 이 어찌 한심한 노릇이 아닌가. 정부가 아무리 위생의 보급을 고려해도 가정의 위생이 시행되지 않는 이상 도저히 위생의 온전한 구비를 기대할 수 없을 것이다. 단지 이 문제만 가지고 논하더라도 가정위생법을 소홀히 여길 수 없음은 불을 보듯 뻔하다. 더구나 장래의 국민이 될 유아의 대부분의 생활이 오직 가정 내부에 있으니, 더 이상 말해 무엇하겠는가. 무릇 가정에 병자가 있을 때 그 일가의 불행과 불쾌가 과연 얼마니 되는가. '건전한 정신이 건선한 신체에 깃든다'는 속담에 대해 사람들의 이견이 없음을 본다면 어찌 위생에 부주의할 수 있겠는가. 또한 가정위생에서 힘쓸 점은 신체 각 기관에 대한 육성과 보호에 있다. 따라서 이 방법을 취하여 의복의 선택·주거의 구조·음식물의 절제 등에 힘써 연구할 필요가 있는 것이다.

제2절 기르고 보호할 기관

신체의 각 기관은 지극히 치밀하게 구성되어 있으며, 그 작용 또한 예민해서 사소한 손상도 큰 해를 미치게 되는 경우가 적지 않다. 그러므로 이것을 기르고 보호하는 방법을 강구하지 않는다면 항상 외부로부터 침입과 공격을 받거나 상해 내지 파괴를 당할 것이다. 대개 자연이란 부지불식간에 엄벌을 가하는 법이니, 하루아침의 부주의로 인해 다시는 회복불능의 지경에 이르는 것은 실로 피치 못할 문제이다. 그러므로 이러한 일이 발생하기 전에 미리 방비한다면 신체에 장애가 없어서 그 발육의 목적을 달성할 수 있을 것이다. 우리는 이에 그 발육과 보호가 필요한 각종 기관을 먼저 거론하고, 점차 그 방법에 대하여 언급하고자 한다.

발육과 보호가 필요한 기관은 첫째 호흡기, 둘째 감각기, 셋째 신경계이다. 이 세 가지는 음식물로 잘 기를 방도가 없으며, 또는 운동을 통한 발육도 불가능하다. 그러므로 오직 위생법을 통해 발육하고 보호하여 그 완전함을 도모해야 한다. 그러므로 다음에 각 기관의 특수한 양호법(養護法)을 나누어 기술하겠다.

첫째 호흡기다. 호흡기는 위로는 후두에서 시작하여 기관(氣管)을 거쳐 아래로는 폐에 이르는 귀중한 기관으로 생명이 여기에 구애되어 있다. 또한 유아의 병증 가운데에 가장 많은 것은 이 호흡기에 관한 병의 통계에서 분명하게 드러난 사실이니, 가정 위생에서 가장 주의할 필요가 있다.

이를 기르고 보호하는 데에는 청정한 공기를 흡입하고, 게다가 또한 적당한 온도가 유지될 필요가 있다. 성인도 호흡 기관의 괴로움을 오랫동안 참을 수가 없거든 하물며 또한 유아에게 있어서는 어떠하겠는가. 기관이 유연하기 때문에 항상 손상을 입기가 매우 쉬운 즉 충분히 주의하여 유해한 가스·먼지·매연 등을 포함한 공기에 접촉하지 않게 해야 할 것이다. 대개 바깥 공기의 흡수가 청결에 있어 가장 효과적이다. 그러나 일반 실내의 공기와 온도를 특별히 다르게 함으로써 한난(寒暖)의 차이를 여러 차례 체험하게 한다. 만약 그 차이가 두드러지게 되면 그 급격한 변화가 과하지 않도록 주의하는 것이 매우 긴요하다.

둘째 감각기다. 감각기는 각각 특수한 감관(感官)을 갖는데 이는 정신 발달에 관계를 가지고 있다. 단지 신체 교육의 방면에만 공이 필요한 것이 아니라 바로 정신 교육에도 이어지는 것이니, 어찌 등한히 하겠는가. 무릇 시각을 맡은 눈, 및 청각의 책임을 맡은 귀는 감각기 가운데에 맨 윗자리에 있는 것이고 외계를 인식하는 중요한 감관이 되는 것이다. 그러므로 불행히도 이 두 감각의 작용을 잃는다면 정신적 발달의 대부분은 휴지하게 될 것이다. 그러므로 어릴 때부터 전체 중에 어느 특정 부분에 대한 양육과 보호에 엄중히 유념하여 손해를 입지 않도록 해야 할 것이다.

또 미각을 담당한 입의 경우 치아 위생에 대한 주의가 가장 필요하다.

어린아이의 치아는 결손이 나기 십상이다. 음식물을 씹지 않고 삼켜서
넘긴다면 그 결과 소화기를 심하게 손상시킨다. 하지만 오늘날 이러한
영향을 살피지 않고 치아에 대한 보호와 양육에 소홀한 것이 일반적
습관이니, 어찌 크게 탄식할 바가 아닌가. 이 어린아이의 치아의 경우
일단 빠진 뒤 새 치아가 나기에 유치(乳齒)를 중시하지 않는다. 하지만
유치가 건강하지 못하면 성치(成齒) 역시 건강하지 못하게 마련이다.
그러므로 유치라고 하더라도 수시로 세척하여 그 부식을 막지 않을 수
없다. 촉관(觸官)은 감각 기관이 모두 갖추어진 사람에게는 시각의 보조가
되고, 맹인에게는 실로 안목의 대용이 된다. 피부가 이 임무를 담당한다.

제3절 위생의 방법

앞의 절에서는 특별히 기르고 보호할 기관을 열거해서 그 위생법의
대요(大要)를 기술하였다. 지금 여기서 신체 전부에 관한 위생법을 논
설하고자 한다. 이는 의복·주거·수면·목욕 등으로, 본 절에서 힘써
연구할 문제이다.

1. 의복

대개 의복을 추위와 더위를 방어하는 목적으로 사용하니, 여름의 극
심한 더위를 막거나 겨울의 극심한 추위를 막는 것이다. 그러므로 계절
에 따라 종류를 다르게 하지 않을 수 없다. 통상 의복에 공급할 재료는
면포(綿布)·마포(麻布)·융포(絨布)·견포(絹布) 등 네 종류가 있는데,
각기 특수한 효과를 지닌 것이다. 면포는 그 재질이 유연하여 체온을
전도하는 능력이 약하니 한기의 차단에 가장 적합하다. 마포는 그 재질
이 억세어서 체온을 신속히 전도하니 극심한 더위에 적합하다. 융포는
그 재질이 치밀하여 체온을 가장 적게 전도하니 방한용으로 제격이다.
견포는 그 재질이 가볍고 부드러워 체온을 잘 전도하니 방한용으로는
좋지 않은 재료이다.

의복의 재료는 상술한 바와 같거니와 아동에게 공급할 의복은 그 계절을 고찰해 정하지 않을 수 없다. 원래 의복은 피부와 밀접한 관계를 지닌 것이다. 따라서 의복의 두께가 적절하지 못하면 감기에 걸린다. 그러므로 바깥 공기의 온도를 헤아려 그에 맞추어 의복을 선택해야 가장 적절하다. 의복을 항상 청결히 유지하는 것은 재료의 선택 다음으로 중요한 조건이다. 의복의 오염과 습기는 각종 질병의 원인이 된다. 그러므로 항상 의복을 수시로 세척하고 건조되기를 기다려 사용해야 한다. 특히 속옷이나 침구 같은 부류는 날마다 햇볕에 말리고 바람을 쐬어서 사용해야 한다.

다음으로 의복의 형식은 우리나라처럼 구차한 사례가 더 이상 없을 것이다. 저 시가지의 도로에서 왕래하는 인사들을 한 번 보라. 양복을 착용하거나 두루마기를 착용하거나 상의-저고리-와 고의(袴衣)만 착용하거나 행건(行巾)을 착용하거나 버선만 착용하거나 하는 사람들이 있다. 의복의 형식이 천태만상이라 자못 의복이 어떠한지 이해할 수 없는 지경에 이르게 한다. 아아, 이와 같은 상태로는 도저히 일정한 형식을 끝내 완수할 수 없다. 하지만 진실로 신체 발육에 유익한 것이라면 반드시 장려해야 하고, 유해한 것이라면 마땅히 제거해야 한다. 그러므로 이 의복의 연구가 설령 풍습의 사안이라 하더라도 교육에서의 논의도 필요한 문제이다.

그러나 지금 이를 위하여 연구에 종사하는 자가 혹 없지는 않지만 일반에 효과가 미치게 하고자 앞장서서 부르짖는 자는 아직 보지 못하였다. 그러므로 우리는 먼저 진보의 한 단계로 삼아 급히 절규하는 바는, 다만 종래로 우리나라 사람이 평상시에 입는 의복 가운데에 개량하고자 하는 것이다. 첫째는 남자의 두루마기 및 고의의 통폭-오늘날 조개화아(粗開化兒)의 모양은 취하지 않음-을 조금 좁게 하는 것이요, 둘째는 여자의 상의를 조금 길게 하는 것이요, 셋째는 남녀를 불문하고 추운 겨울에 흑색 옷, 더운 여름에 백색 옷을 아울러 착용토록 하는 것이다. 이는 위생적으로 운동에 지극히 편리하며, 경제적으로 불필요한 비용을 더 절약할 것이다. 이러한 습관을 양성하는 데에는 무엇보다도 가장 어릴 때를 좋은 시기로 만드는 것이 긴요하고 시급하다.

의복에 덧붙여 논할 사안이 또 있다. 바로 모자-근래 서양 사람 및 우리나라 학생 등이 착용하는 모전(毛氈)이나 혹은 포직물(布織物)로 만든 부류를 이름-의 문세이나. 원래 우리나라에서 관습상 불필요한 물건으로 인지하는 데는 이유가 있다. 바로 보발(保髮)을 유지한 자가 여전히 많기 때문이다. 이 점에 대해서는 지금 단발의 필요성 문제를 제기한다고 하겠다. 아아, 단발하지 않는 자여! 그대들은 어떤 생각을 가지고 완고함이 이렇게 심한가. 세계가 온통 위생과 문명을 선호하거늘, 그대들은 어째서 유독 시세의 정도를 실천하지 않음이 이렇게 심한가. 대개 보발을 유지한 자라고 해서 그 두뇌에 특별히 애국성이 있다는 것은 우리가 생리학적으로 인정하지 않는 바거니와, 애국과 보국을 행하더라도 위생하지 않는 자의 애국은 세상 사람이 틀림없이 일소할 것이다. 청컨대 여러분, 한마디로 말하자면 그대들은 조속히 단발을 일제히 시행하여 정신적 생애로 장래의 소년 국민 양성에 모범 된 이가 되고, 오래도록 물들어 있던 좋지 않은 폐물이 되지 말아야 한다. 이 모자의 사안을 관청과 공인의 측면으로 논하자면 그에 따라 경제 문제의 발생을 면할 수 없다. 하지만 소년 국민의 육성과 보호에 있어 어찌 적절하고 합당한 방편이 필요하지 않겠는가.

모자 제조의 문제는 식산가(殖産家)에게 넘기고 단지 모자의 효능만 말하겠다. 대개 모자의 효능은 우리나라 기존의 죽립모(竹笠帽)와 같아서 햇빛의 직사 광선을 차단하고 외부의 타박을 방어하여 두부를 보호하는 등에 가장 필요한 것이다. 그러므로 어릴 때일수록 더욱이 가볍고 탄력이 있는 재료로 제조한 모자를 사용해야 하는 것이다.

| 학원 |

경제학 개요 / 삼보(三寶)

○ 경제학의 의의

무릇 이 세상에 살아가는 생물로써 인류부터 금수까지 욕망이 없는 것은 없어서 모두 그 욕망을 만족시키기 위하여 밤낮으로 노력하지 않는 것이 없다. 특별히 인류는 만물의 영장이 되니 그 욕망도 금수에 비하면 고상하며 복잡하다. 그러므로 그 욕망을 만족시키기 위하여 노력하는 것도 다른 동물과 똑같지 않아서 다만 그 신체만 수고롭게 할 뿐 아니라 대단히 그 정신을 수고롭게 한다. 그 욕망을 만족시키고자 하는 목표물 중 형체가 있는 것도 있으며 형체가 없는 것도 있어서 그 수효는 천 가지 만 가지 종류에 그치지 않지만, 그 가운데에 가장 많고 가장 중요한 것은 유형의 물건이다. 인류는 이 외계의 유형물을 얻고 이것을 사용하여 자기의 욕망을 만족시키기 위해 밤낮으로 그 신체와 지혜를 노동한다. 이러한 노동을 경제적 활동이라고 칭하여 이 경제적 활동을 연구하는 것이 곧 경제학이다. 상고의 미개한 시대에는 인류도 금수와 가까워서 생활이 단독적이며 욕망이 단순하여 의식(衣食)만 있으면 스스로 만족하고 물품의 교환도 전혀 없었다. 그러나 이류(異類)와는 서로 다투고 동류와는 서로 보호하는 근원적 요인에 근거해 한마음 한뜻으로 서로 힘을 합하는 성질이 점차 발달하였다. 태고 시절의 생활과 아주 달라지고 공동의 생활이 차례로 진보하여 이른바 사회의 조직이 여기서 처음 생겨났다. 인류의 첫째 목적이 자신의 욕망을 만족시키는 데 있지만 만에 하나 이 공동의 생활이 없었으면 도저히 그 욕망의 만족을 얻을 수가 없을 것이기에 자기의 생존 발달을 기도하는 동시에 공동생활을 경영하며 사회의 발달을 도모하였으니, 경제적 생활이 여기서 점차 성해졌다. 본제(本題) 경제학은 이 활동에 대한 연구로 인하여 나온 것이다.

○ 경제학의 구분

경제학은 두 종류로 구별된다. 첫째는 순정 경제학, 둘째는 경제 정치학이다. 순정 경제학은 경제의 원리를 연구하는 것이고, 경제 정치학은 이를 사물에 서로 대조하여 이치를 논한 것이니, 이 양자를 연구함에 있어 순정 경제학을 연구한 뒤에 경제 정치학을 연구하는 것이 순서에 적합하다. 그러므로 가장 먼저 순정 경제학에 대하여 연구할 요건을 들어 보겠다. 첫째는 재화의 생산, 둘째는 재화의 교환, 셋째는 재화의 분배, 넷째는 재화의 소비이다. 이 네 가지 항목을 설명하기에 앞서 우선 경제학의 근본 관념부터 몇 마디 논의하고자 한다.

○ 인류의 욕망

인류의 욕망에 대해서는 앞서 기술한 바 있거니와 인류는 굶주리면 식사를 원하고 목마르면 음료를 찾으며 추우면 의복을 원하는 관념(關念)이 있다. 혹은 명예의 추구를 원하기도 하고 부귀의 취득을 원하기도 한다. 이러한 행위가 전부 인류의 욕망이라 하겠다. 이러한 부류의 욕망은 실로 경제학의 근본적 감념(感念)이라 하겠다. 인류의 욕망은 사회의 발달을 따라 점차 더욱 고상해지고 그 욕망의 종류도 점차 더 증가하기 마련이다. 옛적에 인류의 욕망은 밭을 갈아서 먹고 우물을 파서 마시는 것에 지나지 않았으나 사회의 진보를 따라 의식과 주거에서 굶주림과 헐벗음을 겨우 면한 데 만족할 수가 없고 그 좋은 것 더욱 바라는 데에 이르렀고, 옛적에는 육체의 욕망에서 벗어나지 않았으나 지금은 육체적 욕망의 만족을 얻더라도 정신상에 만족함이 없으면 만족시킬 수가 없다. 이를 관찰하면 인류의 욕망은 그 끝과 한계가 없는 것이다. 그러나 이와 같은 욕망이 없으면 사회가 나날이 진보하는 것을 기대할 수 없을 것이다. 인류에게 가장 귀중한 것은 실로 이 욕망에 있다고 하겠다. 이 욕망을 세 종류로 나누자면 다음과 같다. 첫째는 자연의 욕망이다. 즉 굶주린 자가 먹을 것을 구하는 것과 헐벗은 자가 입을 것을 바라는 것과 같은 욕망은 한시라도 없을 수가 없는 것이니, 이를 일러서 자연의 욕망이라 한다. 둘째는 신분의 욕망이다. 즉 인류는 사회에 참여하지 않을 수가 없으며 사회에 서서 그에 상당하는 지위와 품격을 갖지 않을 수 없다. 이렇게 상응하는 것을 희망함을 바로 신분의 욕망이라 한다. 셋째는 사치의 욕망이다. 앞서 기술한 자연의 욕망과 신분의 욕망이 인류가 당연히 가져야 할 바이지만 이 사치의 욕망은 인류가 알맞은 정도를 지나치게 넘어서기 매우 쉽다. 이것이 한번 성하면 일신·일가와 국가·사회를 위태롭게 하니, 인류라면 이 욕망이 증가하는 것에 대하여 한때라도 주의를 게을리 할 수가 없다.

○ 재화[財]

재화라는 것은 인류의 욕망을 만족시키는 목표물이 되는 유형물과 무형물을 총칭하는 것으로, 욕망이 증가하면 이 재화 또한 증가한다. 그 분한·범위를 각각 나열하자면 재화는 내부의 재화와 외부의 재화와 자유의 재화와 경제적 재화의 네 종류로 구분된다. 내부의 재화는 인류의 건강·지혜·완력 따위로 곧 신체 내부에 존재하여 활동하는 것을 칭한 것이고 외부의 재화는 금·은·동·철 및 기타 각종 물품을 총칭한 것으로 곧 신체 이외에 존재한 것이다. 자유의 재화는 천연계에 존재하여 노력을 들이지 않고도 이를 얻어서 욕망을 채우기에 충분한 것이고 보면 공기·광선 따위이며, 경제적 재화는 욕망을 채우기에 충분하지만 어느 정도의 노력과 보수를 필요로 하는 것으로 곧 우주 안의 만물이다. 경제학의 연구는 완전히 이 재화를 대상으로 삼는데, 이 경제적 재화도 유형과 무형 두 종류로 구분된다.

(1) 유형의 경제적 재화는 심신 이외에 존재하는 것이다. 이 유형의 경제적 재화를 다시 두 종류로 나누어 보면, 인공(人工)을 필요로 하지 않고 사용하기에 충분한 과일·초목 따위를 '천연적인 경제적 재화'라고 하며, 사용하려면 인공(人工)이 필요한 것을 '인공적인 경제적 재화'라고 한다. (2) 무형의 재화는 다른 사람을 위하여 정신을 수고롭게 하고 신체를 움직여서 다른 사람의 욕망을 만족시킨 뒤 이에 상당하는 금액을 취득할 때에 그 정신과 신체의 노동을 '무형의 경제적 재화'라고 칭한다. 이상 기술한 재화를 분류하면 다음과 같다.

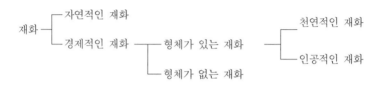

재화는 대략 이와 같지만, 사회의 진보를 따라서 자유의 재화는 점차 그 범위가 감소하기 마련이다. 예를 들자면, 물은 대략 자유의 재화 범위 안에 포함되지만, 수도(水道)를 사용하여 공급할 때에는 경제적 재화로 변이하며, 빛과 같은 자유의 재화도 가옥을 지하에 건축하고 사용할 때에는 어느 정도 비용을 필요하므로 경제적 재화로 변이하게 된다. 이와 같이 자유의 재화의 범위가 감소함과 동시에 경제적 재화는 그 종류가 증가하며 연구의 범위도 차례로 증가하게 되는 것이다. 이에 대하여 주의할 것은 이상에서 논한 재화와 부(富)를 등급이 갖다고 할 수 없다는 것이다. 부라는 것은 경제적 재화를 어느 정도 쌓아 둔 이상의 것에 대하여 칭한 것이고, 재화라는 것은 곧 경제적 재화이니, 재화와 부를 동일한 것으로 볼 수는 없다.

철학 초보 / 학해주인(學海主人)

1. 서론

무릇 철학이란 그 뜻이 너무 넓다. 예로부터 수많은 학자들이 각기 다르게 정의하니, 도저히 우리가 단번에 정하기 어려운 것이다. 그런즉 사물의 원리를 자세히 살펴 연구하는 학문이라는 막연한 정의로 만족하고자 하니, 이른바 다른 지장이 없기 때문이다. 대체로 물체가 운동하는 이치를 설명한 것을 물리학이라 하고, 분자가 화성(化成)하는 이치를 설명한 것을 화학이라 한다. 실물의 길이·넓이·두께와 수량을 설명한 것을 수학이라 하고, 일월성신의 이치를 설명한 것을 천문학이라 이르며 동식물이 생존하는 이치를 설명한 것은 생리학이라 말한다. 이러한 각 과(科)의 총칭을 과학 혹은 이학이라고 또 칭한다. 그 과목을 나누어 묶으면 그 범위가 광대한 듯하지만 그렇지 않은 것이 두 가지가 있다. 첫째는 어느 한쪽에 치우친 탓에 전체를 총괄하여 그 원리를 자세히 살펴 연구할 수 없는 것이다. 둘째는 오로지 객관성만 주장하여 주관을 불문하니 사물의 온축되고 심오한 이치를 자세히 살펴 연구할 수 없는 것이다. 가령 (첫 번째) 물리학의 경우 사회의 진화와 흥망의 이치를 논하지 않고, 화학의 경우 운동의 일정한 법칙을 설명하지 않고, 수학의 경우 혈액이 순환하는 이치를 설명하지 않는다. 그렇다면 이것이 어느 한쪽으로만 치우쳐 있는 것이 아니겠는가. 두 번째 물체에서 드러나는 광선이 망막에 비치는 것을 해설하여 논했으나 물체가 눈으로 보아 이해되는 까닭은 설명하지 않았으며, 점이 있고 선이 있으며 시간이 있고 공간이 있으며 세력이 있고 물체가 있는 것은 설명하였으나 그 소유를 결정하는 관념이 어떠한 것인가를 설명하지 않고 관념의 원리는 놓아두고서 돌아보지 않았으니, 그 각자의 일부만은 자세히 살펴 연구하였지만 객관에 상대한 주관과 물체에 상대한 정신은 설명하

지 않았다. 그러므로 이학으로는 하나의 일정한 법칙만을 그저 설명할
뿐이고 원리를 자세히 살펴 연구하는 것은 도저히 불가능하다. 그러나
철학은 그렇지 않아서 이학의 각 과(科)를 총괄하고 일정한 법칙을 해
설하여 어마어마하게 큰 우주와 아주 작은 분자, 과거와 현재의 영구한
시간도 일일이 응용하여 전혀 착오가 없는 원리를 설명한다. 그런즉
철학은 이학 각 과 이상의 고상한 지위를 점유하고 천지 만물의 원리를
망라하며 과거·현재 및 미래의 일의 변화를 포괄하고 있다. 그러므로
다음에 기록한 두 종류의 공용(功用)을 지닌 것이라고 칭할 것이다.
하나, 철학은 심의(心意)를 발달시킨다. 대체로 우주 안에 가장 귀하고
가장 중요한 것은 우리 사람이고, 우리 사람에게 있어서 가장 귀하고
가장 중요한 것은 심의인데, 철학이 이 귀하고 중요한 심의를 발달하게
하는 것인 즉 그 공용의 귀하고 중요한 것을 확실하게 알겠다.

　둘 철학은 앞서 기술한 바와 같이 모든 과(科)의 학문을 총합한 것이
다. 즉 심리(心理)·윤리(倫理)·논리(論理)·법리(法理)·정치(政治)·
사회(社會)·역사(歷史) 등 모든 학문의 근원이며 이러한 모든 학문을
아주 굳세고 선명하게 하여 완전한 기초를 확정하니, 이것이 철학의
공용이다.

　그렇다면 철학의 범위는 어떠한가. 이는 앞서 기술한 대략적인 것으
로 충분히 설명할 듯하지만 대체로 철학이 시작된 이래로 오늘날까지
여러 대학자가 창도한 의론이 각각 달라서 일정하지 아니하여 미처 확
정하지 못하였으니, 오늘날 이후에도 역시 확정하기가 쉽지는 않을 것
이다. 그러므로 철학이라는 명칭의 기원을 먼저 기술하여 그 범위를
언급하고자 한다. 최초에 그리스인 탈레스가 철학의 단서를 창시하였
다. 당시에는 그 명칭도 아는 자가 드물었다. 그 뒤에 피타고라스 시대
에 이르러 철학과 철학자라는 언어를 조금 사용하였다. 소크라테스 시
대에 이르러 철학의 기초가 완전한 지경에 거의 가까워졌고, 아리스토

텔레스 시대에 이르러 완전한 기초를 이루었다. 철학의 원어 필로소피-그리스어로 철학이라는 말-는 원래 '지식을 사랑한다'는 뜻이고, 철학자의 원어 필로소퍼는 '지식을 사랑하는 자'라는 뜻이지만 단지 지식을 사랑하고 지식을 사랑하는 자라고 칭하는 데 유감스러운 점이 없지 않다고 하여서 당시 일반 학자가 각기 다른 여러 가지의 어의(語義)를 주창하였다. 이 때 피타고라스가 철학이라는 어의의 정의를 다음과 같이 가장 먼저 주창하였다.

철학이라는 것은 지식을 사랑하는 것이다. 천도와 인사를 자세히 살펴 연구하며 만유의 존립을 자세히 살펴 연구하는 학문이다

소크라테스의 문도(門徒) 플라톤 역시 다음과 같이 말하였다.

철학은 불변하고 부동하는 사리(事理)를 자세히 살펴 연구하는 학문이며 실제의 사물을 자세히 살펴 연구하며 소유한 인력으로 신운(神雲)을 모방하는 것이다.

피타고라스가 철학자라는 말에 대하여 정의하였다.

인생은 올림픽 제전-그리스에서 4년에 한 번씩 거행하는 대제전의 명칭 -의 유희와 흡사하니, 그 가운데에 이익을 도모하는 자도 있으며 명예를 추구하는 자도 있지만 철학자는 이 양자 이외에 훨씬 뛰어난 자이다.

플라톤이 철학자의 의의를 주창하였다.

철학자는 실질(實質)을 끝까지 연구하는[究極] 자

피타고라스의 철학은 유물론을 주장하고, 소크라테스의 철학은 윤리

라는 한쪽으로 편향되고, 플라톤의 철학은 관념만 위주로 한 경향이 있다. 이상 여러 학자들의 의견을 가지고 철학의 범위를 정하기는 아무래도 매우 어려운 일이다. 그러므로 아리스토텔레스의 주론(主論)을 가지고 제일의 철학이라 명명한 것이다. 그는 "철학은 사물의 궁극적 원리를 자세히 살펴 연구하는 학문이다."라고 주장한 까닭에 후대 사람이 형이상학이라 개칭하였다. 알렉산드리아 학파에 이르러서는 철학의 범위를 한층 더 획정하고 형이상학 즉 실제학(實體學) · 심의학(心意學) · 합리신학(合理神學) · 세계형질학(世界形質學)을 포괄하고 윤리학(倫理學) · 심미학(審美學) · 논리학(論理學) 등을 종속시켰으니, 그런즉 세월이 지남에 따라서 철학과 형이상학이 동일한 의의로 경도되었다.[22]

그 이후로 형이상학을 순정 철학이라고 별도로 칭하였다. 그런데 영국의 석학 베이컨이 실험 철학-실물(實物)에 징험하여 밝히는 것을 위주로 함-을 주창한 이래로 같은 나라 학자 로크 · 스펜서 등 여러 사람이 이 학파에 속하고, 독일 학자 칸트 · 피히테 · 셸링 · 헤겔 등 여러 사람이 프랑스 중흥 철학자 데카르트 학파에 속하여 형이상학-논법으로 유주(由主)함 -을 높이 떠받들어 기치를 각각 수립하여 서로 다투었으니, 형이상학은 헤겔에 이르러 극점에 도달하였으며 실험학파는 스펜서에 이르러 극점에 이르렀는데 두 사람의 철학의 상반됨이 동서와 흡사하다. 그렇다면 독일 철학은 형이상학을 위주로 하였고, 영국 철학은 형이하로부터 형이상에 나아가 도달하고자 하였는데, 그 폐해를 논하여 언급하겠다. 영국은 비록 착실하지만 비천하고 고루한 방향으로 흘러가기가 매우 쉽겠고 독일은 비록 고상하지만 막연하여 종잡을 수 없는 방면으로 빠져들기가 매우 쉽겠으니, 한 가지 얻음이 있으면 한 가지 잃음이 다시 있어서 오늘날에 이르러서도 결국에는 그 범위가 아

---

22 원문에는 단락이 나뉘지 않았으나 문맥에 따라 임의로 나누었다.

직 정해지지 못하였다.

주(註). 영국 철학은 순정 철학과 심리학·윤리학 등을 총괄한 것으로, 스펜서의 논의에 의하면 철학은 다음과 같다.

> 철학은 이학을 개괄한 것이므로 이학의 범위 내에 포함되어 있는 것은 물론 그 범위 안에 포함되어 들어가지만 신의 성질과 우주의 무한함과 유한함은 그 범위 밖에 있는 것이므로 획론(劃論)할 여지가 없다.

라고 하였으니, 개요를 거론하면 스펜서의 주의(主意)는 철학을

철학 원리-바로 철학의 원리를 개론한 것-
생물학-바로 동식물의 원리를 논한 것-
심리학-바로 인생의 원리를 논한 것-
사회학-바로 사회를 조직한 인생의 원리를 논한 것-
윤리학-바로 문명의 최정점에 도달한 인생의 원리를 논한 것-

이와 같이 여러 범주로 분류하여 나열하였다. 본 편에 철학의 범위를 별도로 정한 바는 없지만 이상의 여러 대학자들이 주창한 학설에 따라 다음과 같이 그 대의를 게재하고자 한다.

> 어떤 객(客)이 그리스 철학자 아리스토파네스에게 물었다. "그대가 철학을 부지런히 힘써 닦는 것은 무엇 때문인가?" 아리스토 파네스가 대답하였다. "우주 만물을 이용하기 위함이다. 내면에 그 질박함이 없고 외면으로만 그 세련됨을 배우는 것은 기름에다 조각하고 물에다 아로새기는 것과 같으니 공연히 시일과 공로만 낭비한다.
>
> 앗타펠니 씨는 말하였다. "종교를 불신하는 자는 항상 불온한 생활을 하게 된다."
>
> 포-프 씨는 말하였다. "우리는 인생이라는 대양을 표류하고 있으니, 도

리는 그 나침반이고 정욕은 그 구풍(颶風)이다."

　모-루 씨는 말하였다. "나는 관직도 구하지 않고 황금도 원하지 않으며, 가치가 있는 헤아릴 수 없는 한가한 틈과 기회를 존귀하게 헤아린다. 그러므로 황금을 위해서는 사소한 시간이라도 사용하고자 하지 않는다."

보호국론(保護國論)

　　　/ 일본 법학 박사 아리가 나가오(有賀長雄) 원저·김지간(金志侃) 역술

　살펴보건대 나라와 나라의 사이에 보호 관계를 발생시키는 원인으로 네 종류가 있다. 혹은 제각기 별도로 단독으로 발동하기도 하고, 혹은 두 가지 이상이 길게 이어져 다같이 일어나 하나의 보호 관계를 발동하기도 한다. 그 종류를 다음에 기술하겠다.

제1종 보호국

　여기에 어떤 나라가 있다. 완전한 자주권을 가지고 그 문화의 수준이 또한 여러 나라에 뒤지지 않으나 다만 강국의 사이에 끼여 국력이 미약해 자연히 그 독립을 지탱하고 유지할 힘이 없다. 그런데 만에 하나 어떤 강국에서 해당 약국을 병탄하면 해당 강국의 세력이 일시에 확장되어 인근 강국과의 균형을 상실하여 그 폐가 가까운 여러 나라와의 관계에 미칠 우려가 있으면 이때를 맞아 한 강국이 자국의 이익을 위하여 해당 약국의 독립을 유지하게 하고 해당 국가의 독립을 호위하는 지위에 서서 해당 약국의 내정과 외교에는 추호도 간섭하지 않고, 다만 필요한 것에 응해 구원하니, 이것이 바로 유럽 학자가 칭하는 '호위적 보호국' 또는 '단순 보호국'이다.

제2종 보호국

여기에 어떤 나라가 있다. 그 지역이 세계 교통의 중요한 길목에 위치함으로써 그 나라를 문명국 수교의 반열에 올려 각 나라와 통상·교통의 길을 트도록 할 필요가 있다. 그러나 그 나라가 구미(歐米) 다수의 국민과 그 문명의 계통이 다르기 때문에 혹 국토 개방을 거절하거나 혹 여러 나라와 통상·교통하는 측면에서 국제적 책임을 완전하게 담당할 능력이 없을 것 같으면 해당 국가와 이익의 관계가 가장 큰 강국이 해당 국가를 인도하여 세계 여러 나라의 반려(伴侶)에 들어가게 하고 그 교제의 책임을 완전하게 담당하기 위하여 잠시 대리로 주권의 일부분을 행사하게 된다. 이러한 종류의 보호는 유럽 학자가 칭하는 '후견적 보호국'·'정치상 보호국'·'진정 보호국'·'국제 보호국' 등이 바로 이것이다.

제3종 보호국

여기에 어떤 나라가 있다. 문명의 수준이 낮고 국력이 미약한데 어떤 강국이 이를 병탄하여 이권(利權)을 전행(專行)하고자 하지만 훤히 드러내 놓고 병탄할 때에는 혹은 반항할 염려가 있고 혹은 제삼의 나라들의 시기로 인해 외교상의 분분한 의론을 빚어 낼 우려가 있음으로 해당 약국의 주권은 해당 강국이 오로지 실행하면서 아직 해당 약국의 군주로 하여금 군위(君位)의 외형을 보전하게 하고 그 나머지 위엄을 빙자하여 정치를 전행하며 그 명칭은 보호국이라고 칭하니, 독일 학자가 이를 '행정상 보호국'이라 칭하였다.

제4종 보호국

어떤 강국이 해외의 미개척 토지를 자국의 식민지로 삼고자 하지만 한 번에 개척해 확장하는 조치를 취하고자 하면 대군을 동원하여 다수

의 비용이 발생하므로 점점 진취하되 야만족을 안으로 들어오게 하여
해당 토족(土族)이 기뻐하는 물품을 주고 그 토지를 양여하게 하며 보
호를 승인하게 하는 것이다. 또는 그 일이 완성되지 못할 때를 당하여
그 밖의 다른 강국이 점령하게 될까를 염려하여 먼저 지도상에 경계를
그어서 강국의 보호지라고 하고 여러 나라의 승인과 또는 묵인을 거치
게 한다. 이러한 종류의 보호를 '식민적 보호국'이라 칭한다.

세계풍속지 역술(1) / 문일평(文一平)

　지금 세계는 경쟁의 세계이고 시대는 교통의 시대이다. 교통이 빈번
해질수록 개인과 국가를 막론하고 교제가 친밀해진다. 따라서 이 시대
에 처한 자는 다른 나라 국민의 성질과 습속의 여하를 어느 정도 인지하
고 있어야 한다. 교제 중에 결함을 피하는 것이 오늘의 급선무일 뿐
아니라 또한 일반의 상식에 막대한 보탬과 이득이 되기 때문이다. 이에
외국의 풍속을 신속히 강구할 필요성이 생겼다. 하지만 우리나라의 경
우 예로부터 지금까지 이러한 풍속에 관한 서적의 저술이 없었다. 근래
에 외국의 지리 · 역사 등에 대한 약간의 교과서가 발간되었지만, 대개
그 지리 · 역사의 목적이 지체(地體)의 구조와 과거의 사실 등에 치중된
경향이 있고, 미세한 인정과 풍속을 예외로 치부한다. 이러한 까닭에
우리가 가장 아끼는 청년 인사들이 그에 대한 연구에 매진하고자 하는
마음이 늘 간절하나 구할 방도가 없으니, 이 어찌 탄식할 노릇이 아닌
가. 이러한 이유로 나의 노둔한 작문을 마다하지 않고 세계풍속지를
번역 수록하여 동포 청년에게 열람을 제공하고자 한다.

일본

서설

위치 및 지세

일본국은 아시아 대륙 동쪽 끝에 자리하고 있고, 수천 리 거리 사이
에 점점이 나열된 여러 섬으로 구성되어 있다. 면적은 2만 7천여만 리
이고, 지세는 대륙 연안에 완연한 좁고 긴 띠 형태이다. 도처에 산악이
많고 평야가 적으며 하류가 짧고 해안선이 길고 항만이 많다.

기후 및 풍경

기후는 한대·열대·온대의 세 지대에 속하고, 풍경은 매우 아름다
우니 저 수천 도서가 점점이 연결되어 있고 그 사이에 강과 바다가 휩싸
여 빙빙 돌아가며 도처에 화산암이 우뚝하여 지면이 들쭉날쭉하다. 소
나무와 대나무를 가꾸고 심어서 사면을 바라봄에 시야에 가득 찬 것이
울창하여 자못 아름다운 경치를 뿜낸다.

인종 및 품성

일본의 상고 인민은 원시시대부터 이 지역의 원주민이 아니라 다른
나라에서 이주한 자이다. 현재 주민은 대략 네 종류로 분류된다. 첫째
는 가장 수가 많고 가장 세력이 있는 야마토 종족이고, 둘째는 서남쪽
에 거주하여 용맹으로 잘 알려진 쿠마소 종족이고, 셋째는 홋카이도
한 구석에 잔존한 아이누 종족이요, 넷째는 타이완의 번종(蕃種)이다.
총 인구수는 거의 5천만인데, 남자가 여자보다 50만명 더 많다.

일본 인민-첫 번째·네 번째 이외-의 신장은 남자가 평균 5척 2촌이
고 여자가 5척 내외이다. 그 심신이 조숙하고 조로하는 경향이 있는
까닭에 성인이 되기 전에 일찍 성숙하고 장년이 된 후에 무기력하게
노화하는 자가 많다. 그 인민은 감정이 격렬한 까닭에 경급한 사안에

임하면 전후를 잊고 돌진하는 용기가 많지만 경영과 근면을 통해 학문
의 원리를 연구하고 기계를 발명하는 등 침착함과 인내심이 부족하다.
다만 모방의 기량은 몹시 솜씨가 있어서 다른 종족보다 월등하다. 이는
예로부터 지금까지 외국의 문물을 모방한 결과이다. 또한 해도(海島)
인민의 성질은 자연히 대륙과 큰 차이가 있다.

언어 및 문자

언어는 우리나라나 몽골어의 구조와 동일하고, 발음이 가볍고 민첩
하여 어조가 명료하다. 문자는 고대에 없었고 중고에 지나의 문자가
수입된 이후로 오로지 지나의 문체를 모방하여 언어와 문자가 분할하
여 양립하니 몹시 불편하였다. 근세에 이르러 수백 년 동안 분리된 언
어와 문자를 타파하여 언문일치를 새로 제정한 이래로 교육이 보급되
면서 문화가 신속히 일어났다.

역사적 측면의 개견(槪見)

진무천황(神武天皇) 이래로 거의 3천년이나 된다. 이렇게 긴 세월 동
안 어려운 시대와 융성한 시대, 개혁과 진보의 시기와 혼란과 퇴보의
시기가 몇 차례 순환하여 마침내 오늘에 이르렀다. 메이지 유신에 이르
러 30년 짧은 세월 동안 있었던 혼란과 복잡의 실정과 개혁과 진보의
정황을 기술하고자 한다. 메이지 원년에 3천년 동안 지속된 봉건 제도
를 하루아침에 타파하는 이른바 왕정복고의 실체를 드러내어 사회조직
에 전대미문의 대변동을 일으켰다. 그 이후로 지속적으로 서양의 문명
을 수입하여 교육·정치·법률 및 그밖의 온갖 문물을 점차 개량하였
다. 18년에 내각이 처음 구성되고, 22년에 제국헌법을 공포하며, 23년
에 이르러 국회의 소집이 있으니, 이에 완전무결한 입헌군주국이 되었
다. 또한 27년에 민법을 개정하여 인민의 권리와 의무를 확정하고, 28

년 가에이(嘉永)·분큐(文久) 연간에 여러 외국과 체결한 통상 조약을 개정하여 대등권을 확보하고 신속하게 진보하여 오늘의 지위에 이르게 되었다.

사회 상태
국민 계급

유신 이전에는 위로는 황족 이하로 공가·무가·평민·천민 등 네 가지 계급으로 구분하였다. 그 엄중한 제한은 우리나라와 거의 흡사하였다. 공가의 경우 오섭관(五攝官) 등이 있어 황제를 보좌하고, 무가의 경우 도쿠가와(德川) 장군이 에도-오늘날 도쿄-를 근거지로 삼아서 3백여 제후를 관리하였다. 이와 같은 제후는 그 관할 구역 내의 인민에게 생사여탈의 권한을 자행하고, 그에 속한 신하는 인민을 한층 더 멸시하여 금수처럼 대하였다. 유신 이후로는 문벌을 타파한 까닭에 형식적으로 귀족과 천민의 계급이 있기는 하나, 법률적으로 동등한 권리와 의무를 지니게 되었다.

오늘에 이르러 신분의 귀천과 재산의 다소를 막론하고, 지식의 명암과 재간의 우열로 사람의 가치를 결정하게 되었다. 미천한 집안의 자제도 재지가 있으면 장수와 재상의 지위도 쉽게 차지할 수 있고, 부귀한 집안의 자제도 재지가 없으면 하류 사회로 침닉하여 평생 고생한다. 또한 연래에 일부 인사들이 불만을 품고 사회주의를 창도하기도 하였다.

| 문예 |

• 광고

본 태극학보 대금 수납의 편의를 위하여 경성(京城)과 평안북도(平安北道)에 위탁수금소를 설치하였으니 경성에서 본 태극학보를 구독하시는 분은 대금을 경성 북서(北署) 원동(苑洞) 이갑(李甲) 씨 댁에 거처하는 김기옥(金基玉) 씨에게 보내주시고 평안북도에서 구독하시는 분은 평안북도 정주(定州) 남문(南門) 내 홍성린(洪成鱗) 씨에게 보내주시기 바랍니다.

태극학회 알림

장원방령(莊園訪靈) / 포우생(抱宇生)

한 주 동안의 공부 과정을 다 수행하였으므로 일요일에 봄철 경치를 탐방하고자 대지팡 짚고 미투리 신고 한 개의 표주박 들고 오모리핫케이엔(大森八景園)에 들어서니 온갖 꽃은 불긋불긋 희끗희끗 서로 섞여 피어서 교태를 자랑하고 장송(長松)은 울창하게 우거져 절정에 이르렀고 거문고 소리〔琴聲〕을 알리는 듯한 강물은 잔잔한데 백구는 날고 어가(漁歌) 한 곡조에 조각배 떠가니 무릉도원이 아닌가. 모자를 소나무 가지에다 벗어 걸어놓고 녹음이 병풍처럼 둘러싼 풀밭 위에 묵묵히 앉았으니 온갖 생각이 흰 구름 사이로 날아간다. 잠시 장자(莊子)의 나비가 되어서 우주 이곳저곳을 널리 돌아다니다가 한반도로 돌아드니 물태(物態)는 적막하고 수운(愁雲)만 깊이 끼었다. 가련하고 죄없는 저 민족은 조종(祖宗)의 유업(遺業)을 누구에게 부탁하고 금수강산 복락원은 누구에게 넘겨주고서 지극히 혹독한 채찍질 아래에 구축(驅逐)되어서 부자상별(父子相別)이 웬 말이며 전어구학(轉於溝壑)[23]이 웬 말인가. 사방 팔면 방포성에 의기(義旗) 한번 나부끼는 애국의 피는 대한 민족의 정신이다. 동포 된 나의 심간(心肝)의 노기가 크게 일어나 수수방관 할 수 없어 한 목숨을 버리고 따르고자 하였더니 마치니의 고사가 생각의 북을 진동시킨다. 맹렬히 반성하고 각성하여 무연(憮然)히 스스로 말하기를 "아, 슬프도다. 오늘날을 당하여 상응하는 구제방책이 없으면 아무리 천만번 죽더라도 결국에 완전한 결과를 얻지 못할 것이다."라고 하여 마음속 칼을 스스로 억누르고 무릎을 치며 장탄식하고 생각하였지만 좋은 계책을 얻지 못하여 묵묵히 앉았더니 날이 이미 저물었다. 투숙할 곳을 찾을 길이 없어서 이리저리 인가를 찾아보다가 태백산 아래에 다다라서 한 굽이 두 굽이 돌아드니, 산은 적막하게 겹겹이 둘러싸고 달은 푸르고 서늘한 황혼인데, 전면을 바라보니 만 길 박달나무 푸른 그늘 아래 한 칸밖에 안 되는 작은 초가집이 은은하게 멀리 비치거늘 매우 급하게 앞으로 나아가 문 앞에 당도하니 창안백발에 풍도가 비범한 한 노옹이 폐포파립(敝袍破笠)으로 근심 가득한 얼굴로 책상에 홀로 기대고 벽상에 있는 두 폭의 지도만 물끄러미 들여다본다. 잠깐 바라보니 큰 글자로 상면에 가로로 적혀 있는데 하나는 '조선도'라고 하고 또 하나는 '만주 및 몽골도'라고 한다. 속으로 생각하기를 "옛적에 한(漢)나라 왕실이 기울어 스러졌을 때에 양양(襄陽) 융중(隆中)에 이와 같은 일이 있었는데 지금에 대한 제국 황실이 위태로운데 기이한 자취가 서로 조응하니, 이는 틀림없이 바로 그 사람이 아닌가."라고 하고 마음속으로 크게 기뻐하여 매우 급히 문 아래로 달려 나아가 사립문을 두드리니 노인이 황급히 나와 맞이하여 실내로 인도하였다. 이에 따라

---

23 전어구학(轉於溝壑) : 『맹자(孟子)』「공손추 하(公孫丑下)」에 "흉년으로 기근이 든 해에 그대의 백성 가운데 노약자들의 시체가 산골짜기에 나뒹굴고, 젊은이들은 사방으로 흩어진 것이 몇 천 명이나 되는가."라고 하였다.

들어가 좌정하여 인사를 나누었다.

그 후 노인이 말하였다. "손님은 어떤 사람이며, 어디로부터 여기에 오셨습니까?"

대답하였다. "소생은 본래 한국인으로, 국가의 위란(危亂)을 당하여 구제할 방책이 없기에 선생의 고견을 듣고자 왔거니와 바라건대, 비루하다 여기지 마시고 한번 가르침을 내려주옵소서."

노인이 말하였다. "장하도다, 이 말이여. 기특하도다, 이 말이여. 내가 절하는 바도 나라를 걱정하는 자이며 공경하는 바도 나라를 걱정하는 자이다. 그대의 말이 이와 같으니, 내 비록 늙은 몸인 데다 무지하지만 어찌 그대를 위하여 한때의 토론을 감히 아끼겠는가. 대체로 국가가 한번 다스려지면 한번은 혼란스러워 지는 것은 예로부터 있었는데 한국의 지금 정황이 어떠한가."

대답하였다. "극도의 파괴 시대에 처하였습니다. 그러나 참으로 두려워할 만한 것은 우리의 반대되는 자가 왕성한 시대에 처하였다는 것입니다."

노인이 말하였다. "극도의 파괴 시대를 당하였으면 속히 건설을 도모해야 할 것이다. 만에 하나 더디고 늦어지면 다른 사람에게 건설을 당할 것이며 반대하는 자가 왕성 시대에 처한 것은 실로 어려운 바이거니와 반대를 당하는 자에게는 파괴를 재촉하며 건설을 속히 진행하는 이익이 될 것이라고 하겠다."

대답하였다. "그렇다면 어찌하오리까?"

노인이 말하였다. "국가를 위하여 한 목숨 버리는 것을 아끼지 아니하는 자가 몇 사람이나 있으며 일정한 이상과 방책으로 경영하는 자가 몇 사람이나 있으며 또한 성심(誠心)이 있는가."

대답하였다. "성심이 있으며 국가를 위하여 한 번 죽고자 하는 자도 적지 않지만 일정한 이상과 방책으로 실행하는 자는 없으며 또한 나라를 팔아먹으려고 하는 자도 많습니다."

노인이 말하였다. "성심이 있고 희생을 달가워하는 자가 많으면 일정한 이상과 방책도 또한 따라서 나올 것이니 우려할 것이 없겠으나 한국의 현재 상태가 며칠을 남기지 않고 사면에서 충돌하는 변동이 있을 것이다. 내가 그대와의 토론의 종결을 정하고자 하니 속히 준비하라. 준비는 곧 교육이라고 하겠다."

대답하였다. "근래에 각지의 학교가 봉기하는 까닭에 교육의 태도에 희망이 있습니다. 하지만 혹은 아침에 만들었다가 저녁에 폐지하며 혹은 계속하는 자를 방해하는 자가 많습니다."

노인이 말하였다. "진실로 그대의 말과 같다면 한국은 위태롭다고 하겠다. 하지만 호사다마(好事多魔)는 인류 사회가 본래부터 가지고 있어 피하기 어려운 이치거니와 이는 일반 국민의 모험부사(冒險附事)의 정신을 널리 펴는 원동력이 아닌가."

대답하였다. "바라건대, 그에 상당하는 방책에 대하여 가르침을 내려 주옵소서."

노인이 말하였다. "아침에 설립하였다가 저녁에 폐지하는 것은 일정한 방책이 없는 것이다. 그러나 나의 의견을 따른다면 몇 개의 조건을 진술하겠다.

제1조는 전국 교육 기관을 통일하는 것이 필요하며

제2조는 그것의 통일을 위하여 헌신하는 기관을 확립하는 것이 타당하지만 13도 연합 총기관이 타당하며

제3조는 교사이니, 교사가 지금 부족하다면 외국에 나가 배우고 있는 유지인사로 하여금 제2조의 기관에 연락하게 하면 불과 몇 해에 교사가 충분하게 될 것이며

제4조는 교육 도기관(都機關)의 처소이니, 이에 대해서는 어느 정도 설명이 필요할 것이다. 그대도 아는 바이겠지만 한국 인민은 본래 품성이 미려하고 강인하며 활발한 정도는 여러 강한 나라의 민족보다 특별히

우수한데 종래로 비루한 습속에 생활하였기 때문에 아무리 뜻이 있는 인사라고 하더라도 비루한 습속에 침륜(沈淪)하기가 매우 쉬우니 부득불 이 기관은 큰 도회처 근방의 조용하고 한가한 촌락이 타당할 것이며

제5조는 교육 전수자이니, 그 성질이 사범에 적당한 자를 택하되 활발하고 용감한 정신을 특별히 갖추고 있는 자가 타당하며 그 수효는 일정하여 전국 교육계에 충만하게 하되 해당 교육 전수자로 하여금 제2조의 기관과 관계를 가지게 하고 일정한 연한을 정하여 사범교육을 하되 옛 스파르타의 제도를 응용해야 할 것이다."

대답하였다. "이상에 대해서는 선생께서 내려주신 가르침을 좇아서 받들겠거니와 오늘날 한국의 형세에서 그 교육의 범위가 여기에 그칠 뿐이옵니까?"

노인이 말하였다. "이상 내가 논한 바는 내지에서 행할 바이거니와 건설함에 있어 어찌 이로써 만족스럽다 하겠는가. 또 하나의 방략이 있으니, 곧 외국에 대하여 요구할 바이다. 이를 실행하는 것에 대하여는 지극히 마땅한 인물이 없으면 불가할 것이니, 충분히 그 책임을 담당할 수 있는 자격을 지닌 자를 택하여 장래 한국에 대하여 중대한 관계를 가질 여러 나라에 파견하여 각각 그에 상당하는 책임을 부담하게 하되 그 필요로 할 바의 종류는 그대도 아는 바이니, 그 설명은 불필요하다."

대답하였다. "가르침으로 내려주신 방책은 실로 한국을 다시 세우는 은택이므로 일만 번 죽어서라도 보답하겠거니와 선생께서 내려주신 가르침대로 행하여 그 이상을 이루고자 하면 허다한 세월을 기다린 뒤에야 가능할 것입니다. 지금 시세가 누란의 위기에 처하였는데 이와 같은 완만한 방책을 쓰면 제때 미치지 못하였다는 탄식이 있을까 싶으니, 바라건대 급히 구제할 방책이 없을는지요?"

노인이 말하였다. "하, 그대의 말도 불가한 것은 아니지만 시험 삼아 한번 생각해 보라. 세간의 만사 중에 상당한 준비가 없고 바라는 바의

결과를 얻을 리가 어디에 있겠는가. 그대는 바로 지금 청년이므로 혈기의 작용이 지나치게 커서 이와 같은 말을 꺼내거니와 큰 책임을 담당한 자는 항상 경거망동으로 실패함을 명심해야 할 것이다. 재삼 간절하게 부탁하겠으니, 완전한 준비를 도모한 뒤에 완전한 결과를 기다리라. 씨를 뿌리면 결과를 거둘 기한은 시세에 따라 더딤과 빠름이 있거니와 그대가 거두지 못하면 그대의 자손도 가능하며 그대의 동지도 가능하여 백 대에 걸쳐 이어지는 것도 무방하다고 하겠다."

대답하였다. "이와 같은 책임을 담당하는 자는 상당하는 자격을 가지는 것이 이치상 진실로 당연한 바이거니와 소생과 같은 자는 이 책임을 담당할 의무는 있지만, 그 자격을 아직 가지지 못한 자이니, 그렇다면 그 자격에 대하여 필요한 비결을 가르쳐 주시옵소서."

노인이 말하였다. "첫째는 바애요, 둘째는 지성이요, 셋째는 용단이요, 넷째는 비밀을 잘 지키는 것이다. 이 밖에 그 자격의 요소를 나는 전혀 모르겠다."

사례하며 말하였다. "소생을 위하여 허다한 시간을 다 소진하였사오니 제 마음에 편안하지 못하오며 이와 같은 만고에 다시는 없을 거룩하신 가르침을 내려주심에 대하여는 죽어서 백골이 되어도 잊을 수 없겠습니다.……"

그러고는 이어 읍을 올리며 노인의 성명을 여쭈니 노인이 대답하였다. "나는 이 산의 주인이니 굳이 많은 것을 물어볼 필요가 없다."

그 즈음에 무정한 기적 소리 한 번에 깜짝 놀라 노곤한 꿈에서 깨었다. 그때 일색(日色)이 이미 저물었고, 먼 산에 둥지를 찾는 두견이 불여귀(不如歸)[24] 소리를 내었다. 정신을 수습하고 단가 한 곡조 부르며 여창(旅窓)으로 돌아와서는 잔잔한 등불 가에서 꿈의 일을 생각하니,

---

24 불여귀(不如歸) : 두견의 울음소리가 흡사 '돌아가는 것만 못하다〔不如歸去〕'는 말처럼 들린다는 뜻이다.

이상하고 기묘하다. 경치를 찾아다니는 한 자리의 꿈이 이뿐인가.……

해저여행 기담 제11회 / 모험생(冒險生)

-세 사람이 섬에 상륙하였으나 사냥하여 획득한 것을 거두지 못하고 야만 인들이 배를 습격하니 화살과 돌이 비처럼 쏟아졌다-

각설하고, 아 씨가 콘·넷 두 사람을 거느리고 일엽(一葉) 같은 작은 배를 타고 만경(萬頃)의 물결 위로 나가니, 맑은 바람은 서서히 불어오고 파도는 일지 않았다. 갈대만 한 배 한 척이 가는 대로 내버려두어 해도(海島)의 한 작은 만(灣)에 거의 가까워지자 넷 씨는 범의 아가리를 탈출한 것처럼 몹시 기뻐 펄쩍펄쩍 뛰면서 아 씨를 돌아다보며, "우리가 이 섬에 상륙하면 조수를 다수 사냥하여 오랫동안 하지 못한 육식을 만회하는 것이 가능할 듯합니다."라고 하자 아 씨가 "우리가 이 섬에 상륙하여 조수를 사냥하는 것은 고사하고 우리를 잡아먹을 맹수가 나타나면 장차 어떻게 할까."라고 대답했다. 넷 씨가 웃으면서 "세상에서 이른바 맹수라고 이름한 것이 있더라도 범·사자·곰·표범 따위에 불과할 것이니 만일 맞닥뜨리면 나는 지니고 있는 완력을 내어 시험해 보겠습니다. 내가 근래 해저에 잠겨서 사는 물건〔沈生物〕을 벗어나지 못하여 뭍짐승을 사냥한 지가 상당히 오래되었거니와 완력을 한번 내면 무슨 두려워할 바가 있겠습니까."라고 하자 콘셀이 웃으면서 "그대는 지나친 말을 내뱉지 말고 육식거리만 그저 구하라."라고 말하며 서로 돌아다보고 웃으며 용기를 고무해 올려서 삽시간에 잘파 도(島) 해안에 도착하였다. 배를 해안가 암석에 매어 두고 암석을 더위잡아 오르니, 무수히 많은 교목은 잇닿아 벌여 마주 서 있는데 울창함이 더더욱 푸른 나뭇잎은 섬의 경치를 스스로 자랑하고 우뚝 솟아난 봉우리의 바위는 천연을 그려 내었으니, 눈앞에 있는 바가 어느 것 할 것 없이 박물가(博物家)의 완상물(玩賞物)이었다.

아 씨는 머뭇거리며 멀리 경색(景色)을 더듬어 살펴보는데 콘·넷 두 사람은 조금도 염두에 두지 않고 먹을거리를 그저 구할 뿐이다. 수십 그루의 큰 야자수를 잡고 흔들어서 더없이 무르익어 스스로 떨어지는 야자열매를 다수 주워 아 씨에게 손짓하며 불러서 그 맛을 시험한다. 그 맛이 비록 훌륭해 수십 과(顆)를 남김없이 먹었으나 포만감은 조금도 들지 않았다. 그러나 넷 씨는 나무를 더위잡고 가지를 흔들어서 야자열매만 취하고자 하였기에 콘셀이 만류하며 "다른 곳으로 나아가면 얼마쯤 되는 과일이 없지 않을 것인데 무슨 이유로 이 야자만 그저 탐하는가?"라고 하자 넷 씨가 말하기를 "옳다, 옳다. 그대의 말이 옳도다."라고 하여 수십 야드를 걸어갔다. 하지만 다른 종류의 과실은 전혀 없으므로 넷 씨가 갑자기 화를 내며 소리를 지르기를 "과일이 어디에 있는가?"라고 하며 좌고우면함에 불평하는 기색이 자못 있었다. 그곳으로부터 30야드 거리를 나아가자 어떠한 물건이 건너편 수풀 밑에 가로질러 뛰어가기에 넷 씨가 손을 움직여 한번 격발해 그 미간을 정확히 맞히니, 기괴한 외마디 소리를 지르며 탄환과 함께 자빠져 죽었다. 나아가 자세히 보니 한 마리의 살쾡이에 불과하므로 돌아보지 않고 세 시간 정도를 나아갔다. 리마라 이르는 일종의 식물이 총생하여 서 있는 나무 숲을 발견하였는데, 이는 열대 지방 식물이었다. 과일 맛이 자못 좋아서 빵을 대신할 만하므로 열대의 항해자들이 늘 먹는 음식으로 삼았다. 넷 씨는 일찍이 지난날에 이 과일을 잘 먹었기 때문에 일도처(一度處) 큰 기쁨을 스스로 이기지 못하여 아 씨를 돌아다보고 "지금에 이와 같이 좋은 먹을거리를 따서 얻었으니 먹지 않으면 안 된다."라고 하자 아 씨가 웃으면서 "귀군(貴君)이 하고자 하는 바이거든 충분히 포식하라. 나 또한 주어서 먹을 것이다."라고 말했다. 초석(草席)에 흩어져 앉아 고목을 모아 불을 지피고 과일을 거기에다가 통째로 구어서 서로 권하며 먹으니 때가 정오를 넘었다. 돌아가는 길을 탐방할 적에 넷 씨가 낯빛을 바꾸어 말하기를 "우리가 이 섬에 상륙한 것이 예외의 행운이니, 서서히 고향으로 돌아갈 계책을 강구하는 것이 어떠한가."라고 하자 아 씨가 고개를 저으며 수긍하지 않고 "넷 군의 말도 무리는 아니지만 이는 적당한 시기가 아니다. 가령 우리가 잠시 배를 벗어난 행운을 얻은들 망망한 이 해도에서 야만인의 침해를 만날 것 같으면 후회하여도 다시 어찌할 수가 없을 것이니, 속히 함정으로 돌아갔다가 내일 다시 사냥하는 것이 매우 좋을 듯하다."라고 하였다. 넷 씨가 묵묵히 한동안 있다가 무릎을 치며 나지막이 말하기를 "내 마음을 이미 정하였다. 그대의 말을 믿고 따를 것이다."라고 하고, 따서 얻은 과실을 보트에 가득 싣고서 5시 반경에 노틸러스에 돌아갔다.

다음날 이른 아침에 사냥 도구를 다시 정비하고 콘·넷 두 사람을 마나 거느리고 보트를 다시 타고서 출발하여 길-포아 섬을 향하여 나아갔다. 이때 넷 씨가 아·콘 두 사람을 돌아다보며 "오늘은 조수의 훌륭한 고기를 응당 먹게 될 것이니, 옛길을 내버려두고 새로운 길을 잡아 나아가자."라고 하고, 새로운 길을 잡아 노를 저어서 전날 상륙한 곳에서 4·500척 서쪽으로 돌아서 도착하였다. 손을 마주 잡아 끌어서 상륙하니, 이곳은 조류(鳥類)가 제법 많으며 수많은 나무의 녹음이 우거져 깊고 어두운 곳에 앵앵(嚶嚶) 지저귀는 새소리를 보내오는 것도 있고 알알(嘎嘎) 우는 소리를 희롱하는 것도 있어서 망망한 고도(孤島) 안에서 멀리 노니는 나그네를 환영하는 듯하였다. 세 사람의 심회가 근심하는 가운데에 희색을 서로 띠고, 혹은 쳐다보고 혹은 바라보니 모두 식료품이 될 만한 물건들은 아니었다. 이곳저곳에서 식료품을 열심히 찾더니 콘셀이 흰 비둘기 한 마리와 푸른 집비둘기 한 마리를 사냥해 잡았기에 즉시 고목을 모아 불을 지펴서 뼈와 힘줄도 남김없이 다 먹어

치우자 이에 세 사람은 굶주리고 고달픈 기력을 겨우 면하게 되었다.

기쁜 빛을 서로 띠고 담소하고 흩어져 짧은 시간 동안 사냥한 후 세 사람이 각각 사냥해 잡은 것을 모아 놓고서 산골짜기로 나갔다. 이때 산림의 그늘이 뒤덮인 어두운 곳에 다수의 독사가 똬리를 틀고 있었다. 그래서 일시 진로를 중지하고 걸음을 돌릴 때 갑자기 비석(飛石)이 수풀 속으로부터 날아왔다. 세 사람이 깜짝 놀라 괴이하게 여겨서 급히 돌아다보았는데, 적막한 산그늘에 사람의 그림자가 원래 끊어져 있었으니 그저 괴이할 뿐이었다. 갑자기 비석이 재차 와서 떨어지므로 콘셀이 생각해 말하기를 "이는 틀림없이 원숭이의 소행일 것이다."라고 하자 아 씨가 말하기를 "아니다. 이는 야만족의 소행이다. 우리가 오래도록 지체하게 되면 의외의 화를 피하기가 어려울 것이니, 속히 함선으로 돌아가는 것이 참으로 좋겠다."라고 하였는데 말이 미처 끝나기도 전에 수백 보 떨어진 건너편 나무 그늘 아래에 수가 20명쯤 되는 야만인들이 활과 화살과 석투아(石投兒)-망매-를 각각 지니고 화살과 돌을 조준하여 던졌다. 이에 아·넷 두 사람은 사냥한 물건을 다 던져버리고 넷 씨는 전부 껴안고 짊어지고서 5분의 시간 안에 보트에 도착하자 정자(挺子)를 급히 흔들어 노틸러스를 향해 달아났다. 야만족들은 해안이 이미 도착하였으므로 세 사람은 필사의 기력을 다 써서 범의 아가리를 겨우 벗어나 노틸러스에 급히 올랐다. 당시 네모는 객실에 둥글게 모여 앉아 악기를 희롱하여 타고 있었다. 그래서 아 씨가 네모의 탄금(彈琴)에 방해됨을 깨닫지 못하고 "함장, 함장이여! 큰일이 났다."라고 거듭 크게 부르짖는데 네모는 여전히 알지 못했다. 세 번째로 크게 부르짖으니, 네모가 깜짝 놀라 말하기를 "아 공이여, 오늘은 얻은 물건이 응당 많겠구나."라고 하자 아 씨가 흐르는 땀을 누차 닦으며 말하기를 "미처 생각하지 않았던 판에 수많은 야만인을 맞닥뜨렸소."라고 하였다. 네모가 말하기를 "그렇다면 여러분은 야만인들의 공격을 받았을 것이다. 저들의 수효가 얼마나 되던가?"라고 하자 아 씨가 대답하기를 "무려 백여 명입니다."라고 하였다. 네모가 말하기를 "그렇다면 길-포아 전체 섬의 야만인이 일정한 수로 모여 온 것이다. 저들이 노틸러스를 어떻게 공격하더라도 노틸러스는 근심거리가 조금도 없다."라고 하여 태연히 금현(琴弦)만 다시 퉁길 뿐이었다. 아 씨는 괴롭게 시름하다 갑판 위에 다시 올라 길포아 섬을 바라보았다. 해가 이미 저물었는데 야만인들은 여전히 해안을 떠나지 않았다. 한편으로 구화(篝火)를 불사르고 부르짖는 소리를 외치니, 틀림없이 용기를 과장하는 듯하였다. 한편으로 함장이 말한 바를 믿어 야만인들이 와서 침범하는 것을 매우 두려워하고 한편으로는 연월(烟月)을 길게 바라보고 고향을 아득히 생각하니, 처량해 일신이 있는 바를 알지 못하겠다. 침실로 돌아와 누워서 몸을 이리저리 뒤척이며 한잠도 이루지 못할 뿐더러 이 밤은 노틸러스의 감창(嵌窓)을 닫지 않고 전광을 여전히 환하게 비추니, 거의 야만인들이 와서 침범하는 것을 한사코 기다리는 듯했다. 아 씨는 근심과 두려움이 일정하지 않았지만 야만인들은 전광의 광휘를 매우 두려워하여 이날 밤에는 감히 접근하지 못했다.

　다음날 아 씨가 야만인들이 몰려와 침범하는 것을 매우 두려워하여 이른 아침에 갑판 위에서 건너편 해안을 바라다보니, 그 수가 6·700명 가량인데 썰물 시간의 기회를 몰래 틈타서 노틸러스로 향해 올 형세였다. 저 야만인들의 생긴 모양을 대략 살펴보건대, 나체에다 붉은 머리에 얼굴빛이 참으로 검고 귓바퀴에 뼈로 만든 고리 모양의 물건을 각각 뚫어서 찼으며, 손에는 활과 화살 혹은 석투아를 각각 지녔다. 그 가운데 추장이라 이름한 자는 머리 둘레에 유리로 만든 고리를 겹겹이 에워싸서 사납고 모진 기색이 사람의 눈을 깜짝 놀라게 하였다. 뭇입이 똑같은 소리로 야만인의 말을 이쪽을 향해 내뱉어서 떠들썩함이 끊이지 않더니, 잠깐 동안에 일엽편주를 내어 물에 띄우고 추장 하나가 먼저 타서 들어간 뒤에 여러 야만인들이 배를 연하여 노틸러스를 향해 왔다.

| 잡록 |

• 장씨(張氏)의 귀국

  신사 장영한(張永翰) 씨는 본래 평안남도 강동군(江東郡)에 거주하는 유지인사로서 몇 해 전에 수많은 자본을 홀로 내어서 해당 군에 경치학교(經治學校)를 설립하고 총준한 자제를 마음을 다하여 교육한 것은 세상 사람들이 모두 감탄하는 바이거니와 지난 3월에 일본 교육계를 시찰하기 위하여 도쿄로 건너왔었는데 그간 일반 시찰을 끝마치고 이달 초에 환국하였으니 우리는 장 씨의 애국 열성을 한없이 두 손을 모아서 축원하는 바이거니와 우리 교육계에 대하여는 특별히 드러나는 실효가 속히 빛나 드날리기를 진실로 기대한다.

• 이씨(李氏)의 귀국

  신사 이장하(李章夏) 씨는 본래 기독교회에서 명망이 오래 전부터 현저한 인사이다. 지난번 광무 9년 여름에 유학할 목적으로 북미에 가다가 불행히 안검(眼撿)에 낙방되자 부득이 귀국하는 길에 도쿄에 왔다가 그 뒤에 동양선교회가 설립한 성서학원 신학부에 입학하여 삼년 동안 대단한 곤란을 다 겪더니 올해 봄에 모든 교과를 졸업하고 이달 초에 귀국하였다. 우리는 이 씨의 성공에 대하여 우리나라 정신계의 일대 새로운 서광이 솟아남을 축하해 마지않는다.

• 해보특색(海報特色)

  러시아령 블라디보스토크〔海參崴〕에 거류하는 우리 동포들이 몇 해 전부터 계동학교(啓東學校)를 창립하고 청년자제를 열심히 교육한다고 하더니 올해 봄부터는 시무의 급박함에 대하여 더욱 지극히 통탄하여 해조신문사(海朝新聞社)를 해당 항(港) 내에 창설하고 순수 국문으로 신문을 일간 발행하는데 본회에도 각 호마다 기증한다. 우리는 그 후의에 감사하거니와 동 신문의 강개하고 격절한 언론이 우리로 하여금 오늘날을 몹시 뉘우치고 앞날에 대하여 깨우쳐 정신을 차리게 하니, 우리는 동 신문의 신성한 주의와 희생의 정신을 향해 전만 축원하고 절하며 아울러서 우리 일반 동포가 끊임없이 구독하기를 간절히 바란다.

• 회사요록

○ 지난달 18일에 본회 임원회를 본 사무소에서 열고 일반 회원을 신칙하기 위하여 다음에 기록한 제씨(諸氏)를 선정하였다.

김지간(金志侃), 김진초(金鎭初), 이윤주(李潤柱), 김홍량(金鴻亮), 이인창(李寅彰).

○ 지난달 18일에 본회 임원회에서 성천군(成川郡) 인사가 지회(支會) 개설을 청원한 일에 대하여 인허하기로 결의하고 19일 통상 총회에 제출하여 승인하였다.

○ 지난달 19일에 통상 총회에 샌프란시스코에 거류하는 장인환(張仁煥)·전명운(田明雲) 양씨(兩氏)의 의거(義擧)에 대하여 본회에서 의연금 106원 73전 5리를 모집하였는데, 제1차로 90환을 샌프란시스코 공립 협회로 전달해 부탁하였다.

○ 지난달 19일 총회 결의로 본회 통상회 날짜를 매월 제1·제3 일요일 두 차례로 개정하였다.

○ 이달 16일 임원회 결의로 본 회관을 간다구(神田區) 나카사루가쿠정(仲猿樂町) 사립 순천중학교사(私立順天中學校舍)를 차용하게 하였다.

○ 이달 16일에 본회 임원회를 본 사무소에 열고 본회 회표(會票)를 제정하여 일반 회원이 지녀 쓰도록 하기로 결정하고 24일 통상 총회에 제출하여 승인받았다.

• 신입회원

성정수(成禎洙) 씨가 이번에 본회에 입회하였다.

• 태극학보 의연인(義捐人) 성명

이은섭(李殷燮) 씨 100환

• 회원소식

○ 회원 박영로(朴永魯) 씨는 달포 전에 섭양할 목적으로 귀국하였는데, 지난달부터 평안남도 증산군(甑山郡) 사립 창신학교(彰新學校)의 명예교사로 열심히 근무한다고 한다.

○ 회원 이진하(李珍河) 씨는 봄철 방학에 귀국하였는데, 지난달 말에 도쿄에 건너와서 여전히 통학하고 있다.

○ 회원 김우범(金禹範) 씨는 작년 가을에 건너왔었는데, 학비가 마련되지 못하여 이달 초에 귀국하였다.

○ 회원 유종수(柳種洙) 씨는 이번에 사립 상공학교(商工學校) 상업과(商業科)에 입학하였다.

○ 회원 김성기(金星起)・이원관(李源觀) 양씨는 사립 게이호쿠실업학교(京北實業學校)에 입학하였다.

○ 회원 김연호(金淵祜) 씨는 사립 도쿄물리학교(東京物理學校)에 입학

하였다.

○ 회원 김유우(金有雨) 씨는 사립 케이호쿠중학교(京北中學校) 1연급에 입학하였다.

○ 평남 성천군 유지인사들이 본회의 지회를 발기 청원한 전문이 다음과 같으니,

• 성천지회 발기 청원문 및 발기인 성명

삼가 아뢰오. 해외 만 리에 독립의 정신으로 4천 년 국혼(國魂)을 보유하고 문명한 학술의 연구를 주의(主義)로 삼은 귀회의 열정적 역량의 반사력(反射力)이 동쪽 반도에 직접 투과해 비춥니다. 봄날의 졸음[春睡]에 깊이 잠든 내지(內地) 동포들이 이 광선을 눈여겨 자세히 들여다보고 한 번 깨고 두 번 정신 차려 차츰차츰 감동하는 관념이 생겼습니다. 이에 본인들이 귀회의 지회를 본 군내에 설립하고자 청원하오니 조사해 대조하여 보고 인허하시기를 삼가 요망합니다.

융희 2년 4월 5일

평남 성천군 태극학회지회 발기인

박상준(朴相駿), 정기용(鄭基用), 박상목(朴相穆)

김찬성(金贊聲), 박정희(朴正熙), 박재능(朴在能)

전석희(全錫禧), 박재선(朴在善), 한정술(韓正述)

박상유(朴相裕), 김관종(金觀鍾), 박중희(朴重熙)

한창은(韓昌殷), 박정홍(朴珽洪), 박재숙(朴在淑)

박상규(朴相奎), 박용희(朴用熙), 박범수(朴範壽)

김순용(金舜鏞), 박재항(朴在恒).

태극학회 회장 각하

광무 10년 8월 24일 창간
융희 2년 5월 20일 인쇄
융희 2년 5월 24일 발행
메이지 41년 5월 20일 인쇄
메이지 41년 5월 24일 발행

• 대금과 우편료 모두 신화(新貨) 12전

-일본 도쿄시 시바구(芝區) 시로카네산코쵸(白金三光町) 273번지-

편집 겸 발행인　김낙영(金洛泳)

-일본 도쿄시 시바구 시로카네산코쵸 273번지-

인 쇄 인　　　김지간(金志侃)

-일본 도쿄시 시바구 시로카네산코쵸 273번지-

발 행 소　　　태극학회사무소

-일본 도쿄시 우시고메구(牛込區) 벤텐쵸(辨天町) 26번지-

인 쇄 소　　　명문사(明文舍)

• **광고**

본 태극학회 사무소를 이번에 도쿄 시바구(芝區) 시로카네산코쵸(白金三光町) 273번지 본 태극학보 발행소로 이전하였기에 널리 알립니다.

일본 도쿄 시바구(芝區) 시로카네산코쵸(白金三光町) 273번지

태극학회사무소 알림

태극학보 제21호	
광무 10년 9월 24일	제3종 우편물 인가
메이지 39년 9월 24일	
융희 2년 5월 20일	발행 - 매월 1회 발행 -
메이지 41년 5월 24일	

역자소개

권정원權政媛

부산대 점필재연구소 전임연구원. 한국한문학 전공. 조선후기 문인 이덕무(李德懋)를 연구해 왔으며, 조선후기 문단의 명청문학유파 수용에 주목하고 있다. 주요 논저로『책에 미친 바보』(2011), 『역주 이재난고』(공역, 2015), 「이덕무의 명청문학에 대한 관심의 추이 양상」(2015), 「이덕무의 경릉파 인식과 수용」(2017) 등이 있다.

신재식申在湜

부산대 점필재연구소 연구원. 한국경학 전공. 조선에서의 명말청초 경학자 고염무 학설의 수용 사례를 연구하였고, 최근에는 다양한 명말청초 학설의 수용 사례로 연구 영역을 넓혀가고 있다. 주요 논저로 「정조조(正祖朝) 경학(經學)의 고염무(顧炎武) 경설(經說) 수용 양상」(2017), 「조선후기 지식인의 이광지 수용과 비판」(2017), 「조선후기 고증학과 염약거」(2019), 「조선후기『대학(大學)』연구와 육농기의 영향」(2020) 등이 있다.

유석환柳石桓

전남대학교 BK21 FOUR 교육연구단 학술연구교수. 한국 현대문학 전공. 문학시장을 키워드 삼아 식민지시기의 문학과 인쇄매체와의 관계를 연구하고 있다. 주요 논저로 「문학시장의 형성과 인쇄매체의 역할」(2012), 「문학 범주 형성의 제도사적 이해를 위한 시론」(2015), 「식민지시기 문학시장 변동 양상의 분석을 위한 기초연구」(2016), 「식민지시기 책시장 분석을 위한 기초연구」(2017) 등이 있다.

이영준李泳俊

성신여대 고전연구소 선임연구원. 한국한문학 전공. 주로 조선 후기 경학과 예설을 연구하고 있다. 주요 논저로「정조 상서론 연구」(2013), 「매산 예설에 대한 일고찰」(2017), 「정조 경학의 청대 학설 수용 양상에 대한 일고찰」(2019), 『예기보주1·2·3(공역)』(2017), 『신역 정조실록8(공역)』(2019), 『신역 정조실록9』(2019) 등이 있다.

┌─── 연구진 ───┐

연구책임자	강명관
공동연구원	손성준
	유석환
	임상석
전임연구원	신지연
	이남면
	이태희
	최진호
연구보조원	이강석
	이영준
	전지원

대한제국기번역총서

완역 태극학보 4

2020년 11월 10일 초판 1쇄 펴냄

역 자 권정원·신재식·유석환·이영준
발행인 김흥국
발행처 보고사

책임편집 이경민
표지디자인 손정자

등록 1990년 12월 13일 제6-0429호
주소 경기도 파주시 회동길 337-15 보고사 2층
전화 031-955-9797(대표)
      02-922-5120~1(편집), 02-922-2246(영업)
팩스 02-922-6990
메일 kanapub3@naver.com / bogosabooks@naver.com
http://www.bogosabooks.co.kr

ISBN 979-11-6587-096-6 94910
      979-11-6587-092-8 (세트)
ⓒ 권정원·신재식·유석환·이영준, 2020

정가 28,000원

이 저서는 2017년 대한민국 교육부와 한국학중앙연구원(한국학진흥사업단)의
한국학분야 토대연구지원사업의 지원을 받아 수행된 연구임(AKS-2017-KFR-1230013)